国家社科基金2021年重点项目“地方试点法院民事诉讼繁简分流改革实证研究”（21AFX012）支持

民事诉讼繁简分流改革实证研究

左卫民　官胜男　江佳佳
卓裕春　何娇娇　彭　昕
刘　帅　靳　栋　沈思竹
——著

法律出版社
LAW PRESS·CHINA
北京

图书在版编目（CIP）数据

民事诉讼繁简分流改革实证研究 / 左卫民等著. 北京：法律出版社，2024. -- ISBN 978 -7 -5197 -9435 -4

Ⅰ. D925.118.4

中国国家版本馆 CIP 数据核字第 20242QD145 号

民事诉讼繁简分流改革实证研究
MINSHI SUSONG FANJIAN FENLIU GAIGE SHIZHENG YANJIU

左卫民 等著

责任编辑 黄倩倩
装帧设计 李　瞻

出版发行 法律出版社
编辑统筹 学术·对外出版分社
责任校对 王　丰
责任印制 胡晓雅　宋万春
经　　销 新华书店

开本 710 毫米×1000 毫米　1/16
印张 20　**字数** 324 千
版本 2024 年 10 月第 1 版
印次 2024 年 10 月第 1 次印刷
印刷 北京建宏印刷有限公司

地址：北京市丰台区莲花池西里 7 号（100073）
网址：www.lawpress.com.cn
投稿邮箱：info@lawpress.com.cn
举报盗版邮箱：jbwq@lawpress.com.cn

销售电话：010 -83938349
客服电话：010 -83938350
咨询电话：010 -63939796

书号：ISBN 978 -7 -5197 -9435 -4　**定价**：89.00 元

凡购买本社图书，如有印装错误，我社负责退换。电话：010 -83938349

目录

导　言

一、研究背景

基于纠纷的类型、难易的程度、标的额的大小等因素，建立从简到繁的多轨制诉讼程序通道，几乎是全世界所有国家和地区民事诉讼制度的通例。此外，包括调解、仲裁在内的替代性纠纷解决机制的设置，也被纳入纠纷治理的框架，尤其是调解被认为是解决小微矛盾的优选。① 就我国而言，1982年《民事诉讼法（试行）》以及1991年《民事诉讼法》在立法上便确立“简易程序”和“普通程序”的双轨制纠纷解决结构，并且规定法院调解程序，赋予法院出具的民事调解书以实质性确定力。但是，上述立法上的程序轨道，并不是基于立法当时的纠纷态势，而是基于制度设计者的理性建构。随着我国市场经济的发展，矛盾纠纷的井喷，不仅需要耗费更多司法资源的职权主义模式受到了挑战，“简繁二分＋法院调解”的程序轨道布局亦未能对案件进行基

---

① 参见[日]棚濑孝雄：《纠纷的解决与审判制度》，王亚新译，中国政法大学出版社1994年版；[意]莫诺·卡佩莱蒂编：《福利国家与接近正义》，刘俊祥等译，法律出版社2000年版；[美]M.盖朗塔：《纠纷处理与诉讼外的替代政策——接近正义运动的第三波》，刘俊祥等译，法律出版社2000年版；[美]斯蒂芬·B.戈尔德堡等：《纠纷解决——谈判、调解和其他机制》，蔡彦敏等译，中国政法大学出版社2004年版；[日]小岛武司、伊藤真编：《诉讼外纠纷解决法》，丁婕译，中国政法大学出版社2005年版；[意]莫诺·卡佩莱蒂：《比较法视野中的司法程序》，徐昕、王奕译，清华大学出版社2005年版；[澳]娜嘉·亚历山大主编：《全球调解趋势》（第2版），王福华等译，中国法制出版社2011年版。

于某种类型标准的区分,民事诉讼程序实质上仍然在“混道”运行。

我国民事诉讼程序“繁简分流”改革是人民法院在“诉讼爆炸”背景下应对“案多人少”矛盾、减轻当事人诉累、提高诉讼效率的举措。以1992年北京市海淀区法院的最早自发探索实践为起点,“繁简分流”便开始活跃在民事诉讼改革视野中,且多次出现在司法文件和基层人民法院(以下简称基层法院)实践中。2012年《民事诉讼法》修正时在简易程序中分化出更加简易并且实行一审终审的小额诉讼程序。2019年12月,全国人民代表大会常务委员会通过《关于授权最高人民法院在部分地区开展民事诉讼程序繁简分流改革试点工作的决定》(以下简称《民诉分流授权决定》),授权最高人民法院在全国15个省(区、市)的20个城市,就优化司法确认程序、完善小额诉讼程序、完善简易程序规则、扩大独任制适用范围和健全电子诉讼规则等,正式开展为期两年①的民事诉讼程序繁简分流改革试点工作。上述繁简分流改革的成果最终为2021年12月24日召开的第十三届全国人民代表大会常务委员会第三十二次会议正式通过的《民事诉讼法》(以下简称2021年《民事诉讼法》)确认,并于2022年1月1日正式施行。② 至此,历时30年改革探索,我国初步形成了“繁简分流、轻重分离、快慢分道”的民事诉讼程序体系。

“繁简分流”并非正式立法概念,也非理论学界专有名词,其源于司法实践并在改革实践中发展。“对于一个在实践中发展、变化的新事物而言,精确的概念界定往往是不必要或者说是徒劳的,所以,更好的做法是从实践和理论两个角度展开一些分析性的探讨。”③从实践角度看,繁简分流改革是缓解法院日益加剧的“案多人少”矛盾的制胜法宝,但随改革推进其纠纷分流作用远未达预期,④司法实践中“案多人少”矛盾依旧突出,司法压力持续存在。

---

① 《民诉分流授权决定》规定,民事诉讼繁简分流改革试点期限为二年,自试点办法印发之日起算。2020年1月15日,最高人民法院印发《民事诉讼程序繁简分流改革试点实施办法》。由此,新一轮民事诉讼繁简分流改革于2020年正式启动。

② 由于2021年《民事诉讼法》的修改与2020年起始的繁简分流改革密切相关,能够反映立法对改革效果的态度,且2023年《民事诉讼法》中有关繁简分流改革的内容较2021年《民事诉讼法》并未发生变化,故本书讨论主要针对2021年《民事诉讼法》,如无特别说明,《民事诉讼法》均指2021年《民事诉讼法》,不引用分析2023年《民事诉讼法》的内容。

③ 左卫民等:《庭审实质化改革实证研究:以法庭调查方式为重点》,法律出版社2021年版,第2页。

④ 参见张海燕、李忠林:《我国民事案件繁简分流机制研究》,载《山东法官培训学院学报》2020年第2期。

在此背景下,根据《民诉分流授权决定》,全国新一轮繁简分流改革启动。此次改革能否有效破除困境,有待实证检验。从理论角度看,有关繁简分流改革的价值目标若干观点值得反思。一直以来,繁简分流的实践意义和价值目标,尤其是"效率"与"公正"衡平实现始终是理论界和实务界的热点讨论话题。普遍观点认为,繁简分流改革以效率为首要价值取向,当事人诉讼权利保障不足,一定程度制约繁简分流机制正当性,不利于司法公正实现等。① 在确保司法公正的基础上提升司法效率,是繁简分流改革的应然价值追求,亦是本项研究的展开动因与关注核心。概言之,本项研究拟运用实证方法考察、检验、评析 2020 年繁简分流改革两年试点以来的成效与问题,并结合 2021 年《民事诉讼法》修改进一步提出立法和司法完善建议。

(一)历次繁简分流改革语境下法院"案多人少"的困局纾解

"历年的《中国法律年鉴》和最高人民法院《全国法院司法统计公报》数据显示,近 30 年来,除少数年份外全国法院一审收案数总体上呈现逐年增长的趋势,特定年份增长率超过 20%"②。自立案登记制改革以来,一方面,法院受案量尤其是民事诉讼案件量呈井喷式增长,审判压力空前巨大;另一方面,员额制改革已于 2017 年全面完成,全国法院从 211,990 名法官中遴选产生 120,138 名员额法官,③接近一半的法官不再具备办案资格,一线办案人数大幅下降。不断增长的案件数量和有限的办案资源加大了人案矛盾,繁简分流改革也在不断优化升级。从改革进程看,繁简分流改革基本沿着"试点——修法——再试点——再修法"逻辑不断推进。以关键节点划分,大体可划分为 4 个改革阶段。

1. 第一阶段(1992 ~ 2003 年):通过简易程序"繁简分流"

1992 年,作为中国案件数量长期最多的一个基层法院,海淀区法院在民事案件收案量持续上升、新类型案件不断涌现,民事审判力量严重不足的情况下,改革审判方式,针对简单案件设立"简易民事案件审判组",并简化审判

---

① 参见李浩:《繁简分流改革视域下完善小额诉讼程序研究——以 N 市与 S 市试点法院为重点》,载《当代法学》2021 年第 4 期;殷雄:《民商事案件繁简分流机制的功能检视与论证——基于法官与当事人角色分配的思考》,载《南通航运职业技术学院学报》2020 年第 1 期;郇杨:《简案简审的困境反思与优化进路》,载《黑龙江省政法管理干部学院学报》2021 年第 3 期;等等。

② 石春雷:《民事案件程序分流研究》,厦门大学 2019 年博士学位论文,第 2 页。

③ 参见《最高人民法院工作报告》,载新华网,http://www.xinhuanet.com/politics/2018lh/2018-03/25/c_1122587194.htm。

程序快速审结,实行民事案件审理“繁简分流”。[1] 之后十年,海淀区法院将“繁简分流”制度与调解有机结合,形成“繁简分流”下的新型调解工作机制,大力提高审判效率。[2] 随着20世纪末市场经济体制改革不断深入,民事审判工作普遍进入前所未有的主体矛盾多、利益多元、超审限积案多时期,这引起了最高人民法院对深化审判方式改革的重视与关注。为满足审判需要,1999年最高人民法院在《全国民事案件审判质量工作座谈会纪要》中首次正式引入“繁简分流”概念,提出深化审判方式改革,探索针对不同案件采用简便、快捷、灵活的办案方式。2000~2003年,最高人民法院继续探索建立和完善民事案件繁简分流机制,要求各级法院尤其是基层法院依法扩大简易程序适用范围和调解力度,规范简易程序操作程序,快速审理简单民事案件,提高审判效率,减轻涉诉群众讼累。

这一时期,繁简分流改革聚焦于立案时分流事实清楚、双方争议不大的简单民事案件,改革方向直指简易程序适用范围的进一步扩大,探索通过调解与简易程序快速审结案件,最终通过快速审理达到提高诉讼效率、减轻当事人诉累目标。

2. 第二阶段(2004~2012年):推动小额诉讼、司法确认程序立法

2005年[3],最高人民法院印发的《人民法院第二个五年改革纲要(2004—2008)》(以下简称《二五改革纲要》)重点从两方面细化部署民事诉讼程序完善,一是提出“在民事简易程序的基础上建立速裁程序制度”,二是首次提出“建立健全多元化的纠纷解决机制”。围绕两大制度机制,各地法院纷纷掀起繁简分流“双轨制”试点探索热潮。

2004~2010年,最高人民法院每年均提及速裁程序改革,足以彰显其重

---

① 参见北京市海淀区人民法院:《改革民事审判方式新举措——繁简分流》,载《人民司法》1993年第8期。

② 最高人民法院诉讼调解规范化研究调研组:《“繁简分流”下的新型调解工作机制——关于海淀区人民法院调解工作情况调查报告》,载《人民法院报》2004年3月7日,B02版。

③ 尽管《二五改革纲要》于2005年印发,但该纲要确定的是2004~2008年人民法院司法改革任务,且自2004年以来,《二五改革纲要》确定的部分改革举措已经在最高人民法院层面开始部署实施。例如,2004年8月最高人民法院印发的《关于人民法院民事调解工作若干问题的规定》第一次以司法解释的形式,就诉讼过程中委托调解、委派调解以及当事人和解等协议的司法确认进行了规定,不过并未增设独立的调解协议审查和确认程序,且最终的程序结果是出具法院民事调解书。因此,课题组以2004年为起点划分繁简分流改革第二阶段,而非2005年。

要性。[①] 尤其2009年最高人民法院印发的《人民法院第三个五年改革纲要(2009—2013)》(以下简称《三五改革纲要》)在《二五改革纲要》基础上再次提出“探索推行速裁法庭”。2011年,最高人民法院印发《关于部分基层人民法院开展小额速裁试点工作的指导意见》,确定北京、上海、广东等13个省、直辖市90个基层法院为试点单位,开启小额速裁试点全国统一改革[②]。经过一年试点改革,2012年8月31日修正的《民事诉讼法》第162条增设小额诉讼程序条款,规定基层人民法院和它派出的法庭审理的事实清楚、权利义务关系明确、争议不大、标的额在各省、自治区、直辖市上年度就业人员年平均工资30%以下的简单民事案件实行一审终审,小额诉讼程序正式立法。与小额诉讼程序同时入法的,还有司法确认特别程序。该程序由定西市法院“人民调解协议诉前司法确认机制”通过自下而上试点改革直接推动入法。2007年,定西市中级人民法院制定《关于人民调解协议诉前司法确认机制的实施意见(试行)》,规定对当事人之间的矛盾纠纷,人民调解委员会、行政机关等非诉调解组织调解达成协议后,经当事人申请,人民法院审查认为协议合法有效,则出具法律文书确认该调解协议,赋予该调解协议以强制执行效力。[③] 2009年7月,最高人民法院制定的《关于建立健全诉讼与非诉讼相衔接的矛盾纠纷解决机制的若干意见》(以下简称《诉非衔接意见》)第四部分专门规定“规范和完善司法确认程序”,该试点经验由此在全国范围施行。2010年,

① 比如,最高人民法院印发的《关于进一步加强人民法院基层建设的决定》(2004年)、《关于为构建社会主义和谐社会提供司法保障的若干意见》(2007年)、《关于为推进农村改革发展提供司法保障和法律服务的若干意见》(2008年)、《关于进一步加强司法便民工作的若干意见》(2009年)、《2010年人民法院工作要点》(2010年)等均不同程度提出探索速裁程序,尝试小额诉讼案件快速处理机制,提高司法效率,方便群众诉讼,提高司法保障。

② 在最高人民法院统筹部署于全国范围内统一组织试点推进速裁程序改革之前,便有部分法院已自发探索小额速裁司法实践。例如,1994年深圳市福田区法院率先成立“小额钱债法庭”,专门审理标的额在10万元以下的小额民事、经济案件。1999年,北京市朝阳区法院在经济审判庭内设立“小额债务法庭”,专门审理事实清楚、案情简单、争议不大、标的额在10万元以下的经济纠纷案件。2001年,深圳市罗湖区法院进一步成立全国第一个“小额速裁法庭”。同年,上海市浦东新区法院率先推行民事速裁机制。此后,海南省、大连市、成都市锦江区等不同地区省、市、县(区)级法院分别开始探索小额速裁司法实践,一派“遍地开花”景象,各小额速裁改革试点法院诉讼效率提升。当然,这一过程也暴露出了试点随意性大、发展参差不齐等问题。也正基于此,最高人民法院开始逐步统一明确探索速裁制度改革方向,在全国层面推动小额速裁机制不断发展。参见兆丰:《解决小额钱债纠纷的新尝试》,载《人民司法》1994年第10期;范愉:《小额诉讼程序研究》,载《中国社会科学》2001年第3期。

③ 参见刘加良:《司法确认程序的生成与运行》,北京大学出版社2019年版,第201~228页。

《人民调解法》第33条详细规定了司法确认程序，首次在立法层面认可其法律地位。在立法认可和司法实践多方合力作用下，①2012年《民事诉讼法》第194条明确规定了司法确认程序，作为繁简分流改革中的特别程序，其享有独立程序价值。

这一时期，繁简分流改革跳出简易程序局限，从新增独立程序入手构建非诉讼与诉讼并行的纠纷解决机制，并在简易程序下分化打造更为简易的小额诉讼程序，推动纠纷层层分流，实现纠纷更加简便快捷审结。

3. 第三阶段（2013～2018年）：系统推动繁简分流改革实践

以小额诉讼、司法确认入法为契机，最高人民法院继续深入贯彻落实繁简分流改革，②丰富总结司法实践成果，推进法治建设。随改革推进，2015年最高人民法院制定《关于全面深化人民法院改革的意见——人民法院第四个五年改革纲要（2014—2018）》（以下简称《四五改革纲要》），就“健全多元化纠纷解决机制，推动多元化纠纷解决机制立法进程”等民事司法改革作出新一轮部署安排。以此为起点，多元化纠纷解决机制改革迈入全面升级阶段。随多元化纠纷解决机制系统性形成，③我国繁简分流改革方向亦愈加明确。2016年9月，最高人民法院印发首个以“繁简分流”为标题的司法文件《关于进一步推进案件繁简分流优化司法资源配置的若干意见》（以下简称《繁简分流若干意见》），通过专门制度固定繁简分流实践经验成果，对当下和今后繁简分流改革发展具有总则性、纲领性指导意义，标志着我国繁简分流改革框架已基本形成。以《繁简分流若干意见》为指导，司法实践一方面认真细化落实相关内

① 2012年，最高人民法院印发《关于扩大诉讼与非诉讼相衔接的矛盾纠纷解决机制改革试点总体方案》，确定42个法院探索构建诉调对接平台，完善和创新诉调对接工作机制，包括进一步落实调解协议司法确认制度等，形成诸如广东东莞二院特邀香港律师调解纠纷、湖南岳麓区法院“专利纠纷行政调解司法确认”等成功经验。

② 例如，2014年，党的十八届四中全会通过《中共中央关于全面推进依法治国若干重大问题的决定》，提出健全依法化解纠纷机制，加强行业性、专业性人民调解组织建设，完善人民调解、行政调解、司法调解联动工作体系。同年，最高人民法院制发《关于确定多元化纠纷解决机制改革示范法院的决定》，在2012年诉非衔接试点经验基础上确定出50个示范法院，引领继续深入推进多元化纠纷解决机制改革。

③ 2015年12月，中共中央办公厅、国务院办公厅联合印发《关于完善矛盾纠纷多元化解机制的意见》，从国家层面确定了深化多元化纠纷解决机制改革发展战略。之后，最高人民法院2016年同时发布《关于人民法院特邀调解的规定》和《关于人民法院进一步深化多元化纠纷解决机制改革的意见》。两个司法规范性文件相辅相成，有效建立形成非诉讼和诉讼分流解纷渠道，助益国家治理体系提升、纠纷多元化解决和人民群众多元解纷需求满足。

容，另一方面继续探索创新完善意见。2017 年，最高人民法院印发《关于民商事案件繁简分流和调解速裁操作规程（试行）》，细化规定民商事案件繁简分流、先行调解和速裁内容。同年，先后印发《关于确定案件繁简分流机制改革示范法院的决定》《关于开展律师调解试点工作的意见》，分别在全国确定了 80 个"案件繁简分流机制改革示范法院"和北京、黑龙江等 11 个省（直辖市）律师调解试点地区，继续深化落实繁简分流改革，切实破解"案多人少"难题。

这一阶段，繁简分流改革重在从顶层设计统筹推进，且改革跳出法院内部单一审判解纷方式，从合理配置审判资源转向优化培育司法资源，探索寻求更多专业社会力量参与解纷，以期不断发挥先行调解作用，落实调解协议司法确认制度，着力加强诉讼与非诉讼衔接管理等多元纠纷解决机制，构建"外部分流"和"内部分流"并行的繁简分流改革体系，进一步提高司法效率，满足人民群众多元司法需求。

4. 第四阶段（2019 年至今）：立法推进繁简分流改革

2019 年中央政法工作会议上，习近平总书记强调要"加快推进政法领域全面深化改革""履行好促进社会公平正义的职责任务"，并作出"要深化诉讼制度改革，推进案件繁简分流、轻重分离、快慢分道，推动大数据、人工智能等科技创新成果同司法工作深度融合"指示，指明了民事诉讼制度的改革方向。2019 年 2 月，最高人民法院制定《关于深化人民法院司法体制综合配套改革的意见——人民法院第五个五年改革纲要（2019—2023）》（以下简称《五五改革纲要》），明确表明要"推进民事诉讼制度改革"，健全完善立体化、多元化、精细化的诉讼程序，推动修改民事诉讼法。5 月，中央办公厅印发《关于政法领域全面深化改革的实施意见》，将"推进民事诉讼制度改革"确定为重大改革任务。12 月，全国人民代表大会常务委员会通过《民诉分流授权决定》，授权最高人民法院在全国开展新一轮的繁简分流改革试点工作。相较 2012 年《民事诉讼法》①和现有繁简分流制度化规定，此次试点可以说是一次系统性、突破性、前瞻性改革。一方面，以现有司法确认、小额诉讼、简易程序为基石，扩大适用范围，深度挖掘诉讼效率提升潜力，实现程序简易解纷效能

① 2012 年《民事诉讼法》修正增加了司法确认、小额诉讼程序，而 2017 年《民事诉讼法》主要增加公益诉讼条款，其他内容尤其是繁简分流改革相关内容与先前没有变化。与繁简分流改革和 2021 年《民事诉讼法》相比，2012 年《民事诉讼法》更具可对比性，因此，此处以其为参照物，而非 2017 年《民事诉讼法》。

最大化；另一方面，探索试点新举措，如赋予在线诉讼法律效力，解绑审判组织与审级设置、审理程序，允许第二审程序适用独任制等。① 同时，两年试点期间，除改革之初印发的《民事诉讼程序繁简分流改革试点方案》（以下简称《民诉分流试点方案》）和《民事诉讼程序繁简分流改革试点实施办法》（以下简称《民诉分流实施办法》）外，最高人民法院不断细化改革内容，完善相关配置机制，②确保试点实践有序统一展开。在此背景下，2021 年 12 月 24 日，第十三届全国人民代表大会常务委员会第三十二次会议通过《关于修改〈中华人民共和国民事诉讼法〉的决定》（以下简称《民诉法修改决定》），2021 年《民事诉讼法》经过两次立法审议，顺利完成第 4 次修正，繁简分流改革全面纳入立法。

这一阶段，改革跳出现有民事诉讼程序立法藩篱，通过依法试点推动立法修改，完成民事诉讼制度再变革，及时回应司法需求，破除民事诉讼制度发展障碍，全面建成具有中国特色的"繁简分流、轻重分离、快慢分道"民事诉讼程序体系。

目前，繁简分流改革正在以更宏观、全方位的制度体系视角展开。回顾"繁简分流"变迁，从 1992 年海淀区法院最先提出"繁简分流"到立法专项修正规定繁简分流，"其改革包含的对象与内容也处于动态发展之中"③，内涵要义不断丰富，④概念界定大致经历了"微观—中观—宏观"的变化过程。⑤整体上，经过前 3 个阶段的探索创新，司法实践在一定程度上取得了实质成

---

① 参见刘铮、何帆、李承运：《〈民事诉讼程序繁简分流改革试点实施办法〉的理解与适用》，载《人民法院报》2020 年 1 月 17 日，第 5 版。

② 例如，最高人民法院先后印发《关于人民法院深化"分调裁审"机制改革的意见》《关于深化人民法院一站式多元解纷机制建设推动矛盾纠纷源头化解的实施意见》《进一步健全完善民事诉讼程序繁简分流改革试点法院特邀调解名册制度的通知》《民事诉讼程序繁简分流改革试点问答口径（一）》《民事诉讼程序繁简分流改革试点问答口径（二）》等。

③ 饶淑慧、俞晓斌：《民事诉讼"繁简分流"的概念扩张审思》，载《天津师范大学学报（社会科学版）》2022 年第 4 期。

④ 一是分流可适用阶段从"内部分流"延展至"外部分流与内部分流"并行。二是内部诉讼程序从"简易程序与普通程序"精细化至"小额诉讼程序、简易程序、普通程序"并存。三是适用主体从"基层人民法院"一级分流扩展至"基层和中级人民法院"两级分流。四是配套要素从"案件"一元嬗变为"案件·人力·技术·管理"多元并存。

⑤《繁简分流若干意见》印发之际，最高人民法院从微观、中观、宏观 3 个层面全面解读了"繁简分流"。始于 2020 年的民事诉讼程序繁简分流改革试点包含司法确认、小额诉讼、简易程序、扩大独任制、电子诉讼五个方面，涉及司法资源、信息化技术等内容，应取宏观层面繁简分流之义。课题组也将重点从宏观层面对繁简分流改革展开系统性研究。相关概念界定，参见胡仕浩、刘树德等：《全面深入推进符合司法规律的繁简分流改革》，载《人民法治》2016 年第 10 期。

效。正如时任最高人民法院院长周强在第十三届全国人民代表大会第一次会议上所作报告称,2017 年全国各级法院通过调解方式处理案件 1396. 1 万件,全国基层法院适用简易程序和小额诉讼程序审结案件 3241. 6 万件,司法效率得到切实提高。但不容忽视的是,先期繁简分流运行效果尚未达到预期,司法实践中"案多人少"矛盾依旧突出,司法压力持续存在,甚至面临发展"瓶颈期",急需新变革。其一,截至 2016 年《繁简分流若干意见》正式系统推动繁简分流改革,我国基本确立了包含司法确认、小额诉讼、简易程序和普通程序在内的民商事一审案件繁简分流程序基本格局。理论上,只要各程序分别在诉外分流和诉内分流环节各尽其责,不仅形成诉讼的纠纷比例将得以减少,诉讼案件也能通过速裁方式快速审结。但实践中,因非诉讼纠纷解决机制认可度不高、小额诉讼程序和简易程序适用范围有限等原因,司法确认、督促程序①、小额诉讼程序等实际适用率不高,对繁简分流改革的层层筛选分流、繁简得当效果发挥产生了一定影响,亟须找寻对策破解遇"冷"难题。其二,新时代下,我国社会主要矛盾已经转化为"人民日益增长的美好生活需要和不平衡不充分的发展之间的矛盾",人民对"民主、法治、公平、正义、安全、环境"等方面的要求日益增长。站在新的历史方位,司法发展面临新要求、新挑战。司法作为纠纷解决的最后一道防线,必须着力解决好"发展不平衡不充分问题"这一时代重任。其三,自 2017 年最高人民法院确定案件繁简分流机制改革示范法院后,最高人民法院和地方法院继续大胆探索创新繁简分流改革新经验。例如,2019 年 3 月 19 日,最高人民法院制定《关于进一步推进"移动微法院"试点工作的方案》,探索利用移动互联网技术推进案件繁简分流,促进矛盾纠纷多元化解,进一步提升电子诉讼覆盖范围。同时,各地还探索开展了二审繁简分流、裁判文书繁简分流、电子送达、在线解纷等。尽管这些举措有助于破解案多人少难题,但其在一定程度上突破了当时民事诉讼法等法律框架,涉及立法本质事宜,需修改民事诉讼法。基于上述原因,中央决

① 督促程序是督促债务人尽快清偿债务的程序,适用于事实清楚、债权债务关系单一的案件,无须开庭审理且实行一审终审制,具有高效、便捷优势,契合繁简分流改革精神。2012 年《民事诉讼法》增加第 133 条,该条第 1 款规定,人民法院对受理的案件,当事人没有争议,符合督促程序规定条件的,可以转入督促程序。此修法变化实现了诉讼程序与督促程序的转化,增加了案件程序分流方式。但考虑到督促程序并非本课题研究对象——2020 年繁简分流改革试点内容,因此,在繁简分流研究背景和研究现状部分仅重点梳理讨论与改革试点相关的繁简分流程序,未提及督促程序和其他亦具有繁简分流效果的程序及技术规则。

策层自2019年始便进一步部署繁简分流试点改革，推动民事诉讼制度再变革。

经过两年试点，新一轮繁简分流改革已完成。针对此次改革，一方面，理论界和实务界普遍肯定其在推进案件“简案快审、繁案精审”，提升司法效能促进司法公正方面的积极作用。[①] 基于此，“案多人少”困局有无纾解？提升诉讼效率的改革预期有无实现？在多大程度得以实现？良好的改革成效积累形成了哪些可复制、可推广的经验？均需通过对试点改革开展实证研究后予以回答。另一方面，伴随此次改革也出现了不少争议。部分观点认为，改革不完全彻底，比如，依旧未承认小额诉讼独立于简易程序之外的独立诉讼地位，未肯定简易程序在一审诉讼程序中的主要地位；[②]部分观点认为，司法实践离实现“案多人少”审判矛盾的缓解和民事诉讼的“提速增效”等改革目标尚有空间。[③] 改革完成后，2021年《民事诉讼法》也并未完全吸收繁简分流改革试点经验，如未将调解员调解达成的调解协议纳入司法确认程序适用范围；未将公告送达纳入简易程序适用范围等。此次改革和2021年《民事诉讼法》也均未对司法实践运行中普遍存在的“繁案”与“简案”识别、审判方式的简化等技术规则应用事宜作出细化，影响繁简分流效果。上述争议是否均是司法实践中切实面临的难题？改革以来，尚有哪些司法痼疾未解决、有哪些新问题待解决？对此，亦有必要在深入开展实证研究的基础上，全面、综合剖析其中原因，并对标试点改革与2021年《民事诉讼法》，寻求立法和司法解决完善之道。

（二）繁简分流改革中“公正与效率”的价值冲突与平衡

“公正与效率是司法的永恒价值追求，是司法体制改革的‘落脚点’和

---

① 改革的积极作用相关论述，参见张宝山：《简案有质量　繁案出精品——民事诉讼程序繁简分流改革试点中期报告审议侧记》，载《中国人大》2021年第8期；高司平：《深化民事诉讼程序繁简分流改革试点　推动民事诉讼制度发展完善》，载《人民司法》2021年第31期。

② 参见王韶华、李军波：《繁简分流改革背景下的民事诉讼程序设置研究》，载《中国应用法学》2021年第4期。

③ 相关论点参见何云、及小同：《二审民商事案件独任审理的适用情形及程序转换研究》，载《法律适用》2021年第10期；张昂：《论民事普通程序独任制的适用范围——基于民事诉讼程序繁简分流改革实践的分析》，载《周口师范学院学报》2021年第6期；党振兴：《民事诉讼繁简分流机制现状考察及进路探究——以M县人民法院繁简分流及案件分配探索为样本》，载《南海法学》2021年第6期；于涛、刘新星：《小额诉讼程序改革的法理审视与制度完善》，载《云南民族大学学报（哲学社会科学版）》2022年第4期；等等。

‘试金石’”。[①] 繁简分流改革亦是如此,希冀在更高层次上实现公正与效率的统一。30 年的繁简分流改革证实,其出发点与落脚点主要是为了应对法院“案多人少”的审判矛盾,即效率始终是繁简分流改革最迫切的价值追求,司法实践中不免出现了“重效率轻公正”现象。也正因如此,理论界对繁简分流改革始终颇有微词,认为改革一味追求效率,呈现服务法院单方导向性,而忽视当事人需求,对当事人程序权益和实体公正保障不足,大量关于繁简分流的理论研究都在探求实现司法公正的改革举措。甚至有观点称,此次繁简分流改革包括修法的实质是,“由于案件数量的增加,在现行民事诉讼法的框架下无法实现更高效率的审判,与诉讼公正并没有直接关系”[②]。聚焦此次改革,“司法公正”“司法效率”居于何种改革定位?司法实践在提高诉讼效率的同时多大程度保障了“司法公正”?当事人的诉讼权利有无受到减损?亟须通过理论探讨和实证检验予以回答。

在规范性层面,课题组经梳理与繁简分流相关的司法规范性文件[③]发现,如表 0 – 1 所示,在繁简分流改革的“司法效率”“便民利民”“司法为民”“司法公正”四大主要理念价值中[④],一方面,司法效率频次最高,司法公正频次则处于末端,效率与公正价值的关注度失衡。但另一方面,“司法公正”价值考量始终伴随繁简分流改革推进而存在,却也是不争的事实。尤其自系统推动繁简分流改革以来,纠纷解决效能不断提升,法院案多人少压力得以缓解,“司法公正”出现频次不断增加,其正逐渐成为决策者最为关注与重视的价值考量。例如,《繁简分流若干意见》写明繁简分流改革制度化的目标在于“进一步优化司法资源,提高司法效率,促进司法公正”。《民诉分流试点方案》和《民诉分流实施办法》明确指出,改革旨在“全面促进司法公正、提升程序效

---

① 李承运:《深化诉讼制度机制改革 促进司法公正与效率相统一》,载《人民法院报》2020 年 9 月 8 日,第 2 版。

② 张卫平、张海燕、王德新:《面向当下与未来的民事诉讼法——关于进一步修改完善民事诉讼法的对话》,载《山东法官培训学院学报》2022 年第 3 期。

③ 截至 2022 年 7 月 30 日,课题组在北大法宝数据库“法律法规”栏目输入“繁简分流”关键词,全文检索共得到 216 个中央法规词条。根据法规类别进一步筛选与民事诉讼繁简分流相关规定、剔除重复性词条,最终共筛选出司法文件 44 个。

④ 通过对能够反映繁简分流改革目标、原则或主要思想的内容予以词频统计发现,规范性文件中与繁简分流紧密关联的词条主要有:司法效率、便民利民、减轻涉诉群众诉累、司法为民、司法公正、提高审判质效、维护当事人合法权益、尊重当事人程序选择权等。其中,被提及最多的价值字眼是“司法效率”“便民利民”“司法为民”“司法公正”。

能”,指明繁简分流改革最终效果要体现在“审判质效、司法公信力与人民群众获得感的提升上”①。以此次改革为例,新增修的多处条文都规定以当事人同意为前提,比如,规定双方当事人可以约定适用小额诉讼程序;第二审案件适用独任制审理,须经双方当事人同意;当事人认为适用小额诉讼程序或独任制审理案件违反规定的,可以提出异议等。彰显出对当事人程序选择权、程序异议权和其他诉讼权益的充分尊重。

表 0-1　我国民事诉讼繁简分流改革价值追求词频统计

单位:个

	司法效率	便民利民	司法为民	司法公正
第一阶段	3	2	1	1
第二阶段	11	9	4	1
第三阶段	6	1	2	2
第四阶段	6	2	4	3
合计	26	14	11	7

注:关于“司法效率”,部分文件使用的是提升诉讼效率,还有部分文件使用的是提升司法效率,为便于统计归纳,均列入“司法效率”;关于“便民利民”,统计时将“两便原则”、方便群众诉讼字眼类均纳入统计。关于“司法为民”,将以人民为中心等相关字眼纳入统计。统计时,同一个文件中同一项价值只统计一次。

依循改革试点规定,聚焦司法实践,一方面,司法质量、效率进一步提升,改革成效逐步显现。例如,经过一年试点探索,小额诉讼案件平均审理期限27天,少于法定审限的一半;小额诉讼提起再审率为0.1%,再审改发率为0.01%。简易程序平均审理期限48天,较法定审限缩短42天;简易程序案件上诉率为7.6%,二审改发率为0.8%,较试点前同比分别下降18.1%和13.4%。独任制一审案件上诉率为6.1%,二审改发率为0.6%,同比分别下降27%和29%;独任制二审案件提起再审率为0.6%,再审改发数为17件,案件质量指标一定程度优于合议制案件。② 但另一方面,试点改革也面临不少困难,暴露出一些问题。例如,法院引导当事人适用诉前调解一定程度减

① 李承运:《深化诉讼制度机制改革　促进司法公正与效率相统一》,载《人民法院报》2020年9月8日,第2版。

② 参见周强:《最高人民法院关于民事诉讼程序繁简分流改革试点情况的中期报告——2021年2月27日在第十三届全国人民代表大会常务委员会第二十六次会议上》,载《人民法院报》2021年3月1日,第1版。

弱了当事人解纷的自主性与自愿性；电子诉讼的启动与转换普遍由法院主导，未充分尊重当事人对诉讼方式的选择权；针对小额诉讼程序和独任制审判组织适用，尽管改革赋予了当事人异议权，但司法实践过于追求效率，当事人程序性权利保障不足，且欠缺恰当救济措施不利于当事人实体权利的保障等。

"公正优先、兼顾效率"始终是改革应然的价值追求。自繁简分流改革以来，司法决策者与实践者始终希冀实现"公正"与"效率"价值并重。此次改革如何有效实现"简化程序不减权利""提高效率不降标准"？如何有效实现提质增效改革目标，达到繁简分流最优值？基于此，以"公正"与"效率"为逻辑主线，课题组着重围绕审判质效展开实证研究，进一步厘清民事程序改革方向，探寻繁简分流体系发展完善之道。

二、研究现状

相较实务界对繁简分流探索的时间起源 1992 年，理论界对"繁简分流"探讨起步稍晚。2003 年之前，理论界几乎没有关于该机制的研究。2003 年，傅郁林教授在《法学研究》发表文章《繁简分流与程序保障》，正式拉开了相关理论研究的序幕。此后近 20 年，繁简分流改革讨论从未停歇，研究关注度和成果量基本与国家顶层设计和最高人民法院对改革的推进力度呈正相关，"法源的增多与细则化对学术研究的促进作用已被体现得淋漓尽致"。①

截至 2022 年 7 月 30 日，以"民事诉讼繁简分流"为主题词在 CNKI 可检索出学术期刊 73 篇、博士论文 10 篇、硕士论文 70 篇、会议论文 9 篇、报纸内容 21 份。基于研究学术性、时效性、前卫性等综合考量，课题组重点以 73 篇期刊论文为主梳理与评析已有研究现状。② 总的来说，理论界繁简分流改革

① 参见刘加良：《司法确认程序的生成与运行》，北京大学出版社 2019 年版，第 6 页。

② 10 篇博士论文中，只有 2 篇《民事案件程序分流研究》和《民事诉讼效率研究——以程序设置为主要视角》与繁简分流部分相关，其余 8 篇或属于刑事、行政诉讼领域，或是立案登记制改革、裁判说理、民事诉讼争点整理、民事司法数字化变革与重塑等与繁简分流不具关联性的研究论文。70 篇硕士论文研究相对泛泛，会议论文和报纸内容大多是司法实践经验的凝练总结，观点与期刊论文相近。整体上，期刊论文是各阶段研究观点的典型代表。

研究总基调始终基于肯定态度展开修正类研究，属典型的“改革论”，而非否定其必要性的“废除论”或“替代论”。同时，“改革论”可进一步分为繁简分流适用程序体系研究和繁简分流技术规则讨论两部分。前者侧重宏观系统研究，主要探讨多元化纠纷解决程序的发展与确立，并基于此在繁简分流背景下重构民事一审诉讼程序，系统推进民事诉讼繁简分流改革；后者侧重微观适用研究，主要从技术规则角度讨论繁简分流在司法实务中各诉讼环节的具体适用等。目前，已有研究为课题组奠定了分析基础。

（一）繁简分流适用程序体系研究

该部分讨论从2003年开始偶尔出现，自2012年建立较为完备的一审民事诉讼分流程序开始，迎来了系统化改革反思研究潮并持续至今。

1. 多元化纠纷解决程序的建立与完善

该部分讨论内容较集中且观点较一致，普遍认为，繁简分流背景下，应不断建立健全多元化纠纷解决机制，丰富当事人的解纷选项，着眼完善“递进式”纠纷分层过滤机制，推动实现简案快审、繁案精审。

（1）建立替代性纠纷解决程序。多数学者认为应当强化我国调解制度作用，建立调解前置制度，满足人民群众多元解纷需求。例如，范愉教授认为应以司法为核心建立多元化纠纷解决机制，实现司法调解与行政调解、民间调解的衔接与互补。① 张海燕教授提出应将调解规定为民事案件判决前的必经程序，包括诉前调解前置和诉讼调解强制，并扩展强制性调解程序适用范围。② 张卫平教授认为应赋予调解协议强制执行力。③ 王亚新教授认为出于调解协议强制执行力的较稳妥程序设计，应规定调解协议效力的司法确认程序。④ 潘剑锋教授亦肯定司法确认程序对人民调解协议效力的保障作用，并指明设立该制度是通过司法监督支持人民调解，并非“替代”人民调解。⑤

（2）引入小额诉讼程序。学界普遍认可在我国特定条件下引进小额诉讼程序的重要性与必要性。例如，范愉教授认为改革开放以来我国民事案件不

---

① 参见范愉：《以多元化纠纷解决机制保证社会的可持续发展》，载《法律适用》2005年第2期。

② 参见张海燕：《法院“案多人少”的应对困境及其出路——以民事案件为中心的分析》，载《山东大学学报（哲学社会科学版）》2018年第2期。

③ 参见张卫平：《我国替代性纠纷解决机制的重构》，载《法律适用》2005年第2期。

④ 参见王亚新：《诉调对接和对调解协议的司法审查》，载《法律适用》2010年第6期。

⑤ 参见潘剑锋：《论司法确认》，载《中国法学》2011年第3期。

断增加，司法需求增长，在原有纠纷解决机制不能有效分担诉讼压力现状下，重视小额诉讼程序具有树立司法权威，提高司法资源合理利用和诉讼效率的现实意义。[①] 齐树洁教授认为小额诉讼程序符合“程序相称”“费用相当性”原理，符合司法公正与效率目标，有利于当事人“接近正义”。[②] 傅郁林教授认为在基层法院及其派出法庭，一定数额以下的小额金钱案件应适用强制小额诉讼程序。[③] 李浩教授认为民事诉讼法应增设小额诉讼程序，并允许当事人自主选用。[④]

(3)改革简易程序。学界普遍认为应当完善我国简易程序，增强简易程序“简易度”。例如，左卫民、谢鸿飞教授认为我国简易程序适用范围较窄，与民商事受案压力激增现状不相匹配，应适当扩大简易程序适用范围，增设简易程序选择权，允许当事人自主选用，并允许言词审理与书面审理。[⑤] 章武生教授认为简易程序运行未充分发挥“两便”原则，应当专门设立简易庭，适当扩大简易程序适用范围，简化诉讼程序，包括缩短审期、以一次期日辩论终结、简化法律文书等。[⑥]

2. 民事一审诉讼程序的划分与重构

基于对小额、简易和普通程序间关系定性的不同，现有研究关于繁简分流背景下，民事一审诉讼程序的划分与重构大致呈现三种改革方向。

(1)保留“简易、普通”二元立法模式，细分、优化简易程序

持该类改革方向的相关论者未突破现行立法框架，仍以“简易(小额)、普通”基本程序分类为基调，进一步从细分简易程序、优化简易程序规则、解绑普通程序与合议制捆绑等方面着手解决“简易不简”问题，促进大多数纠纷快速简便化解。[⑦] 最具代表性的研究当属王亚新教授提出的程序分化方案。王

---

① 参见范愉：《小额诉讼程序研究》，载《中国社会科学》2001 年第 3 期。

② 参见齐树洁：《小额诉讼：从理念到规则》，载《海峡法学》2013 年第 1 期。

③ 参见傅郁林：《繁简分流与程序保障》，载《法学研究》2003 年第 1 期。

④ 参见李浩：《民事程序选择权：法理分析与制度完善》，载《中国法学》2007 年第 6 期。

⑤ 参见左卫民、谢鸿飞：《论民事程序选择权》，载《法律科学(西北政法学院学报)》1998 年第 6 期。

⑥ 参见章武生：《简易、小额诉讼程序与替代性程序之重塑》，载《法学研究》2000 年第 4 期。

⑦ 参见沈磊：《民事诉讼程序的简易化与小额诉讼程序的引入》，载《政法论丛》2008 年第 4 期；黄琨：《民事速裁内涵的把握及其未来展望——兼论民事速裁与小额诉讼、简易程序的关系》，载《人民论坛》2013 年第 17 期；潘庆林：《民事案件繁简分流制度的完善——基于对 A 省基层法院的调研》，载《法学杂志》2019 年第 9 期。

亚新教授将简易程序细分为“小额”“速裁”“简易”三种，并提出应解除简易、普通程序分别与独任制、合议制的“捆绑式”关系。以此为基础，勾勒出类型化程序分化方案：标的额比较小、案情相对简单和当事人争议不大的“一般简单案件”，选用三种简易程序；“复杂案件”应当适用普通程序，其中部分可以独任审理的中等复杂程度案件可以采取独任制；“难办案件”亦应当适用普通程序，且可适当放宽审限；“法律上有特殊意义的案件”一般应当适用普通程序，且合议制审理。① 现阶段，我国立法和实践改革普遍采用“简易、普通”二元立法模式下两种程序的进一步细分思路。

(2)赋予小额诉讼程序独立性，打造“小额、简易、普通”程序三元立法模式

不少研究认为，现行立法中小额诉讼程序依附于简易程序，缺失独立地位且同质化严重，制度优势未能充分发挥，是造成繁简分流实际效果不佳的主要原因，提出应赋予小额诉讼程序独立性，构建小额与简易并行运作程序格局。② 例如，论者石春雷提出小额诉讼程序和简易程序在程序理念、价值追求和功能定位方面存在明显区别，不能将其简单视为简易程序的再简化，应基于接近司法、回应型司法和费用相当性原理三大法理基础，构建独立的小额诉讼程序，并修改民事诉讼法增设专章规定该程序，赋予该程序独立的法律地位。③ 法官王韶华、李军波基于二八定律和长尾理论表明应将小额诉讼程序列为独立诉讼程序，构建“小额、简易和普通程序中间大、两头小”的三元并列立法模式。④

(3)构建独立民事速裁程序，形成“非诉、速裁、诉讼”程序格局

相较前两种改革方向，构建独立民事速裁程序打破了现有民事程序类型，重置了各类程序划分，是一种新的制度安排。⑤ 该类改革观点代表是吴英姿教授，其认为，现有速裁程序在本质上没有脱离简易程序框架，“速裁不速”现

---

① 参见王亚新：《民事诉讼法修改中的程序分化》，载《中国法学》2011 年第 4 期。

② 参见潘剑锋、齐华英：《试论小额诉讼制度》，载《法学论坛》2001 年第 1 期；刘敏：《论我国民事诉讼法修订的基本原理》，载《法律科学(西北政法学院学报)》2006 年第 4 期；章武生：《我国民事简易程序的反思与发展进路》，载《现代法学》2012 年第 2 期；肖建华、唐玉富：《小额诉讼制度建构的理性思考》，载《河北法学》2012 年第 8 期；唐力、谷佳杰：《小额诉讼的实证分析》，载《国家检察官学院学报》2014 年第 2 期。

③ 参见石春雷：《小额诉讼程序的分流困境及其破解》，载《北方法学》2021 年第 6 期。

④ 参见王韶华、李军波：《繁简分流改革背景下的民事诉讼程序设置研究》，载《中国应用法学》2021 年第 4 期。

⑤ 参见纪格非：《民事程序类型化的基础与逻辑》，载《社会科学辑刊》2022 年第 3 期。

象普遍且隐含正当性危机，应当跳出“简易程序再简化”思路构建独立的速裁程序。速裁程序本质属性是“略式程序”，是介于诉讼与非讼程序之间的第三种民事程序，具有独立程序价值。构建独立的速裁程序不仅契合最高人民法院“分调裁审”改革意图，且具备程序相称原理的正当性基础，是有效应对法院“诉讼爆炸”现象，满足简单民事纠纷当事人快速解纷需要的良好制度安排。同时，吴英姿教授以构建独立的速裁程序为抓手，对推进繁简分流改革作了全新的系统化制度安排：一是将速裁程序与非诉讼调解、司法确认程序有序对接，提高诉外分流效果；二是用速裁程序改造小额诉讼程序，形成小额速裁程序，改善小额诉讼遇“冷”现象；三是在速裁程序中全面推行要素式审判和电子诉讼。①

（二）繁简分流应用技术规则讨论

该部分讨论主要聚焦于此次繁简分流改革相关的机制运行存在的较为突出的技术性问题和各诉讼环节的简化改革应用事宜，旨在提升繁简分流司法实践可操作性。

1.“繁案”与“简案”甄别

多数论者认为案件繁简判断标准难以通过单一方式界定，一次性精准识别亦不现实，②应加强案件管理实行集中化审理提升效率。③ 例如，有论者提出，案件繁简判断应摒弃列举和排除并行做法，改为列举式单一案件类型化做法。④ 有论者认为，应借助大数据手段，通过对海量数据从案由集中度、当事人情况、争议焦点、审结率、调撤权重和审理周期 6 项标准入手综合分析形成较为科学精准的繁简案区分指引标准。并根据地域特点、受案情况和司法资源等因素动态差异调整该指引。⑤

---

① 参见吴英姿：《民事速裁程序构建原理——兼及民事诉讼繁简分流改革的系统推进》，载《当代法学》2021 年第 4 期。

② 参见江苏省宿迁市中级人民法院课题组：《权利保障抑或效率优先：民事案件繁简分流中的简案识别机制研究》，载贺荣主编：《深化司法改革和行政审判实践研究（上）——全国法院第 28 届学术讨论会获奖论文集》，人民法院出版社 2017 年版，第 530～538 页；周利新：《基层人民法院民事案件繁简分流机制研究》，“第十四届中部崛起法治论坛”论文，2021 年 9 月于太原。

③ 参见王福华：《民事案件管理制度评析》，载《法学论坛》2008 年第 2 期。

④ 参见赵泽君、邓伟强：《民事诉讼快速解决机制的立法思考》，载《西华大学学报（哲学社会科学版）》2010 年第 4 期。

⑤ 参见张龑、程财：《从粗放到精细：繁简分流系统化模式之构建》，载《法律适用》2020 年第 9 期。

2. 裁判文书简化

有法官认为，民事裁判文书是否繁简分流应当结合案情复杂度、证据认定明确与否、案件标的额及社会影响力大小、案件类型和当事人态度等因素综合判断，可以采取填充式、格式化和论文式三种文书形式实现不同的繁简分流效果。① 有法官表示，若有些案件虽适用简易程序但可能实际案情较复杂则也不应允许文书简化，可简化内容也应合理界定在事实构成和判决理由两部分。② 胡仕浩、刘树德则通过"列举＋概括"方式明确了"应当加强释法说理"与"可以简化释法说理"情形。并指出案件审理法院层级不同，裁判文书说理要求不同，二者呈正相关关系。③

3. 庭审方式简化

多数论者提出探索类型化庭审推行集中审理。例如，有论者主张"要素式庭审"；④有法官提出"门诊式"和"要素式"庭审两种方式。⑤ 有论者提出深度融合利用电子卷宗集成新一代要素式智能审判系统，推动庭审由"要素式"向"要素标准化"过渡，确保同案同判及法律适用统一。⑥

（三）已有研究的不足

从学界近20年的探讨来看，民事诉讼繁简分流研究已取得一定成果与进步。一方面，相关讨论深化了学界对各类程序功能和价值定位的基本认识与把握，引起了对繁简分流程序设置应当遵循的原则、理念及多元价值的反思与重视。另一方面，相关讨论正面促进了实务界对公正与效率并重理念的追求，推动更加科学合理地设置分流程序和相应规则。繁简分流司法实践整体朝着被肯定与支持的方向发展，这与司法改革有效吸收学界观点建议不无

① 参见王刚：《民事裁判文书繁简分流的标准与形式》，载《法律适用》2006年第4期。

② 参见王松：《民事裁判文书应繁简分流》，载《法律适用》2006年第12期。

③ 参见胡仕浩、刘树德：《新时代裁判文书释法说理的制度构建与规范诠释（下）——〈关于加强和规范裁判文书释法说理的指导意见〉的理解与适用》，载《法律适用（司法案例）》2018年第18期。

④ 参见林遥：《民商事类型化案件要素式审判机制研究——以C市法院民事庭审优质化改革情况为样本分析》，载《法律适用》2018年第15期；滕威：《要素式审判方法之改进及其运用——提升民事庭审与文书制作效率的新思路》，载《人民司法》2019年第10期；谢冰斌：《要素式审理法在小额诉讼程序中之适用》，载《广西政法管理干部学院学报》2021年第5期。

⑤ 参见黄振东、邱碧媛：《"繁简分流"的深圳探索——以裁判文书和庭审方式改革为重点》，载《人民法治》2016年第10期。

⑥ 参见李鑫、王世坤：《要素式审判的理论分析与智能化系统研发》，载《武汉科技大学学报（社会科学版）》2020年第3期。

联系。理论研究与司法改革互相促进,相辅相成。但已有研究仍存在一些不足:一方面,在研究对象上,现有成果对繁简分流微观和中观层面含义讨论较多,而缺乏立足繁简分流宏观层面针对改革全局的系统性研究,且现存为数不多的部分系统研究尚多发生在此次试点改革之前,即针对此次改革的专题性系统研究极少。另一方面,在研究方法上,现有成果尤其是程序扩展化讨论和改革体系研究,均偏重采用法社会学和法教义学方法。虽然繁简分流规则细化讨论研究采用实证方法相对较多,但数据多来源于2020年新一轮改革之前,时效性不强,不能准确反映此次改革运行现状与效果,相应地,也无法为下一步改革提供最新且全面系统的实证支撑。

三、研究方法与材料

(一)实证研究方法

繁简分流根植于我国司法实践,此次试点改革暂时调整了民事诉讼法部分条文,旨在通过试点实践推动立法修改。聚焦2020年“民事诉讼程序繁简分流改革”,立足繁简分流宏观含义下5项改革内容及多元要素,本课题研究是在上述研究基础上,对繁简分流改革最新发展的探寻与深化。课题组将系统地回答如下问题:此次繁简分流改革是如何具体运行的,成效如何?哪些因素制约了改革效果?以提升诉讼公正与效率为目标,今后繁简分流改革应向何处去?对照2021年《民事诉讼法》,哪些条文经实践检验具备可行性?哪些不应或应当纳入立法,缘由为何?哪些应待修改优化后入法,以及如何修改?课题组将展开系统性研究,以期为繁简分流发展和下一步立法修改提供全面且独特的研究样本。因研究对象(2020年民事诉讼程序繁简分流改革)是一项特定的司法制度改革,故本文主要运用实证研究方法。实证研究是研究者全面观察、准确把握中国法治实践的最佳“窗口”与“通道”,[①]强调对中国法治运行实践的观察与研究。对此次繁简分流改革开展实证研究,不仅可以帮助我们清楚了解改革实践真实面貌,辨析制度运作基本特征,更重

① 参见左卫民:《一场新的范式革命?——解读中国法律实证研究》,载《清华法学》2017年第3期。

要的是向我们提供了从中发现问题、把握问题、解释问题,并在此基础上探寻试点改革内在逻辑,提出合理化和可操作性改革路径的可能。与既有研究相比,研究对象的时效性和实证研究方法应用是本课题成果的创新之处。

实证研究方法具体包含调查研究、观察研究、文献研究、实验研究等多种类型。做好实证研究应选用哪些具体类型,方式不一且很难形成固定范式。① 但定性研究与定量研究互补已是一种共识。“定量研究实际上离不开定性分析”②,定量研究可以对改革实践有一个初步客观认识,定性研究则可助益发现隐蔽的真实及其背后逻辑,检验既有理论,甚至得出全新理论。“最好的法律实证研究是定性与定量相辅相成的”③。因此,课题组采取定性与定量相结合的实证研究分析方法。

(二)研究样本

1. 样本区域

本课题所称的实证研究是对大范围内的多样本的研究,而非局限于实证方法中具体样本或个案的微观研究。应当选择一个具有地区多样本,较多数据样本,并在繁简分流改革成效的变化趋势上与全国整体情况基本一致的地域进行深入考察、分析,如此,方能保证研究要素的相关性,相应地,对繁简分流改革变化因素的分析与结论才可能具有相对普适性。有鉴于此,课题组选择符合上述条件的西部 W 省中心城市 X 市为样本区域。

(1)管辖区域经济社会因素具有多样性

X 市为我国西南地区 W 省省会城市、副省级市,2021 年生产总值达 1.99 万亿元,增速达 8.6%,位列全国十大城市。X 市面积 14,335 平方千米、2119 万余人口,常住人口城镇化率 79.48%,属超大城市。X 市下辖 12 个市辖区、3 个县,代管 5 个县级市,另有 3 个城市功能区。其中,既有经济社会发展快且水平发达、人口多、纠纷类型复杂、创新能力强的主城区,也有经济水平尚不发达、社会发展缓慢和其他指标相对落后的农村地区,以及各项指标介于两者之间的中等发达地区。按照圈层划分,课题组相应将主城区、中等发达

---

① 参见白建军:《论法律实证分析》,载《中国法学》2000 年第 4 期;赵骏:《中国法律实证研究的回归与超越》,载《政法论坛》2013 年第 2 期;唐应茂:《法律实证研究的受众问题》,载《法学》2013 年第 4 期。

② 白建军:《少一点“我认为”,多一点“我发现”》,载《北京大学学报(哲学社会科学版)》2008 年第 1 期。

③ 张永健、程金华:《法律实证研究的方法坐标》,载《中国法律评论》2018 年第 6 期。

地区和农村地区称为第一圈层、第二圈层和第三圈层。根据“案多人少”程度、经济发展水平、纠纷类型多寡、改革创新能力强弱等因素，X市22个基层法院可分别纳入对应圈层，①3个不同圈层法院由此形成。

（2）民商事领域“诉讼爆炸”现象突出

随着X市经济发展、产业结构升级调整以及人口增长，民商事纠纷矛盾愈加凸显。近年来，X市两级法院受理案件数和审结案件数始终居全国副省级城市前列。如图0-1所示，2017~2021年，X市两级法院民商事案件始终保持增势，2021年受理数和审结数更是双双突破30万件大关，分别同比上升37.90个和32.93个百分点。与2011年相比（民事案件受理数73,276件、审结数66,693件），10年间X市两级法院民商事案件受理数和审结数分别增加4.75倍和4.74倍，“诉讼爆炸”现象明显，繁简分流改革需求迫切，可供研究的数据样本量大。

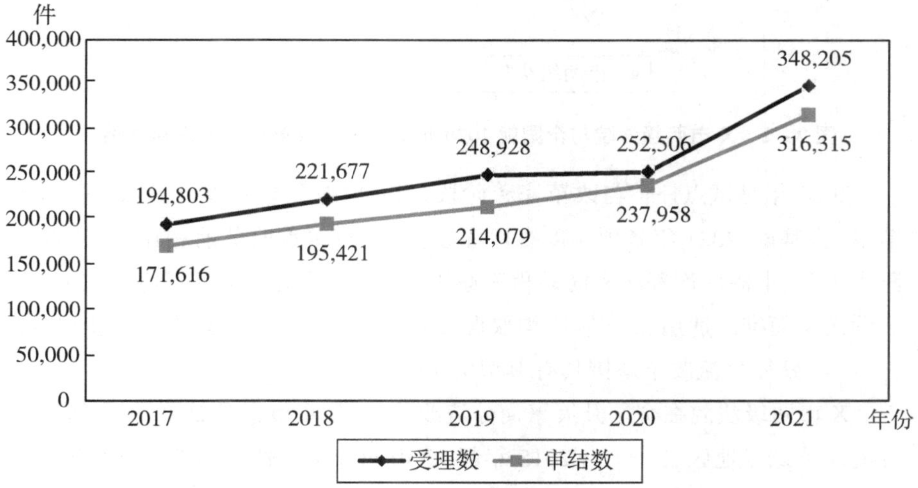

图0-1　2017~2021年X市两级法院民商事案件受理数与审结数

（3）繁简分流改革成效变化趋势与全国整体水平相当接近

如图0-2所示，X市两级法院2020年繁简分流改革质量、效率取得阶段性成效，5项制度相关效果量化指标结果与全国基本持平，甚至个别尚有些微优势。比如，相较全国平均水平，X市两级法院小额诉讼程序适用率高出

① X市有3个功能区，其中1个功能区未单独设立基层法院。

1.41 个百分点,基层法院一审独任制适用率高出 0.45 个百分点。独任制一审案件上诉率和独任制二审案件提起再审率均低于全国平均水平。

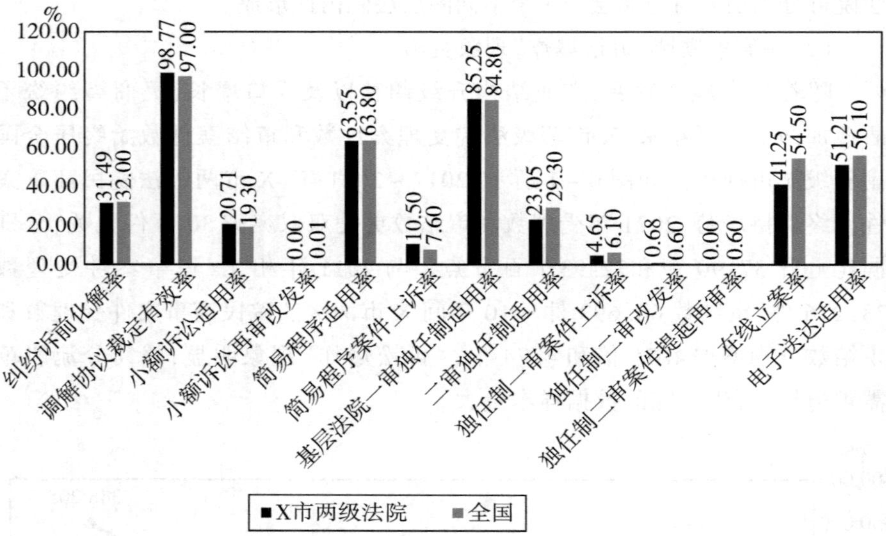

图 0-2　X 市两级法院与全国就 2020 年繁简分流改革试点效果对比情况

2021 年是试点评估与改革完善阶段。以 2020 年改革交出优良“中期成绩单”为基础,2021 年各项制度有序深度推进,与试点改革前相比,司法确认路径拓宽、小额诉讼程序和简易程序适用加强、独任制适用范围稳步扩大、电子诉讼全面推广适用,5 项制度均取得实质进步,司法质量、效率进一步提升。

(4)繁简分流改革举措具有典型引领性

X 市两级法院在全国开展繁简分流改革较早,X 市也是 2020 年全国繁简分流改革试点地区之一。自 2015 年起,该市两级法院便打造特有的“类型化审判”分流模式,率先构建“动态性流程化立体式”繁简分流机制,形成“简案快办、难案精审”审理新格局,于 2017 年被最高人民法院确立为全国案件繁简分流机制改革示范法院,多项繁简分流改革举措得到最高人民法院肯定与推广。① 可以说,X 市两级法院在先期繁简分流改革中具备的问题意识、解决

① 比如,全国首创的 e 线上调解平台,被收录进乌镇世界互联网大会《中国在线服务最佳实践案例》和最高人民法院《中国法院信息化蓝皮书案例》。全国率先探索的诉源治理改革获最高人民法院肯定和中央政法委全国推广,并经 2021 年 4 月中央深改委审议下发的《关于加强诉源治理推动矛盾纠纷源头化解的意见》吸收正式上升为国家顶层制度设计。

能力与创新能力，有效保障了新一轮试点改革纵深发展。自2020年正式启动新一轮繁简分流试点改革，其按照试点启动、强力推进和评估完善3个阶段有序推进各项制度落地落实。[①] 秉持“简化程序不减权利，提高效率不降标准”原则，两级法院探索建立的系列改革举措相继获得认可。比如，“特邀调解倍增计划”、“衍生案件”治理、类型化纠纷“一站式”联动化解被写入X市委市政府2020年11月联合印发的《关于健全诉源治理机制深入推进矛盾纠纷源头预防和前端化解的实施意见》；T区法院“全链条式”司法确认模式、P市法院“立审执监”一体化小额诉讼运行模式、R市法院小额诉讼诉前指引机制等改革案例得到W省高级人民法院肯定。R市法院小额诉讼程序引导机制、A区法院在线诉讼模式入选《人民法院司法改革案例选编》。此外，结合自身试点改革经验，X市两级法院向最高人民法院提出民事诉讼法及其司法解释中与改革试点相关的意见建议41条。第十三届全国人民代表大会常务委员会第三十二次会议通过的《民诉法修改决定》共计修改2021年《民事诉讼法》16条内容，采纳W省法院建议14条，包括X市两级法院提出的部分建议。

整体而言，X市两级法院改革充分发挥了示范引领作用，改革成效凸显，具有样本区域典型性和可借鉴性。

2. 代表性研究样本

在确定研究样本区域为X市两级法院后，课题组即以X市中级人民法院和22个基层法院为整体研究样本展开实证研究。但课题组亦充分意识到实证研究无法穷尽所有样本的固有局限性，故采用“有限却完整”[②]的方法，选取代表性样本予以深入考察分析。在样本选取的代表性上，课题组综合考虑经济社会发展、人案矛盾、案件类型等因素，在22个基层法院中选取14个基层法院为代表性样本法院，以克服研究样本非典型性与有限性的缺陷，并进一步从中选取3个基层法院为典型性代表法院，以“小切口”式丰富实证研究。借助上述整体研究样本和代表性样本，按照“全面调查、重点兼顾”结合的实证研究思路，通过由“体”到“面”、由“面”及“点”的层层推进式“深描”，课题组对X市两级法院繁简分流改革情况形成了全方位、立体化的把握。

需要特别强调的是，课题组选取14个基层法院时，囊括了3个不同圈

① 2020年2月，X市中级人民法院印发《关于全市法院民事诉讼程序繁简分流改革试点的实施方案》，部署指导试点改革在全市范围顺利推开。5月，改革进入强力推进阶段。

② 王亚新等：《法律程序运作的实证分析》，法律出版社2005年版，第7页。

层,体现了显著不同的圈层特征,且兼顾同一圈层法院的覆盖面,在每个圈层至少选择了3个基层法院,“面”层面的样本法院选取具有科学性与合理性,能够达到透过局部看整体的理想效果。关于3个“点”层面的典型基层法院选择,因X市中级人民法院于改革之初已综合考虑各个基层法院收案量和结案量、案件特色、改革能力等因素,从3个圈层法院优中选优特别确定A区、B区、L区和R市法院(包含于14个基层法院中)分别为优化司法确认、在线诉讼、扩大独任制、小额诉讼和简易程序5项具体改革的示范性法院。上述示范性法院选择的考量因素无疑与课题组的思路不谋而合,故课题组选择A区、L区和R市3个基层法院为微观层面重点研究对象①。以示范性法院为研究样本,既能确保样本的显著代表性,又能保证实证资料的充分性。

综合来看,上述代表性样本法院尤其是3个典型基层法院是课题组深入考察5项制度试点改革情况,尤其是观察分析影响繁简分流成效变化因素的重要切口,亦是进一步掌握2021年《民事诉讼法》实施后X市两级法院繁简分流改革效果的重要“窗口”。

(三)研究资料

改革之初,课题组便与X市两级法院达成繁简分流改革研究合作意向。自课题批准立项,课题组便在X市两级法院展开持续性调研,时间贯穿两年试点改革和改革完成后的上半年,扎实的前期调研为课题完成实证研究奠定了坚实基础。资料的充分性与真实性是实证研究成功的重要前提,而这两者在很大程度上都取决于资料的来源与收集方式。为保障实证研究的科学性、全面性、客观性与深入性,课题组综合采用全局性研究、座谈访谈、问卷调查、典型个案追踪等主观和客观相结合的多种调研技法,②经过为期两年的调研,收集到了宝贵且翔实的第一手资料。在此衷心感谢X市两级法院为课题组调研提供的便利与支持。

一方面,课题组在X市中级人民法院考察了全市及14个基层法院繁简分流改革的整体运行情况。另一方面,课题组逐一对A区、L区和R市3个

① A区和B区均是第一圈层法院,而A区人口数量(205万人,2015年)、生产总值(4158.8亿元,2021年)近乎均分别是B区(125.75万人,2020年)(2800.6亿元,2021年)的一倍。前者区域特征更为显著,“案多人少”矛盾更突出,故课题组选取A区法院为第一圈层的代表法院。

② 参见程金华:《当代中国的法律实证研究》,载《中国法学》2015年第6期。

典型基层法院的司法确认、小额诉讼、简易程序、独任制扩大适用和电子诉讼的实践进行了深入考察。调研中,课题组收集了全市和14个基层法院及3个典型基层法院与繁简分流改革有关的文件、数据和案例样本,并面向重点基层法院的一线人员予以访谈、问卷调查等。这些调研资料是课题实证研究的核心材料,构成了定量分析与定性分析的基础。可具体划分为下列几种类型。

1. 数据性资料

根据获取来源和统计方式不同,数据性资料大致可分为三种:一是X市两级法院已有的统计报表、数据情况通报等资料。包括:(1)2020~2021年,X市中级人民法院每月发布的《关于全市法院民事诉讼程序繁简分流改革试点工作的数据情况通报》(以下简称《X市数据通报》),共计24份;(2)2019~2021年的《优化司法确认程序情况统计表》《适用小额诉讼程序办理案件情况统计表》《简易程序案件办理情况统计表》《审判组织适用情况统计表》《电子诉讼开展情况统计表》(以下统称《情况统计表》)。《情况统计表》数据期间选择为2019~2021年,以便用2019年改革前的数据与2020~2021年改革期间的数据对比分析。① 整体上,《X市数据通报》《情况统计表》全面囊括了两级法院5项改革数据,是全样本数据,助益课题组从宏观层面整体把握X市两级法院改革发展趋势。二是X市专门为便于观察与评析此次繁简分流改革成效设计的随案调查表。因大量具体反映5项改革内容成效的个案微观数据无法直接从审判系统获取,如司法确认案件调解主体类型和协议履行情况,审判程序转换和审判组织变更的批准转换/变更主体和具体原因,线上庭审的次数和时长等,故定制该表以满足考察改革成效实证之需,并要求由各基层法院逐案从案卷材料中一一查阅填报完成,相关数据的真实性、准确性、可信度有所保障。② 其包括《一审审判程序及审判组织情况随案调查表》《二审审判组织及庭审情况随案调查表》《司法确认案件随案调查表》(以下统称《随案调查表》)。《随案调查表》数据类型涵盖面广,既涉及

① 2019年,X市两级法院已探索实施部分与繁简分流相关制度,且与2020年试点改革时间相邻,最能贴切反映试点前现状。

② 虽然人工填报因填报人员工作素能多方面因素影响,无法完全排除不准确的问题,课题组在数据统计与处理中也确实发现了漏填错填情况,但总体来说,只是个别现象,占比不高,整体上不影响对繁简分流改革运作的把握及原因分析。而且课题组在使用数据时并非完全“拿来主义”,而是根据统计方法对数据作了标准化处理,可信度和可用度均有保障。

基本信息[①]、上诉情况[②]，还周密涵盖了有关审判程序[③]、审判组织[④]、庭审情况[⑤]的过程性指标和审结情况[⑥]等结果性指标，给课题组提供了深入分析14个代表性基层法院改革现状，尤其是剖析相关现象及结果产生原因的关键数据来源，填补了课题组在中观层面得出相关结论的实证空缺。[⑦] 三是课题组根据研究需要而作的提取与统计，这又包括两部分：其一，课题组通过检索审判系统全面获取到的A区、L区和R市3个典型基层法院2019～2021年及2022年1～6月[⑧]的民诉前调（民诉先调）、民初、民特、民执字等全量样本数据。既是“全量样本数据”，即每一个案件涉及的清单项下数据均覆盖在内，包括案由、标的额等基本情况，立案/结案时间、审判组织、适用程序、实际审

① 一审和二审诉讼案件的基本信息要素包括：当事人信息（原告、被告或第三人）、案由、先行调解、反诉、立案标的额、承办人及办案年限等。司法确认案件基本信息还包括：申请方式（线下/和合智解流转/网上立案平台）、案件来源（人民调解/当事人自行选择特邀调解/诉前委派调解/诉中委托调解）、管辖依据（作出委托、委派的法院/调解组织所在地法院/调解协议签订地法院）、调解主体名称、确认的基础法律关系。

② 上诉情况具体要素包括：上诉原审地位及数量、上诉渠道、上诉请求（全部改判/部分改判/发回重审/驳回起诉/其他）。

③ 审判程序具体要素包括：初定程序、程序转换、批准转换主体（院长/庭长/团队负责人/法官自行决定）和转换原因。

④ 审判组织具体要素包括：初定组织、初定时间、当事人是否对独任制提出异议、异议人、审判组织变更及变更原因、变更时间、批准变更主体（院长/庭长/团队负责人/法官自行决定）和变更方式。

⑤ 庭审情况具体要素包括：有无程序简化、庭审方式（线上/线下，相应次数和时间），调查方式（线上/线下，相应次数和时间）、有无证人出庭/鉴定情况、庭审调整情况（如程序性事项移至庭前，庭审仅审查争议事实，合并法庭调查和法庭辩论）。

⑥ 审结情况具体包括要素有：案件决定形式（法官自行决定/团队研讨/专业法官会议讨论/审委会讨论）、裁判文书样式（要素式/表格式/争点式/传统样式）、结案方式（裁判/裁定不予受理/裁定驳回起诉/裁定驳回管辖权异议或移送管辖/调解/撤诉）、审理期限及是否即时履行。

⑦ 需特别说明，相关《随案调查表》只针对2020年改革数据，未囊括2021年改革数据。个中原因经课题组访谈X市中级人民法院试点改革实证研究工作调研指导组联络人后了解到，该表由X市中级人民法院改革之初制作后下发至两级法院，要求各法院每月上报市中级人民法院，由市中级人民法院汇总分析形成每月改革情况通报。第一年改革完成后，通过分析第一年改革数据，X市两级法院基本掌握了改革情况，遂综合多方因素决定，2021年不再人工统计《随案调查表》，因此课题组无法获取到该年度相关数据。诚然知晓官方数据生成与学术数据需求间必然存在一定差异的无奈现实，但不能不说仍是一个遗憾。但尽管如此，仍需申明，《随案调查表》并非课题组定量分析唯一数据来源。除《随案调查表》外，课题组还全面获取到《情况统计表》等数据，综合分析上述不同来源数据足以客观考察改革效果，实证研究准确性有所保障。

⑧ 试点后阶段，重点以2022年上半年为实证分析节点。6个月时间跨度下，司法数据已达到一定样本量，司法趋势亦相对有所呈现，能够较为准确反映2021年《民事诉讼法》实施后繁简分流实践情况。

理天数、结案事由、结案方式、文书上网状态等具体审理信息。这些数据对于考察与把握改革前与改革时，以及改革试点阶段与改革完成后正常状态下5项改革制度的运行变化和繁简分流效果提供了更多可能，是课题组全面把握改革“来路”，探寻“前路”的重要依据。其二，课题组通过卷宗材料提取的相关数据。根据研究需要，课题组事先设计调研信息量化表格，在阅读案卷过程中提取相关信息作为原始数据，然后依据一定的标准与要求予以统计与处理。例如，课题组为进一步分析简易程序各庭审简化事项现状及对诉讼效率的作用，事先制作庭审环节构成及各环节所花时间量化表格，通过观看典型法院代表性案件庭审录像方式提取到相关信息，经实证分析得出“当事人身份核实”“权利义务告知”“庭审纪律宣示”优化空间较小，诉讼效率提升空间有限结论。整体而言，该部分数据性资料针对性更强，是课题组细化分析改革成效的重要依据。

2. 座谈、访谈记录和调查问卷

除定量研究外，课题组注重结合定性研究开展实证分析。一方面，召开专题座谈会，以听取汇报、交流讨论等方式向X市两级法院集中全面了解繁简分流改革情况。2021年，围绕5项改革内容，课题组分别就试点一年的中期改革和两年改革完成后的现状、成效问题与解决对策等，先后与X市两级法院联合组织开展6次专题座谈会。座谈时间维度贯穿2021年整个年度，确保课题组动态性掌握改革发展趋势。座谈对象包括X市两级法院分管或协管试点工作院领导、改革责任部门和研究室负责人及相关一线办案人员等，具有广泛性和代表性。以上专题座谈会内容经课题组整理形成了20余万字的会议记录，是课题组定性研究与写作的重要素材。另一方面，就改革对诉讼工作尤其是审判工作的实际影响，课题组重点深入A区、L区和R市法院，根据提前拟定的访谈提纲与实务人员开展“一对一”“面对面”访谈，形成访谈记录。受访对象既有办案法官、司法辅助人员，也有律师，还有部分当事人和社会公众，同样具有广泛性和代表性，为课题组聚焦3个典型基层法院评析改革提供了丰富的主观性资料。此外，课题组在调研期间还面向X市两级法院内、外相关主体开展问卷调查，重点了解改革认同度与满意度。相较集体座谈、个人访谈专而深，问卷调查受众面更广，多种不同途径所获资料确保了定性研究的全面性。

3. 文件资料

文件资料主要分为两部分：一是自1992年繁简分流出现以来，可查询的与繁简分流相关的出版物、司法规范性文件、政策规定、领导讲话等公开性文字材料，以及司法统计、法律年鉴和全国各级法院已经公布的工作报告及报道等资料中所载的官方数据。二是课题组在调研期间，通过查阅法院工作网站摘抄的一些资料，以及样本法院提供的部分文本资料原件或复印件，包括X市两级法院制定的30余份繁简分流改革核心方案及20余项系统工作举措等。座谈访谈中，X市两级法院提及改革之初便印发《关于全市法院民事诉讼程序繁简分流改革试点的实施方案》（以下简称《X市实施方案》）等指导性文件，之后改革过程中结合运行实际，及时总结经验制定了司法确认、小额诉讼程序、简易程序、独任制审理实施细则等操作性文件，使司法一线人员有规可循、有法可依。在一定程度上，这两部分文件资料是课题组从"历史"视角认识繁简分流改革，进而立足当下挖掘此次改革初衷与目标，以及支持相关结论的一些依据。对此，课题组均收集在案。

4. 个案资料

课题组还有针对性地跟踪调研了典型试点法院部分个案，收集了有关案件样本资料，如司法确认案件调解笔录及调解材料、询问笔录、民事裁定书等个案信息，并根据现场切身观察形成记录材料。这些个案资料细微反映了相关因素对繁简分流改革各项制度运行的具体影响，有利于课题组在定性层面更准确地把握改革方向。

四、研究框架与思路

本课题围绕如何"推进案件繁简分流、轻重分离、快慢分道"的民事诉讼核心改革要义，运用实证的研究方法，对研究对象——民事诉讼程序繁简分流改革展开理解与分析。其目的在于在系统梳理繁简分流改革5项制度规则要点背景下，深度描述5项制度具体运行实态及表现特征，客观揭示其改革成效并解释个中原因，进而在反思问题及剖析成因基础上探讨进一步的完善建议。最终从"公正与效率"两大价值出发，结合5项制度的实证分析整体回答此次繁简分流改革"有无提升效率""是否减损权利"，是否达至最优解纷状态？并探寻今后改革发展方向,推动民事诉讼制度完善这一重大理论与实践问题。据此,课题组将文章结构分为了3个部分:导言、正文与结论。

导言部分旨在破题。课题组以2020年繁简分流试点改革完成及2021年《民事诉讼法》施行为切入口,梳理繁简分流改革30年的演进历程,指出2020年试点改革背景及不同以往3次改革之处,确立了课题组专题研究的核心内容及进步意义;同时申明繁简分流改革对"公正与效率"价值的追求,指出将围绕该价值主线展开实证分析,以此评析改革成效,并对比试点改革和2021年《民事诉讼法》,力争提出立法和司法完善建议,为今后改革发展提供有益参考。另外,导言部分还对本课题的实证研究方法、研究样本和研究资料作了简要说明。

由于本课题是一项关于民事诉讼繁简分流改革的实证研究,考虑到此次改革涉及的5项制度之间彼此相互独立,而且课题组希冀从每项制度单独入手,全面细致地研究其自身的改革实践情况,因此正文部分按照优化司法确认程序改革、完善小额诉讼程序改革、完善简易程序规则改革、扩大独任制适用范围改革和健全电子诉讼规则改革的实证研究逐一布局。正文共有5章,每一章节的实证研究各自独立成篇,均由改革要点、实证(成效与问题)与完善建议组成。

第一章"优化司法确认程序改革实证研究"。主要考察司法实践中诉前调解协议申请司法确认适用、法院司法审查运行及确认结果执行情况,分析改革成效与存在的问题。课题组发现,尽管司法确认程序具有赋予诉前调解协议强制执行力的司法保障作用,且随多元解纷引导和特邀调解发展,司法确认申请量不断增加,案件办理效率明显提升,裁定结果得到有效执行,促使更多纠纷得以止于诉前。但其在整体民商事纠纷解决中的分流作用比较有限。究其根本,调、审主体解纷联动性不足,调解机制解纷作用发挥不充分是上述问题的主要成因。且司法审查运行还存在职能延伸过度、虚假调解难辨等问题,影响诉前调解与司法确认有效衔接。鉴于此,应正确解读并理性审视司法确认程序非诉解纷"保底"功能,建立民事纠纷公益化调解和商事纠纷市场化调解双轨并推调解模式,充分发挥调解主体作用,扩大诉外解纷分流作用。同时,应赋予调解独立程序价值,司法适度参与诉前调解并有限审查调解协议,保障调解自愿性与自治性。应提高在线解纷适用率,进一步提升解纷效率,并完善虚假调解识别与防治综合配套机制,促进结果公正,有效保障权利人合法权益。

第二章"完善小额诉讼程序改革实证研究"。主要考察小额诉讼程序法定适用、约定适用情况及程序运行机制,分析改革成效及存在的问题。课题组发现,改革扩大了小额诉讼程序适用范围,提升了程序适用率,进一步凸显了小额诉讼程序的效率优势。与此同时,因误读程序功能,且分流实践过于重视"标的额"标准、轻视"争议不大"标准,多方主体存在程序适用顾虑,加之改革过于追求效率,恰当救济措施阙如,致使程序便捷保障实体权利价值受掩、分流效果不佳、"就繁不就简"现象频出,且诱发了司法逻辑异化及再审等风险、权利保障阙如等。基于此,应正视小额诉讼程序功能与局限,重点考量"争议不大"标准。探索程序转换与衔接机制、设立"有效异议——重审"救济机制,充分保障当事人程序救济权益。同时,优化考核机制等配套措施,消除法院程序适用后顾之忧。

第三章"完善简易程序规则改革实证研究"。主要考察简易程序适用情况、简易程序简化运行机制及具体内容,分析改革成效与存在的问题。课题组发现,改革过程中,公告送达案件简易程序适用率逐年增加,简式文书适用率不断攀升,简易程序适用率始终稳居一审诉讼程序首位,其是基层法院民事纠纷解决的主要适用程序的实践地位没有变。同时,改革注重公正,"简程序不减权利",简易程序审判质量保持稳定。或也正因为简易程序诉讼效能发挥已达至较高程度,改革亦同步显露出简易程序适用范围扩大空间相对有限,改革拓展效果不佳,庭审简化空间不大,难促诉讼效率提升等问题。且在程序定位上,立法与实践呈现"两张皮",简易程序的立法定位难以满足其实践需求。鉴于此,立法应顺应实践需求,确定简易程序"普通化"的定位,厘清简易程序"相对简易"本质,构建以简易程序为核心的民事一审诉讼程序体系;合理看待"效率"目标,不一味追求适用范围拓展与程序简化,将公告送达案件纳入简易程序适用范围,并以此为基础不再继续拓展适用空间;探索完善要素式审判、创新推广应用示范诉讼等,在现有简化框架内进一步优化简易程序。

第四章"扩大独任制适用范围改革实证研究"。主要考察基层法院一审和中级人民法院二审独任制适用情况,独任制审判组织运行、转换机制及具体内容,分析改革成效与存在的问题。改革以来,独任制适用范围逐渐扩大,一审和二审独任制适用率逐步上升,"独任制为主,合议制为辅"成为基层法院审判组织适用的基本原则,中级人民法院审判组织基本形成“合议制为主,独任制为辅”的二元结构,在一定程度上节约了审判资源,并有效兼顾程序与结果公正,保障审判质量总体稳定。但与此同时,改革也暴露出独任制适用标准模糊不清、基层法院普通程序适用独任制空间有限、独任制案件整体审判效率优势不彰等问题。且改革呈现司法控制倾向,独任制转合议制的制度适用随意性较大,当事人程序性权利保障不足。基于上述考察,课题组认为,应充分解绑审判组织与审判程序,优化独任制适用标准,将案件难易程度确立为划定两级法院独任制适用条件的科学合理依据;立法继续保留基层法院一审普通程序案件可以独任制审理的规定,合理提升独任制适用率;并通过优化配置独任制审判资源,进一步提升独任制诉讼效率。同时,强化当事人审判组织异议权、赋予当事人一审案件审判组织选择权,构建一审案件“合议制”转“独任制”机制、统一审判组织双向转换时间与裁定主体规定,并严格限制二审独任制案件不开庭审理,充分保障当事人程序性权利。

第五章“健全电子诉讼规则改革实证研究”。主要考察电子诉讼全流程适用情况,在线诉讼审理规则运行及具体内容,分析改革成效与存在的问题。课题组发现,一方面,在线诉讼立案、庭审、电子送达等全流程各环节适用率大幅提升,且趋于稳定,诉讼效率明显提升。另一方面,尽管改革推动实现了电子诉讼全流程化,但实践呈现阶段化、板块化适用特征,在线庭审改革成效有负预期。同时,电子诉讼的启动与转换由法院主导,未充分尊重当事人程序选择权,传统民事诉讼规范一定程度限制了电子诉讼运行。且电子诉讼平台建设质效欠佳,电子诉讼信息安全缺乏必要保障,法院办案成本增加,改革面临投入成本与产出间的较大偏离。鉴于此,下一步,应在跟进相关技术优化打造电子诉讼平台、增强平台安全防护及完善法院内外部配套机制建设基础上,明确电子诉讼合法性依据及适用原则、建立线上线下诉讼方式转换机制、合理界定电子诉讼适用范围、填补电子诉讼各环节规则真空,保障电子诉讼良好运行。

在前述第一章至第五章实证研究的基础上,课题组在第六章围绕繁简分流改革“有无提升效率”“是否减损权利”两个方面综合考量分析 5 项制度质效,以期回应理论界、实务界“效率派”与“权利派”改革争论,并提出未来如何应对案多人少矛盾的民事程序改革方向,是为结论。

第六章“代结语:民事程序繁简分流改革的争点与展望”。课题组的实证研究表明,“效率派”与“权利派”主张的观点均有一定道理,但二者均未得到改革数据的充分支撑。一方面,以效率为导向的繁简分流改革虽在有限程度上提高了效率,但总体上难称显著,且各项改革在效率的提高程度上参差不齐,这似乎显示改革效果已近天花板。另一方面,改革并未明显妨害权利。尽管小额诉讼程序与独任制改革似乎在抽象层面削减了若干程序性权利,但权利整体上尚未受到明显减损,而包括电子诉讼改革在内的部分举措甚至有利于权利实现。概言之,此次效率化的改革不一定与权利妨害相挂钩,也并非与权利保障背道而驰。鉴于此,课题组认为,未来应该在充分实证研究的基础上,更为科学、客观地评估改革的成败得失与是否达至预设目标,检验改革是否契合特定的价值取向,继而设计并试点接地气、可操作、能达至的改革方案,最终有效推进民事诉讼制度的完善与发展。立足繁简分流改革,前瞻未来民事程序改革,课题组在认同权利与效率兼顾的前提下,指出应当继续、适当推进“繁简分流”:一要避免过度追求程序自身简化变革,树立正确纠纷解决观;二要在有限空间内,创新地做“简法”;三要增加审判人力资源投入,同时继续提升人力资源利用率;四要打造“多轨”式解决纠纷的整体图景。

第一章　优化司法确认程序改革实证研究

作为与非诉讼相衔接的纠纷解决机制，司法确认程序是多元化纠纷解决和案件繁简分流的重要制度机制，且极具中国特色。该程序以法院确认调解协议的合法性和有效性并赋予强制执行力的方式，为诉前调解协议"背书"，进而鼓励纠纷主体自愿选择诉前调解，促使更多纠纷止于诉前。从2007年甘肃省定西市中级人民法院最初试点探索"人民调解协议诉前司法确认机制"开始，[①]到2009年《诉非衔接意见》在全国范围内施行司法确认程序，再到2010年《人民调解法》首次从立法层面赋予司法确认程序以合法性，再到2012年《民事诉讼法》扩张司法确认程序适用的调解协议范围，直至此次民事诉讼程序繁简分流试点改革提出"优化司法确认程序"，以及2021年《民事诉讼法》修正2017年《民事诉讼法》第194条确认调解协议案件条款，10余年间，该程序在实践、立法、理论之间反复游走。

① 司法确认程序是由甘肃省定西市人民法院地方经验自下而上快速上升成为全国性立法的多元化纠纷解决机制建设成果。2007年初，定西市中级人民法院在全国率先提出开展"人民调解协议确认机制"试点工作，后不断探索创新，逐步形成"人民调解协议诉前司法确认机制"。该机制在有效化解矛盾纠纷、维护社会和谐方面成效显著，相继获得甘肃省高级人民法院、最高人民法院肯定。2009年5月，甘肃省内全面推行人民调解协议司法确认机制。同年7月，最高人民法院发布《诉非衔接意见》，对司法确认程序作了全面规范与完善，借此地方实践获得全国性司法文件肯定，并先后被规定于《人民调解法》和《民事诉讼法》，获得立法认可。不同于定西市中级人民法院"生成"司法确认程序，此次繁简分流改革重在"优化"。

梳理现有成果,关于司法确认程序研究主要集中于三个方面:一是探讨司法确认程序的制度史、性质、定位、功能等基础理论。[①] 二是以司法确认程序的内部运行为中心,探讨管辖、申请条件、受理与审查、处理等微观适用。[②] 三是从外部角度入手,探析司法确认与调解、执行程序的相互衔接。[③] 整体而言,内容覆盖较为全面、研究产量相对较丰,[④]但仍存在以下不足:一是在研究视角上,大多局限于程序运行的微观讨论,缺乏宏观视角下的理论探讨,对该程序政策导向和价值取向把握不到位,影响诉外多元化纠纷解决效果发挥。二是在研究内容上,现有研究高度集中且相近。普遍持续关注审查方式、审查形式、审查对象、裁判文书形式等实践细节,关注程序定性、既判力有无等理论争议,对部分实践难题始终未给予有效回应,例如,如何防范确认案件的虚假调解,如何保障权利人合法权益等,效率与公正兼顾的研究整体匮乏。三是在研究方法上,现有成果偏重规范研究、文本研究,缺乏系统性的实证研究,司法实践运行的考察不足直接影响研究对策建议的合理性与可行性。四是在研究对象上,现有成果多形成于此次繁简分流改革之前,甚至大量集聚在2010年《人民调解法》赋予司法确认法律地位到2015年发布最高人民法院《关于适用〈中华人民共和国民事诉讼法〉的解释》(以下简称《民诉法解

---

① 关于司法确认程序的基础理论研究,参见潘剑锋:《论司法确认》,载《中国法学》2011年第3期;占善刚:《人民调解协议司法确认之定性分析》,载《法律科学(西北政法大学学报)》2012年第3期;白彦、杨兵:《论司法确认程序的性质》,载《北京大学学报(哲学社会科学版)》2015年第2期;刘加良:《司法确认程序的生成与运行》,北京大学出版社2019年版,第82~119页;胡学军、孙亮:《系统论视角下调解协议司法确认的内在机理与制度优化》,载《江西社会科学》2021年第10期;等等。

② 关于司法确认程序的内部运行探讨,参见廖中洪:《民事司法确认程序若干问题研究》,载《西南政法大学学报》2011年第1期;向国慧:《调解协议司法确认程序的完善与发展——结合〈民事诉讼法〉修改的思考》,载《法律适用》2011年第7期;范愉:《诉讼与非诉讼程序衔接的若干问题——以〈民事诉讼法〉的修改为切入点》,载《法律适用》2011年第9期;胡辉:《人民调解协议之司法确认程序再探——以程序运行为中心》,载《广西社会科学》2012年第5期;王国征等:《调解协议司法确认程序研究》,中国人民大学出版社2019年版,第99~155页;刘敏:《论优化司法确认程序》,载《当代法学》2021年第4期;等等。

③ 关于司法确认程序的外部衔接探析,参见王亚新:《诉调对接和对调解协议的司法审查》,载《法律适用》2010年第6期;姚小林:《司法确认的诉调对接试验及其法治完善》,载《法治研究》2010年第8期;潘剑锋:《民诉法修订背景下对"诉调对接"机制的思考》,载《当代法学》2013年第3期;刘王芳、朱嵘:《调解协议司法确认与执行程序的衔接》,载《法律适用》2013年第11期;王嘎利:《民事司法确认程序与公证调解制度的耦合》,载《云南大学学报(社会科学版)》2017年第6期;等等。

④ 自2007年至2022年8月,以"司法确认"为篇名,在中国知网数据库进行连续性检索,累计下载到期刊论文182篇、硕士学位论文92篇、专著2本。

释》)细化程序规则期间,缺乏对此次繁简分流改革背景下优化司法确认程序的专门研究,时效性与针对性阙如。

鉴于此,课题组选取繁简分流改革试点单位之一的X市两级法院为研究对象,[①]全面把握试点期间X市两级法院优化司法确认程序改革做法,并运用描述性统计等实证方法重点考察改革运行现状。实证分析中,课题组从宏观、中观和微观3个层面逐层递进,全方位、立体化考察X市两级法院优化司法确认程序改革情况。其中,宏观层面考察囊括有X市中级人民法院和22个基层法院改革情况,中观层面考察针对其中14个基层法院,[②]微观层面考察则重点面向A区、L区和R市3个典型基层法院[③],即这14个基层法院尤其是其中的3个典型基层法院,将是课题组重点研究样本。基于两年试点改革和2021年《民事诉讼法》运行半年实证分析,[④]结合改革要点解读,课题组尝试评析司法确认程序的改革成效,反思改革目标实现程度,回应理论界学术关切;厘清尚未解决的沉疴痼疾、新问题及其成因,对照2021年《民事诉讼法》已修内容,探寻进一步的解决路径和对策建议,为今后改革实践提供合理方案,助益诉外分流。

一、优化司法确认程序改革的要点

《民诉分流实施办法》明确规定了扩大司法确认程序适用范围、优化司法确认案件管辖规则、增加中级人民法院级别管辖规定等要点。实践中,受适

---

① X市是我国西南地区W省的省会城市,拥有2093万余人口,2021年生产总值达19,917亿元,经济社会发展快速。作为特大城市,近年来,X市两级法院收案数和结案数位居全国副省级城市第二位,且X市两级法院是繁简分流改革试点单位之一,这一优势条件充分确保了课题组研究的代表性。

② 14个基层法院全面覆盖了X市3个圈层法院,且每个圈层至少有3个法院,以及各分布有1个典型基层法院,样本具有代表性。

③ A区、L区和R市3个基层法院的经济发展、纠纷类型、收案量、结案量和改革创新能力均分别位居X市一、二、三圈层法院前列,A区法院亦是X市优化司法确认程序试点改革的示范性法院,具有样本代表的典型性。

④ 截至2022年8月,2021年《民事诉讼法》已正式运行半年有余,恰为课题组证实或证伪实证观点,验证或纠偏修法建议提供了在反向层面可资对照的材料,为增强研究时效性、全面性,课题组同样以上述A区、L区和R市3个典型基层法院为样本,持续对2022年1~6月程序适用情况展开实证分析,准确把握常态化时期程序适用效果。

用范围有限、调解质效不高、诉非衔接不畅、案件管辖单一等制约，司法确认程序适用自立法以来始终遇“冷”。为进一步改善适用现状，司法确认程序在“变”与“不变”间实现了“固本”与“优化”。结合此次改革背景和改革要点，可以看出，司法确认程序核心本质未发生变化并在改革中得以“巩固”，即始终服务于促进调解协议实效化、降低民事纠纷成讼率，回应人民群众多元解纷需求，“将非诉讼纠纷解决机制挺在前面”。以此为前提，在已有程序基础上，改革着力通过适用范围、调解资源配置和管辖规定等方面的“优化”，促进司法确认程序适用向好。

（一）合理拓宽适用范围：从“有限控制”到“全面放开”

《民诉分流实施办法》将特邀调解组织或者特邀调解员主持调解达成的民事调解协议纳入司法确认范围，司法确认程序适用不再仅限于人民调解协议，适用范围合理拓宽。

梳理相关法律法规发现，司法确认程序适用范围呈“V 字形”发展，经历了从“相对较广”到“有限控制”再到“全面放开”的趋势变化。2010 年《人民调解法》颁布之前，最高人民法院通过的《关于人民法院民事调解工作若干问题的规定》（以下简称 2008 年《民事调解规定》）①、《诉非衔接意见》和《关于进一步贯彻“调解优先、调判结合”工作原则的若干意见》（以下简称《调解优先若干意见》）基本将人民调解、行政调解、行业调解、商事调解或其他具有调解职能的组织达成的协议均纳入司法确认范围。② 其中，2008 年《民事调解规定》还规定个人调解达成的调解协议亦可申请司法确认。整体呈现“相对较广”局势，有利于最大程度将纠纷化解在前端。但这一局势在之后立法中始终未正式固定。2010 年《人民调解法》和 2012 年《民事诉讼法》均将司法

① 2004 年 8 月 18 日，最高人民法院审判委员会第 1321 次会议通过（法释〔2004〕12 号），2008 年第一次修正时仅调整个别条文序号，内容未变化，包括第 3 条第 2 款内容始终未变。鉴于司法确认于 2007 年率先提出，2008 年《民事调解规定》从时间上更为接近，故此处选择引用 2008 年《民事调解规定》。

② 参见 2008 年《民事调解规定》第 1 条第 2 款规定，相关企业事业单位、社会团体、其他组织或者个人调解达成的调解协议可以申请法院依法确认；《诉非衔接意见》第 20 条规定，经行政机关、人民调解组织、商事调解组织、行业调解组织或者其他具有调解职能的组织调解达成的具有民事合同性质的协议，当事人均可申请法院确认其效力；《调解优先若干意见》第 29 条规定，人民调解、行政调解、行业调解或者其他具有调解职能的组织调解达成的协议均可申请司法确认。

确认程序客体范围有限控制为人民调解协议。① 事实上,2011 年最高人民法院通过的《关于人民调解协议司法确认程序的若干规定》(以下简称《调解司法确认规定》)和中央综治委、最高人民法院等 16 家单位共同印发的《关于深入推进矛盾纠纷大调解工作的指导意见》(以下简称《大调解意见》)均不同程度对程序客体范围作了扩大规定。② 更有甚者,2012 年《民事诉讼法》修正,同年 4 月,最高人民法院印发的《关于扩大诉讼与非诉讼相衔接的矛盾纠纷解决机制改革试点总体方案》的通知(以下简称《扩大诉非衔接试点方案》)依然秉持司法确认客体范围开放式设计态度,该方案第 11 条规定“经行政机关、商事调解组织、行业调解组织或者其他具有调解职能的组织调解达成的协议”,可参照《调解司法确认规定》申请确认其效力。但 8 月正式颁布的 2012 年《民事诉讼法》最终未立法承认全面放开式规定,表明了立法者的稳妥审慎态度。不过,此次修法也并未完全限制全面放开客体范围的可能性。2012 年《民事诉讼法》第 194 条规定中的“人民调解法等法律”和“调解组织”两个关键词,可以说为以后赋予其他调解协议法律确认效力留了“一扇窗”。③ 实践证明,2012 年《民事诉讼法》非绝对化规定属先见之举,从 2015 年施行的《民诉法解释》第 353 条规定中便可得到证实。该条规定只写明“申请司法确认调解协议的,可以向调解组织所在地基层人民法院或者人民法庭提出申请”,并未指明是人民调解协议。理解文本用意,实则传达出发展信号,即经“非诉调解组织主持达成的调解协议均可申请司法确认”,重提全面放开式客体范围设计。同时,2012 年《民事诉讼法》实施以来,司法实践并未严格按照该法第 194 条规定只确认人民调解协议效力,而是对其他调解主体主持达成的调解协议也不同程度予以确认。④ 立法规定和司法实践呈现“两张皮”,有必要改变此现象,实现二者统一,促使司法确认程序“依法运行”和“最优运行”。

在此背景下,此次改革正式拉开司法确认程序客体范围全面放开序幕,

① 参见 2010 年《人民调解法》第 33 条规定,只有经人民调解委员会调解达成的调解协议,双方当事人认为有必要的,可以共同向法院申请司法确认;2012 年《民事诉讼法》第 194 条规定,申请司法确认调解协议,由双方当事人依照人民调解法等法律,共同向调解组织所在地基层人民法院提出。

② 参见《调解司法确认规定》第 13 条规定,经人民法院建立的调解员名册中的调解员调解所达成的协议也可以申请司法确认;《大调解意见》第 3 条规定,人民调解组织、行政调解组织或者其他具有调解职能的组织调解达成的调解协议均可以申请司法确认。

③ 参见刘加良:《司法确认程序的生成与运行》,北京大学出版社 2019 年版,第 143 ~ 144 页。

④ 参见刘加良:《司法确认程序的生成与运行》,北京大学出版社 2019 年版,第 141 ~ 143 页。

并通过2021年《民事诉讼法》立法固定。2020年1月,最高人民法院通过的《民诉分流试点方案》和《民诉分流实施办法》明确将程序客体范围扩大至“人民调解委员会、特邀调解组织或者特邀调解员调解达成的民事调解协议”。同时,改革之初同步下发《关于进一步完善委派调解机制的指导意见》,细化规定委派调解范围和流程等,依法扩大委派调解案件范围,保障特邀调解与诉讼有效衔接。两年试点期间,全国15个省(区、市)的20个城市建立健全特邀调解名册、完善诉非衔接机制等,不断探索司法确认程序适用范围全面放开的必要性与可行性,为立法承认全面放开式规定奠定了扎实的实践基础。此次改革前,最高人民法院于2016年发布的《关于人民法院进一步深化多元化纠纷解决机制改革的意见》(以下简称《多元纠纷解决意见》)和2016年、2017年分别推行的法院特邀调解工作和律师调解试点工作,亦为立法全面放开司法确认程序客体范围积累了丰富经验。《多元纠纷解决意见》将程序适用范围规定为行政机关、人民调解组织、商事调解组织、行业调解组织等各类具有调解职能的组织调解达成的调解协议,以及“由法院委派经特邀调解组织或者特邀调解员调解达成的协议”,先行试行全面放开规定;特邀调解和律师调解试点工作确保了程序适用范围拓宽的规范性。基于试点改革实践成果,2021年《民事诉讼法(修正草案)》(以下简称《民诉法草案》)迈向“全面放开”终极目标。第202条规定,“经依法设立的调解组织或者依法任职的调解员主持达成调解协议”有权申请司法确认。相较《民诉分流实施办法》,《民诉法草案》适用范围规定无疑更广。特邀调解只是人民法院内部机制,而依法设立或任职的调解则将其他多元解纷主体都囊括其中,包括其他自治性、市场化的调解主体等。可以说,《民诉法草案》为未来多元纠纷解决预留了更大空间。2021年《民事诉讼法》充分吸收该做法,标志着离“将非诉讼纠纷化解机制挺在前面”的目标更近一步。

不过,2021年《民事诉讼法》删减了“依法任职的调解员”表述。试点中发现,绝大部分调解员基本都被纳入调解组织实行名册管理,很少有调解员以个人名义主持达成调解协议的情形。因此,最终只保留依法设立的调解组织主持达成调解协议申请司法确认的资格。虽然从表述层面看,适用范围“似有收缩”,但就本质而言,仍呈“全面放开”样态。同时,排除个人调解只承认组织调解的做法,也反映出改革在拓宽范围中的一贯审慎态度。毕竟诉前调解协议一旦经法院确认有效便具有强制执行力,需重视诉前调解的规范管理,把好"入口关"。随司法确认程序适用范围拓宽,有意见提出会不会导致确认案件数量激增,并表达出司法确认强制执行力可能会削弱调解自治解纷能力,将法院案多人少的诉讼矛盾转移为后续执行压力的担心。改革中确认案件数量具体多少、有无出现激增情况,当事人自动履行调解协议和确认有效后申请强制执行比例如何,有无解纷矛盾后移现象等,均有待实证考察。

(二)健全特邀调解制度:从"构建体系"到"细化规定"

《民诉分流实施办法》第2条明确提出建立特邀调解名册并对名册管理,强调特邀调解制度在繁简分流中的重要性。一直以来,我国调解主体门槛设置较低。《人民调解法》第14条规定,只要成年公民"公道正派、热心人民调解工作,并具有一定文化水平、政策水平和法律知识"便有资格担任人民调解员。实践中,调解主体能力参差不齐,调解质量普遍不高,诉前解纷效力过低,以"东方经验"美誉著称的人民调解在多元纠纷解决中空间发挥有限。在该现状下,特邀调解制度应运而生并在此次改革中进一步发展。

特邀调解的出现可以追溯到2010年《调解优先若干意见》,该规定第26条明确提出建立特邀调解员网络库,并将目标人群锁定在人大代表、政协委员、基层干部、人民陪审员、离退休干部和社会各界人士。之后,一方面,特邀调解不断扩大主体资格范围。2011年《大调解意见》和2012年《扩大诉非衔接试点方案》在特邀调解员基础上,将行政职能部门、人民调解组织及其他具有调解职能的组织纳入特邀调解主体资格范围,指出建立特邀调解员和特邀调解组织名册制度。2014年《关于确定多元化纠纷解决机制改革示范法院的决定》和2016年《多元纠纷解决意见》继续沿袭《扩大诉非衔接试点方案》特邀调解名册制度精神,提出进一步拓宽特邀调解组织及调解员选任领域,完善名册公开、工作考评、退出等机制和职责范围规定,特邀调解队伍不断加强。另一方面,特邀调解不断提升主体专业性。比如,《扩大诉非衔接试点方案》在42家法院开展试点工作,将专家学者、律师、仲裁员等专业性人员纳入特邀调解员入册范围,实现了特邀调解资源优化配置,提高了调解专业化程度。[①] 基于前述历次规定精神和实践经验,2016年7月,最高人民法院专门制定《关于人民法院特邀调解的规定》固化改革成果、细化完善规定,"相对完

---

① 参见李少平主编:《最高人民法院多元化纠纷解决机制改革意见和特邀调解规定的理解与适用》,人民法院出版社2017年版,第370~371页。

备”的特邀调解制度体系初步形成。① 一方面,规定了开展调解应当遵循的原则、权利义务、运行流程及具体操作等,特邀调解和诉调对接更加规范有序;另一方面,规定了特邀调解入册模式,包括主动申请和法院邀请两种,并明确了法院的指导、管理、考评等职责,推动特邀调解更加公正高效。

此次改革中,《民诉分流实施办法》充分吸收经验做法,提出“加强特邀调解名册管理,完善诉前委派调解与司法确认程序的衔接机制”,经特邀调解达成的调解协议可以申请司法确认的“制度红利”变化也将成为完善特邀调解制度的实现路径。② 不过,《民诉分流实施办法》只笼统规定“按照规定的程序和条件”确定特邀调解组织和特邀调解员,对何谓“规定的程序和条件”未明确,名册管理欠缺指导性。改革进行至中后期,2021 年 6 月最高人民法院针对特邀调解专门下发《关于进一步健全完善民事诉讼程序繁简分流改革试点法院特邀调解名册制度的通知》(以下简称《特邀调解名册制度通知》),改进名册建立模式为“分建分管、统建共享”,并区分特邀调解组织和特邀调解员,以列举方式分别明确二者入册条件,优化入册程序,实行特邀调解双重管理等,③填补了《民诉分流实施办法》的制度空缺,为特邀调解名册制度实践提供了可具操作性的指导。整体而言,随改革推进,特邀调解制度逐步“细化完善”。特邀调解制度健全运行下,特邀调解主体数量提升,人员结构丰富,发挥了诉前调解积极作用。试点结束,针对试点的民事诉讼法专项修改吸收特邀调解改革成果,明确主体资格的合法标准,将调解主体规定为“依法设立的调解组织”“依法任职的调解员”。相较《民诉分流实施办法》,《民诉法草案》和 2021 年《民事诉讼法》的资质要求更规范、更高,相应地,非诉调解合法性、司法性更强,诉前解纷效果更权威、更彻底。特邀调解制度具体效果达至何种程度,诉前调解质量和效率有无双提高,是否有效服务于司法确认程序等,则有待具体实证考察。此外遗憾的是,2021 年《民事诉讼法》未明确“依法”所依“何法”,调解主体的管理欠缺法律依据,需今后通过《人民调解法》等单行法或司法解释专门明确。

---

① 参见夏天宝:《特邀调解的概念厘定与制度完善》,载《镇江高专学报》2020 年第 4 期。

② 参见何啸:《特邀调解制度的逻辑基础与实现路径》,载《人民法院报》2020 年 7 月 2 日,第 7 版。

③ 参见孙航:《发挥多元解纷功能加大诉源治理力度 推动更多法治力量向引导和疏导端用力——最高人民法院司改办负责人就〈关于进一步健全完善民事诉讼程序繁简分流改革试点法院特邀调解名册制度的通知〉答记者问》,载《人民法院报》2021 年 7 月 12 日,第 3 版。

（三）允许中级人民法院开展司法确认：从“无权”到“有权”

《民诉分流实施办法》第 4 条第 2 款明确规定，“案件符合级别管辖或者专门管辖标准的，由对应的中级人民法院或者专门人民法院管辖”，首次确立了司法确认级别管辖和专门管辖，并兼顾了多元司法需求。在此之前，法律法规均规定非诉调解协议向人民法院提起司法确认的，向“基层人民法院”提出，我国司法确认级别管辖不存在多元化情形。尽管《诉非衔接意见》第 21 条和《调解司法确认规定》第 2 条规定，经人民法院委派或委托调解达成的调解协议，申请司法确认案件的由“委派或委托人民法院管辖”，没有明确指出是限定基层法院管辖还是可允许中级乃至高级法院管辖，但解读颁布其后的法律可以肯定，仍属基层法院管辖之意。2012 年《民事诉讼法》和 2015 年《民诉法解释》未规定法院委派调解申请司法确认的情形；而《多元纠纷解决意见》明确规定，立案前委派特邀调解的，由调解组织所在地或者委派调解的基层人民法院管辖。实践中，由基层法院受理全部司法确认案件，尤其是“符合级别管辖标准”案件的做法存在明显弊端：加重审判压力本就过大的基层法院负担；堵塞中级人民法院通过司法确认程序诉前解纷的可能；单一司法供给难以有效匹配多元司法需求，影响诉调有效衔接；不符合各审级共同推进多元纠纷解决机制改革的发展趋势。因此，有必要将司法确认程序同基层法院解绑，让该程序真正适用于审查标的额、案件类型等不同的非诉调解协议，满足多样化司法需求。特别是对涉军事、海事、知识产权和金融等案件而言，允许专门法院管辖并归口处理申请司法确认案件，能真正发挥其专业解纷优势，高度匹配特殊案件司法需求。①

基于以上考量，2021 年《民事诉讼法》吸收改革成果，通过立法赋权中级人民法院（含专门法院）开展司法确认，确立了级别管辖和专门管辖。在表述上，2021 年《民事诉讼法》省去了《民诉分流实施办法》和《民诉法草案》中的“专门人民法院管辖”字眼，默认包含于中级人民法院管辖。目前我国设立有铁路运输、海事、知识产权等专门法院，通常相当于中级人民法院，或最多包含基层和中级人民法院两级，即“中级人民法院管辖”已完全涵盖专门人民法院管辖之意，可不再单独列明，立法条文更加简明。允许中级人民法院受理符合其管辖标准的司法确认申请，可谓是此次改革的一大亮点。改革以来，中级人民法院受理司法确认案件情

---

① 参见刘加良：《司法确认程序的生成与运行》，北京大学出版社 2019 年版，第 127 页。

况如何,程序适用有无真正契合预设的价值目标,或需进一步实证考察。

(四)优化地域管辖规则:从"一元管辖"到"区分调解情形确定管辖"

《民诉分流实施办法》区分了法院委派调解和当事人自行选择调解两种情形,并根据调解主体的不同,细化明确了司法确认案件的不同管辖规则。其第4条第1款第1项规定,法院委派调解的,统一由作出委派的人民法院管辖。第4条第1款第2项规定,当事人自行选择调解的,经人民调解委员会或特邀调解组织调解的,由调解组织所在地基层法院管辖;特邀调解员调解的,由调解协议签订地基层法院管辖。该规定既利于实现诉调对接,方便法院依法审查确认调解协议,也便于当事人及时申请司法确认,快速解决纠纷减少讼累。改革前,司法确认案件均向"调解组织所在地基层法院"提出。彼时因可以申请司法确认的只有经人民调解委员会主持达成的调解协议,且调解案件多为家事、继承等传统民间纠纷,属地性强,规定一元管辖法院便能满足诉前解纷需求。一方面,随着经济社会发展,我国跨区域甚至跨境、线上民商事纠纷增多,调解组织所在地基层法院管辖已无法为当事人提供便利司法确认需求。[①] 另一方面,出于趋利性,当事人自行选择调解时可能会避开跟纠纷有密切联系的调解组织,而选择其他关联性不大或无关联的调解组织,易出现虚假调解,增加虚假确认识别风险,影响法院开展司法确认积极性。同时,在调解组织分布不均、影响力不同的现状下,还容易出现某些调解组织集中开展诉前调解现象,相应地,司法确认案件也将集中在某些管辖法院,各法院间司法确认审查压力不均。基于此,改革从"两便"原则出发,区分调解类型、调解主体确定不同管辖法院。

结合试点改革经验,以及优化完善新考量,2021年《民事诉讼法》作出立法调整。相较《民诉分流实施办法》和《民诉法草案》,2021年《民事诉讼法》有沿袭亦有变更。对于委派调解,改革和修法始终坚持"谁委派,谁确认"原则,不过在用语表述上两者有差异。《民诉分流实施办法》使用了"委派调解""委派的人民法院管辖",《民诉法草案》变为"邀请开展先行调解""邀请的人民法院管辖",2021年《民事诉讼法》与《民诉法草案》保持一致,调整为"邀请"。相较"委派","邀请"一词减弱了法院在诉前调解中的主导作用,增强了法院中立性因素,与法院逐步从主导非诉解纷地位回归中立司法的变化

① 参见孙航:《发挥多元解纷功能加大诉源治理力度 推动更多法治力量向引导和疏导端用力——最高人民法院司改办负责人就〈关于进一步健全完善民事诉讼程序繁简分流改革试点法院特邀调解名册制度的通知〉答记者问》,载《人民法院报》2021年7月12日,第3版。

趋势相吻合，利于实现调解自治与司法审查二者间的平衡。改革以来，诉前调解与司法确认间有无初步形成非诉纠纷解决良性发展关系，需进行实证考察。另外，修法在《民诉分流实施办法》基础上继续拓宽了程序适用范围，“邀请”更契合法院与依法设立的调解主体间的关系变化。法院因特邀调解名册管理制度，对特邀调解享有内部管理权，但是否有权管理一切依法设立的调解组织则未可知。尤其是在多元纠纷解决良性发展下，培育形成调解自治市场，逐步限缩司法职能延伸，建立非诉调解与司法审查间的相对独立性必然是未来发展趋势。因此，修法规定法院“邀请”先行调解具有前瞻性，且顺应多元纠纷解决的发展方向。

不同的是，对于当事人自行选择调解，在“调解组织所在地”基础上，扩增了“当事人住所地、标的物所在地”两个与争议主客体有实际联系的管辖连接点，符合“两便”原则，突显当事人本位，是此次修法的一大进步。根据2021年6月《特邀调解名册制度通知》确立的“与争议有实际联系的地点”地域管辖规则，《民诉法草案》细化确立了“调解组织所在地、当事人住所地、标的物所在地”3项管辖法院，并被2021年《民事诉讼法》悉数吸收。此外，在《民诉分流实施办法》基础上，《民诉法草案》重新根据人民调解和其他类型调解，确立自行选择调解情形下不同的管辖法院。当事人选择由人民调解委员会调解的，始终保持由调解组织所在地基层法院管辖；而对当事人选择其他依法设立的调解组织或依法任职的调解员调解的，包括特邀调解在内，统一变为由当事人住所地、标的物所在地基层法院管辖。相较《民诉分流实施办法》和《民诉法草案》，2021年《民事诉讼法》未细分当事人自行选择调解情形，统一拓展规定为“调解组织自行开展调解的，由当事人住所地、标的物所在地、调解组织所在地”基层法院管辖。

整体而言，司法确认程序不断沿着满足当事人多元解纷需求和实现司法效率的价值方向推进改革。[①] 该程序在诉前解纷中的必要性与重要性，理论界和实务界一致持肯定态度。不过，理论界始终存有司法确认程序法律强制力的赋予会消解程序正义和削弱调解自治的隐忧。[②] 尤其是2021年《民事诉

① 参见刘敏：《论优化司法确认程序》，载《当代法学》2021年第4期。

② 参见潘剑锋：《论司法确认》，载《中国法学》2011年第3期；潘剑锋：《民诉法修订背景下对“诉调对接”机制的思考》，载《当代法学》2013年第3期；胡学军、孙亮：《系统论视角下调解协议司法确认的内在机理与制度优化》，载《江西社会科学》2021年第10期。

讼法》全面放开司法确认程序适用范围后,该隐忧更甚。理论界认为改革一味追求案件分流和司法效率,忽视了当事人合法权益的保障。诚然,司法确认程序适用范围的全面放开会促使申请司法确认案件量增加,在一定程度起到诉前解纷分流作用,有助于节约有限的司法资源,提高诉讼效率,但不必然会损害司法公正。事实上,当事人始终享有调解自主权。相反,因部分当事人不诚信,司法机关适用司法确认程序时反倒担忧有虚假确认风险。此外,也正因为当事人享有调解自主权,即便是简单案件,当事人基于赖讼心理也不愿诉前解纷,加剧了案多人少矛盾。一直以来,司法实践普遍呼吁立法建立"调解强制前置"制度,但此次修法并未将其纳入其中,不得不说是一大遗憾。当然,不可否认的是,司法确认程序尚有待完善之处,实践中,在法院一家唱"独角戏"的多元纠纷解决现状下,实务部门出于高效解决纠纷保障当事人权益快速实现的考量,不免存在职能延伸过度等问题,破坏了调解与诉讼,公正与效率间的平衡关系。鉴于此,如何在诉前调解与司法确认两个独立子程序间建立良性关系,既坚持各自本位价值,又实现诉调有机衔接;如何兼顾公正与效率建立公正高效权威的诉前解纷机制,达到非诉讼纠纷解决理想效果,下文将通过实证分析回应理论观点,探寻司法确认程序进一步的完善建议。

二、优化司法确认程序改革的成效

繁简分流改革下,司法确认程序制度规范层面的"优化"如何付诸实践,从而达至改革目标成为试点重中之重。两年试点改革已结束,实证考察X市两级法院改革效果,发现司法确认程序在实践层面实现了"优化",遇"冷"现象有所回暖。

(一)司法确认案件量不断上升

优化司法确认程序置于改革之首,旨在使更多纠纷通过非诉方式解决,降低民事纠纷成讼率。改革以来,X市两级法院积极探索举措提升司法确认案件量。

一方面,X市两级法院构建形成完备制度,[①]奠定程序良好运行基础。改

① 课题研究中,课题组前往试点两级法院实地调研。文中所列文本资料和数据均为调研所得。

革之初，X市中级人民法院制定《X市中级人民法院民事诉讼程序繁简分流改革试点优化司法确认程序实施细则（试行）》（以下简称《X市司法确认实施细则》），为当事人、法院适用司法确认程序提供了总指引。以此为纲领，基层法院结合各自工作实际，细化制定了司法确认操作规定等规范性文件。比如，2020年4月，A区法院印发《非诉调解协议司法确认操作规程（试行）》，对司法确认作了全流程详细规定，并探索制定诉前调解意愿确认书、调解诚信承诺书、调解协议书、调解协议司法确认申请书、无争议事实记载表等11项制度配套文书，实现了诉非有效衔接，为纠纷主体提供了司法确认程序选用平台。2020年6月，L区法院制定《"优化司法确认程序"实施细则》，细化规定程序启动与对接、审查程序、文书、监督与管理，统一制定司法确认申请书、询问笔录、承诺书、民事裁定书等文书模板，司法确认更加高效便捷。除制定程序适用细则类规定，试点两级法院还出台《民事诉前调解工作管理办法》《特邀调解员管理办法》等系列配套文件，程序运行得到充分保障。改革一年后，司法确认程序非诉解纷优势不断凸显，W省高级人民法院总结X市两级法院制度经验，形成《W省高级人民法院民事诉讼程序繁简分流改革试点优化司法确认程序实施细则》，程序实施愈加规范。另一方面，X市两级法院以司法促督导，提升程序知晓度。尽管与出具调解书、启动督促程序、赋强公证程序和适用支付令相比，司法确认程序具有零案件受理费和多元管辖连接的特征，在解纷成本和适用便利度方面具有其他调解协议效力保障机制无法比拟的制度优势，①但实践中纠纷主体通常不优先选用司法确认程序解纷，而是中意申请法院出具调解书。调研中，课题组访谈纠纷主体为何不选用司法确认程序，较大部分群体表示不知晓有该程序。鉴于此，改革期间，X市两级法院融合线上线下方式大力开展司法确认程序宣传。充分利用"一站式"解纷平台、诉讼服务中心、诉调对接平台等固定阵地引导诉前解纷；并依托当地党委政府、公安、司法等部门，合力延伸司法确认程序影响力。比如，V县法院依托当地支持，大力开展"司法确认村村进"，要求在调解中但凡调解纠纷是有给付内容且有司法确认必要的，调解主体主动向当事人介绍司法确认机制并提供模板材料。目前，所辖片区基本实现了司法确认程序"人人知、人人晓"的良好局面。同时，当事人申请司法确认只需填录一份同意司法确认

① 参见刘加良：《司法确认程序的显著优势与未来前景》，载《东方法学》2018年第5期。

相关文书即可,不必专门前往法院立案。审查中,法院认为确有必要当事人到庭的,比如担心虚假调解等,方通知其到庭了解情况,或者法院提供上门司法确认服务,增加群众解纷便利度,减少解纷成本。

在上述举措下,司法确认程序逐步获得当事人认可,司法确认案件量不断上升。2019 年,X 市两级法院申请司法确认案件总数为 3696 件。2020 年,X 市两级法院申请司法确认案件量为 8652 件,同比增长 134.09%;2021 年,申请总数达到 11,401 件,同比增加 31.77%。其中,如表 1-1 所示,合意调解和委派调解申请司法确认案件量均同步有所增加。[①] 但从变化“度”看,合意调解增幅更大、增速更快,占比整体呈上升趋势。2019~2021 年,当事人合意调解申请司法确认案件量分别为 1295 件、2482 件和 4712 件,占同年申请司法确认案件总量的比重分别为 35.04%、28.69%、41.33%;委派调解申请司法确认案件量分别为 2401 件、6170 件和 6689 件,占同年申请司法确认案件总量的比重分别为 64.96%、71.31%、58.67%。改革期间,合意调解分别以 91.66% 和 89.85% 的年增长率稳步提升,平均年增长率达 90.75%;委派调解平均增长率仅 82.69%,其中 2021 年增长率只有 8.41%。委派调解和合意调解是申请司法确认案件的两大来源,二者适用情况均是反映当事人选用该程序倾向度的重要指标,尤其合意调解的当事人主动选择意愿更强,最能体现程序受青睐程度。改革后,X 市典型基层法院司法确认程序案件量持续上升更是印证了这一现象。L 区法院 2022 年 1~6 月申请司法确认案件量为 228 件,2020 年、2021 年同一时间段司法确认案件量分别为 49 件、147 件,同比分析,2022 年司法确认程序适用量超出两年改革期间数据之和,且是 2022 年1~6月申请出具调解书案件量(40 件)的 5.70 倍。A 区法院 2022 年 1~6 月申请司法确认案件量为 562 件,是 2020 年 1~6 月(62 件)司法确认案件的 9 倍,但离 2021 年 1~6 月 849 件司法确认案件量尚有一定差距;尽管如此,仍是 2022 年 1~6 月申请出具调解书案件量(35 件)的 16.06 倍。可以说,在调解协议法律保障机制中,司法确认程序逐渐反超调解书适用情况,成为非诉解纷的重要选择。

---

① 根据《民诉分流实施办法》和 2021 年《民事诉讼法》规定,司法确认案件有委派调解申请司法确认和合意调解申请司法确认两大来源。前者指法院在登记立案前,将案件委派给调解组织或调解员调解,经调解成功达成调解协议的,当事人向法院申请司法确认。后者指纠纷发生后,当事人直接自行选择调解组织调解,合意达成调解协议后请求法院确认效力。

表1-1 2019~2021年X市两级法院合意调解和委派调解申请司法确认案件情况

年份	合意调解申请司法确认案件量/件	合意调解申请司法确认案件年增长率/%	委派调解申请司法确认案件/件	委派调解申请司法确认案件年增长率/%
2019	1295	—	2401	—
2020	2482	91.66	6170	156.98
2021	4712	89.85	6689	8.41

(二)确认的调解协议质量整体较高

改革以来,X市两级法院依托特邀调解名册管理制度不断壮大调解队伍,注重调解主体解纷能力培育,确保达成高质量调解协议,促进更多调解成果被法院有效确认。

一方面,整合调解资源,扩增调解力量。依托"一站式"纠纷联调联动机制,X市两级法院不断建立各类型专业调解组织,目前已在医疗、消费者权益、道路交通事故、劳动争议、知识产权、房地产、证券期货、金融借款、保险、婚姻家事、土地和物业纠纷12类领域建成。同时,加强与仲裁、公证机构和律师行业等职业解纷资源对接。比如,F区法院与社会治安综合治理委员会办公室共签《关于完善矛盾纠纷多元化解机制推进诉源治理工作的实施方案》,并据此搭建进驻法院调解平台,创新设立全省首家诉讼与公证协同服务中心、全省首家诉讼与仲裁衔接办公室、全省首家律师调解工作室。专业解纷人员在法院驻点办公,接受法院委派组织调解专业性强的类型化案件。此外,吸纳群团组织、其他社会力量等参与诉前调解。比如,V县法院推动法庭职能创新,积极开展"五老调解"。改革期间,X市两级法院特邀调解名册范围不断扩大,解纷力量"倍增"。截至2021年12月底,X市两级法院共有特邀调解组织282个、特邀调解员2050名,相较2019年12月底共有特邀调解组织137个和特邀调解员918名,分别增加1.06倍与1.23倍。另一方面,X市两级法院多措并举,提高调解主体解纷能力。一是设置较高的特邀调解主体准入条件。《X市中级人民法院特邀调解员管理办法(试行)》第4条明确规定,特邀调解员学历原则上要大学以上,并要求具有一定法律知识或法律工作经历,或具有一个领域丰富的工作经验,并熟悉调解工作。其中,选聘专家学者原则上要具有副教授以上职称,或获得法学博士以上学位。选聘律师原则上要有5年以上执业经验。

可以说,纳入X市两级法院特邀调解名册的主体都具备明显高于人民调解的调解水平和能力。二是建立特邀调解联动协同机制。比如,X市中级人民法院与原中国保险监督管理委员会W监管局、W省保险行业协会对接,分别会签《关于建立保险纠纷诉讼与调解对接机制的指导意见》和《关于建立保险纠纷诉讼与调解对接机制的实施细则(试行)》,明确诉调对接责任和人员,专门对口优质处理保险纠纷案件。三是开展调解主体业务培训。X市两级法院每年面向街道、社区调解员、专业调解组织、特邀调解主体等开展2次以上集中培训,由审判、调解经验丰富的法官通过集中授课、法律讲座、案例讨论、专题培训班等形式,讲解诉调对接工作流程、工作技巧和相关法律法规等。同时,法院也注重在提前介入诉前调解和司法审查调解协议中,与调解主体沟通反馈问题,助力调解能力提升。改革期间,特邀调解主体解纷能力不断提升,化解纠纷量"倍增"。2019年X市两级法院诉前委派调解纠纷57,526件、成功化解纠纷19,223件,诉中委托调解成功化解纠纷5785件;2020年三项指标分别为93,567件、29,466件、6328件,同比增长1.63倍、1.53倍、1.09倍;2021年三项指标继续增至148,076件、48,561件、13,742件,同比增长1.58倍、1.65倍、2.17倍。

基于上述创新做法,诉前调解协议质量整体较高。课题组以2020年X市14个基层法院共计4273件司法确认案件为样本,①以调解协议形式是否规范、内容要素是否齐备、表述用语是否准确为标准,评价申请确认的"调解协议质量"发现:在4262个有效调解协议样本中,②只有20个调解协议形式不规范,19个调解协议要素缺乏,30个调解协议表述用语有瑕疵。其余4242个调解协议形式规范,4243个调解协议要素齐备,4232个调解协议用语表述准确,占比分别高达99.53%、99.55%和99.30%。综合来看,99.30%的调解协议同时满足形式规范、要素齐备且用语表述准确条件,接近100%。

得益于申请确认的调解协议的较高规范性,法院司法审查结果显示,调解协议整体呈现合法化样态,司法确认有效率整体较高且不断上升。经课题组

---

① 4273件司法确认案件来源于X市14个基层法院《司法确认改革随案调查表》。改革期间,X市两级法院依该表全面统计了2020年改革数据,因2020年数据能基本反映改革情况,遂未统计2021年数据。下文亦同。

② 在4273件申请司法确认案件中,有11件案件或经审查后驳回申请、或申请撤回,未被录入完整的调解协议质量数据,样本无效予以筛除。

统计分析，如表1－2所示，在X市两级法院2019～2021年申请司法确认案件中，经法院裁定确认调解协议有效数分别为3483件、8412件和11,186件，司法确认有效率分别为94.24%、97.23%和98.11%，整体稳居90%以上且逐年递增。改革完成后，常态化司法实践亦继续保持了该增长态势，调解协议质量和司法确认有效率始终居于高水平线。以A区法院为例，截至6月30日，2022年1～6月共受理562件申请司法确认案件，除23件尚未结案，其余539件已结案件仅1件驳回申请、1件准予撤回申请，其他537件均裁定确认协议有效，司法确认有效率达99.63%。L区法院2022年1～6月共受理228件申请司法确认案件，除36件尚未结案，其余192件已结案件经法院审查后全部被裁定确认协议有效，司法确认有效率高达100%。

表1－2　2019～2021年X市两级法院裁定确认协议有效结果分布情况

年份	申请司法确认案件数/件	司法确认案件审查结果				司法确认有效率/%
		裁定不予受理申请/件	裁定驳回申请/件	准许撤回或按撤回处理/件	裁定确认调解协议有效/件	
2019	3696	2	25	186	3483	94.24
2020	8652	4	33	203	8412	97.23
2021	11,401	1	40	174	11,186	98.11

（三）司法确认案件办理效率明显提升

改革以来，X市两级法院积极尝试优化诉非衔接、司法审查等确认流程，助力案件办理效率提升。

在诉非衔接方面，X市两级法院依托司法确认绿色通道，实现司法确认裁定书最快"1小时立等可取"。最典型代表属B区法院"一小时办结"机制，即办理场所一站式、立案审查专员式、确认文书模板式和文书送达当场化。①"办理场所一站式"指专设诉调对接中心，将专业化调解室与司法确认审查处集中设置于一处，节省往返于两地的在途时间；"立案审查专员式"指由专业速裁法官担任"司法确认联络员"，允许其提前介入立案阶段，把关审查申请

① B区经济发达、常住人口多，民事纠纷案件量和司法确认案件量双双位居X市两级法院前列，人案矛盾突出，提高纠纷化解效率需求迫切。凭借较强创新能力，探索形成"一小时办结"机制得到了X市其他县（市、区）法院借鉴复制，具有典型代表性。

确认案件材料是否符合立案条件,若符合,在法官助理立案时专员法官便可同步审查,经确认有效的直接制作《民事裁定书》,实现办结文书“立等可取”;“确认文书模板式”指对办理司法确认案件所需全套文书均制作类型化模板,包括诉前调解环节的《调解协议书》《调解组织主持调解证明函》《司法确认申请书》和司法审查环节的《立案通知书》《司法确认重要事项告知书》《承诺书》等,最大程度缩短文书制作时间,促进流程规范统一。“文书送达当场化”指法官制作完成民事裁定书后,法官助理即时校对打印并加盖法院公章形成生效的《民事裁定书》,并当场送达双方当事人。自构建“司法确认立等可取快速通道”以来,B 区法院司法确认案件基本实现“一小时办结”立等可取。

在司法审查方面,X 市两级法院主要借助专业化审判和独任审查提升案件办结效率。一方面,各基层法院针对近年来纠纷数量较大、类型相对集中、法律关系相对简单的道路交通事故损害赔偿、劳动争议、家事、借款合同、买卖合同等案件,充分考虑各法官专业能力、审判经历、裁判风格和擅长裁判案件类型等,分别专门建立司法确认团队,深化类案专审。课题组经统计,2020 年 X 市 14 个基层法院的 4273 件司法确认案件共计由 140 名法官办理完成。按照 3 年以下、3～8 年、8～15 年和 15 年以上 4 个阶段划分统计“法官办案年限”,除 11 名法官办案年限不满 3 年外,其余 126 名法官均具有 3 年以上办案经验,占比 91.97%。① 其中,61 名法官有 15 年以上办案经验,占比 44.52%;28 名法官有 8～15 年办案经验,占比 20.44%;37 名法官有 3～8 年办案年限,占比 27.01%。大比例具备丰富办案经验的法官团队保障司法确认“快审”和裁判统一。另一方面,各法院均坚持独任审理。据统计,4273 件司法确认案件全部独任审查,无合议庭审查情形,亦不存在独任制转合议制情形。2012 年《民事诉讼法》第 178 条规定,除选民资格案件或者重大、疑难复杂案件由审判员合议审理外,其他特别程序案件均由审判员一人独任审理,明确确认调解协议案件“独任审查为原则,合议审查为例外”的审查方式。此次试点和 2021 年《民事诉讼法》亦未改变。一直以来,理论界关于司法确认案件应该是独任或合议审理、不开庭或开庭审理等说法不一,②事实上,在司法确认案件中,法

---

① 3 名法官办案年限数据缺失,故统计时清除不计。

② 参见廖中洪:《民事司法确认程序若干问题研究》,载《西南政法大学学报》2011 年第 1 期。

院确认的调解协议本是纠纷双方的合意结果，并不涉及纠纷本身，不存在需要解决的疑难复杂争议，法院只审查调解协议的自愿性、合法性和可执行性即可，独任审查足矣。同时，X市两级法院专业化审判等举措具有把控司法确认风险、防范确认案件虚假调解作用，能够保障独任审查公正性。相较合议庭审查，独任审查具备的灵活高效制度优势有利于优化司法资源配置，提升司法效率。此外，X市两级法院通常以阅卷、调查和询问当事人等不开庭形式审查案件。相较开庭审查，不开庭审查形式灵活，耗时较短，对缩短审查周期有一定作用。

在上述举措相互作用下，司法确认案件办理效率明显提升。课题组统计分析2020年X市14个基层法院的4273件司法确认案件“审查周期”发现，如图1－1所示，在具备完整审查周期数据的4150个有效案件中，[①]904件仅用时1天，占比最大，为21.78%；457件用时2天，占比11.01%；用时最长的为61天，仅1个案件，占比0.02%。整体而言，根据司法确认案件审查周期平均值公式$f(x)$＝各天数×相应案件量/总有效数值案件量，计算得出每个案件平均用时8.43天，比法定30天司法确认案件审限提速71.9%。与X市同年度基层法院小额诉讼平均审理期限29.31天和简易程序平均审理期限52.44天相比，司法确认案件审查周期短的优势愈加凸显。改革完成后，司法确认解纷效率是否依然相对显著？以A区法院为例，课题组计算得出2022年1～6月司法确认案件平均用时8.13天，同比缩短0.48天；与2020年1～6月平均用时11.55天相比，缩短3.42天。L区法院，2022年1～6月司法确认案件平均用时20.97天，同比延长8.84天。与2020年1～6月平均用时12.06天相比，延长8.91天。不同于A区法院继续保持缩短优势，L区法院审查周期有所延长。针对此现象，课题组访谈了该院承办法官，其表示，周期延长同司法确认案件增加有一定关系，但相对小额诉讼和简易程序，司法确认效率优势仍最为突出。课题组始终肯定司法确认程序的效率价值，亦认为程序效率尚有提升空间。

① 123件在案件缺失审查周期数据，无法判断案件审查用时长度，故在分析审查周期占比和审查周期平均值时不予计入。

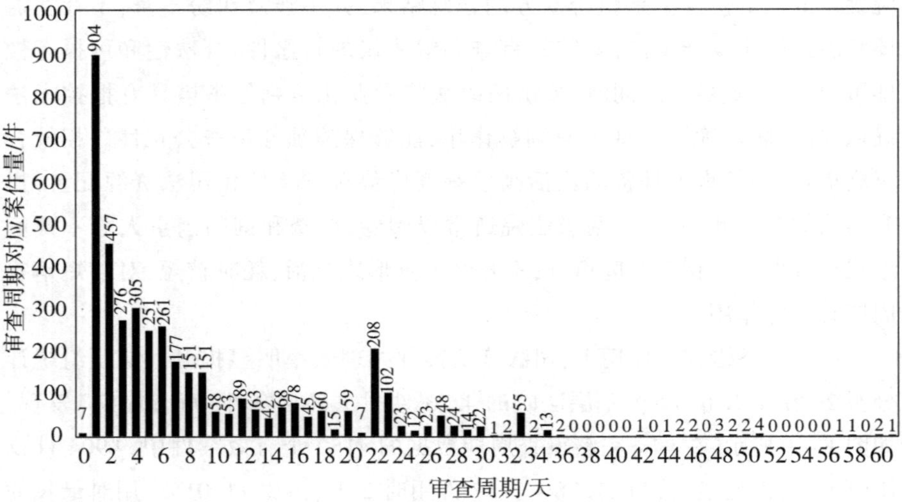

图 1－1　2020 年 X 市 14 个基层法院司法确认案件审查周期分布情况

（四）司法确认裁定结果得到有效执行

改革以来，X 市两级法院引导当事人自觉履行有效调解协议，司法确认裁定结果得到有效执行，切实实现案结事了。一方面，注重事前预防，探索怠于履行生效裁判司法风险及责任告知制度。X 市两级法院拟定《不履行生效裁判司法风险告知书》，以条款形式详细列明当事人应当自觉履行生效裁判的义务，以及不履行可能会出现的加倍支付迟延履行期间债务利息、被法院强制执行等不利结果，甚至被纳入失信被执行人名单，构成刑事犯罪等司法风险，在审判辅助人员向民商事案件各方当事人送达裁定文书、调解书时一并随案送达。通过提前主动告知，让当事人清晰认识履行义务必要性及不履行的惩罚性后果，尽早消除消极拖延逃脱履行责任的侥幸心理，以司法威严促使义务人理性作为、主动履行。另一方面，探索开展执行先行督促机制。比如，V 县法院设立执先督案件台账管理制度。要求承办法官充分发挥督促当事人执行有效调解协议责任，能够当庭确认并履行的，督促当庭履行，避免事后反悔或无故拖延；约定履行期限的，在履行期限到期后及时回访，未履行的提示履行义务和不履行司法风险，鞭策义务人尽早自动履行化解纠纷。必要时，可随案邀请基层组织和社会团体共同参与回访，利用群众和社会舆论压力倒逼义务人履行。此外，X 市两级法院还注重判后释疑工作，要求法官树立审判执行一盘棋思想，帮助当事人理解裁判结果，增强司法认可度。

整体而言,X 市两级法院司法确认裁定结果得到了当事人有效执行。课题组分别统计 2019 ~2021 年 X 市两级法院裁定确认有效的 3483 件、8412 件和 11,186 件案件履行情况,发现三年来申请强制执行调解协议数分别为 596 件、1116 件和 1883 件,调解协议申请强制执行率分别为 17.11%、13.27% 和 16.83%,整体占比较低。虽然 2021 年申请强制执行率有所上升,略微影响执行合意性,但整体上自动履行比例较高,始终居于 80% 以上,[①]充分彰显司法确认程序"保底"功能。改革结束后,"保底"功能继续保障有效调解协议切实执行。课题组统计 A 区法院 2022 年 1 ~6 月 537 件裁定确认调解协议有效案件履行情况,截至 6 月 30 日,共 36 件申请强制执行,调解协议申请强制执行率为 6.70%;L 区法院 2022 年 1 ~6 月 192 件裁定确认调解协议有效案件中,14 件申请强制执行,调解协议申请强制执行率为 7.29%。相较改革期间,申请强制执行率整体下降,更多调解协议及时自动履行,彻底解纷优势明显。

三、优化司法确认程序改革存在的问题

结合繁简分流改革以来 X 市两级法院实际运行,对标司法确认程序优化改革目标发现,改革在取得成效之外尚存在不足与亟待完善之处。

(一)调、审主体解纷联动性不充分,司法确认分流作用有限

改革以来,申请司法确认案件量不断增加,非诉解纷"入口量"逐渐扩大。但同时,民事纠纷案件量增势也十分明显。二者同向上升趋势下,司法确认程序分流效果如何?有无达到降低民事纠纷成讼率目标?对此,课题组尝试以 X 市 A 区、L 区、R 市 3 个典型基层法院为例,客观评判 X 市两级法院司法确认程序解纷分流作用。

实证分析中,课题组以 3 个典型基层法院 2019 ~2021 年民诉先调案件量为样本基数,以确认调解协议有效案件量为有效化解纠纷指标,根据计算标准:确认调解协议有效案件量 ÷ 民诉前调案件量 = 司法确认分流比例,准确

① 调解协议履行情况分为当事人自动履行、申请强制执行和既未履行也未申请执行三种。尽管不排除权利人自动放弃权利出现既未履行也未申请执行情况,但基于"理性行为人"认识,课题组合理认为放弃权利一定程度反映纠纷矛盾已不存在,视为另一种"自动履行",即当事人自动履行率 $f(x) = 100\% -$ 申请强制执行率。

衡量分流作用。如表1-3所示,纵向对比分析发现,3个法院司法确认程序分流作用大致呈现递增趋势,表明随改革推进非诉解纷效果逐渐增加。横向对比分析发现,3个法院司法确认程序有效解决纠纷比例整体较低,诉前分流作用十分有限。2019~2021年,A区、L区和R市法院有效解决纠纷比例平均值分别为7.70%、2.37%和22.13%,其中R市非诉解纷效果最佳,2020年分流作用达到23.33%。而A区法院2021年最高才达到10.88%,L区法院最高仅为3.93%。要想通过司法确认程序诉前分流达到缓解"诉讼爆炸"时代法院审判压力的改革目标,可谓任重道远。改革结束,这一问题仍然存在。以A区法院为例,2022年1~6月共成功受理民诉前调案件9162件,其中506件经调解成功后向法院申请司法确认,485件已审结并被确认有效,司法确认分流比例为5.29%,与有效解纷比例平均值相差2.41个百分点。L区法院2022年1~6月共成功受理民诉前调案件5278件,其中136件经调解成功后向法院申请司法确认,121件已审结并被确认有效,司法确认分流比例为2.29%,比有效解纷比例平均值稍低0.08%。

表1-3 2019~2021年A区、L区和R市3个典型基层法院司法确认有效解决纠纷情况

法院	年份	民诉前调/件	申请司法确认/件	审查结果				司法确认有效解决纠纷比例/%	有效解决纠纷比例平均值/%
				确认调解协议有效/件	准予撤回申请/件	按撤回申请处理/件	驳回申请/件		
A区法院	2019	3408	93	92	1	0	0	2.70	7.70
	2020	10,456	1001	995	4	1	1	9.52	
	2021	15,488	1698	1685	10	2	1	10.88	
L区法院	2019	2171	46	39	5	0	2	1.80	2.37
	2020	3873	59	53	1	1	4	1.37	
	2021	15,938	626	626	0	0	0	3.93	
R市法院	2019	无[1]	29	29	0	0	0	无	22.13
	2020	1843	433	430	3	0	0	23.33	
	2021	4424	927	926	0	0	1	20.93	

〔1〕2019年R市法院尚未开展民诉前调,不存在民诉前调数值,也不存在下文诉前调解成功数值。

尽管《民诉分流实施办法》和 2021 年《民事诉讼法》合理拓宽了司法确认程序适用范围，随改革推进司法确认案件量确实不断增加，但为何司法确认非诉解纷在整体民事纠纷解决中占比如此之低？除前文提及的当事人解纷选择主观倾向等外部因素外，就司法确认程序自身功效而言，是否尚未达到能用应用状态？是否还有调解案件未纳入程序适用范围？课题组实证分析发现，答案是肯定的。

一方面，大量适宜调解案件未能在诉前调解成功，影响司法确认程序适用率。课题组以 X 市 A 区、L 区和 R 市 3 个典型基层法院为例，分析民商事纠纷调解案件发现，如表 1 – 4 所示，2019 ~ 2021 年 3 个典型基层法院诉中调解成功案件量远超诉前调解成功案件量。为何在诉前阶段未调解成功案件却在诉中阶段调解成功？不可否认，存在当事人调解认知由“拒绝调解”“不同意调解方案”，到“同意调解”“达成调解共识”的主观转变，但诉中调解主体解纷能力强于诉前调解主体或是一大因素。2019 ~ 2021 年，A 区法院诉中与诉前调解成功量二者间倍数差分别为 4. 64 倍、1. 32 倍、1. 24 倍；L 区法院二者倍数差分别为 6. 55 倍、5. 00 倍、2. 58 倍；R 市法院分别为 2. 05 倍和 1. 09 倍。改革前，诉前调解主体多是人民调解，诉中调解基本由法官主持，后者解纷能力明显较强，二者间调解成功量差距大。改革中，建立健全特邀调解制度下，随诉前调解主体解纷能力提升，二者差距明显不断缩小。诉前调解主体解纷能力确实决定了案件诉前调解成功情况，进而直接影响司法确认程序适用。

表 1 – 4　2019 ~ 2021 年 A 区、L 区和 R 市 3 个典型基层法院诉前、诉中调解成功案件量对比情况

法院	2019 年			2020 年			2021 年		
	诉中调解成功/件	诉前调解成功/件	倍数差/倍	诉中调解成功/件	诉前调解成功/件	倍数差/倍	诉中调解成功/件	诉前调解成功/件	倍数差/倍
A 区法院	3563	768	4. 64	2504	1890	1. 32	2566	2068	1. 24
L 区法院	2593	396	6. 55	2262	452	5. 00	2915	1129	2. 58
R 市法院	1704	无	无	1360	663	2. 05	1216	1115	1. 09

另一方面，部分适宜申请司法确认调解案件尚未充分适用该程序，比如

婚姻家庭、继承纠纷等。《中国统计年鉴2021》数据显示:2020年法院审结的民事一审案件中,婚姻家庭、继承纠纷共1,649,393件占比12.40%,仅次占比67.24%的合同、无因管理、不当得利纠纷类案件,位居第二。其中,调解结案3,235,001件,婚姻家庭、继承纠纷占比19.32%,合同、无因管理、不当得利纠纷类案件占比62.58%。相较二者审结占比,在调解占比中,婚姻家庭、继承纠纷占比份额有所增加,合同类案件所占份额相对减少,反映出婚姻家庭、继承纠纷更具调解空间,也更具有适用司法确认程序解决纠纷的可能性。此外,X市中级人民法院印发的《X市中级人民法院民商事纠纷调解前置操作规程(试行)》(以下简称《X市调解前置规程》)规定,婚姻家庭、继承纠纷等家事纠纷在立案前应当先行调解,相对保障了可观的司法确认适用现状。但课题组根据2020年12月29日最高人民法院印发的《关于修改〈民事案件案由规定〉的决定》(以下简称《修改案由决定》),以一级案由为标准,统计分析2020年X市14个基层法院的4273件司法确认案件"基础法律关系"发现,①申请司法确认案件类型集中且分布十分不均衡,婚姻家庭、继承纠纷等适宜调解类型纠纷申请司法确认比例极小。如图1-2所示:在4185件②司法确认案件中,96.12%的案件集中于4类案由:合同、准合同纠纷,劳动争议、人事争议,侵权责任纠纷和与公司、证券、保险、票据等有关的民事纠纷。其中,合同、准合同纠纷案件最多,共2032件占比48.55%,接近一半;劳动争议、人事争议较多,共958件占比22.89%;侵权责任纠纷相对较多,共591件占比14.12%;与公司、证券、保险、票据等有关的民事纠纷紧随其后,共442件占比10.56%。除此之外,其他人格权纠纷,婚姻家庭、继承纠纷,物权纠纷,知识产权与竞争纠纷,非讼程序案件5类案由分别只有13件、46件、97件、2件和4件,共占比3.88%。其中,婚姻家庭、继承纠纷司法确认程序适用率占1.10%,跟同属于调解前置纠纷类型的劳动争议占比相差21.79个百分点,差距明显。同样,人格权纠纷、物权纠纷、知识产权与竞争纠纷等案件量

① 课题组之所以选择以2020年12月29日印发的《修改案由决定》为分类依据,而非2020年期间施行的2011版案由规定,理由有二:一是《修改案由决定》自2021年1月1日施行,即优化司法确认程序试点改革期间及之后都依循该决定,以该决定划分得出的结论更利于指导改革。二是相较2011版案由规定,该决定关于一级案由只作了3处变动,其中,第4部分和第10部分两处为名称变更,第11部分特殊诉讼程序案件案由为新增,其余均未变化,即以新标准统计并不会影响分类结果。

② 88件案件未填写"确认的基础法律关系"数据,故统计时不予计入。

也不少，且适宜调解，但申请司法确认占比都较低。

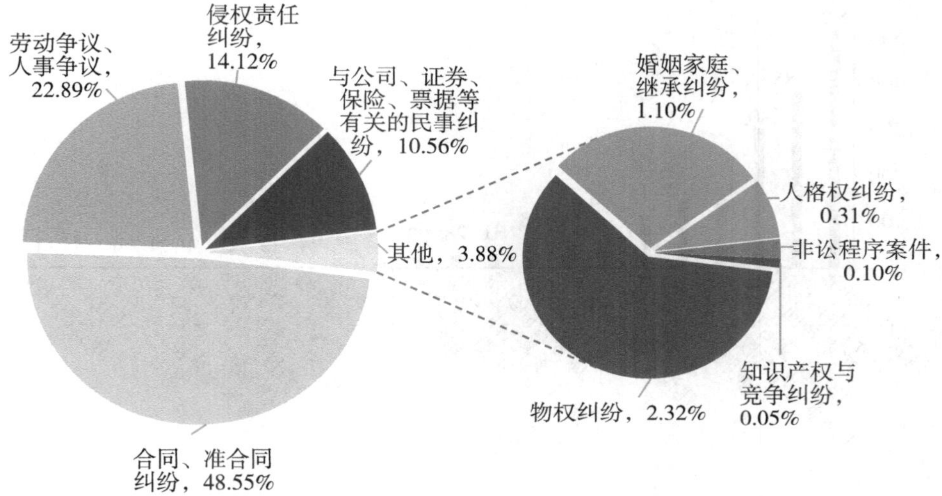

图 1-2　2020 年 X 市 14 个基层法院司法确认案件一级案由分布情况

为何同样适宜调解，但不同类型纠纷适用司法确认程序比例相差如此之大？高比例适用司法确认程序分流案件的“秘籍”是什么？课题组以上述一级案由占比前四的四大类型案件为例，根据二级、三级案由细分案件，进一步剥离适用司法确认程序最多的具体案件类型，精确了解该类案件较好分流效果原因所在，找寻适宜提高其他案件司法确认程序适用率的解决之道。

首先，按照二级案由归类占比最高的“合同、准合同纠纷”，其包含 2031 件合同纠纷、1 件不当得利纠纷，0 件无因管理纠纷。在 2031 件合同纠纷中，除却 60 件案件因未详细填写三级案由无法统计外，如图 1-3 所示，其余 1971 件集中分布于 22 项三级案由，占《修改案由决定》中“合同纠纷”项下 70 个三级案由的 31.43%。同时，在 22 项案由中，借款合同、买卖合同、劳务合同纠纷共计 1215 件，占比达 61.64%，超出一半；其余 19 项案由合计占比 38.36%。其次，以相同方法归类第二大类型案件“劳动争议、人事争议”，958 件基础法律关系全部是劳动争议纠纷，没有“人事争议”二级案由。细分“劳动争议”三级案由，除却 732 件因未详细填写三级案由无法统计外，其余 221 件为劳动合同纠纷，占比 97.79%，社会保险纠纷 5 件，占比 2.21%，无福利待

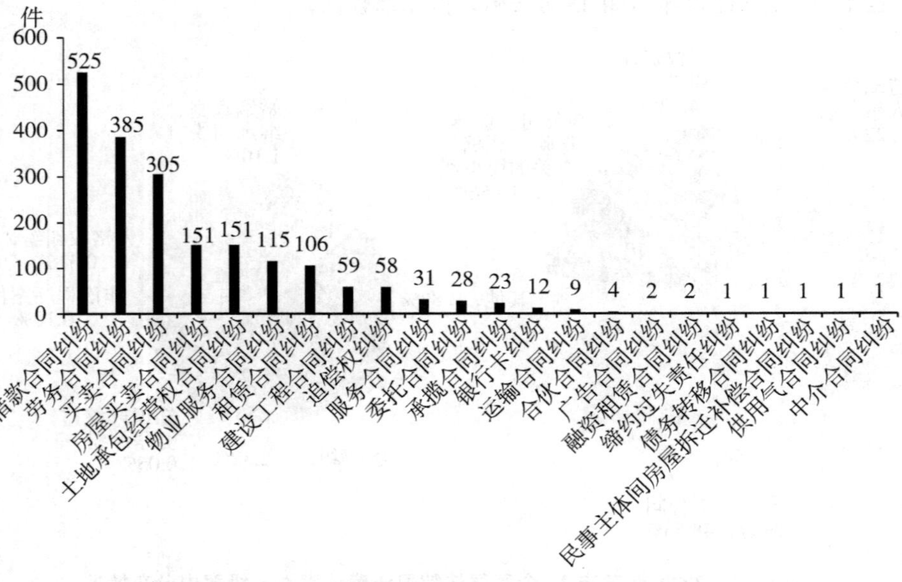

图 1－3　2020 年 X 市 14 个基层法院“合同、准合同纠纷”类司法确认案件三级案由分布情况

遇纠纷案件。① 再次，细分“侵权责任纠纷”②，除却 9 件因未详细填写三级案由无法统计外，其余 582 件集中分布在提供劳务者受害责任纠纷、机动车交通事故责任纠纷和医疗损害责任纠纷 3 项三级案由中。其中，机动车交通事故责任纠纷 564 件，占比 96.91%，其余 14 件提供劳务者受害责任纠纷和 4 件医疗损害责任纠纷合计占比 3.09%。最后，“与公司、证券、保险、票据等有关的民事纠纷”项下共细分有 11 项二级案由 116 项三级案由。实践中，442

① 732 件无效样本占据 958 件劳动争议纠纷总样本的 76.41%，超过 2/3，为确保该部分样本分析科学性和结论正确度，课题组进一步开展调研分析。732 件无效样本集中分布于 I 区、B 区、A 区和 L 区 4 个基层法院，分别有 614 件、100 件、4 件和 14 件，仅 I 区便占了整体无效样本的 83.88%。鉴于此，课题组重点访谈该院立案庭庭长，了解到该辖区劳动争议属相对多发矛盾纠纷，2020 年 1～11 月 I 区法院共受理 618 件司法确认案件，614 件均为劳动争议纠纷。改革以来，该院就劳动争议专门同相关部门建立联调中心和一站式联调平台，推动司法确认在该类案件中深化应用。具体案由方面，I 区法院劳动合同纠纷多，劳动保险纠纷次之，福利待遇纠纷很少，即尽管大比例劳动争议样本因数据缺失未予计入，但其三级案由分布规律跟已发现有效样本案由规律相同，226 件劳动争议有效案件具有样本代表性。

② 根据《修改案由规定》，一级案由“侵权责任纠纷”仅有“侵权责任纠纷”一项二级案由，一二级案由名称相同。

件司法确认案件基础法律关系仅占据了 4 项二级案由 5 项三级案由。就三级案由而言，除 1 件案件因未详细填写无法统计外，411 件集中于财产保险合同纠纷，占比 93.20%；其余 20 件股权转让纠纷、8 件人身保险合同纠纷、1 件退伙纠纷和 1 件挂靠经营合同纠纷共占比 6.80%。基于上述统计，三级案由中适用司法确认程序较多的案件主要有借款合同、买卖合同、劳务合同纠纷，劳动合同纠纷，机动车交通事故责任纠纷和财产保险合同纠纷。

进一步调研这 6 类案件诉前解纷效果良好缘由，课题组发现，一定程度有赖于“一站式”纠纷联调联处举措。该举措下调解主体不仅专业性强，且调、审主体之间解纷联动性、协同性和主动性作用发挥充分，能较大程度保障适宜调解案件充分适用司法确认程序解纷。比如，针对常见借款合同纠纷，实践已经形成以人民调解为主的解纷力量，且人民调解委员会与法院之间长期保持良好纠纷联调联动机制。针对买卖合同纠纷，改革期间 X 市两级法院通过建立消费者权益领域专业调解组织，保障易发多发买卖合同纠纷高效解决。在劳动争议纠纷领域，X 市两级法院建立劳动争议“1+6+N”联调中心，并依托该中心联动市人社局、司法局、总工会、工商联合会和企业家协会等 6 部门，整合资源成立劳动争议人民调解委员会，配备退休法官为调解员有效处理分流劳动争议。关于机动车交通事故责任纠纷，X 市两级法院联合公安部门、人民调解委员会、保险行业协会开展“四点三段一条线”道交联调联动处理机制，创新建立集交通事故责任认定、诉前调解、司法调处和保险理赔于一体的“一站式”纠纷联动处理模式和道交事故“网上数据一体化处理”系统，促使该类侵权责任纠纷更加全面适用司法确认程序。同样，X 市两级法院针对财产保险合同纠纷类型案件亦专门建立诉非对接“一站式”联调平台，充分发挥治理综合服务作用。反观婚姻家庭、继承纠纷等案件，通常由乡镇街道、村（社区）等人民调解委员会主持调解，调解主体专业性不强，且缺乏与其他行业或领域调解主体以及法院间的联动性，导致适用司法确认程序诉前解纷案件较少。

调、审主体之间解纷联动性不充分可谓是制约司法确认程序有效分流的瓶颈。针对纠纷多发领域，若均能提升调解主体专业能力，加大调、审主体之间解纷联动性，有效整合法院、调解组织、行政机关、行业协会等资源推动建立“一站式”纠纷联调联处机制，司法确认程序适用空间无疑会更大，诉前分流效果亦会更好。

(二)调解资源的精细化使用不够,调解机制解纷作用发挥不充分

改革以来,X市两级法院不断健全完善特邀调解制度,充分发挥各调解主体解纷作用,以期减少诉讼增量。但实践中,除传统人民调解外,其余调解主体解纷作用均未得到充分发挥。

以第三方调解主体权力属性为划分标准,根据司法性、行政性或民间性等性质,可将调解主体分为人民调解、特邀调解、①行业调解、行政调解和公证调解5类。② 基于该分类,课题组对2020年X市14个基层法院的4273件申请司法确认案件的调解主体统计分析发现,在3397件有效司法确认案件中,③人民调解主体成功调解案件2132件,占比62.76%,是非诉解纷的主要力量;特邀调解案件713件,占比20.99%,勉强达到人民调解的1/3;行政调解和行业调解主体分别调解成功355件、151件,占比10.45%、4.45%,总和不及人民调解的1/4。公证调解非诉调解量最少,仅31件占比0.91%。随着改革发展各类调解主体范围扩大,缘何实际解纷效用发挥一般,甚至彼此间作用发挥不均衡?对此,课题组尝试逐一考量效用相对有限的4类调解主体解纷现状寻求答案。

据统计,截至2020年5月,X市两级法院有204个特邀调解组织和1302名特邀调解员,但课题组调研发现,实践中仅16个调解组织及193名调解员具体开展了调解工作,资源运用率分别仅占各类别现有调解智库资源的7.84%和14.82%,其余多数特邀调解组织与特邀调解员处于"僵尸状态",留于名册而未实际开展调解。④ 此外,实际参与调解的特邀调解主体身份亦存

---

① 特邀调解名册范围通常是从人民调解、行业调解、行政调解、商业调解等组织和个人中按照入册条件择优选取。课题组统计司法确认案件"调解主体"一栏时发现,除明确写明特邀调解外,还有人民调解委员会、人民调解员和其他行业调解、行政调解。为区分是否混同填写,课题组进一步访谈存在该情况的A区、B区和L区3个典型法院表格填报人员,了解到:未写特邀调解而具体到其他调解组织和个人的,虽同属特邀调解名册范围,但其主体身份具有行业性、行政性等多元特征。为进一步细化分析各主体解纷作用发挥程度,课题组在统计时根据其性质予以区分。

② 参见唐俊:《调解制度构建新论》,中国政法大学2010年博士学位论文,第93页。

③ 865件案件未填写调解主体信息,11件案件信息填写错误,故统计时将上述876件案件排除在外。尽管876件无效案件占据全部案件量20.50%,但仍有79.50%案件为有效案件,数据样本充足,结论具有代表性。

④ X市中级人民法院《2020年1-5月优化司法确认程序改革试点工作运行情况的通报》。X市中级人民法院关于优化司法确认程序改革试点工作的专项通报指标每月不完全相同,有关非诉调解主体资源运用率内容仅存在于5月通报中,遂以此为依据。尽管只有截至5月的数据,但根据课题组访谈调研,三圈层法院司法确认案件承办法官均表示该现象在改革期间一直存在,具有代表性。

在分布集中现象。据X市两级法院线上调解平台统计，2020年1~6月共计委派、委托、网络申请调解案件12,383件，调解结案7479件，调解成功3472件。其中，如表1-5所示，人民调解员受理调解案件数最多，共计3464件；律师次之，调解1949件；人民陪审员调解1011件，除此之外调解案件数均在1000件以下。调解成功率最高的同样是人民调解员，为56.5%，紧接着是公证员37.13%、人民陪审员33.73%。① 虽然改革中特邀调解"质"和"量"双倍增，但资源运用却暴露出重"派"轻"管"问题，制约解纷效用发挥。

表1-5　2020年1~6月X市两级法院调解案件成功率在10%以上的特邀调解员身份分布情况

调解员身份	受理调解数/件	调解成功数/件	调解成功率/%
人民调解员	3464	1957	56.50
公证员	719	267	37.13
人民陪审员	1011	341	33.73
其他调解员	654	203	31.04
律师	1949	347	17.80
社区工作者	312	33	10.58

就行政调解和行业调解而言，一方面，二者通常依照政策性规定设立，多自律自治甚至自主经营、自负盈亏，组织形式及分布比较分散，规范性、公信力相对较弱。另一方面，二者专业性要求较高，多由相应主管（行业）领域根据实际需要设立，不同领域侧重不同调解资源配置和解纷作用发挥程度差异明显。课题组以上述355件行政调解成功案件、151件行业调解成功案件为例，统计分析调解主体类别发现，如表1-6所示，行政调解主体仅涉及道路交通、社会治安和劳动保障3个领域。其中，道路交通领域242件占比68.17%，劳动保障领域106件占比29.86%，社会治安领域7件占比1.97%，调解主体种类相对较少且集中。同时，在劳动保障领域，劳动关系协调工作

① X市中级人民法院《2020年1-6月优化司法确认程序改革试点工作运行情况的通报》。关于对特邀调解员作用发挥情况的统计分析仅存在于6月通报中，遂以此为依据。同样根据访谈调研，三圈层法院司法确认案件承办法官均表示该现象在改革期间一直存在，因此，6月的样本数据具有整体代表性。

站等调解 105 件,劳动争议调解委员会仅参与调解 1 件,解纷资源作用发挥不充分。行业调解亦是如此,如表 1 – 7 所示,行业调解主体仅涉及保险、知识产权、医疗纠纷和百货行业 4 个领域。其中,保险纠纷领域达 150 件,占比 99.34%,接近 100%;医疗纠纷领域 1 件,占比 0.66%,知识产权和百货行业尚未参与案件调解,解纷作用有待挖掘。

表 1 – 6　2020 年 X 市 14 个基层法院司法确认案件中行政调解组织参与调解主体类别分布情况

行政领域	调解主体名称	调解案件量/件	合计/件	占比/%
道路交通	道路交通事故调解委员会	242	242	68.17
劳动保障	劳动争议调解委员会	1	106	29.86
	劳动关系协调工作站、街道办劳动就业和社会保障服务办公室	105		
社会治安	人民调解与治安调解联动工作平台	3	7	1.97
	派出所	2		
	司法局(所)	2		

表 1 – 7　2020 年 X 市 14 个基层法院司法确认案件中行业调解组织参与调解主体类别分布情况

行业领域	调解主体名称	调解案件量/件	占比/%
保险	X 市保险合同争议人民调解委员会	150	99.34
医疗纠纷	医疗纠纷人民调解委员会	1	0.66
知识产权	知识产权促进服务中心	0	0
百货行业	X 市百货(集团)有限责任公司人民调解委员会	0	0

关于公证调解,自 2017 年 6 月 29 日最高人民法院、司法部《关于开展公证参与人民法院司法辅助事务试点工作的通知》提出公证机构参与调解后,X 市两级法院不断吸纳公证机构“驻法院”参与诉前解纷。截至 2019 年,X 市两级法院有 26 个公证处,238 名公证员。但其中仅 138 名公证员从事纠纷调解,占比 57.98%。且公证调解员多分布在主城区,难以满足其他地理位置稍偏、经济不发达县区法院公证调解需求。

调解协议司法确认制度是“调解”与“协议效力确认”两个独立纠纷解决

机制的有机结合。[①] 在效力确认阶段，调解协议被确认有效率达80%以上，后端解纷比例不低。显然，影响整体解纷效果的根源问题便应归因于前端非诉调解成功率不高。综上所述，解纷资源与诉前纠纷供需不对等、调解资源统筹配置不到位、资源运用精细化程度不够等问题是各类调解主体共同面临的实践难题，制约着调解机制解纷作用发挥，影响着非诉调解成功率。调解主体是多元解纷的重要力量，在注重扩大调解主体数量和提升调解质量的同时，改革也应加强调解资源精细化管理，充分发挥解纷作用。

（三）调解独立价值未得到充分尊重，司法职能延伸过度

改革以来，X市两级法院注重加强诉调对接，引导司法确认程序顺利推进。但同时，课题组调研发现，实践存在两个明显不合理的诉前调解趋向，在一定程度上有损调解的独立价值。

一是重法院委派调解，轻当事人合意调解。如前所述，2019～2021年，在全年司法确认案件总量中，委派调解分别占比64.96%、71.31%、58.67%，是程序适用的主要来源。改革期间，《X市调解前置规程》采用“列举+概括”相结合的方式细化规定了应当诉前调解的9种纠纷类型，通过调解前置强制性引导分流纠纷。同时，明确调解引导强制性职责，要求立案人员在立案前对适宜调解案件主动告知先行调解制度优势，引导当事人优先选择调解纠纷。不可否认，在短期内若要有效缓解案多人少矛盾，仅依靠当事人合意调解诉前解纷远远不够，法院委派调解是必须且现实之举。但也应当认识到，法院始终主导、引领调解会相对减弱当事人解纷的自主性与合意性，不利于非诉解纷良性发展。随司法确认程序认可度增加，改革应淡化法院主导角色，注重培育当事人主动选择适用司法确认良性环境，充分尊重调解自治性。

二是调解环节存在司法提前介入“过度”指导问题。以课题组跟踪调研的L区法院指导调解一起劳动合同纠纷案件为例，该案中A注册有限公司因牵扯诉讼拖欠70余名雇佣保洁员2个月工资共计14万元左右。双方曾多次私下调解均未果，遂向当地人社局反映情况。据了解，A公司经营期间所雇佣两名保洁员在上下班途中遭遇车祸致一死一伤，被害人家属将A公司告至

① 参见胡学军、孙亮：《系统论视角下调解协议司法确认的内在机理与制度优化》，载《江西社会科学》2021年第10期。

法院要求给予工伤赔偿并申请诉前保全，该公司银行账号150万元被冻结，同时被迫暂停业务经营，无法正常发放工资。由于该案涉及人员众多且关乎民生，L区人力资源和社会保障局向法院提出提前介入指导调解申请。考虑到该案事实清楚、法律关系简单，难点在于如何消除当事人担心拿不到执行款的担忧，L区法院启动靠前指挥调解、现场司法确认固定调解协议做法，联合司法所、人力资源和社会保障局与街道办事处召开“涉民工工资多元联调会”，主持纠纷双方达成一次性履行调解协议，并当场申请司法确认。① 该案中，从联调会筹备、召开到现场释法说理，再到促成双方合意调解并申请司法确认，法院全程跟踪参与。调解协议书、司法确认申请书撰写制作，相关事实证据等立案材料准备亦是由L区法院司法确认办案团队现场亲力亲为完成。显然，调解主体未能充分履职，而法院“实质”参与过度延伸职能。不可否认，法院针对个案的具体业务指导能促进纠纷成功调解，且能保障调解协议合法性，确保非诉调解协议经得起司法审查检验，最大程度获得有效确认。但也需认识到，调解与司法审查始终分属诉前和诉中两个阶段中不同主体的职责，无论法院何时、以何方式提前介入调解，均应坚持“指导”原则，不应过度追求调解结果高效性，忽视调解过程独立性。

（四）缺乏风险识别与防治机制，难辨确认案件的虚假调解

改革以来，X市两级法院通过要求双方当事人签署《调解诚信承诺书》，坚持形式与实质并重审查等举措，不断确保申请确认效力的调解协议的真实性，预防“衍生纠纷”发生。然而，因调解自愿自治等特性，虚假调解无法避免，增加司法确认辨别风险。

以2020年X市14个基层法院的4273件司法确认案件为例，课题组统计分析“审查结果”发现，在4252件有效司法确认案件中，②裁定有效4185件，驳回申请19件，准许或按撤回处理48件。进一步分析“驳回申请案件事由”发现，在19件驳回申请案件中，“其他不能进行司法确认的情形”15件，占比75%；“内容不明确”事由3件，占比15%；“损害国家利益、社会公共利益、他

① 补充说明的是，联调会当天在司法确认现场立案阶段，A公司了解到立案会在企业涉诉查询环节留痕，影响公司正在投标项目的中标情况，遂决定撤回立案申请。但A公司表示愿意自愿分期支付拖欠工资，并于当天立即履行完毕一半工资义务，剩余部分承诺一个月内履行完毕，双方遂重新达成合意并签订分期履行调解协议书，至此告终。

② 4273件司法确认案件中，有21件缺失审查结果信息，故具备有效审查结果案件共4252件。

人合法权益"事由 2 件,占比 10%,①其余 4 种案由均为 0,②即有损他人合法权益情形真实存在。然而,课题组专门调研对司法确认裁定的救济情况发现,改革以来包括改革结束后 2022 年 1~6 月,X 市两级法院均未曾出现一例因当事人、利害关系人有异议而申请撤销司法确认裁定的"民特监"案件。③这是否意味着权利人合法权益已得到有力保障?答案无疑是否定的。调解协议"零异议"和高确认有效率一定程度说明非诉调解效能得以提升,但没有救济不等于不需要救济。相反,恰恰映射出申请确认案件的虚假调解难辨困境。

一方面,未建立健全虚假调解识别与防治制度,实践缺乏有效指导。实践中,调解风险识别难点在于如何辨别是否存在关联案件、有无串通行为、调解协议是否涉及第三方利益等。X 市两级法院主要主张根据标的额和案由两种指标判断,其中案由识别方法运用相对较多。参照 2016 年 6 月最高人民法院印发实施的《关于防范和制裁虚假诉讼的指导意见》,X 市两级法院规定了应重点审查防范虚假调解的申请确认案件纠纷类型,包括民间借贷、金融借款、群体性劳资纠纷、公司破产、公司运营纠纷等。除此之外,再无其他细化规定,未明晰虚假调解识别标准,欠缺合理的虚假调解责任追究与法官责任豁免保障机制等。法官基本凭个人办案经验审查判断,司法风险较高,以至不免出现发现疑点直接不予受理,或尽力与当事人沟通说服其撤回申请选择诉讼,从案件之初直接规避司法确认虚假风险现象。如何准确判断虚假调解?虚假调解被确认有效是否必然追究法官责任?如何追究当事人责任?是否应当追究第三方调解主体责任?值得深思。

另一方面,缺乏有效的调解情况核实途径,虚假辨别有难度。确认案件司法审查中,诉前调解笔录、调解协议、身份证明材料等是法官赖以参照的重要案件材料。然而,调解笔录普遍侧重记录协议结果,忽略记录合意达成过程,法官难以掌握调解全貌,缺乏有效判断途径。对此,X 市两级法院探索创

---

① 19 件裁定驳回申请案件中,1 件案件同时具备两项驳回申请案由,因此,案件合计数为 20 件。

② 其余 4 种案由为:违反法律强制性规定;违背公序良俗;违反自愿原则;发现具有不予受理的情形。X 市两级法院通过"列举 + 概括"方式共规定了 7 种驳回申请事由。对比 2015 年《民诉法解释》等"裁定驳回申请"情形,X 市两级法院增加了"发现具有不予受理的情形"规定,内容更全面。

③ 《X 市司法确认实施细则》第 39 条规定,司法确认裁定,当事人不得申请再审。第 40 条规定,当事人或者利害关系人申请撤销司法确认裁定的,编立"民特监"案号。

新原被告同时到场制作询问笔录模式，并赋予法官必要时依职权向调解组织与相关人员了解核实情况、调取相关材料的权利，以期展开有限实质审查。然而实际上，到场询问基本围绕“调解协议是否自愿达成，有无欺诈或胁迫”“是不是双方自愿申请确认调解协议效力”“有无存在侵害第三方合法权益现象”等展开。这些问题的结果是否正确只有回答者知道，法官缺乏验证手段。换言之，司法审查阶段，法院对调解协议真实性、自愿性，以及有无侵犯国家、社会、第三人利益的情形，始终是通过主观言辞方式判断，缺乏客观性途径，也缺乏核实的可能性，虚假调解难辨别。

确认案件虚假调解识别难直接影响相关权利人合法权益保障，出于司法公正价值考量，有必要健全虚假调解识别机制及配套制度，实现结果公正。

（五）中级人民法院可确认案件量少，级别管辖未发挥充分作用

改革以来，级别管辖案件量实现“零突破”，但从整体情况看，中级人民法院诉前解纷情况并不乐观。根据《民事诉讼法》、最高人民法院印发的《关于调整中级人民法院管辖第一审民事案件标准的通知》《关于第一审知识产权民事、行政案件管辖的若干规定》等规定，X市中级人民法院有权确认管辖三类纠纷：争议诉讼标的额为1亿元或者5亿元以上的第一审普通民事案件①；诉讼标的额为人民币1000万元以上的第一审涉外、涉港澳台民商事案件②；

① 2021年9月17日，最高人民法院发布《关于调整中级人民法院管辖第一审民事案件标准的通知》，将中级人民法院管辖第一审普通民事案件的诉讼标的额区分情形分别上调至5亿元以上、1亿元以上。该通知自2021年10月1日起实施，而在此之前，包括此次改革试点期间，司法实践均依据2015年最高人民法院印发的《关于调整高级人民法院和中级人民法院管辖第一审民商事案件标准的通知》。根据该通知，X市中级人民法院有权管辖的第一审民商事案件诉讼标的额分别为3000万元以上、2000万元以上。

② 2017年12月7日，最高人民法院发布《关于明确第一审涉外民商事案件级别管辖标准以及归口办理有关问题的通知》，规定X市中级人民法院有权管辖诉讼标的额人民币1000万元以上的第一审涉外民商事案件。该通知在此次改革试点期间始终有效。需补充说明的是，2022年11月15日，最高人民法院发布《关于涉外民商事案件管辖若干问题的规定》，将相关案件管辖下沉至中级和基层人民法院。明确X市中级人民法院有权管辖争议标的额大的（诉讼标的额人民币2000万元以上（包含本数）），案情复杂或者一方当事人人数众多的，其他在本辖区有重大影响的第一审涉外民商事案件。尽管该规定自2023年1月1日起施行，不影响两年试点改革期间中级人民法院司法确认的实证分析，但鉴于现阶段中级人民法院适用司法确认程序分流案件的作用发挥有待改革完成后的进一步检验，而涉外民商事案件管辖标准的变化无疑是影响对常态化时期非诉解纷案件基数、分流作用予以判断、分析的原因之一，有实证研究考量的必要性。

第一审知识产权民事案件[①]。实践中,根据课题组调研,2020 年,X 市中级人民法院受理申请司法确认案件 7 件,仅占全年两级法院申请数 8652 件的 0.08%;2021 年受理 8 件,占全年两级法院 11,401 件申请司法确认案件数的 0.07%。分析 15 件案件基础法律关系,其主要集中于知识产权;分析立案标的数额,无一例案件调解协议涉标的额符合相关管辖标准,尤其是未达到诉讼标的额上调后的 1 亿元以上;亦无涉外、涉港澳台民商事案件。2022 年 1~6 月,X 市中级人民法院司法确认案件受理数尚为零。

X 市是全国经济发展较好的二线升一线城市,为何 X 市中级人民法院可确认案件类型如此单一且量少,甚至在标的额层面没有符合受理标准的纠纷?经调研课题组认为,上述三类纠纷调解成功率不高,诉前调解成功基数有限是影响申请确认量的直接原因。其一,在标的额层面,纠纷标的额达到千万元尤其是亿元量级,通常涉及较大利益,不一定适宜调解,当事人也不倾向选择调解。司法一线人员亦表示,中级人民法院诉前委派调解的案件中尚无一例涉案标的额达到亿元量级,当事人合意申请调解亦是如此。其二,关于涉外、涉港澳台民商事案件司法确认,一方面,受限于案件性质、标的额标准等因素,此类案件基数相对较少;另一方面,该类案件不同于一般民商事案件,其对国际商事调解中心和调解员的法律专业素质、表达沟通能力和区域政策水平等综合能力要求较高,而现阶段该类非诉解纷资源需求不断扩大,高效解纷水平须进一步提升。其三,知识产权纠纷调解空间整体相对有限。专利和商标等知识产权案件通常涉及市场争夺,牵扯利益大,影响面广,调解难度大;新类型知识产权纠纷和疑难

---

① 此次改革期间,根据 2010 年 1 月 28 日最高人民法院印发的《关于调整地方各级人民法院管辖第一审知识产权民事案件标准的通知》,司法实践中 X 市中级人民法院受理的司法确认案件通常是专利、商标、著作权和反不正当竞争等一般知识产权案件。2022 年 4 月 20 日,最高人民法院发布《关于第一审知识产权民事、行政案件管辖的若干规定》《关于印发基层人民法院管辖第一审知识产权民事、行政案件标准的通知》,明确调整了中级人民法院管辖的知识产权案件范围。该通知自 2022 年 5 月 1 日起施行,一方面,将先前由中级人民法院管辖的部分知识产权案件下沉分流至基层法院,即确定 X 市 A 区、B 区、C 区、F 区和 M 区 5 个基层法院有权管辖所规定的相应管辖区域内、标的额在 100 万元以下(不含本数)的第一审知识产权案件,依上述规定由上级法院管辖的除外。另一方面,X 市中级人民法院管辖的新类型知识产权案件不断丰富,管辖分布更合理。例如,确定 X 市中级人民法院有权管辖 W 省范围内诉讼标的额为 2 亿元以下或者诉讼标的额在 1 亿元以下的涉外、涉港澳台及当事人一方住所地不在本辖区的第一审发明专利、实用新型专利、植物新品种、集成电路布图设计、技术秘密、计算机软件的权属、侵权纠纷以及垄断纠纷的第一审民事案件;管辖 X 市范围内诉讼标的额为 50 亿元以下的外观设计专利的权属、侵权纠纷以及涉驰名商标认定的第一审民事案件等。参见林广海、李剑、许常海:《〈关于第一审知识产权民事、行政案件管辖的若干规定〉的理解与适用》,载《人民司法》2022 年第 16 期。

案件由于相关法律法规相对滞后,相较调解当事人更信赖诉讼,也期望通过裁判规范前沿领域行为发展。同时,生物、医药、化工等高新技术领域知识产权纠纷专业性强,对调解主体专业能力要求高,而当下专业性调解资源相对匮乏,难以满足解纷需求。近年来,X市两级法院不断构建知识产权大保护格局,加强知识产权领域纠纷化解和源头治理。比如,W省高级法院与司法厅、财政厅、市场监督管理局、知识产权服务促进中心共同印发《关于加强知识产权纠纷人民调解工作的意见》;X市中级人民法院与A区创新创业人才服务中心共建"知识产权维权服务站";X市中级人民法院知识产权法庭建立知识产权纠纷中心,专门调解技术类知识产权纠纷等。这些举措在提高知识产权纠纷解决便捷性、专业性方面发挥了积极效用,但离日益增多且难度升级的知识产权解纷需求尚有距离。访谈调研中,X市中级人民法院司法一线人员也表示,著作权纠纷因侵权金额易商定具有可调空间,此外其他知识产权案件基本没有可调空间。当然,自2021年9月最高人民法院启动四级法院审级职能定位改革,相继出台系列规范性文件不断调整四级法院案件结构,优化完善第一审民商事案件管辖标准以来,在"中级人民法院重在二审有效终审、精准定分止争"①,"逐步实现第一审民事案件主要由基层人民法院审理、少量由中级人民法院审理"②改革目标下,中级人民法院有权管辖的案件范围本身相对收缩、案件类型相对变化,也是影响X市中级人民法院整体司法确认案件受理基数较少的因素之一。

整体而言,中院非诉解纷作用发挥相对有限。这是否意味着此次改革增加级别管辖没有意义或者意义不大?或许不然。课题组认为,此次立法赋予中级人民法院确认非诉调解协议效力权利,旨在通过诉前解纷有效分流诉讼压力,具有合理性及必要性。更重要的是,级别管辖尚有可提升空间。根据以上分析,可将作用发挥有限原因进一步归为两种:一是案件客观不能,即案件性质不适宜调解或标的额达不到中院管辖条件;二是案件类型疑难复杂,专业化调解资源不足,调解成功率低。前者确实没有进一步可提升调解空间,应在考量非诉解纷效用时排除在外。而后者完全具有提升空间,是非诉解纷可以争取且应重点争取的对象。下一步改革应着手加强调解资源尤其

① 李阳:《完善四级法院审级职能 夯实公平正义制度根基——四级法院审级职能定位改革试点一年间》,载《人民法院报》2022年9月1日,第1版。

② 周誉东:《四级法院审级职能定位改革试点:打破"诉讼主客场"》,载《中国人大》2021年第17期。

是专业化调解资源扩充,提升调解主体效能,提高非诉调解成功率,确保中院适宜调解案件更多通过非诉解纷。当然,随改革推进,中院非诉解纷情况是否会发生改变,级别管辖适用效果能否有所改善?均有待进一步检验。

(六)误读程序功能,过度依赖强制执行力

改革以来,X市两级法院通过民商事纠纷前置调解、一站式纠纷联动调解等多元方式引导当事人非诉解纷,司法确认程序取得了一定成效。但同时,改革实践亦陷入误读程序功能,过度依赖强制执行力困境,衍生出系列错误倾向做法。

一是重"司法确认案件数量"轻"纠纷化解实际效果"。改革将司法确认适用率高低视为检验该制度功效优劣的标准。不可否认,量化考核具有激励参与试点改革法院重视改革并探索创新的积极作用,对促进一项新改革有效运行至关重要。但同时,"唯数量论"易走向"过度功利主义"改革实践。比如,为让司法确认程序适用量"可观",法院有时会将一些双方自愿履行并准备履行完毕的诉前调解成功案件,继续吸附至司法确认程序。该做法无疑增加了不必要的司法资源浪费,减弱了当事人合意调解纠纷的意愿。长此以往,必然会加剧各界已存的司法确认程序消解程序正义和削弱社会自治的隐忧,且与缓解案多人少矛盾的改革初衷有所偏离。因此,改革应探索建立科学合理的多元考核指标体系。

二是过度依赖强制执行力,将"民前调"纠纷均纳入可申请确认案件应然考量范围。理论上,通过司法确认程序非诉解纷案件越多,进入诉讼程序的纠纷案件越少。基于此,探索强制性、普遍性诉前调解,并引导先行调解案件尽数申请确认效力在逻辑上并无漏洞。但值得注意的是,并非所有类型案件均适宜调解,也并非所有调解成功案件均适宜申请司法确认,其中还涉及"纠纷适调性考量"和"执行可能性风险评估"因素。司法确认程序不是常规化非诉解纷程序,司法实践应理性审视程序功能,不应寄予高于程序自身功能之外的解纷期望,更不宜一味为有效控制"诉讼爆炸"而强调一切纠纷应"能调尽调,能非诉解决尽非诉解决"。事实上,某一纠纷适宜通过何种程序解决,除考虑当事人意愿外,还需综合权衡案件性质、标的额、诉讼(非诉)程序性质等,最终作出符合成本效益原则、兼顾效率与公正价值的最佳选择。

三是误读强制执行力保障功能,将行政强制执行事宜纳入可确认案件范围。伴随司法确认适用范围拓宽,司法实践出现"行政执法管辖争议涌入司法”现象,执法者误将司法确认简单视作具有法律强制执行力的保障程序。例如,针对小区违规私搭乱建行为,城管部门因拆迁阻力重重,遂开展社区调解并申请司法确认。又如,某经营场所夜间经营产生噪声影响周边居民休息,双方达成调解协议称:经营场所须确保晚上声音不得超过65分贝,若超过将由法院强制执行等。显然,上述行为不具有“内容可执行性”,不属于可申请确认案件范围。若执法与司法职能混同,将超出“能动司法”边界范围。改革应理性审视司法确认功能准确把握改革定位。

四、优化司法确认程序进一步的完善建议

(一)基于功能限度,理性审视司法确认程序解纷功能

1. 司法确认旨在为非诉调解“保底”

司法确认程序指赋予非诉调解协议强制执行力,使经确认有效的调解协议具有司法性和权威性。该程序旨在增强调解纠纷效用,弥补非诉调解效力低、不稳定的固有弊端,重塑调解“东方经验”制度自信,逐步转变“赖讼”现象,吸引更多纠纷非诉解决。其兼具“反向推动”和“正向确认”双重保障性质。所谓“反向推动”指,司法确认程序仅为非诉调解“保底”,是一把“保险锁”。正常状态下,应处于“减少适用”甚至“备而不用”状态,仅以其高悬在上的法律后盾发挥督促和威慑功能,促进非诉调解自治化良性发展。只有出现当事人违背契约精神和诚实信用原则,不自动履行调解协议时,方能发挥“正向确认”效果,经当事人申请启动,以法律强制执行力保障调解协议履行,实现非诉解纷。换言之,自愿性、自治性始终是调解制度的根本所在,司法确认重在保障调解顺利实现,并不破坏调解社会自治功能,当然,调解也不宜过度依赖司法确认强制执行力非诉解纷。①

2. 程序功能发挥具有范围限定性

并非所有案件都适宜非诉调解和申请确认,非诉解纷还受案件“纠纷适调性考量”和“执行可能性风险评估”客观因素限制。一方面,纠纷须具适调性。2012年《民事诉讼法》规定“适宜调解的先行调解”。但何谓“适宜调

① 参见刘加良:《论人民调解制度的实效化》,载《法商研究》2013年第4期。

解”，哪些案件可以先行调解，各层级规定尚不明确且实践做法不一。[①] 对此，课题组以 2020 年 X 市 14 个基层法院 4185 件经确认有效的案件为例，以三级案由为标准统计分析“基础法律关系”，尝试初步形成具备适调性的案由类型。纠纷性质是考量适调性的主要因素，而 4185 件案件已经确认有效，表明相应案由具备“适调性”。如表 1 – 8 所示，4185 件经确认有效案件分布在 48 个三级案由中，即这 48 个案由所涉纠纷均属调解前置适用范围，是申请确认案件的有效案由，应当先行调解。有观点认为适调性考量除纠纷性质外，还需考虑争议标的额，提出应将标的额在小额诉讼程序强制适用之上、小额以下的财产权益纠纷均纳入非诉调解前置范围。[②] 课题组认为，纠纷能否达成调解同标的额大小没有必然因果关系，涉案标的额不应成为限制因素。此外，目前法理质疑认为调解强制前置会颠覆调解自愿原则，法律规定包括此次《民事诉讼法》都未将调解强制前置制度纳入立法规定。课题组认为，调解强制前置只是赋予司法调解程序启动权，要求当事人参加调解，但是否同意调解、是否接受调解方案等依然由当事人自主决策。程序启动强制并不会侵害当事人诉权，且调解强制前置更加符合繁简分流改革公正高效解纷初衷，即今后立法应当吸收调解强制前置制度。在范围上，以表 1 – 8 中 48 个案由为参考，同时概括规定“其他适宜先行调解的纠纷”，适应改革变化。当然，除调解前置“强制性调解”外，其他未纳入前置调解范畴但当事人自愿申请调解或经告知询问同意调解，且具有适调性的“合意性调解”纠纷，也应属可确认案件范围。“强制性调解”和“合意性调解”共同构成申请确认案件来源，既可实现能调先调，又可兼顾调解自治与司法公正。另一方面，纠纷内容需具“执行可能性”，即调解协议内容能够通过具体执行行为履行完成，比如，财产利益。相反，抽象性行为、情绪等不具有执行可能性的内容则不属于司法确认程序强制执行保障范围。总之，司法确认程序非诉解纷功能发挥具有限定性。改革应理性审视司法确认程序解纷功能，做到量力而行、尽力而为，切不可妄自尊大，也不可妄自菲薄。[③]

---

① 《关于进一步完善委派调解机制的指导意见》第 2 条规定涉及民生利益的纠纷、物业管理、交通事故赔偿、消费者权益保护、医疗损害赔偿等类型化纠纷，法院可以委派调解。《X 市调解前置规程》列举了 9 种应当先行调解的纠纷类型。其他诸如山东、河南、上海等地也均规定了诉前调解适用范围，相关规定有重叠交叉也有差异区别。

② 参见刘加良：《非诉调解前置主义的反思与走向》，载《政法论丛》2020 年第 5 期。

③ 参见刘加良：《司法确认程序的显著优势与未来前景》，载《东方法学》2018 年第 5 期。

表 1-8　2020 年 X 市 14 个基层法院经确认有效案件案由分布对照

一级案由	二级案由	三级案由	三级案由数量/个
人格权纠纷	人格权纠纷	生命权、身体权、健康权纠纷	1
婚姻家庭、继承纠纷	婚姻家庭纠纷、继承纠纷	离婚纠纷、离婚后财产纠纷、同居关系纠纷、抚养纠纷、赡养纠纷、遗赠扶养协议纠纷	6
物权纠纷	物权保护纠纷、所有权纠纷、用益物权纠纷	排除妨害纠纷、财产损害赔偿纠纷、相邻关系纠纷、共有纠纷、土地承包经营权纠纷	5
合同、准合同纠纷	合同纠纷、不当得利纠纷	缔约过失责任纠纷、债务转移合同纠纷、买卖合同纠纷、房屋买卖合同纠纷、民事主体间房屋拆迁补偿合同纠纷、供用气合同纠纷、借款合同纠纷、银行卡纠纷、租赁合同纠纷、融资租赁合同纠纷、承揽合同纠纷、建设工程合同纠纷、运输合同纠纷、委托合同纠纷、物业服务合同纠纷、中介合同纠纷、合伙合同纠纷、土地承包经营权合同纠纷、服务合同纠纷、劳务合同纠纷、广告合同纠纷、追偿权纠纷、不当得利纠纷	23
知识产权与竞争纠纷	知识产权合同纠纷,知识产权权属、侵权纠纷	技术合同纠纷,著作权权属、侵权纠纷,商标权权属、侵权纠纷	3
劳动争议、人事争议	劳动争议	劳动合同纠纷、社会保险纠纷	2
与公司、证券、保险、票据等有关的民事纠纷	与企业有关的纠纷、与公司有关的纠纷、合伙企业纠纷、保险纠纷	挂靠经营合同纠纷、股权转让纠纷、退伙纠纷、财产保险合同纠纷、人身保险合同纠纷	5
侵权责任纠纷	侵权责任纠纷	提供劳务者受害责任纠纷、机动车交通事故责任纠纷、医疗损害责任纠纷	3

3. 程序解纷功能评估应综合多元指标

作为非诉调解“保底”制度,相较通过“正向确认”强制执行力保障调解,司法确认程序的功能更多体现在以司法权威性吸引当事人自主调解且自动履行方面。因此，评估司法确认程序解纷功能，不应单一考量司法确认程序适用案件量，而应综合考量非诉调解整体分流效果。对于在诉前达成调解协议并自觉履行完毕的纠纷也应考虑纳入司法确认程序改革成效检验指标因素范围。尽管该部分纠纷未通过司法确认解纷，但不可否认，当事人自动履行除义务主体遵守契约精神外，也受司法确认权威性的反向推动性质影响，对整体解纷发挥着潜在保障作用。同时，坚决摒弃"唯数据论"，建立科学合理的程序解纷效果多元考核指标体系，包括应将非诉分流比率、当事人自主申请司法确认案件量及所占比例、服判息诉率、生效裁判即时履行率等均纳入考量因素范围。此外，还需注意，评估程序解纷功效应以适宜范围为基准，将本身不适宜通过司法确认非诉解纷的案件排除在计算基数之外。

（二）建立双轨并推调解模式，提升调解机制解纷分流作用

1. 强化民事纠纷公益化调解

"公益化调解"主要包括人民调解和行政调解，具有公权力部门主导发展调解和免费调解特征。现阶段，婚姻家庭、继承、邻里关系、小额债务、轻微侵权等传统纠纷仍是常见多发的民事纠纷类型，最具适调性。而这类事小、量多、面广的民事纠纷由扎根基层最贴近群众的人民调解委员会以及相对健全的行政调解组织主持调解再合适不过。同时，在国家公共服务保障经费有限的情况下，免费调解能吸引更多经济条件一般且案件标的额较小的当事人调解纠纷，有利于非诉分流。因此，在民事纠纷非诉解决中应重点强化公益化调解。一是多领域扩增调解主体。目前，X 市两级法院在道路交通、劳动保障、社会治安、保险、医疗等领域已建立相对健全的行政调解和行业调解组织，公安和人社系统内调解人员数量也较多，但房管、工商、质监等系统调解主体数量偏少。有必要增加这些领域调解主体数量，做到不同领域调解主体与不同案件类型解纷需求相适应。二是提高调解主体解纷能力。通过培训管理等提高婚姻家庭、继承纠纷等多发领域调解主体解纷质量，提升调解成功率。比如，借鉴 F 区法院"基层法治指导员"制度，专门选派庭长担任"基层法治指导员"，每名"基层法治指导员"与每个街道社区等人民调解组织所在地对口联系，分片包干，指导案件调解、参与基层普法宣传、提供法律服务等。三是强化诉调对接。加强调解组织运行、调解方式等规范程度，扩大纠纷"一站式"预防解决平台覆盖面，实现调审主体间的解纷联动和诉调有机对接。

2. 推行商事纠纷市场化调解

"市场化调解"主要指商事调解,具有调解主体自主经营和市场化收费特征。随市场经济繁荣发展,多元新型纠纷不断出现,公益化调解已无法满足商事纠纷专业高效解纷需求,需建立市场化调解机制侧重开展商事解纷。改革实践中,A 区法院利用市场化规则搭建商事纠纷解纷平台,引入 W 省 A 区商事调解中心、"一带一路"国际商事调解中心和上海徐汇区智调非诉讼纠纷调解中心三家特邀调解组织驻院调解,引导纠纷主体对接市场化调解组织,促成大量纠纷自动履行,尤其是大体量金融纠纷案件,激发解纷动力内生。2017 年以来,A 区法院受理约 22 万件互联网消费金融案件,该批案件数量大、借款人地域分布广、失联率高、诉讼回款率低,A 区法院利用"商事 ADR"开放性优势,积极引导银行与"一带一路"国际商事调解中心对接,最终一万多件案件经商事调解中心主持达成调解协议并获自动履行,解纷效能高,市场化调解机制解纷优势明显。因此,有必要探索建立市场化调解规范制度,尤其是规范主体资格和费用收取标准,为立法和司法实践提供借鉴参考。一方面,通过立法授权规制商事调解主体资格。2021 年《民事诉讼法》只肯定了调解组织的有效调解主体身份,未对哪些调解组织有调解资格以及如何合法获得调解资格作出规定。实践中,参与诉前解纷的组织都是法院以"聘任"方式认可其调解主体身份并建立调解库供选择,类似于"合同"。法院虽对外公开调解组织名单,但公信力有限且仅在本辖区范围有效,不具广泛性。应当从立法层面授权规制商事调解主体合法资格。比如,对于律师事务所、律师等已具备法定法律专业从业资质主体,建议立法规定自律师事务所注册成立、律师领取执业执照之时便同步取得法定调解组织和调解员身份。对于专门成立的法律咨询服务调解公司等公司类调解组织,建议立法规定除需具备营业执照外还需专门在当地法院申请获批调解许可证等,调解资格获批整体严于律师事务所等法律专业从业机构。另一方面,制定商事调解收费合理标准。首先,明确调解中心自治原则,即调解费用由调解中心独自或者入驻同一法院的多家调解中心共同自行商量,呈现完全市场化收费方式,法院不参与其中。其次,划定调解中心收费标准上限。自治并不等于自由无限制,调解中心收费标准确立必须兼顾诉讼收费标准,不得突破诉讼费。在诉讼费范围以下,调解中心有权结合具体案件在已定标准基础上上下浮动,在"谁受益谁负责"调解费用支付原则下,只要付费方当事人接受即可。最后,建立形成调解收费“经济杠杆”模式,构建形成从调解、仲裁到诉讼成梯次的多元解纷收费框架体系。以法定调解强制前置制度为前提,以非调解组织整体素能和诉前调解协议质效提升为保障,将是否先行调解作为收取诉讼费的判断标准,形成奖惩收费机制。如果先调解但调解不成进入诉讼,则诉讼费减半;若不经调解直接诉讼,则诉讼费翻倍。通过诉讼费成本支出直观体现调解经济优势,促使当事人摒弃“赖讼”心理,选择最合适的解纷方式,提升解纷实效。

3. 加强调解资源精细化使用

加强调解组织和委派调解法院对调解主体的双重管理,尤其是强化法院精细化管理。一方面,扩大名册管理范围。将名册管理对象从特邀调解组织扩大至所有依法成立的调解组织。另一方面,重点完善调解主体动态管理制度。建立案件类型与调解主体适配度匹配机制,有针对性调动并充分发挥特邀调解员、律师、公证员等多元调解主体不同解纷作用。实行调解主体作用发挥监管考评机制。充分借助线上调解平台便捷服务优势,实时监管调解进度并开展考评。参照最高人民法院统计口径数据,依照调解案件数、调解率、司法确认率、在线调解率等指标动态考评调解组织调解质效,实行优胜劣汰。对不参与调解或者调解质效不高的组织坚决“除名”,减少“僵尸”调解主体。同时,通过同业竞争机制注重培育有影响力的权威性调解组织,适时补充调解主体,保持供需对等良好状态。

此外,进一步推动改革在立法层面制定统一的“调解法”。2019 年 5 月,司法部在全国调解工作会议上首次明确提出“要完善调解法律制度,条件成熟时制定统一的调解法”,并计划到 2022 年基本形成大调解工作格局。① 截至 2021 年年底,实践已成功构建人民调解为基础,行政调解、行业调解、商事调解等专业性调解等联动发展的大调解工作格局,公益化调解与市场化调解双轨并推模式正在形成,制定统一的调解法已具备现实基础。制定统一的调解法,一方面,要全面囊括多元调解主体规范,细化规定多元调解主体准入资格、工作流程、考核机制、奖惩举措等内容,为多元调解提供具体操作规程,推动多元调解规范化开展;②另一方面,弥补 2021 年《民事诉讼法》中未规定

① 参见《司法部:加强各类调解衔接联动,构建大调解工作格局》,载澎湃新闻网 2019 年 5 月 9 日,https://www.thepaper.cn/newsDetail_forward_3423343。

② 参见侯怀霞、晏亭:《我国制定统一调解法的必要性分析》,载《山西省政法管理干部学院学报》2020 年第 4 期。

“依法设立的调解组织达成的调解协议”中的依“法”是何“法”的法律法规空白，为调解组织设立提供具体法律指引。

（三）赋予调解独立程序价值，司法适度支持与监督调解

司法确认程序涉及调解与诉讼两个纠纷解决子系统，是调解自愿机制与司法强制机制的有机衔接。作为非诉解纷程序整体，司法确认程序既应遵循系统开放性，恰当融合调解与诉讼两种机制，取长补短形成解纷合力，实现“1+1>2”的非诉解纷效能，也应遵循系统封闭性，始终坚持调解与诉讼独立价值本位，不抹杀二者分属两种不同性质的解纷机制特征，即调解归调解，诉讼归诉讼，司法强制机制与调解自愿机制间保持平衡，调解尽量通过合意有效解纷而不过度依赖司法，司法也不应过多干预调解。① 整体而言，法院作为国家审判机关，应当积极参与非诉解纷并主动作为，但基于司法审判职能及司法审判独立之特性，司法作用发挥应当适度，在支持调解与监督调解间寻求平衡。

1. 法院适度参与诉前调解

2016年6月28日，最高人民法院发布《多元纠纷解决意见》提出要“充分发挥司法在多元化纠纷解决机制建设中的引领、推动和保障作用”。指明了法院构建多元解纷体系履行社会治理责任的发展方向。实践中，法院探索向前延伸职能，引领非诉解纷发展。2019年7月31日，最高人民法院发布《关于建设一站式多元解纷机制一站式诉讼服务中心的意见》，指出“切实发挥人民法院在诉源治理中的参与、推动、规范和保障作用，推动工作向纠纷源头防控延伸”。法院角色定位从“引领、推动、保障”变至“参与、推动、规范和保障”。司法政策释放出法院在非诉解纷中的功能定位应从“主导”向“参与”过渡，逐步回归司法审判职能的信号。司法实践探索亦应逐步调整方向，主动延伸少一点，被动回归多一点。一方面，应当降低法院委派调解的强制性因素，注重培育合意调解。改革中，试点法院通过搭建“一站式”解纷平台、建立一站式纠纷联动联调机制等方式不断整合社会治理资源，扩增多方主体参与非诉解纷。通过特邀调解制度等提升调解实效，吸引当事人主动选择非诉解纷。随着调解质效增加和司法确认潜在权威保障，当事人合意调解不断增

① 参见胡学军、孙亮：《系统论视角下调解协议司法确认的内在机理与制度优化》，载《江西社会科学》2021年第10期。

加，从长远计，当事人自主非诉解纷良性环境有望实现也必将实现。另一方面，应当摒弃法院"全能服务"非诉解纷司法理念，树立法院适度参与理念，尊重调解自愿、自治性，维护调解解纷权威。比如，法院提前介入指导调解应当适度，可以提供专业释法说理促进调解协议达成，避免出现不合法情形，但不能直接实质担任调解主体，以"指导"代替"调解"。同时，非诉解纷非法院一家之力所能完成。在社会治理大局中，无论是当事人抑或是改革者，对法院角色定位都应当具有限定性。其他治理主体尤其是党委政府应当主动作为，积极担负社会治理责任，逐步确立非诉调解权威。只有形成党委政府主抓、当事人合意非诉解纷良性发展格局，法院才能回归司法机关本质，真正做到"非诉机制在前，法院裁判终局"。

2. 司法有限审查调解协议

法院审查确认调解协议效力，体现司法对调解的监督职能。鉴于调解自治性和司法确认"保底"功能，法院审查应坚持有限原则主义，警惕诉讼强制机制对调解自愿、自治机制的过界干预。一方面，启动程序应严格遵循被动性原则，不得依职权启动。从《人民调解法》到《民事诉讼法》，司法确认程序始终以双方当事人共同申请为启动要件。一直以来，理论界对"双方申请说"颇有争议，认为一定程度限制非诉调解协议进入司法确认程序，甚至会鼓励不诚信当事人逃避履行调解协议，提出应当采用"单方申请说"，赋予任何一方申请确认程序启动权。单方申请时，若另一方认为调解协议有瑕疵，赋予强制执行力会损害自身合法权益，可以向法院提出异议并提供证据证明，法院应实质审查异议部分并就程序结果作出确认或不确认的准确判断。① 课题组赞同"单方申请说"，该举措既尊重当事人启动程序自由权，给予非诉调解协议履行空间，也限缩恶意调解或恶意拖延履行损害合法权益空间，保障司法确认程序充分适用。理应在今后民事诉讼法修改中优化启动方式，扩大适用空间提高非诉解纷效果。但无论以何种方式启动，法院均应始终保持被动、克制态度，不得以支持诉前调解协议效力之名行破坏调解自治性之实。另一方面，审查确认应在继续采取形式与实质并重审查前提下，尽量缩减实质审查范围。主要立足审查当事人自愿性、协议内容可执行性，重点监督调解协议不合法性。其中，自愿性审查应秉持"无异议即默认自愿"原则，不应

① 参见马丁：《论司法确认程序的结构性优化》，载《苏州大学学报（法学版）》2021 年第 4 期。

过度要求法官一味实质审查。审查时,法院审查力度应视调解协议质量作出有限调整,[①]调解协议质量高,法院审查力度相应降低,反之则加大,二者整体呈反比例相关。同时,审查依据范围也应坚持有限原则。调解实体依据范围除法律、法规等强制性规定外,还包括公序良俗、村规民约、行业惯例等,内容远超法院审判实体依据。法院审查确认时,应以调解时遵循的实体依据而非民事诉讼裁判依据为审查标准,进而客观评价和准确监督调解协议质量。总之,司法审查应始终保持中立监督和有限原则态度,不因追求纠纷快速高效解决而无条件支持全部调解协议有效,也不因保障确认案件公正而降低确认调解协议有效率。

(四)公正、效率并重,保障权利人合法权益

1. 提高在线解纷适用率,进一步提升解纷效率

为解决传统线下调解效率低、成本高等解纷瓶颈,X市两级法院于2016年率先在全国打造线上调解平台,探索建立线上调解案件“优先立案、优先审理、优先执行”司法确认“绿色通道”,促使纠纷快速化解。截至2020年5月底,线上调解平台已覆盖全市264个社区(村),大多数入驻在便民服务中心、群众工作之家和法律工作室,方便纠纷当事人就近使用。[②] 该平台拥有PC终端、移动App终端和微信小程序3个线上渠道和一个线上调解实体空间,当事人可视情况自由选择。该调解平台与法院入驻调解组织系统、法院办案系统相连接,当事人调解成功后若申请确认,可直接线上提交法律文书和调解协议等相关材料,足不出户便可解锁线上一键非诉解纷全流程、可视化体验,减少在途时间与成本。尽管如此,课题组分析2020年X市14个基层法院的4273件申请确认案件的“申请方式”发现,在线解纷平台适用率并不高。在4261个有效数据中,[③]线下窗口申请3600件,占比84.49%;线上申请661件,仅占比15.51%,其中,网上立案平台占比8.52%,在线调解流转只占6.99%,适用率最低。根据课题组调研,在线解纷平台功能不完备,当事人、调解主体和司法人员使用积极性不高是适用率低的主要原因。对此,应当完

---

① 参见刘加良:《司法确认程序的功能诠释》,载《政法论丛》2018年第4期。

② 来源于X市中级人民法院《关于全市法院2020年1-5月优化司法确认程序改革试点工作运行情况的通报》。由于各月统计口径不同,仅5月通报统计有线上调解平台推广应用情况。尽管该数据不能代表截至改革完成时的整体数据,但该平台在全市推广的事实客观存在,且随改革推进不断上升。

③ 12件案件未填写申请方式,课题组统计时予以去除,剩余4261件有效案件。

善在线解纷平台。一方面，功能设置应当遵循“人性化”原则，确保简便易操作，尽量减少当事人操作平台所耗费时间。另一方面，应尽可能优化完备各项功能，增加材料扫描、图文转换、语音识别、自动生成调解笔录、程序一键切换流转等功能，优化在线示证、询问等功能，并及时根据实际需求增删更新。当然，除完备软硬件设施外，提升适用平台主体自身对智能化成果的适应与学习能力亦必不可少。

2. 完善虚假调解识别与防治综合配套机制，促进结果公正

“公平公正”始终是优化司法确认程序改革的核心目标。现阶段，申请确认案件虚假调解风险仍然存在，当事人合法权益难保障，改革应多措并举降低司法确认虚假风险，提升非诉解纷公信力，促进司法公正。一是上网公开司法确认案件裁定文书，为相关权利人行使异议权提供可能。实践中，试点改革法院通常依据最高人民法院《关于人民法院在互联网公布裁判文书的规定》（以下简称《裁判文书上网规定》）第 4 条，确认人民调解协议效力的案件裁判文书不在互联网公布范围之内之规定，基本未公布确认效力或不予确认效力裁定书，调解协议也因属当事人自治结果通常未公开，不仅无法为权利人提供及时发现侵权行为并寻求救济的可能途径，也无法为其他案件辨别虚假调解提供有效检索指引借鉴。课题组认为，公开司法确认案件裁定文书符合《裁判文书上网规定》第 4 条第 3 项“但为保护国家利益、社会公共利益、他人合法权益确有必要公开的除外”之规定，具有法律依据，应当公开裁定文书，前移维权关口，最大化保证公正性。二是加强司法确认裁定文书释法说理，为诉外调解提供参照指引。2016 年 8 月，最高人民法院印发施行《人民法院民事裁判文书制作规范》《民事诉讼文书样式》。前者强调加强裁判文书的释法说理，要求裁判文书正文须载明裁判理由，对当事人的请求是否成立详细分析评述；后者将司法确认适用的驳回司法确认申请的裁定、撤销确认调解协议有效之裁定的裁定等文书均增加至民事诉讼文书样式。[①] 结合上述两个文件，即有关司法确认适用的系列裁定书均须充分阐明裁定理由。但课题组调研发现，试点改革法院司法确认裁定书结果部分通常只给出有效或无效结论，并不阐述具体理由或一带而过。事实上，法院确认裁定结果对调解协

① 参见《2016 年 7 月 5 日 10:00 关于举办民事诉讼文书样式新闻发布会》，载中国法院网，https://www.chinacourt.org/chat/chat/2016/07/id/44925.shtml。

议具有指导和参照价值。不予确认效力时,辅之以充分详尽的理由阐释,可为调解日后运行提供具体指引。理由越详细,说服力越高,案例指导作用更强。长此以往,调解协议瑕疵比例必然下降,确认有效率相应上升,个案层面司法审查指导作用将演化为长远发展中诉讼对诉外调解的有力支持,助力保障结果公正。三是建立虚假确认当事人惩戒机制,促进诚信社会建设。当事人诚信低、虚假解纷代价小、调解事实查明难度大是确认案件虚假调解始终存在的主要原因,直接影响法院适用司法确认解纷积极性。应提高虚假解纷代价,明确规定对经查实恶意调解或明知恶意仍然促成调解的当事人、调解主体等,根据过错程度追究民事、行政甚至刑事责任。

第二章　完善小额诉讼程序改革实证研究

作为民事司法改革的重要内容，小额诉讼程序被视作化解人案矛盾、实现“繁简分流”的理想方式之一，在近十年的历次司法改革中多次被提及，理论界对小额诉讼程序改革的讨论不绝于耳。梳理过去十余年的既有成果可以发现，以2012年《民事诉讼法》明确纳入小额诉讼程序为分界点，在此之前，学者们的研究内容多结合域外实践与本国实际，针对小额诉讼程序的价值、目标、运作原理、制度安排以及在我国适用的必要性与可行性等展开论述；①2012年《民事诉讼法》明确规定小额诉讼程序之后，学界则主要围绕小额诉讼的适用条件、程序设置与救济措施等

---

① 例如，关于小额诉讼程序的理论与实践认知，学界并未形成完全一致的观点。就小额诉讼程序设立的目标而言，有学者认为，实行小额诉讼程序的目的既在于提高诉讼效率、减轻法院负担，也在于实现司法的大众化，通过简易化的努力使国民普遍能够得到具体的、有程序保障的司法服务。参见范愉：《小额诉讼程序研究》，载《中国社会科学》2001年第3期。也有学者认为，小额诉讼程序的价值或目标，绝非为了分流司法压力，而是为了弥补正式司法程序在便民诉讼方面的缺陷；它是立足于制度利用者而不是制度运行者的角度设计的。参见傅郁林：《小额诉讼与程序分类》，载《清华法学》2011年第3期。就小额诉讼立法的必要性而言，有学者认为对于小数额金钱债务纠纷而言，最适当的程序莫过于小额程序。参见齐树洁：《构建小额诉讼程序若干问题之探讨》，载《国家检察官学院学报》2012年第1期。有学者指出，设立小额诉讼制度的理论和实践准备仍不充分，《民事诉讼法修正案（草案）》对这一制度的规定过于简单、原则，强制适用和一审终审对当事人的诉讼权利限制过大，有严重弱化当事人的程序保障等缺陷，不宜急于规定小额诉讼制度。参见李浩：《论小额诉讼立法应当缓行——兼评〈民事诉讼法修正案（草案）第35条〉》，载《清华法学》2012年第2期。

各抒己见。[①] 整体而言,学界关于小额诉讼程序的研究成果颇丰,在应对"诉讼爆炸""案多人少"等实践难题上有一定积极作用,但仍存在如下不足:首先,部分关键性问题仍存争议或尚未得以解决,如小额诉讼程序核心功能不彰,办案法官"就繁不就简"现象频现,小额诉讼程序约定适用不足,等等。其次,既有成果存在明显的研究偏向,或是较为关注小额诉讼程序运用的具体问题及应对细节,忽略了小额诉讼程序原则性问题的率先解决;或是过于重视理论阐释,几乎不关注小额诉讼程序在实践中的具体样态。[②] 相关系统性的实证研究尚为少见。最后,现有研究成果缺乏针对2020年新启动的小额诉讼程序改革内容的研究,时效性与针对性阙如。有鉴于此,课题组选取X市法院小额诉讼程序改革情况作为研究样本。X市法院为小额诉讼程序改革试点单位,具有丰富的实践经验与相对典型的代表性。[③] 整体观之,X市小额诉讼程序的改革样态基本能够在A区、L区、R市等14个基层法院中得到全面、客观的反映。因此,课题组将以14个基层法院的小额诉讼案件情况作为整体分析样本。在这14个法院中,A区、L区、R市3个法院分别为X市不同经济圈层中的代表性基层法院,故作为课题组重点分析对象。[④] 课题组拟借助系统性实证研究方法,在分析小额诉讼程序改革要点的制度演进历程与学界主流观点的基础之上,重点考察2020年《民诉分流实施办法》及配套制度所规定的各种措施的运行情况和实际效果,明晰新一轮改革已然解决的问题,系统剖析小额诉讼程序改革仍未破解的沉疴痼疾及其成因,反思《民事诉

---

① 例如,关于程序适用条件,有学者认为我国对小额诉讼程序适用案件类型的规范应采取抽象概括式和消极肯定式相结合的规范模式。参见刘冬京:《我国小额诉讼程序适用的案件类型之规范化探讨》,载《法学论坛》2014年第3期。也有人认为对小额诉讼程序的案件类型进行肯定式与否定式的规定,至少正面肯定式规定的必要性还值得商榷。参见王琦:《小额诉讼程序立法效果评价及前景分析》,载《法学杂志》2017年第12期。关于一审终审,有学者提出单纯禁止上诉的小额诉讼立法方案符合现阶段的法治发展实际。参见李峰:《小额诉讼制度完善的进路分析——对民事诉讼法第162条的解读》,载《河南师范大学学报(哲学社会科学版)》2013年第5期。也有学者认为,对小额诉讼案件实行简易的二审终审制并辅以假执行程序之制度设计,不失为一种合理的改进对策。参见刘学在、欧阳俊:《小额诉讼一审终审制之评述》,载《湖北社会科学》2013年第5期。

② 参见王琦:《小额诉讼程序立法效果评价及前景分析》,载《法学杂志》2017年第12期。

③ X市为西南地区具有影响力的省会城市,经济总量位列全国前六。2020年,在全国副省级城市里面,X市法院收案量位居第二。

④ A区法院自2019年正式受理案件以来,法官人均收案量与结案量连续两年位居W省第一,是一圈层法院中的典型代表;L区法院在二圈层中收案量与结案量基本位列第一,同样具有较强代表性;R市法院在三圈层中的收案量与结案量相对较高,系X市小额诉讼程序试点改革的示范性法院,具有较强代表性。

讼法》及配套司法解释究竟能否回应理论界和实务界的关切,并在此基础上探求解决对策,以期形成一套相对科学和现实的改革方案。

一、完善小额诉讼程序改革的要点

从《民诉分流实施办法》规定的内容来看,小额诉讼程序改革要点大体集中于法定适用标的额上限的调整、约定适用规则的重拾、适用领域的拓展、程序自身简化的进一步探索以及程序转换条件的优化。通过这些改革要点不难看出,最高人民法院有意拓展小额诉讼程序适用面,进而实现提升司法效率的改革目标。与此同时,为防止小额诉讼程序的推广适用过于减损当事人诉讼权利,最高人民法院不仅适度放宽了小额诉讼程序的审理期限,亦明晰了小额诉讼程序转换的条件,赋予了当事人必要的程序异议权。概言之,此番改革试图兼顾司法效率与当事人权利。改革要点的制度演进历程也恰好佐证了最高人民法院的改革目标。

(一)调整法定适用标的额上限:从"因地制宜"到"统一标准"

2020 年,《民诉分流实施办法》采"定额制"范式,将小额诉讼程序法定适用标的额上限调整为 5 万元(以下简称"5 万元标准")。"5 万元标准"明显区别于此次改革前相关省级行政区划上年度就业人员平均工资的 30% 的标准(以下简称"30% 标准")。一方面,"定额制"的规定方式取代了 2012 年《民事诉讼法》"比例制"规定方式,所有试点单位关于法定适用标的额的上限统一设定为 5 万元;另一方面,标的额数额发生了明显变动。以 X 市所在省份 W 省 2020 年小额诉讼程序适用为例,若按此次改革试点前立法规定的"比例制"标准计算,法定适用的标的额上限将为 20,780.10 元,[①]不到"5 万元标准"的一半。若继续采取原先的"比例制"标准,单从标的额层面考量,有机会适用小额诉讼程序的"小额"案件数量必然会大幅减少。

纵观我国小额诉讼程序标的额历次设定情况可以发现,最初小额诉讼程序标的额的设置采取"定额制"。根据 2011 年最高人民法院印发的《关于部

---

① 根据 W 省统计局官网发布的《W 省统计年鉴(2020)》,W 省 2020 年上年度,即 2019 年度就业人员年平均工资为 69,267 元。

分基层人民法院开展小额速裁试点工作的指导意见》(以下简称《小额速裁指导意见》)第2条第1款规定,一般情况下,小额诉讼程序"前身"——小额速裁程序适用的案件标的额上限为1万元。各高级人民法院也可因地制宜,结合当地经济发展情况具体确定辖区范围的程序适用标的额上限,经济发达地区的标的额上限可达5万元。但彼时小额速裁程序并非法定适用程序,而是由当事人选择适用。2012年《民事诉讼法》尽管延续了2011年小额速裁试点改革"因地制宜"的做法,却摒弃了其"定额制"的标的额上限设定方式,最终通过"比例制"将小额诉讼程序法定适用标的额上限规定为相关省级行政区上年度就业人员平均工资的30%。各试点地区均采取同样的法定适用标的额上限。概言之,从2011年小额速裁程序试点至《民诉分流实施办法》施行,我国小额诉讼程序法定适用标的额上限的设定模式经历了"因地制宜"向"整齐划一"演进的历程,具体范式也由"定额制"转换为"比例制",再进一步转变为"定额制";标的额上限的具体金额由最初的某一确定数值调整为相关省级行政区上年度就业人员平均工资的30%,最后再进一步调整为5万元。

随后,2021年发布的《民诉法草案》将小额诉讼程序标的额上限变更为相关省级行政区上年度就业人员平均工资的50%(以下简称"50%标准"),再次采取了因地制宜的"比例制"方式。2021年修正的《民事诉讼法》延续了《民诉法草案》关于法定适用标的额的规定。同样以W省2020年小额诉讼程序运用为示范,若依据2021年《民事诉讼法》规定的比例计算,小额诉讼程序适用标的额上限为34,633.50元,较5万元的上限标准下降了约31.00%。虽然立法已经确定,但是理论界仍未就标的额上限的设置形成一致意见。[①] 结合W省2020年度的经济发展水平来看,在"30%标准"转变为"5万元标准"的情况下,X市可法定适用小额诉讼程序的案件数量必然显著增加,改革实践亦表明小额诉讼程序适用率得到了明显提升,一定程度上实现了《民诉分流实施办法》制定者所期待的目标。可以预见的是,当"5万元标准"调整

① 例如,关于小额诉讼案件标的额上限的设置方式,部分学者支持采取"比例制",部分学者主张采取"定额制"。参见王韶华、李军波:《繁简分流改革背景下的民事诉讼程序设置研究》,载《中国应用法学》2021年第4期;刘仲屹、王保民:《小额诉讼程序及其在我国民事诉讼法修改中的完善》,载《比较法研究》2012年第5期。也有学者认为,《民诉分流实施办法》以及2021年《民事诉讼法》采取的全国统一化的规定方式有待商榷。立法可以授权各省级行政区划高级人民法院因地制宜,根据各辖区实际情况制定差异化的标的额上限,并报最高人民法院备案。参见王德新:《小额诉讼的功能定位与程序保障》,载《江西社会科学》2022年第1期。

为“50%标准”时，囿于案件标的额限制，X市短时期内小额诉讼程序适用率可能会有所下降；[①]若从长远角度考虑，在必须设定标的额标准的前提下，相较而言，“50%标准”也许更符合经济发展规律，亦能保障立法稳定性。质言之，以上种种变化与制度设计者寻求恰当的法定适用标的额上限有关。究其根本，变化发生前的标的额上限已然无法满足当时的适用需求。从《小额速裁指导意见》首次系统规定小额速裁程序可以窥见，最高人民法院推广小额诉讼程序的首要目的在于缓解“案多人少”矛盾，在“服务大局”的前提下尽可能地简化办案程序，提高办案效率，进而满足社会日益增长的司法需求。由此不难推知，法定适用标的额上限的调整是为了更好地圈定小额诉讼程序适用范围，以匹配不同时期的司法资源及社会需求。

（二）重拾约定适用程序规则：从“有”到“无”再到“有”且不断丰富细化

《民诉分流实施办法》细化了约定适用的程序规定，即5万～10万元的简单金钱给付案件均可由当事人约定适用小额诉讼程序。事实上，最早系统规定小额诉讼程序的《小额速裁指导意见》明确赋予了当事人小额诉讼程序选择权。该意见载明，一般情况下，在案件法律关系单一，事实清楚，争议标的额少于1万元的给付之诉案件中，当事人可约定适用小额速裁程序，经济发达地区的约定适用标的额上限可达5万元。然而，2012年《民事诉讼法》并未吸纳《小额速裁指导意见》中约定适用的理念。发人深省的是，尽管2011年小额速裁程序的改革试点取得了可喜成绩，[②]但这种改革成效并未持续多久。2012年《民事诉讼法》修正之后，小额诉讼程序的适用情况在较长时间内与原有试点效果截然不同，[③]这也是后续相关改革将约定适用小额诉讼程序作为重点内容的原因之一。2016年，最高人民法院颁布《繁简分流若干意见》，倡导办案法院推进当事人约定适用小额诉讼程序。虽然《繁简分流若干意

① 通过W省1985～2019年就业人员平均工资的变化趋势可以看出，2009～2019年就业人员平均工资的变化呈现出一定的规律性，基本符合函数 $y=4602.6x+18115$ 的变化情况，因此可以预测，直到2026年，W省就业人员平均工资才可能达到10万元，换言之，小额诉讼程序标的额上限才能达到5万元。

② 截至2012年5月，小额速裁试点工作已在全国90个基层人民法院开展了一年时间，取得了明显成效。参见李阳、李忠好等：《完善民事诉讼简易程序：提升民事诉讼的“性价比”》，载《人民法院报》2012年9月20日，第1版。

③ 参见李浩：《繁简分流改革视域下完善小额诉讼程序研究——以N市与S市试点法院为重点》，载《当代法学》2021年第4期。

见》释明了约定适用小额诉讼程序的必要性与基本条件,但并未明确可约定适用小额诉讼程序的案件标的额范围。直到2020年,《民诉分流实施办法》既赋予了约定适用同法定适用相同的改革地位,亦就约定适用的标的额区间作出了明确界定。根据以上变迁路径可以总结出,约定适用程序规则大体经历了从"有"到"无"再到"有"且不断丰富细化的过程。实践情况表明,改革过程中约定小额诉讼程序的案件数量较改革前得到了较为明显的增加。一直以来,学界亦基本支持立法引入约定适用的内容。① 鉴于此,2021年《民诉法草案》吸收了以上试点改革的精髓,将约定适用纳入了讨论范畴。2021年《民事诉讼法》更是从立法层面赋予了约定适用更多的法律意义。毋庸置疑,约定适用程序规则的设定目标一方面在于扩大小额诉讼程序适用范围,另一方面也是对当事人实体权利尽早实现的有力保障。若双方当事人愿意主动放弃部分程序性权利以达至纠纷迅速解决的目的,法律层面也能为其提供合理支撑。

(三)拓展程序适用领域:从"肯定列举"到"否定列举"

《民诉分流实施办法》采"否定列举"进路,规定可适用小额诉讼程序审理的案件类型不包括以下5种,即人身关系与财产确权纠纷;涉外民事纠纷;需评估、鉴定或对诉前评估、鉴定结果持异议的纠纷;一方当事人下落不明的纠纷;以及不适宜采取小额诉讼程序审理的其他纠纷。最初,《小额速裁指导意见》对小额速裁程序适用领域②的界定方法为"肯定列举",符合基本适用条件的5大案件类型可通过小额速裁程序审理。然而,2012年《民事诉讼法》并未明确具体可适用小额速裁程序审理的案件类型。为进一步指导基层法院更好地办理小额案件,最高人民法院于2015年1月发布《民诉法解释》,通过"肯定列举"加"否定列举"的方法相对清晰地界定了小额诉讼程序的适用领域。较《小额速裁指导意见》而言,2015年《民诉法解释》大致增加了4种相对明确的可适用小额诉讼程序审理的案件类型,③补充规定了5种不适用小额诉讼程序审理的案件类型。④ 为进一步扩大小额诉讼程序适用范围,《民

---

① 参见王德新:《小额诉讼的功能定位与程序保障》,载《江西社会科学》2022年第1期;王琦:《小额诉讼程序立法效果评价及前景分析》,载《法学杂志》2017年第12期。

② 文中的"适用领域"是指可适用小额诉讼程序审理的案件类型范围。

③ 分别为银行卡纠纷、相关劳动合同纠纷、相关劳务合同纠纷以及电信等服务合同纠纷。

④ 分别为人身关系与财产确权纠纷,涉外民事纠纷,知识产权纠纷,需评估、鉴定或对诉前评估、鉴定结果持异议的纠纷以及不适宜采取一审终审办理的其他纠纷。

诉分流实施办法》直接摒弃了具有一定限制性的“肯定列举”界定进路，单以“否定列举”方法划分小额诉讼程序适用领域。关于不适用小额诉讼程序审理的案件类型，《民诉分流实施办法》保留了2015年《民诉法解释》中的部分规定，但不同的是，《民诉分流实施办法》不再限制知识产权类纠纷适用小额诉讼程序，即若此类案件符合基本适用条件，可采取小额诉讼程序审理。另外，《民诉分流实施办法》将一方当事人下落不明的纠纷归入了不可适用小额诉讼程序的范畴。与2015年《民诉法解释》相比，《民诉分流实施办法》关于适用领域“否定列举”设定方法所囊括的案件类型数量没变，但试点改革收效明显。仅就X市3个典型基层法院而言，适用小额诉讼程序审理的案件类型均较改革前增加了30多种，小额诉讼程序适用率也得到了显著提升。尽管如此，2020年《民诉法解释》仍照搬了2015年《民诉法解释》中有关小额诉讼程序的内容。

截至该轮改革结束，小额诉讼程序适用领域的界定大致经历了一个由“肯定列举”逐渐向“否定列举”演进的过程。在这一过程当中，理论界仍未对小额诉讼程序适用领域的界定形成统一认知，①制度设计者也在不断谋求适合我国司法实践的改革方式，在完善繁简分流机制的目标之下，亦在积极探索扩大小额诉讼程序适用范围的合理路径。为此，《民诉法草案》沿袭了《民诉分流实施办法》中“否定列举”的改革举措，并在《民诉分流实施办法》规定的5类不宜适用小额诉讼程序审理的案件类型的基础上，增设了“当事人提出反诉的纠纷”，以完善程序分流机制，降低小额诉讼程序转换率。2021年《民事诉讼法》关于小额诉讼程序适用领域的界定与《民诉法草案》在本质上保持一致，形式上存有不同。这种不同表现为，2021年《民事诉讼法》主要将《民诉法草案》中的“纠纷”调整为“案件”，以确保表述上的严谨性。2022年《民诉法解释》则直接删除了2015年与2020年《民诉法解释》中规定的关于适用小额诉讼程序案件类型“肯定列举”加“否定列举”的内容，以匹配2021年《民事诉讼法》界定小额诉讼程序适用领域的范式。

---

① 例如，有学者认为，应当通过肯定列举和否定列举的方法明确可以适用以及不可以适用小额诉讼程序审理的案件类型。参见王韶华、李军波：《繁简分流改革背景下的民事诉讼程序设置研究》，载《中国应用法学》2021年第4期。也有学者认为应当减少否定式列举的案件类型。参见王亚明、周琴琴：《繁简分流改革下的小额诉讼程序：适用困境与完善进路》，载《贵州省党校学报》2021年第4期。

(四)探索程序自身简化:从"效率优位"到"质效并举"

《民诉分流实施办法》就小额诉讼程序自身简化作出了较为明确且细致的规定。从学界的论调看来,不乏学者认为此次改革过于追求小额诉讼程序简化,缺乏对当事人程序性利益的恰当保障。① 通读《民诉分流实施办法》相关条款可以发现,探索小额诉讼程序自身简化的改革要点主要集中在4方面,分别为答辩期间与举证期限、庭审程序、裁判文书以及审理期限。下文将就这4块内容的制度演进过程分别予以梳理。

其一,有关答辩期间与举证期限的规定经历了从"相对较严"到"相对较宽"的过程。

起初,《小额速裁指导意见》将小额速裁的答辩期与举证期相对硬性地规定为"不得超过7日",具体期限由法院指定。2012年《民事诉讼法》并未采纳这一举措,对答辩期上限仍不区分程序类型地设定为"十五日",且未明确规定举证期限,具体举证期限的确定主体仍为法院。2015年《民诉法解释》关于小额诉讼程序答辩期限"十五日"的设定未发生实质变化,但明确了答辩期限可由法院在获得被告同意的基础上合理确定。同时,2015年《民诉法解释》明确规定举证期限"一般不超过七日",在表达上较《小额速裁指导意见》相对软化,昭示着举证期限存在可延长的空间。另外,举证期限的确定方式也首次变为两种:第一,可由法院确定;第二,可由当事人协商一致且经法院准许。若当事人认为无须举证期限以及答辩期间,法院可直接开庭审理。②《民诉分流实施办法》延续了2015年《民诉法解释》关于两类期限确定方式与可直接开庭情形的规定。但与2015年《民诉法解释》不同的是,《民诉分流实施办法》一方面有意缩短答辩期间和举证期限,以提高诉讼效率;另一方面则希望关于期限的规定能留有余地,遂将两类期限统一设定为"一般不超过七日"。2020年5月开始施行的最高人民法院《关于民事诉讼证据的若干规定》(以下简称《民诉证据规定》)亦明确表示,小额诉讼程序举证期限既可由

① 参见李浩:《繁简分流改革视域下完善小额诉讼程序研究——以N市与S市试点法院为重点》,载《当代法学》2021年第4期;张卫平:《"案多人少"困境的程序应对之策》,载《法治研究》2022年第3期;任重:《中国式民事程序简化:逻辑与省思》,载《法治研究》2022年第3期。

② 参见2015年《民诉法解释》第277条(2022年《民诉法解释》275条)。该条规定小额诉讼案件的举证期限由人民法院确定,也可以由当事人协商一致并经人民法院准许,但一般不超过7日。被告要求书面答辩的,人民法院可以在征得其同意的基础上合理确定答辩期间,但最长不得超过15日。当事人到庭后表示不需要举证期限和答辩期间的,人民法院可立即开庭审理。

当事人协商并经法院准许，亦可由法院指定，“一般不得超过七日”，特殊情况下，法院可酌情再次确定举证期限。① 就此不难看出制度设计者在司法效率与公正保障上的综合考量。但《民诉分流实施办法》与《民诉证据规定》均未明确何为特殊情况，以及特殊情况下如何延长时限。时至2021年，《民诉法草案》借鉴了《民诉分流实施办法》“留有余地”的设定模式，同样规定了法院可直接开庭审理的情形。但与《民诉分流实施办法》相比，《民诉法草案》对条文的设定更为细致，明确区分了“一般”与“特殊”两种类型。此外，《民诉法草案》进一步放宽了相关期限的规定，对当事人权利保护的内涵更为明晰。具体而言，一般情况下的答辩期限为7日；特殊情况下需延长答辩期限的，由被告向法院申请，可延长至15日。关于举证期限，一般情况下，7日以内的期限既可由法院确定，亦可通过当事人商定并经法院准许；特殊情况下，经当事人向法院申请，可延长至15日。尽管如此，2021年《民事诉讼法》却并未采纳《民诉法草案》关于答辩期间与举证期限的任何规定。课题组认为，制度设计者可能是基于改革实践的考虑，有意赋予法官在程序简化上更大的自由裁量权。

其二，有关庭审程序简化的制度设计日趋精细，简化重点逐渐突出。涉及小额诉讼程序改革的规范文件中，《民诉分流实施办法》就庭审程序简化规定得最为细致。反观其他规范性文件，《小额速裁指导意见》在庭审程序简化方面仅指出可不区分法庭调查与法庭辩论两阶段，以及通过小额速裁办理的案件可当庭宣判。2012年《民事诉讼法》及随后的2015年《民诉法解释》均未对小额诉讼程序庭审简化作出针对性的规定。时至2016年，《繁简分流若干意见》重申了小额诉讼程序庭审程序简化的重要性，载明法院可直接围绕当事人的诉讼请求审理小额诉讼案件，不受法庭调查等程序性事项限制，且原则上应当庭宣判。再看《民诉分流实施办法》，与《繁简分流若干意见》类似，其规定了小额诉讼案件可直接围绕案件要素或诉讼请求进行庭审，不受法庭调查等程序限制。《民诉分流实施办法》进一步规定，对于小额诉讼庭审，一次开庭审结是原则，特殊情况下的再次开庭属于例外。案情简

---

① 参见《民诉证据规定》第51条规定，举证期限可以由当事人协商，并经人民法院准许。人民法院指定举证期限的，小额诉讼案件的举证期限一般不得超过7日。举证期限届满后，当事人提供反驳证据或者对已经提供的证据的来源、形式等方面的瑕疵进行补正的，人民法院可以酌情再次确定举证期限，该期限不受前款规定的期间限制。

单且法律适用明确的,可当庭裁判。这一规定对实务部门而言更具指导性。《民诉法草案》基本吸收了《民诉分流实施办法》关于庭审简化的内容,但较《民诉分流实施办法》更为概括,且对当庭宣判的规定更具强制性。① 然而,2021 年《民事诉讼法》并未采纳《民诉法草案》的有关规定,与《民诉法草案》相比,2021 年《民事诉讼法》未过多规定程序简化内容,而是仅就一次开庭审结与当庭宣判事宜做出了赋权性的规定,并不强制要求法院一次开庭审结并当庭宣判。换言之,与答辩和举证期限类似,2021 年《民事诉讼法》同样赋予了审判人员关于庭审程序简化的较大自由裁量权。整体而言,现有庭审程序的简化规定越来越精细,且进一步凸显了改革重点,主要围绕要素式审判、一次开庭与当庭宣判展开。

其三,有关裁判文书简化的规定经历了从“逐块指导简化”向“聚焦内容简化”演进的过程。《民诉分流实施办法》为小额诉讼裁判文书内容的简化指引了方向,规定相关裁判文书可比照简易程序作进一步简化,将当事人基本信息、诉讼请求、简要裁判理由、依据、主文以及一审终审告知情况作为主要记载对象。部分情况下,裁判文书可以不载明裁判理由。② 这一规定较以往关于小额诉讼裁判文书简化的规定来说,更为具体且集中于文书内容的简化。综观历次改革,法律法规层面最早明确表示小额诉讼裁判文书可以简化的为 2015 年《民诉法解释》。但其相关条文仅明确列出了裁判文书可适当简化的三部分内容,即当事人基本信息、诉讼请求及裁判主文。③ 随后施行的《繁简分流若干意见》对裁判文书简化内容的规定更为概括,并未就小额诉讼程序单独规定,但阐明了简单案件可适用简式文书样式,简化文书说理。对于这些简单案件,当庭宣判的,裁判文书可适当简化;当庭即时履行的,

---

① 参见《民诉法草案》第 168 条规定:“适用小额诉讼程序审理的案件,可以简化起诉、答辩、传唤、送达、庭审等程序和裁判文书内容,但应当保障当事人举证、质证、陈述、辩论等诉讼权利。小额诉讼案件一般应当一次开庭审结并且当庭宣判,但人民法院认为确有必要再次开庭的除外。”

② 参见《民诉分流实施办法》第 9 条规定:“适用小额诉讼程序审理的案件,可以比照简易程序进一步简化裁判文书,主要记载当事人基本信息、诉讼请求、答辩意见、主要事实、简要裁判理由、裁判依据、裁判主文和一审终审的告知等内容。对于案情简单、法律适用明确的案件,法官可以当庭作出裁判并说明裁判理由。对于当庭裁判的案件,裁判过程经庭审录音录像或者庭审笔录完整记录的,人民法院在制作裁判文书时可以不再载明裁判理由。”

③ 参见 2015 年《民诉法解释》第 282 条规定:“小额诉讼案件的裁判文书可以简化,主要记载当事人基本信息、诉讼请求、裁判文书主文等内容。”

部分情况下可不出具裁判文书。[①] 但这一规定并未阐释文书可具体简化的内容。最高人民法院于2018年印发的《关于加强和规范裁判文书释法说理的指导意见》也仅就小额诉讼案件"可以简化释法说理"作了简单说明。《民诉分流实施办法》则更为聚焦裁判文书内容的简化,虽未提及文书简化样式,相关规定却更具针对性和指导性。《民诉法草案》对于裁判文书的简化规定在其第168条中"一带而过",与《民诉分流实施办法》一样未对文书格式作任何规定。2021年《民事诉讼法》甚至未规定裁判文书可以简化。可以看出,此番改革重点更为聚焦裁判文书内容的简化,旨在探索既能促进繁简分流、节约司法资源,又能保障裁判文书权威性与可接受性的文书简化模式。但从立法层面来说,裁判文书内容简化可能属于审判法官自由裁量的内容,立法不宜具体规定。

其四,有关审理期限的制度规定经历了从"强制限缩"向"适当放宽"迈进的历程。依据《民诉分流实施办法》,小额诉讼程序审理期限为2个月,院长批准的特殊情况下可延长至3个月,与简易程序的最长审限一致。在《民诉分流实施办法》之前,法律层面仅有《小额速裁指导意见》对小额速裁的审限进行了明确规定。若按《小额速裁指导意见》开展小额速裁程序,则务必在1个月内审理完毕,不存在延长审限的可能性。较《小额速裁指导意见》而言,《民诉分流实施办法》对小额诉讼程序的审限规定更为宽松、灵活,有利于减轻基层法院办案人员的心理负担,也更符合司法规律。可能正因如此,《民诉法草案》原封不动地借鉴了《民诉分流实施办法》关于小额诉讼程序审理期限的规定,2021年《民事诉讼法》亦采纳了《民诉法草案》关于审理期限的调整方式。尽管详细规定小额诉讼程序审限的法律文件较少,我们仍可感受到制度设计者在拟定符合司法规律的审理期限上的努力与智慧。

(五)优化程序转换条件:从"权力本位"到"权利本位"

《民诉分流实施办法》关于小额诉讼程序转换的规定较为详细,既明晰了小额诉讼程序转为简易程序或普通程序的具体情形,也指出了程序转换的主体与方式。一方面,《民诉分流实施办法》强调了当事人对小额诉讼程序适用的"异议权",突出了当事人在程序转换中的启动主体地位;另一方面,《民诉

---

① 参见《繁简分流若干意见》第15条规定,其他简单案件可以使用令状式、要素式、表格式等简式裁判文书,简化说理。当庭宣判的案件,裁判文书可以适当简化。当庭即时履行的民事案件,经征得各方当事人同意,可以在法庭笔录中记录相关情况后不再出具裁判文书。

分流实施办法》明确限制了“二次转换”的情形，即小额诉讼程序在转换为简易程序之后，一般不得继续转换为普通程序，特殊情况例外。这一规定未出现在其他规范性文件当中。此外，《民诉分流实施办法》通过“肯定列举”方法阐明了小额诉讼程序转为简易程序的具体情形，且规定了小额诉讼程序只有在案情疑难复杂、简易程序不宜适用时，才能转换为普通程序。相较之下，《小额速裁指导意见》关于程序转换的规定极其简单甚至是草率，小额速裁的程序转换条件仅为“一个月内未能审结”，转换后的程序只能为普通程序。[①]而2015年《民诉法解释》虽在小额诉讼程序转换上较《小额速裁指导意见》规定得更为细致，但仍旧体现出法院主导的制度模式，尽管其与《民诉分流实施办法》在本质上有许多共通之处，但在强调当事人在程序转换中的作用方面较《民诉分流实施办法》弱，因此有一定的进步空间。[②]《民诉法草案》较《民诉分流实施办法》则更为简化，尽管其未具体列举不宜适用小额诉讼程序继续审理的情形，却也在某种程度上扩大了程序转换空间，为当事人寻求程序救济提供了更大的可能。另外，《民诉法草案》延续了《民诉分流实施办法》中的“权利本位”倾向，简要规定了小额诉讼程序转换的启动主体，突出了当事人在程序转换方面的重要作用，进一步尊重了当事人的程序异议权。2021年《民事诉讼法》关于小额诉讼程序转换的表述与《民诉法草案》略有差异，但核心内容一致。可以说，小额诉讼程序转换条件的演变过程可基本概括为由粗到细、由法院权力本位向当事人权利本位迈进的过程。

整体而言，改革要点的制度演进历程足以彰显立法者在努力追求公正与效率并重。然而，民事诉讼法学界却不乏观点认为此次繁简分流改革过于重视效率价值的实现，忽视了当事人诉讼权利的保障。在《民诉法草案》与2021年《民事诉讼法》出台之前，理论界不乏学者质疑小额诉讼程序的实际功效。结合既有实证研究成果来看，肯定小额诉讼程序运行效果的学者寥寥无几，即便有学者赞许了某一时段的改革成效，随即也会袒露出其对小额诉

① 参见《小额速裁指导意见》规定，适用小额速裁审理民事案件，应当在立案之日起一个月内审结，不得延长审限。一个月内未能审结的，应当转而适用普通程序继续审理。

② 例如，明确程序转换主体、阐释转换为普通程序的具体情形、转换为简易程序的具体方式，等等。详见2015年《民诉法解释》第280条第1款、第2款规定：“因当事人申请增加或变更诉讼请求、提出反诉、追加当事人等，致使案件不符合小额诉讼案件条件的，应当适用简易程序的其他规定审理。前款规定案件，应当适用普通程序审理的，裁定转为普通程序。”

讼程序适用率低、受益主体集中、效率优势有限等问题的担忧。[①] 至于导致这些问题的原因，学者们多将其归纳为程序适用标准设置不当、小额诉讼程序独立地位与程序性规则缺失、救济途径受阻等。尽管不同学者对于相关问题及其成因的阐释不一，主流观点却认为，我国小额诉讼程序的设立某种程度上仅考量了法院的利益，忽视了当事人权益的保护。[②] 单是《民诉法草案》的发布便激起了民事诉讼法学界的广泛讨论。一方面，鉴于小额诉讼程序长期被实务部门束之高阁，有学者惊讶于《民诉法草案》大幅修改小额诉讼程序规则的做法。[③] 另一方面，《民诉法草案》中小额诉讼程序的修改内容并未获得学者们的普遍赞誉，甚至诱发了系列担忧。在2021年11月7日召开的第二届中国民事诉讼法研究会浦江民诉沙龙上，不少学者认为《民诉分流实施办法》与《民诉法草案》过于重视诉讼效率的提高，扩大小额诉讼程序标的额上限等做法更大程度地减损了当事人的诉讼权利。[④] 2021年《民事诉讼法》修正后，有关小额诉讼程序的论著大多认为：此番改革较少从当事人的角度设计程序，[⑤]侧重于追求诉讼高效。[⑥] 纵然改革提高了司法效率，但也弱化了程序性保障，削减了“看得见的”程序正义。[⑦] 效率与公正此消彼长，小额诉讼程序的扩大化适用无疑牺牲了公正。[⑧] 在更高层次上实现公正与效率相统一的修法目标多大程度能实现尚且存疑。[⑨] 结合实践情况来看，该轮小额诉讼程

① 参见李浩：《繁简分流改革视域下完善小额诉讼程序研究——以N市与S市试点法院为重点》，载《当代法学》2021年第4期；李晓倩：《论小额诉讼制度适用的优化》，载《江汉论坛》2018年第6期；李双利、杨丹等：《完善小额诉讼程序 充分激活制度效能——湖北武汉中级法院关于小额诉讼程序改革情况的调研报告》，载《人民法院报》2021年6月24日，第8版；绵阳市中级人民法院小额诉讼调研课题组：《小额诉讼的运行现状及其完善——基于绵阳市小额诉讼的调研》，载《西部法学评论》2015年第4期。

② 参见唐力、谷佳杰：《小额诉讼的实证分析》，载《国家检察官学院学报》2014年第2期。

③ 参见张卫平、曹建军：《深化基础理论研究 促进程序法与实体法衔接——2021年民事诉讼法学研究综述》，载《人民检察》2022年第1期。

④ 参见《研讨会综述|第二届中国民事诉讼法学研究会浦江民诉沙龙——长三角地区民事诉讼法学者关于民事诉讼法修改的专题研讨》，载微信公众号“复旦大学司法与诉讼制度研究中心”2021年11月8日，https://mp.weixin.qq.com/s/uspymiOLqQJqLwQ0bOc_yQ。

⑤ 参见王德新：《小额诉讼的功能定位与程序保障》，载《江西社会科学》2022年第1期。

⑥ 参见潘剑锋：《“基本”与“其他”：对〈民事诉讼法〉相关制度和程序修订的体系化思考》，载《法学评论》2022年第2期。

⑦ 参见胡学军：《系统论视角下“案多人少”的应对之道》，载《法治研究》2022年第3期。

⑧ 参见张卫平：《“案多人少”困境的程序应对之策》，载《法治研究》2022年第3期。

⑨ 参见占善刚：《科学配置民事诉讼第一审程序的逻辑起点》，载《法学评论》2022年第2期。

序改革削减了当事人的部分程序性权利,一定程度上提高了诉讼效率,但司法公正并未因此受到实质性减损,当事人的实体权利更是因为小额诉讼程序的适用能够得到快速实现,这也是2021年《民事诉讼法》吸收《民诉分流实施办法》有关小额诉讼程序改革内容的主要出发点之一。鉴于此,学术界忧心小额诉讼案件实质公正受损确无必要。与此同时,小额诉讼制度本身尚有不足之处,实务部门的操作某种程度上阻碍了当事人部分必要程序性权利的实现。为进一步证实或证伪理论与实务界的观点,下文将结合实证调研情况展开详细分析。

二、完善小额诉讼程序改革的成效

尽管学界对于此次小额诉讼程序改革的效果颇有微词,但毋庸置疑的是,该轮改革在小额诉讼程序适用面的拓展以及诉讼效率的提高上取得了令人瞩目的成绩,某种程度上化解了以往长期存在的程序适用率过低、约定适用罕见、适用领域较窄等问题。

(一)法定适用推进,程序适用率显著提升

从小额诉讼程序的制度演进历程即可看出,此次改革有意通过提高标的额上限、允许当事人约定适用、拓展可适用小额诉讼程序的案件类型等方式提高小额诉讼程序适用率。在以上举措的大力推行之下,改革后的小额诉讼程序适用率得到了显著提升。就全国试点法院而言,改革之前,小额诉讼程序基本处于"休眠"状态,程序适用率仅为5.70%;改革试点中的2020年,小额诉讼程序适用率提升至19.30%,增势明显。[①] 具体到试点地区X市,改革过程中的2020年,全市小额诉讼程序适用率为20.71%,同比增加14.43个百分点,是2019年程序适用率的3倍有余;2021年,X市小额诉讼程序适用率为26.90%,较2020年增长6.19%。环顾X市14个代表性基层法院,尽管改革过程中的小额诉讼程序适用率呈现出明显的地区差异,但均较改革前有所增长,且增长幅度不一。绝大多数情况下,各基层法院的小额诉讼程序适

① 参见周强:《最高人民法院关于民事诉讼程序繁简分流改革试点情况的中期报告——2021年2月27日在第十三届全国人民代表大会常务委员会第二十六次会议上》,载《人民法院报》2021年3月1日,第1版。

用率呈逐年增长态势(详见图 2－1)。以 3 个圈层中的典型法院为例。就 A 区法院而言,2020 年,小额诉讼程序适用率较改革前的 2019 年增长了约 20 个百分点;2021 年,程序适用率较 2020 年有所下降,但与 2019 年相比仍较为可观。就 L 区法院而言,改革过程中的小额诉讼程序适用率持续增长。2020 年,小额诉讼程序适用率较 2019 年增长了约 13 个百分点;2021 年的程序适用率在 2020 年的基础上继续增加了 3. 11 个百分点。就 R 市法院而言,其在 2019 年的小额诉讼程序适用率为 9. 37%;2020 年,小额诉讼程序适用率较 2019 年增长约 15 个百分点;2021 年,小额诉讼程序适用率高达 30. 75%,同 2020 年相比增加了 6. 40 个百分点。

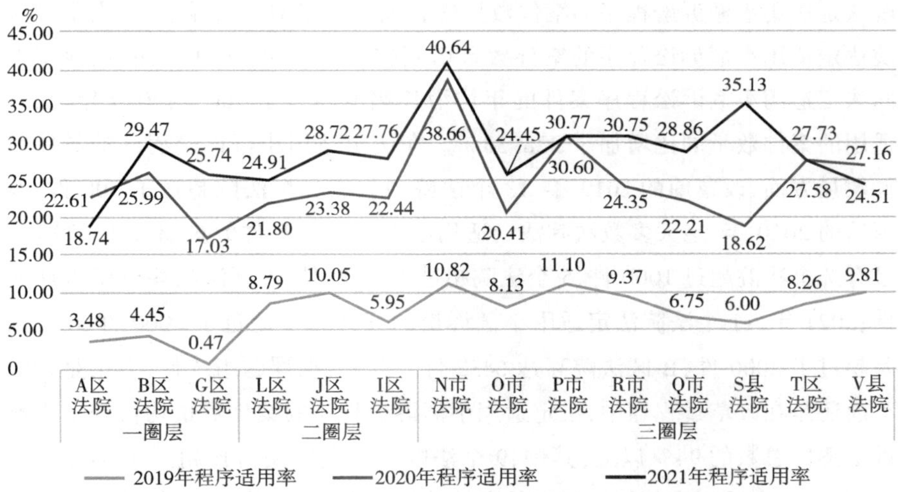

图 2－1　2019～2021 年 X 市 14 个基层法院小额诉讼程序适用率

此外,这一改革成效可以说基本延续到了改革结束后的 2022 年。同样以 3 个圈层中的典型法院为例,L 区与 R 市法院 2022 年一季度的小额诉讼程序适用率分别为 30. 39% 与 41. 85%,均高于改革过程中两个法院的小额诉讼程序适用率。而 A 区法院并未保持改革期间的发展样貌,其在 2022 年一季度的小额诉讼程序适用率仅有 11. 04%,较 2021 年一季度的小额诉讼程序适用率降低了 16. 88 个百分点。即便课题组将 2022 年的样本分析范围扩展至该年度收集到的全部案件,[①]A 区法院的小额诉讼程序适用率依然较低,仅为

① 结案日期截至 2022 年 6 月 16 日。

11.27%,与一季度的程序适用率大小相差无几。概言之,尽管改革结束后个别基层法院受程序推行力度减弱等因素影响,小额诉讼程序适用率较改革期间有大幅下降之势,却也较改革前有所提高。因此,此次试点改革在小额诉讼程序适用率的提升方面卓有成效。

究其根本,在一审民商事案件审结数受疫情等因素影响增量不大甚至减少的情况下,①小额诉讼案件数量的急剧增加必然造成小额诉讼程序适用率明显提升。而小额诉讼案件数量的显著增加则与改革的大力推进密切相关,尤其与X市两级法院推动法定适用小额诉讼程序密不可分。以X市13个代表性基层法院为例,②通过图2-2可以看出,除A区法院之外,其他12个法院法定适用小额诉讼程序的案件数量均表现出逐年增加的样态,且大部分法院法定适用小额诉讼程序的案件数量增幅较大。例如,在B区法院,改革期间法定适用小额诉讼程序案件的年均增长幅度超过了200%;2020年,法定适用的案件数量同比增加了328.33%。在法定适用小额诉讼程序的具体案件数量方面,改革前的2019年,13个法院中仅有3个法院超过了500件;改革后的2020年,绝大多数法院法定适用小额诉讼的案件数量超过了500件,且有7个法院超过1000件,5个法院超过了1500件,A区法院甚至高达4066件;2021年,11个法院法定适用小额诉讼的案件数量超过了1000件,6个法院超过了2000件,B区法院高达6432件。此外,据课题组统计,无论是在改革前还是在改革过程当中,法定适用小额诉讼程序的案件数量均占到了小额诉讼案件总数的94%以上,其中,9个法院的法定适用占比超过了97%。总体而言,法定适用小额诉讼程序的案件数量占据了小额诉讼案件总数的绝大部分。尽管约定适用小额诉讼程序案件数量的增加同样促使了程序适用率的提高,但其贡献十分微小。换言之,X市基层法院推进法定适用的举措对该市小额诉讼程序适用率的提高起到了极大的作用。

---

① 例如,在X市3个典型基层法院当中,A区法院2019年、2020年与2021年一审民商事案件审结数分别为15,923件、19,980件与21,665件;L区法院2019年、2020年与2021年一审民商事案件审结数分别为9880件、9037件与11,644件;R市法院2019年、2020年与2021年一审民商事案件审结数分别为4621件、4185件与4484件。对比三年数据可以发现,3个基层法院改革前后一审民商事案件审结数并非呈现出逐年增长样态,其中,L区、R市法院2020年的一审民商事案件审结数均少于2019年。

② 因无法获取G区法院2021年法定适用与约定适用小额诉讼程序的案件数量,此处仅分析了X市13个代表性基层法院。

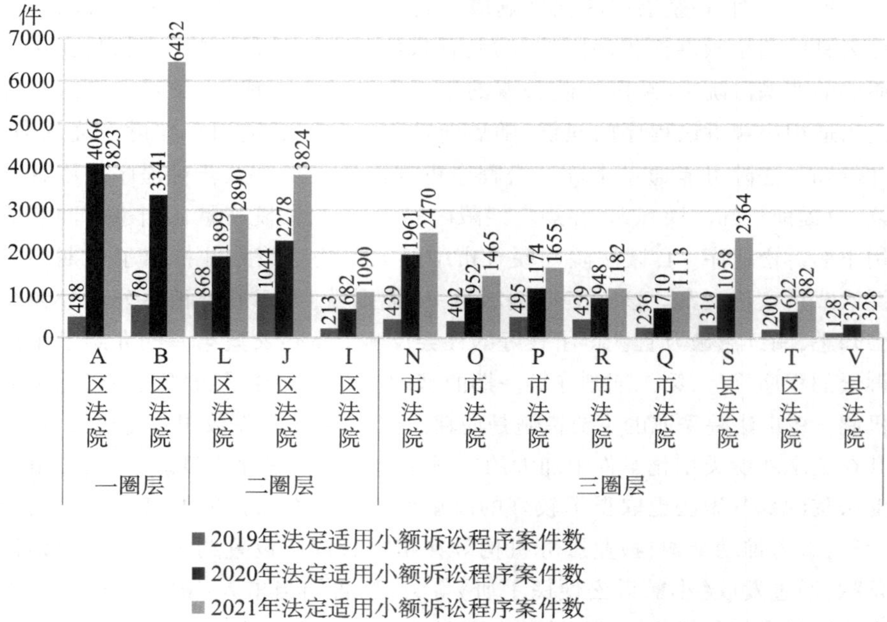

图 2－2　2019～2021 年 X 市 13 个基层法院法定适用小额诉讼程序案件数

(二)合意路径指引,约定适用情形更为多见

为进一步提高小额诉讼程序适用率,尽早促成当事人合意适用小额诉讼程序,X 市两级法院采取了多项举措。一方面,X 市中级人民法院在政策层面为基层法院办理小额诉讼案件提供了详细指导,其在 2020 年 4 月相继出台的《X 市中级人民法院民事诉讼繁简分流改革试点完善小额诉讼程序审理案件实施细则(试行)》(以下简称《X 市小额诉讼实施细则》)以及《X 市中级人民法院关于民事诉讼程序繁简分流改革试点完善小额诉讼程序及简易程序规则的实施方案》(以下简称《X 市小额及简易程序实施方案》)中,就办案法院引导当事人约定适用小额诉讼程序提供了应对策略。前者指出,对于标的额处于 5 万～10 万元区间内的简单金钱给付案件,可通过前调环节的宣传与《小额诉讼推荐适用确认书》的发放等举措引导当事人合意适用;后者强调,对于诸如物业服务合同、银行卡等类型化纠纷,可尝试与物业管理、银行业协会等单位对接,创新小额诉讼程序事前合意适用机制,探索在相关格式合同当中增设小额诉讼程序适用条款。除此之外,也可加强与律师协会的合作,促使其引导相关顾问单位修订格式文本,指引委托人落实合意适用机制。

另一方面,各基层法院积极响应号召,纷纷结合辖区内司法实践制定了更为具体的小额诉讼程序实施细则,且采取了针对性的举措。例如,在3个圈层的典型法院中,A区法院采取的主要引导措施表现为,法院首先向原告提出适用小额诉讼程序的建议,随后向被告发放同意适用小额诉讼确认书,并告知其法院可能通过小额诉讼程序审理案件。当事人若对程序适用有异议,应提前告知法院,若未在规定期限内表明异议,法院将默认当事人同意适用小额诉讼程序。L区法院则联合市中级人民法院策划并推出了三期小额诉讼改革宣传文案。该文案通俗易懂、风趣幽默,主要通过相关公众号为社会知悉,阅读量破万且获得了较好的社会反响。宣传文案第一期介绍了小额诉讼的程序优势,第二期则在第一期的基础上重点阐释了当事人约定适用的机制。R市法院采取的主要措施是向辖区内12家银行发放司法建议书,倡导其在金融纠纷类型化案件中加大约定适用小额诉讼程序力度。另外,X市其他法院的部分做法也取得了较好的改革效果。如P市法院配备了两名引导专员,着力推动金融、物业服务机构等在格式合同中设置约定适用小额诉讼条款,通过发放《小额诉讼便民手册》等方式,告知当事人小额诉讼优势。N市法院联合相关银行召开了金融纠纷治理工作联席会议,在小额诉讼适用条款增设等方面达成了一致,共同签署了《关于深化金融纠纷繁简分流工作合作备忘录》,推动了小额诉讼程序约定适用的模块化与常态化建设。此外,N市法院加大了对涉诉企业选择适用小额诉讼程序的奖惩力度,探索建立企业诚信奖励积分政策。法院对主动选择适用小额诉讼程序的企业,可予以奖励加分;对符合适用条件而拒绝选择小额诉讼程序、导致诉讼拖延的企业,可予以惩戒扣分,等等。T区法院以金融类案件为切入点,向辖区内农商行支行发送了约定适用小额诉讼程序的司法建议,该行采纳相关司法建议后的一个月内即与客户达成约定适用小额诉讼程序合计11次。

换言之,X市两级法院多条合意路径的指引促成了小额诉讼程序约定适用情形的进一步常态化。以X市13个基层法院2019~2021年约定适用小额诉讼程序的案件数量为例,[①]除S县法院以外,12个基层法院在改革后约定适用小额诉讼程序的案件数量均较改革前有所增加。且在这12个基层法院当中,半数法院在2020年突破了改革前"0约定适用"的难关;6个法院约定适用小额诉讼程序的案件数量呈现出逐年增长趋势,4个法院约定适用小

① 因无法获取G区法院2021年法定适用与约定适用小额诉讼程序的案件数量,此处仅分析X市13个代表性基层法院。

额诉讼程序的案件数量在 2020 年与 2021 年均超过了 100 件。此外,值得注意的是,A 区法院 2020 年约定适用小额诉讼程序的案件量几近 400 件;B 区法院每年约定适用小额诉讼程序的案件数量均超过了 300 件;P 区法院约定适用小额诉讼程序的年增长量均在 150 件以上;R 市法院的年增长量均在 70 件以上(详见图 2－3)。

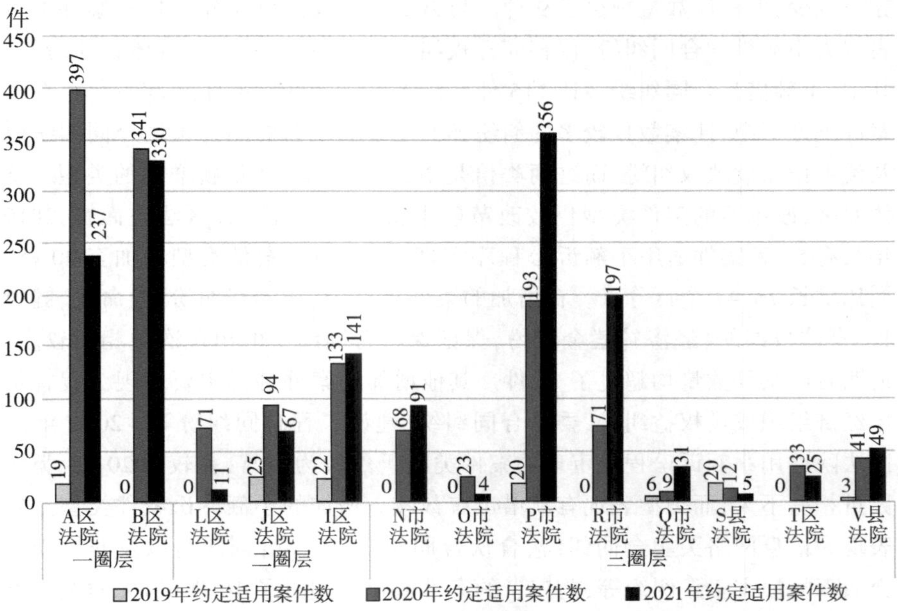

图 2－3 2019～2021 年 X 市 13 个基层法院约定适用小额诉讼程序的案件数量

(三)适用门槛降低,小额诉讼案件类型渐丰

前文提到,小额诉讼程序适用领域的界定已演变为"否定列举",这一降低适用门槛的做法所带来的直接影响便是小额诉讼案件类型①的不断增加。梳理 2020 年 X 市 14 个基层法院的小额诉讼案件可以发现,其案件类型已突破 200 种。就一圈层 A 区法院而言,2019 年适用小额诉讼程序审理的案件类型有 48 种,2020 年增长至 81 种,同比增加 68.75%。在增加的案件类型当

---

① 鉴于 X 市各基层法院办案人员未统一案由信息录入标准,且部分案由类型并不存在对应的第四级案由,本部分梳理小额诉讼案件类型时遂未将《修改案由决定》所设置的"四级结构"中的某一级作为分类依据,而是直接以法院系统导出的案由信息作为分析对象。结合实证考察情况来看,尽管多数案件的案由类型录入依据的是"第四级案由",少部分案由类型录入依据的是"第三级案由",两者之间存在小部分重合,但仍然可以反映出案件类型分布的主要情况。

中，商品房预约合同纠纷、侵害作品放映权纠纷、保证保险合同纠纷出现的频次较高，商品房预约合同纠纷的数量甚至占到了本年度案件总数的24.71%，侵害作品放映权纠纷与保证保险合同纠纷的数量均超过了30件。其他增加的案件种类主要表现为著作权权属、侵权纠纷，侵害作品信息网络传播权纠纷，建筑设备租赁合同纠纷等。2021年，小额诉讼案件类型较2020年有新增亦有减少，但整体数量减少了9种。与2020年相比，2021年新增的案件类型表现为小额借款合同纠纷，侵害商标权纠纷，生命权、健康权、身体权纠纷等。其中，小额借款合同纠纷多达115件。在2020年出现、2021年却不复存在的案件类型当中，涉案数量较多的纠纷类型主要表现为商品房预约合同纠纷以及侵害作品放映权纠纷，而这两类恰是2020年较2019年新增加的类型。整体看来，改革后的案件类型仍较改革前丰富。就二圈层L区法院而言，2019年共有51种案件适用小额诉讼程序审理。2020年，案件类型增加至90种，同比增长76.47个百分点。在增加的案件类型中，抚养费纠纷，生命权、健康权、身体权纠纷，经济补偿金纠纷，保证保险合同纠纷的出现次数相对较多，前两者的案件数量均超过了10件。其他增加的案件种类主要表现为侵害集体经济组织成员权益纠纷、委托合同纠纷、建设工程合同纠纷等。2021年，L区法院适用小额诉讼程序审理的案件类型仍然较为丰富，相较2020年，类型数量相差不大，而类型表现有新增也有裁减。增加的小额诉讼案件类型主要表现为信息网络买卖合同纠纷、合伙合同纠纷、中介合同纠纷以及非机动车交通事故损害责任纠纷等，前三者的案件数量均超过了10件；消失的案件类型则主要表现为居间合同纠纷、公共场所管理人责任纠纷、广告合同纠纷等，这些案件类型在2020年的出现频次均相对较少。就三圈层R市法院而言，2019年适用小额诉讼程序审理的案件类型有31种，2020年增长至64种，案件数量同比增加了106.45%。新出现的案件类型中，商品房预售合同纠纷最为多见，占到该年度案件总数的10%左右。除此之外，建设工程施工合同纠纷、经济适用房转让合同纠纷与服务合同纠纷的出现频次相对较高，均超过了10件。其他新增的案件类型主要表现为经济补偿金纠纷、挂靠经营合同纠纷、保险人代位求偿权纠纷等。2021年，与A区、L区法院不同的是，R市法院适用小额诉讼程序审理的案件类型数量仍在增加，同比增长了29.69个百分点。在新增的案件类型当中，借款合同纠纷、合伙合同纠纷以及名誉权纠纷的数量相对较多，均超过了10件；其他新增的案件类型主要表现为中介合同纠纷、广告合同纠纷以及财产保险合同纠纷等。通过以上分析可以看出，小额诉讼案件类型因改革试点的出现变得不断丰富，小额诉讼程序适用领域得到了很大程度的拓宽(见图2-4)。

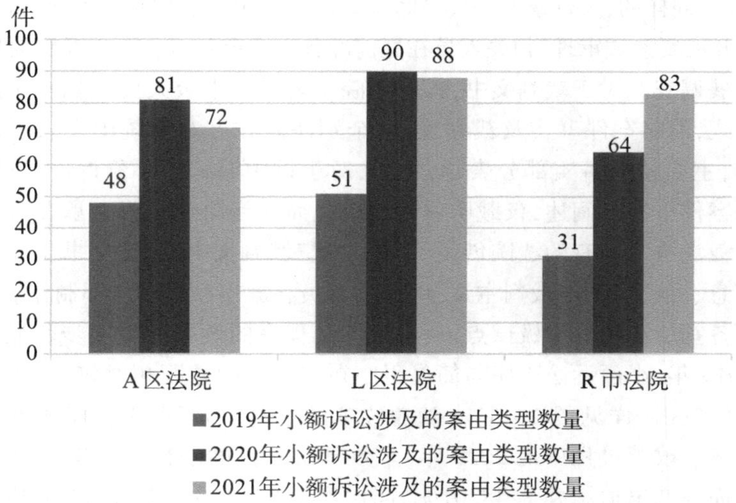

图2-4　2019～2021年X市3个典型基层法院小额诉讼涉及的案由类型数量

(四)程序特性区分,小额诉讼效率优势明显

《民诉分流实施办法》有意突出小额诉讼程序特性,将小额诉讼程序明确区别于简易程序。在制度层面,《民诉分流实施办法》规定小额诉讼程序的答辩期间与举证期限一般不得超过7日,庭审程序与裁判文书亦可比照简易程序适当简化。《X市小额诉讼实施细则》关于区分小额诉讼程序特性的规定更为细化,除以上规定外,其表明,书记员庭前通过书面或其他形式告知了出庭人员诉讼权利和义务等内容的,庭审时可不再告知;法院可视案情召开庭前会议或者组织庭前证据交换,固定争议焦点以及关键事实,一般情况下应进行一次开庭审结;经当事人同意,庭审录音录像可替代庭审笔录;小额诉讼程序应推广使用令状式、表格式与要素式等简式裁判文书;当庭履行的案件,在当事人双方同意且完整记载相关情况的条件下,可不出具裁判文书。可以说,小额诉讼程序在制度层面俨然不同于其他程序。

实践层面,X市基层法院简化庭审程序的做法既有共性也有各自的特色。有的法院通过电子屏幕实现程序告知,取代法官口头宣读环节。庭审则围绕当事人诉求展开,对于部分简单案件,不区分法庭调查与法庭辩论环节;有的法院设置两名引导专员在庭前负责整理当事人的争议焦点,庭审以自动录音录像取代传统笔录方式,实行调查、举证、质证、辩论一体化;有的法院将法庭程序性事项提前以书面形式送达当事人。庭审过程中,法庭调查与法庭辩论一并进行,法官仅对案件争点开展法庭调查,对双方认可的事实不再进行调查、举证。同样的,录音录像替代了庭审笔录的作用。法院对类型化、群体性纠纷案件开展要素式审理,相关人员在庭前准备中固定要素、争点,开庭时则围绕争点开展调查。对于裁判文书,部分法院主要采取中级人民法院发布的简式文书样式,简略案件事实及裁判理由;个别法院在办案系统中嵌入了简式文书模板,主要精简事实部分表达,比如,对于诉中调解的小额诉讼案件,法院会省去案件事实的阐述,仅载明诉讼请求。而最终简化与否由承办人根据案情自由裁量决定。有的法院创设了“处方式”裁判文书,此类文书主要包括当事人信息、诉讼请求与裁判主文,由文书专员在庭审结束后立即制作。

在各基层法院的积极试点下,小额诉讼程序的效率优势逐步凸显。改革前的2019年,小额诉讼程序与简易程序在审限上的差距相对较小,程序效率优势不够突出(详见图2－5)。随着改革的推进,小额诉讼程序的效率优势逐渐显露。改革过程中的2020年,多数基层法院的小额诉讼案件基本一次审结。简式文书适用率为48.01%,同比增加27.05%。X市22个基层法院小额诉讼案件的平均审理期限为29.31天,同比下降5.8天。与同年简易程序案件52.44天的平均审理期限相比,小额诉讼呈现明显的效率优势。且这一优势在X市14个代表性法院中表现得淋漓尽致,具体来说,14个代表性法院的小额诉讼案件平均审理期限为26.21天,同比减少4.09天;简易程序案件平均审理期限为45.99天,各基层法院的小额诉讼案件均较简易程序案件减少了7天以上的审理期限(详见图2－6)。改革过程中的2021年,X市简式文书适用率为61.74%,同比增加13.73%。X市22个基层法院小额诉讼案件的平均审理期限为31.49天,同比增加2.18天。尽管如此,其与同年简易程序案件54.36天的平均审理期限相比,仍然具有明显的效率优势。同样以X市14个代表性法院为具体示例,在这些法院当中,小额诉讼案件平均审理期限为25.20天,同比减少1.01天,较同年简易程序案件平均审理期限少了近21天。各基层法院的小额诉讼案件均较简易程序案件减少了13天以上的审理期限(详见图2－7)。比较2019～2021年3个不同圈层典型法院小额诉讼案件和简易程序案件的平均审理期限可以发现,两者间的差距随改革发展基本呈现出逐渐变大的趋势,这点在A区与L区法院表现得尤为明显(详见图2－8)。毫无疑问,以上现象与小额诉讼程序特性的进一步凸显密切相关,各类程序特性区分举措有效缩短了小额诉讼案件的平均审理期限,突出了小额诉讼程序的效率优势。

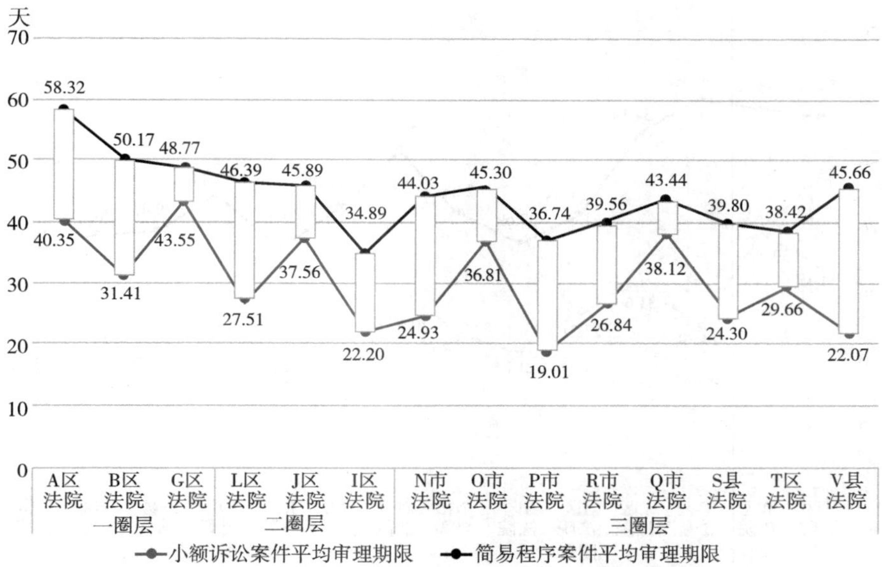

图2－5　2019年X市14个基层法院小额诉讼案件与简易程序案件的平均审理期限

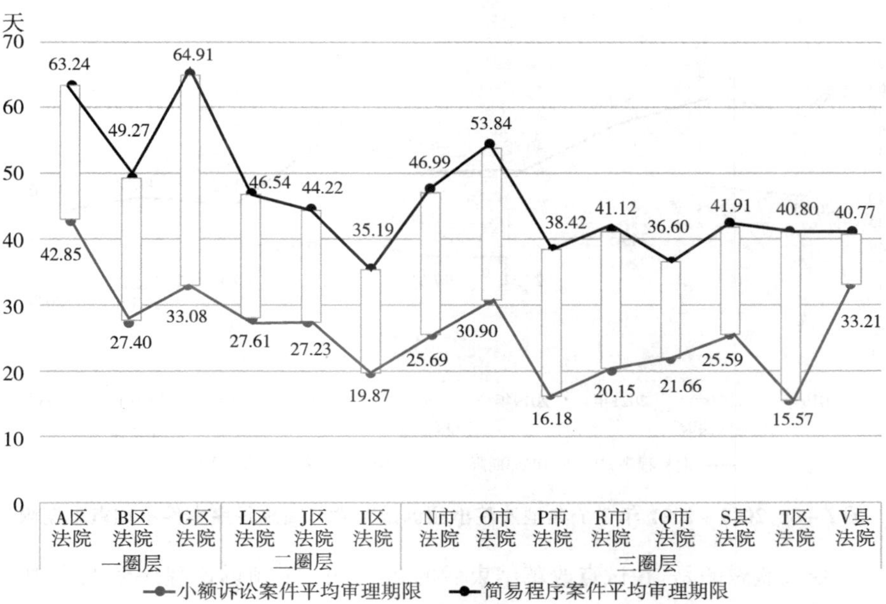

图2－6　2020年X市14个基层法院小额诉讼案件与简易程序案件的平均审理期限

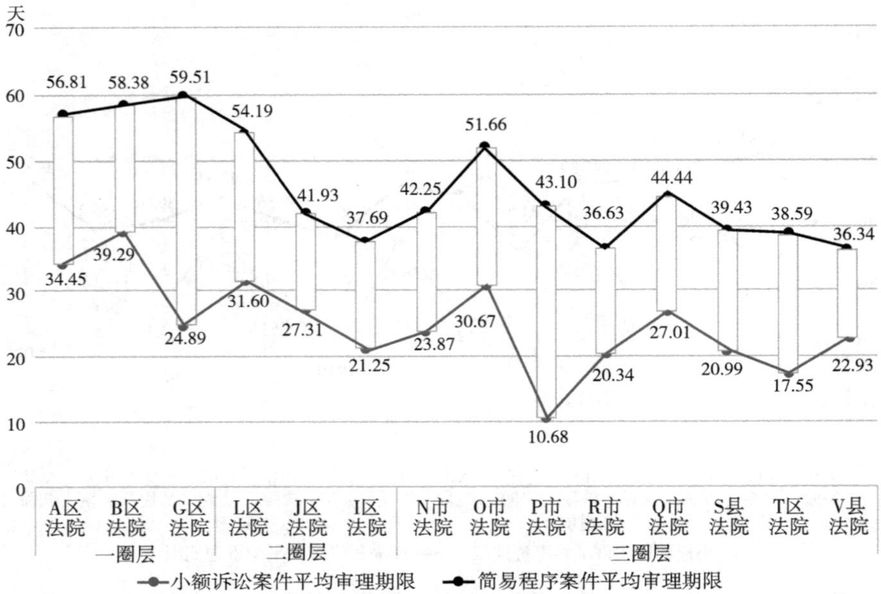

图 2-7　2021 年 X 市 14 个基层法院小额诉讼案件与简易程序案件的平均审理期限

图 2-8　2019～2021 年 3 个典型法院小额诉讼案件与简易程序案件平均审理期限

令人欣慰的是，在试点改革结束后的 2022 年，小额诉讼程序依旧表现出较为明显的效率优势。以 X 市 A 区、L 区、R 市法院 2022 年一季度审结的一审民商事案件为例，3 个法院适用小额诉讼程序审理的案件平均审理期限依次为 39.36 天、30.61 天与 14.50 天；适用简易程序审理的案件平均审理期限分别为 50.25 天、48.51 天与 27.73 天。与 2020 年及 2021 年相比，前后两类案件平均审理期限的差值均有所减小，但在简易程序改革同步进行的情况下，小额诉讼程序仍较简易程序具备效率优势，此现象在 R 市法院尤为明显。

三、完善小额诉讼程序改革存在的问题

整体而言，此次小额诉讼程序改革力度空前、成绩斐然。然而，此次改革还是未能有效化解长期以来小额诉讼领域存在的顽固性问题，如"就繁不就简"现象依旧频现等。这些问题根源于小额诉讼程序规则模糊下的权力本位倾向。实证研究发现的问题及其成因分析表明，学界对于改革削减当事人诉讼权利的担忧并非毫无根据。下文将结合实践情况证实或证伪民事诉讼法学界的部分观点，并尝试提出新的论点。

（一）误读程序功能，遮掩程序便捷保障实体权利价值

制度实施过程中，理论与实务界均存在对小额诉讼程序功能的误读，主要表现在以下几个方面。

1. 过度包装小额诉讼程序

过度包装小额诉讼程序大致体现为利用域外"接近正义"的内涵过度解读我国小额诉讼程序功能。"接近正义"系舶来理念，其本意在于促使司法资源的应用变得更为平等、便利及广泛。域外小额诉讼程序便是这一理念的产物，[①]其主要根源于司法涉及的程序性技术问题。这一问题带来了诉讼延迟与高额成本，如诉讼费、律师代理费等。[②] 以美国为例，其在引入小额诉讼程序之时，承受着其他国家或地区从未有过的司法管理费用上的沉重负担，或者说，其他国家或地区不会像美国一样，为了控制一定的诉讼数量而投入并保持如此多的精力。诉讼的拖延、调整不当的机制以及程序的技术性浪费了

① 参见范愉：《司法资源供求失衡的悖论与对策——以小额诉讼为切入点》，载《法律适用》2011 年第 3 期。

② See Barbara Yngvesson & Patricia Hennessey, *Small Claims, Complex Disputes: A Review of the Small Claims Literature*, Law & Society Review, Vol. 9:219, p. 219 - 274(1975).

证人、陪审团以及当事人的大量时间。① 随后一段时期，域外改革者对小额诉讼法庭的目标进行了重新评估和定义，认为法庭应为民众容易触及的部门，应当被推广。它们的组织方式应确保无经验和不频繁使用法庭者在法庭内感到舒适，就像那些经常出现在法庭的经验丰富、经济宽裕的企业与政府原告一样。② 显然，我国引入小额诉讼程序并非基于以上背景，国内现有相关制度系小额诉讼程序中国化后的实践产品。不同于西方国家，我国司法制度本就享有便利、经济且快速等优势。③ 一方面，单从3个典型基层法院改革前后小额诉讼案件受理费来看，2019年与2020年，案件受理费在100元以内的案件数量占比均超过了50.00%；案件受理费在1000元以内案件数量占比均超过了93.00%。另一方面，我国财产类案件受理费的计算标准为"标的额×2.50%－200元"，小额诉讼案件受理费更是在此基础上减半缴纳。在法定适用小额诉讼程序的标的额范围内，案件受理费最高仅有525元。即便案件标的额为可约定适用小额诉讼程序的最高额10万元，案件受理费也仅为1150元。由此可见小额诉讼程序的经济成本优势。换言之，我国民事纠纷进入诉讼的门槛较低。此外，在多元纠纷解决机制当中，因非诉解纷机制的不完善，加之民众对于法院的本能信任感以及法治理念的提高，大量争议较小的简单金钱给付纠纷涌入法院，小额诉讼程序恰好能在一定程度上解决此类纠纷，有利于为法院审理复杂案件留下时间和空间，进而缓解法院案多人少的压力，也能促使当事人快速实现权利、兑现义务。整体而言，"接近正义"并非我国引入小额诉讼程序的主要初衷。

2. 曲解小额诉讼程序的繁简分流效用

具体表现为理论上过于贬低或者实践中过于重视小额诉讼程序繁简分流的效用。即便备受部分学者推崇的"接近正义"可理解为当事人诉讼权利的保障，也有人从理论上误读小额诉讼的程序功能，认为相关制度的构建目标在于确保当事人能够平等地利用诉讼，实现司法亲民化与大众化，繁简分

---

① See Elihu Root, *Address of the President*, American Bar Association Journal, Vol. 2:736, p. 736－755(1916).

② See Barbara Yngvesson & Patricia Hennessey, *Small Claims, Complex Disputes: A Review of the Small Claims Literature*, Law & Society Review, Vol. 9:219, p. 219－274(1975).

③ 参见范愉：《司法资源供求失衡的悖论与对策——以小额诉讼为切入点》，载《法律适用》2011年第3期；王亚新：《民事诉讼法修改中的程序分化》，载《中国法学》2011年第4期；林锐：《简单论证：小额诉讼的裁判说理研究》，载《海峡法学》2018年第4期。

流仅为小额诉讼程序运作的副产品。[①] 这一论调过分贬低了小额诉讼程序的繁简分流功效,不仅无助于小额诉讼程序的长远推行,造成原本对程序简化、一审终审等程序安排不满的民众丧失对司法的信任感,也会成为盲目推进程序改革者的借口,阻碍小额诉讼程序规则的进一步完善。小额诉讼程序的功能既在于保障当事人诉讼权利的快速实现,也在于缓解法院"案多人少"的矛盾,促进司法资源的合理配置,两者应当具有相对平等的地位。换种角度来说,司法资源的合理配置也是为了繁复案件能够得到充分审理,相关当事人能够更好地实现诉权。因此,前者在后一功能可以得到适当发挥的基础上应被赋予更多的关注,但不应就此贬低后一功能的地位。概言之,小额诉讼程序的任何一项功能均不应被忽视,当事人诉讼权利的保障理应置于缓解法院案多人少矛盾相对平等的地位,且应当给予其更多的、恰当的关注。

3. 高估程序的解纷作用

从最高人民法院对改革的预期以及小额诉讼相关制度演进历程即可看出,顶层设计者对小额诉讼程序抱了较高的期待。理想与现实间较大的差距也使人们对小额诉讼程序的声讨不断。事实上,人们对小额诉讼程序在纠纷解决中的作用及其可适用领域存在不同程度的误解。这种误解可从理论与实务界追求过高的程序适用率以及追求过多的小额诉讼案件类型中窥见一二。毋庸置疑的是,小额诉讼程序有其现实意义,但亦存在天然的局限性。

首先,改革期间的小额诉讼程序适用率已然处于较高水平。人们难免疑惑:小额诉讼程序的适用率达到何种程度才算"高"?据最高人民法院2012年的预估,小额诉讼案件数量将达到民事案件总数的30.00%。[②] 这是否意味着小额诉讼程序适用率达30.00%才算高?目前暂无实证研究支撑这一比例的科学合理性,且小额案件是否事实清楚、关系明确、争议不大实属主观标准,须经办案人员人工审查判断,法院现有繁简分流机制基本无法在前端分流期间精准判断小额案件是否确系争议不大。"30.00%"可能与实际情况存在较大偏差。王亚新教授曾指出,适用小额诉讼程序审理的案件数量占受理

① 参见肖建华、唐玉富:《小额诉讼制度建构的理性思考》,载《河北法学》2012年第8期。

② 时任最高人民法院审判委员会专职委员的杜万华指出,据初步估计,全国法院小额诉讼案件将占到全部民事案件的30%左右。参见谢勇:《要认真做好小额诉讼实施准备工作》,载《人民法院报》2012年10月9日,第1版。

民事案件总数的比重处于 10.00% ~30.00% 即算相对稳妥。[①] 蔡彦敏教授认为,若小额诉讼程序能够解决 10.00% ~30.00% 的简单民事案件,特别是这一比例达到或者接近 30.00% 时,称小额诉讼程序能够有效化解量大面广的民事纠纷大体是行得通的。[②] 仅从这一角度考量,X 市中级人民法院小额诉讼程序改革是颇有成效的。2019 年,X 市中级人民法院小额诉讼程序适用率仅为 6.28%;2020 年,程序适用率增长至 20.71%,2021 年更是高达 27.74%。这组数据表明,X 市基层法院小额诉讼程序适用率距离最高人民法院的预期目标越来越近,改革过程中的数据既属于王亚新教授认可的"稳妥"范畴,也基本契合蔡彦敏教授关于小额诉讼程序解纷能力的评价。值得进一步思考的是,现有比例还有继续增长的空间吗?比例下降到何种程度仍属正常?课题组认为,现有适用率已然属于较高水平,小额诉讼程序基本发挥了其预期的功效,且这种功效的发挥与法院系统大力推行改革密切相关。结合此次改革力度以及过往改革经验来看,2021 年修正的《民事诉讼法》施行后,推行力度减弱的小额诉讼程序适用率极有可能低于试点期间水平,X 市 A 区法院 2022 年一季度 11.04% 的小额诉讼程序适用率恰好证明了此点。但从 X 市 L 区法院以及 R 市法院的小额诉讼程序适用情况来看,改革成效又仍在持续。至于小额诉讼程序适用率的天花板究竟有多高,则需基于往后若干年的程序适用情况进行判断。尽管如此,可以明确推知的是,试点期间的程序适用率已然处于较高水平,而小额诉讼程序有其自身局限性,实务部门切不可高估小额诉讼程序的解纷能力,进而盲目通过考核压取数据。

其次,案件类型集中是小额诉讼程序适用的正常样态。长期以来,不乏学者认为案件类型单一系小额诉讼程序适用过程中难以解决的问题之一。[③]《民诉分流实施办法》与 2021 年《民事诉讼法》有意通过"否定列举"进路进一步拓展小额诉讼程序的可适用领域。整体而言,试点取得了较为可观的改

---

① 参见王亚新:《民事诉讼法修改中的程序分化》,载《中国法学》2011 年第 4 期。

② 参见蔡彦敏:《以小见大:我国小额诉讼立法之透析》,载《法律科学(西北政法大学学报)》2013 年第 3 期。

③ 参见黄琨、卢明威:《论农村社会转型时期基层人民法庭小额诉讼的适用》,载《理论与改革》2012 年第 6 期;刘学在、欧阳俊:《小额诉讼一审终审制之评述》,载《湖北社会科学》2013 年第 5 期;李宏伟:《论我国小额诉讼程序制度的完善》,载《河南财经政法大学学报》2014 年第 6 期;黄东栎、林娟娟:《小额诉讼程序对案件分流的冷思考——从当事人适用程序视角出发》,载《金陵法律评论》2017 年第 2 期;卢桂:《小额诉讼程序实践问题探讨及规则细化》,载《大连海事大学学报(社会科学版)》2018 年第 1 期。

革成效，适用小额诉讼程序审理的案由类型得到了显著增加。然而，尽管小额诉讼程序适用领域已拓宽至较大范围，却并未在多数领域内收获理想的改革效果，新增案由类型涉案数量极少。无论在改革前还是改革过程中，小额诉讼程序仍大量集中于某些特定的案由领域。例如，在 2020 年 14 个代表性基层法院办理的小额诉讼案件当中，物业服务合同纠纷与民间借贷纠纷在所有案由类型当中出现的频次最高，案件数量分别占到了本年度小额诉讼案件总数的 19.07% 与 14.17%，其他类型的案件数量均未超过案件总数的 10.00%。除这两类案件外，出现频次排名前 10 的案由类型还有买卖合同纠纷、商品房预售合同纠纷、劳务合同纠纷、合同纠纷、金融借款合同纠纷、商品房预约合同纠纷、机动车交通事故责任纠纷以及追偿权纠纷。① 将以上数据对比之后可以看出，在出现频次排名前 10 的案件类型当中，物业服务合同纠纷与民间借贷纠纷的案件数量占比与其他类型存在明显差距（详见图 2－9）。另外，虽然小额诉讼程序的适用领域已拓宽至较大范围，但在所有案件涉及的 214 种案由当中，足足有 161 种案由对应的案件数量不超过案件总数的 0.10%，此类案由约占案由类型总数的 75.23%。可以说，改革尽管在小额诉讼程序应用领域的广度拓展上取得了一定成绩，却并未在多数新拓展领域取得较为理想的推广状态。对比 3 个典型基层法院改革前后案由种类、数量及占比变化情况亦可印证这一观点。在 A 区法院，2019～2021 年，小额诉讼案件数量排名前 10 的案由种类均包括物业服务合同纠纷、民间借贷纠纷以及金融借款合同纠纷等 5 种类型（详见表 2－1）。尽管这 5 类案由对应的案件数量及其占案件总数的比重均在改革前后发生了较大变化，但并未跳出排名前 10 的序列。② 与 A 区法院案由类型集中情况较为类似还有 L 区法院（详

---

① 这 14 个基层法院当中，各法院涉案数量排名前 10 的案由基本表现为以上列举的 10 类案由，但每个法院均有案件数量较多但未再出现在 14 个法院总体涉案数量排名前 10 的案由。例如，B 区法院办理的侵害作品信息网络传播权纠纷（占比 13.27%）、L 区法院办理的追索劳动报酬纠纷（占比 8.67%）以及 N 市法院办理的商品房销售合同纠纷（占比 8.81%）等。这一定程度上表明，不同基层法院在适用小额诉讼程序审理案件时有各自的案由选择偏好。

② 当然，A 区法院常见案由的种类在改革前后也存在一些差异，如合同纠纷与追索劳动报酬纠纷系 2019 年案件数量排名第 1 与第 10 的案由类型，其占小额案件总数的比重分别为 12.64% 与 2.71%，但却并非改革后 2020 年数量排名前 10 的案由。尽管如此，这两类案件的数量依然在 2020 年的小额诉讼案件总数中占据了较大比重，虽未跻身前 10，但也都保持在前 15 名的序列；2019 年未曾出现的商品房预约合同纠纷与侵害作品放映权纠纷的案件数量分别跻身为 2020 年小额诉讼案由数量排名的第 2 与第 10，分别占到小额案件总数的 24.71% 与 1.22%。

见表2-2)及R市法院(详见表2-3)。[①] 这两个典型法院的小额诉讼案件当中,分别有6种和7种类型的案件数量在改革前后均排名前10,且2019年排名前10的案件类型均在改革后继续出现。综观表2-1、表2-2、表2-3可以发现,即便分属于不同圈层,3个基层法院改革前后都处理了较多的物业服务合同纠纷以及民间借贷纠纷,一定程度上说明了这两类案件数量占比位居2020年前2的缘由。此外,在涉案数量排名前10的案由类型当中,部分案由的涉案数量明显高于其他案由类型。例如,A区法院2020年的民间借贷纠纷与R市法院2020年的劳务合同纠纷案件数量便明显高于该年度该院其他类型的案件数量。以上现象表明,案件类型集中的情形已然常态化且几乎“随处可见”。不出意料的是,上述案由类型集中的情况同样存在于2022年的小额诉讼案件当中。

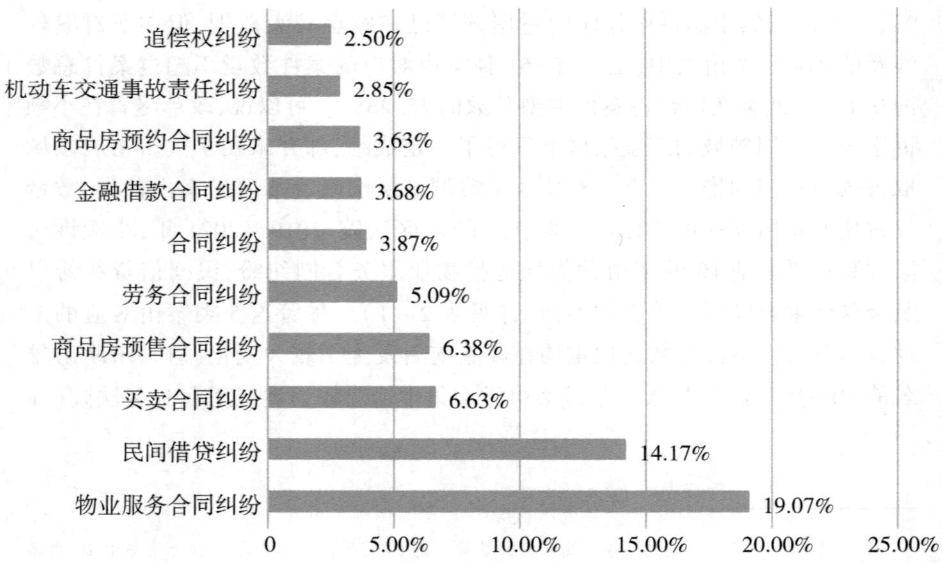

图2-9 2020年X市14个基层法院小额诉讼案件数量排名前十的案由类型、案件数量及占比

---

① 在两个法院2020年办理的小额诉讼案件当中,亦分别有两类案由的数量跻身各自法院的前10,L区法院表现为机动车交通事故责任纠纷(136件,占比6.90%)与车辆租赁合同纠纷(50件,占比2.54%),这两类案件并非2020年新增加的案件类型,其在2019年亦有出现;R市法院表现为商品房预售合同纠纷(100件,占比9.82%)与信用卡纠纷(29件,占比2.85%),前者未在2019年出现,后者在2019年亦有出现。

表 2－1　A 区法院 2019～2021 年案件数量均排名前十的五种案由类型及其数量与占比

案由类型	2019 年		2020 年		2021 年	
	案件数量/件	占小额诉讼案件总数的比重/%	案件数量/件	占小额诉讼案件总数的比重/%	案件数量/件	占小额诉讼案件总数的比重/%
物业服务合同纠纷	67	12. 09	236	5. 22	356	8. 77
民间借贷纠纷	60	10. 83	1851	40. 98	1403	34. 56
服务合同纠纷	39	7. 04	94	2. 08	119	2. 93
金融借款合同纠纷	37	6. 68	344	7. 62	559	13. 77
追偿权纠纷	17	3. 07	65	1. 44	126	3. 10

表 2－2　L 区法院 2019～2021 年案件数量均排名前十的六种案由类型及其数量与占比

案由类型	2019 年		2020 年		2021 年	
	案件数量/件	占小额诉讼案件总数的比重/%	案件数量/件	占小额诉讼案件总数的比重/%	案件数量/件	占小额诉讼案件总数的比重/%
物业服务合同纠纷	206	23. 73	334	16. 95	651	22. 46
买卖合同纠纷	64	7. 37	211	10. 71	352	12. 15
民间借贷纠纷	39	4. 49	186	9. 44	399	13. 77
商品房预售合同纠纷	33	3. 80	173	8. 78	150	5. 18
房屋租赁合同纠纷	12	1. 38	87	4. 42	97	3. 35
劳务合同纠纷	5	0. 58	79	4. 01	135	4. 66

表 2－3　R 区法院 2019～2021 年案件数量均排名前十的七种案由类型及其数量与占比

案由类型	2019 年		2020 年		2021 年	
	案件数量/件	占小额诉讼案件总数的比重/%	案件数量/件	占小额诉讼案件总数的比重/%	案件数量/件	占小额诉讼案件总数的比重/%
物业服务合同纠纷	94	21. 41	95	9. 33	167	12. 17
追索劳动报酬纠纷	71	16. 17	31	3. 05	26	1. 90

续表

案由类型	2019 年		2020 年		2021 年	
	案件数量/件	占小额诉讼案件总数的比重/%	案件数量/件	占小额诉讼案件总数的比重/%	案件数量/件	占小额诉讼案件总数的比重/%
机动车交通事故责任纠纷	66	15.03	66	6.48	66	4.81
劳务合同纠纷	33	7.52	190	18.66	151	11.01
民间借贷纠纷	21	4.78	102	10.02	170	12.39
分期付款买卖合同纠纷	17	3.87	69	6.78	97	7.07
买卖合同纠纷	13	2.96	72	7.07	142	10.35

以X市3个典型基层法院2022年一季度审结的小额诉讼案件为例，在A区法院，服务合同纠纷、金融借款合同纠纷、教育培训合同纠纷以及物业服务合同纠纷是出现频次排名前4的案由类型，其案件数量占小额诉讼案件总数的比重分别为20.05%、19.30%、14.04%与12.78%，余下出现频次排名前10的案由涉案数量占小额诉讼案件总数的比重均未超过10.00%，且这些案由类型多较为常见。① 而在案件数量未跻身前10的案由类型当中，几乎所有类型的案件数量均未占到小额诉讼案件总数的1.00%；L区法院案由类型集中的现象较A区法院更为明显，物业服务合同纠纷与商品房预售合同纠纷分别占到了该院小额诉讼案件总数的29.02%与17.57%，其余出现频次排名前10的案由类型的案件数量未超过小额诉讼案件总数的10.00%；R市法院与L区法院类似，追索劳动报酬纠纷、医疗服务合同纠纷以及物业服务合同纠纷占小额诉讼案件总数的比重依次为32.27%、19.73%与10.67%。余下34类案由的数量之和低于该院小额诉讼案件总数的40.00%。

概言之，小额诉讼程序多集中适用于某些特定的纠纷领域。这一现象恰好表明，制度设计者不应过分追求小额诉讼程序适用领域的扩展，而且小额诉讼程序在设计之初也并非着眼于普遍适用。接受课题组访谈的法官亦认

① A区法院2022年一季度出现频次排名前10的其他7类案由分别为民间借贷纠纷（31件，占比7.77%）、买卖合同纠纷（21件，占比5.26%）、信用卡纠纷（19件，占比4.76%）、小额借款合同纠纷（11件，占比2.76%）、机动车交通事故责任纠纷（9件，占比2.26%）以及劳务合同纠纷（8件，占比2.01%）。

为,案由集中是一种具有普遍性的正常现象。某种程序只要能够在一定类型的案件中得到较为恰当的适用,便说明它能够在此类案件中发挥其程序优势,助益于部分当事人,更何况这些集中案由的涉案数基本涵盖了小额诉讼案件总数的绝大部分。因此,课题组认为不应苛责小额诉讼程序适用案由集中的现象,亦无须强行拓宽程序适用领域。

4. 过于追求程序价值完整实现

民事诉讼法领域的学者往往更为关注程序维度,注重程序问题与实践问题的优先解决,偏爱程序价值的实现。因此,民事诉讼制度构建无法与“实”俱进,缺乏实体法关照,甚至在个别情况下抵牾于实体法。[①] 小额诉讼制度的构建即如此。人们往往过于追求程序价值的完整实现,忽略了当事人在程序性权利与实体性权利中的自由处分权,以及这种自由处分带来的效率价值。

从理论上来说,将小额诉讼程序理解为略式程序的组成部分较为恰当。[②] 略式程序不同于普通程序的独特价值在于,其能为权利主体及时获取执行名义、兑现实体权利提供“快捷方式”。换言之,小额诉讼程序的重点目标应倾斜于权利的快速保护或实现。启动这一程序的权利基础既有程序性权利,也有实体性权利。程序结果表现为程序启动主体能够获得保护并实现权利的方式。[③] 毋庸置疑的是,小额诉讼程序牺牲了当事人的部分程序性权利,如上诉权。但是,当事人的实体权利能够因为程序简化而得到快速实现。在“案多人少”、司法资源有限的情况之下,小额诉讼程序承载着繁简分流、化解法院压力的预设功能,因而有必要将部分小额、简单案件强制适用小额诉讼程序快速审理。约定适用小额诉讼程序便是当事人自由处分其程序性权利,进而追求实体性权利尽早实现的力证。在约定适用层面,诉讼效率的追求与当事人权利的保障完全可以和谐共处,不一定非要限制自由处分程序权利的空间。在救济机制能够有效保障当事人权利的情况下,小额诉讼程序既能较快实现当事人启动诉讼程序的最终目标,也能促进司法资源的合理利用,实乃双赢之举。

此外,理论界的另一种声音认为,案由集中的情形表明小额诉讼程序过

---

① 参见张卫平:《双向审视:民事诉讼制度建构的实体与程序之维》,载《法制与社会发展》2021 年第 2 期。

② 参见姬广勇:《小额诉讼程序适用的三个维度》,载《人民法院报》2021 年 7 月 15 日,第 5 版。

③ 参见吴英姿:《民事速裁程序构建原理——兼及民事诉讼繁简分流改革的系统推进》,载《当代法学》2021 年第 4 期。

多地被法人、非法人组织利用,①小额诉讼程序俨然成了银行等大型单位讨债的工具,②普通民众并非这一程序的主要受益群体。③ 事实上,这一论调失之偏颇。一方面,小额诉讼程序适用主体并不局限于法人以及非法人组织,涉案数量较多的案件类型当中,银行等大型单位作为原告的情形较为常见仅能说明此类案件能够通过小额诉讼程序审理的数量确实较多;另一方面,只要有当事人正当地因这一程序实现了其合法权益,法院及当事人也能够因此避免诉讼拖延、减轻诉累,就不能认为这一程序有专为某部分主体设计之嫌,进而要求限制此类主体适用小额诉讼程序的次数。换言之,即便是经济上相对富足的单位原告也不应承受被告方无尽的诉讼拖延。从解决纠纷的层面考量,当案件属于争议较小的简单金钱给付案件时,当事人的具体形态并不影响小额诉讼程序的应用。在高效、便捷实现"案结事了"解纷目标的需求下,小额诉讼程序具有明显的成本与效率优势。

(二)重"标的额"标准轻"争议不大"标准,分流效果欠佳

除去客观标的额的限制,《民诉分流实施办法》第 5 条规定,适用小额诉讼程序审理的案件应当有清楚的事实、明确的权利义务关系以及不大的争议,且务必为简单金钱给付案件。为便于论述,课题组将小额诉讼程序适用的基本条件大致概括为"清楚"标准、④"争议不大"标准以及"标的额"标准。尽管司法解释早已阐明相关概念的具体含义,⑤以上适用标准仍然具有较强

---

① 参见刘加良:《小额诉讼程序适用的改进逻辑》,载《法学论坛》2020 年第 1 期。

② 参见方颖:《福利型小额诉讼的渐进式扩张研究——以"溯源分流"为切入点》,载《法律适用》2020 年第 9 期;李晓倩:《论小额诉讼制度适用的优化》,载《江汉论坛》2018 年第 6 期。

③ 参见陆俊芳、牛佳雯、熊要先:《我国小额诉讼制度运行的困境与出路——北京市基层法院的审判实践为蓝本》,载《法律适用》2016 年第 3 期。

④ 指代"事实清楚、权利义务关系明确"的标准。

⑤ 对比小额诉讼程序与简易程序适用标准可以发现,两者法律上的差别主要表现在标的额大小以及案件适用类型。小额诉讼程序适用标准中有关"事实清楚""争议不大"等概念的阐释必然要继续沿用司法解释中简易程序适用标准的有关规定。依据 2022 年《民诉法解释》,"事实清楚"指的是双方当事人就争议所陈述的事实保持基本一致,且能够提供相应证据,法院无须调查取证便可查清相关事实;"权利义务关系明确"系指法院能够明确判别权利及责任主体;"争议不大"意味着当事人双方对本案是非过错、责任承担和诉争标的没有原则性分歧。事实上,最高人民法院 2015 年发布相关司法解释也已明确以上概念。相关概念阐释最早可追溯至 1992 年最高人民法院印发的《关于适用〈中华人民共和国民事诉讼法〉若干问题的意见》第 168 条。2008 年实施的《关于适用〈中华人民共和国民事诉讼法〉若干问题的意见》第 168 条亦保留了同样的规定。

主观性,不便实务部门应用,也容易诱发办案人员的不规范操作。[①] 繁简分流实务中重"标的额"标准,轻"争议不大"标准的行为即是力证。从纠纷的发展及化解规律来看,"争议不大"标准是权衡案件能否适用小额诉讼程序的实质标准。[②] 但办案人员在判断案件能否适用小额诉讼程序时,往往会摒弃主观性较强的"争议不大"标准,忽视案件争议大小,仅观察标的额大小是否符合"标的额"标准,若是,办案人员多直接将此类小额案件适用小额诉讼程序审理。

重"标的额"标准轻"争议不大"标准的思想或行为既可以从X市两级法院的指导性文件中得以窥见,也可以在基层法院司法实践中被具体感知。例如,《X市小额及简易程序实施方案》为扩大小额诉讼程序适用范围,基本未提及"清楚"标准与"争议不大"标准,除指出不适用小额诉讼程序的特殊情形外,"标的额"标准被作为"刚性适用"与"引导适用"的首要标尺。在基层法院,因诸多案件中隐含的争议与复杂法律关系等内容只有在庭审过程中才能为法官知悉,绝大多数情况下,清晰明了的案件标的额被实务部门视为繁简分流与立案的最主要依据,而"争议不大"标准则被用作小额诉讼案件的反向筛选条件。L区法院的法官表示,小额诉讼案件的识别主要依据标的额,其次考量当事人的诉讼请求是否能够适用小额诉讼程序,像请求解除合同、要求继续履行合同等争议较大的案件便无法适用小额诉讼程序审理。一般情况下,争议大小等内容无法在立案阶段识别。在R市法院,根据院内相关规定,标的额5万元以内的案件基本上都被强制立为小额诉讼案件,无论当事人是否下落不明,[③]等等。只有劳动争议的案件在立案之初便排除适用小额诉讼程序,因当事人之间的矛盾明显较大;标的额5万~10万元以内的案件,原则上均立为小额诉讼案件,但需征求当事人双方意见,若当事人不同意适用则尊重其想法。试点改革过程中,办案人员重视"标的额"标准轻视"争议不大"标准的做法是相关救济问题产生的导火索。从立法逻辑上来说,只有既符合"事实清楚""争议不大"等条件又

---

① 参见张榕:《完善我国小额诉讼机制的若干思考——兼论民事简易程序的完善》,载《甘肃政法学院学报》2005年第3期。

② 参见吴英姿:《民事速裁程序构建原理——兼及民事诉讼繁简分流改革的系统推进》,载《当代法学》2021年第4期。

③ 受访法官表示,立案时当事人下落不明并非小额诉讼程序排除适用的情形,除非当事人在后续审理过程中确实找不到了,需要使用公告送达,法官才会将案件转为简易程序审理。

在特定标的额区间范围内的简单金钱给付案件才能适用小额诉讼程序审理。但囿于适用标准的主观性,这些标准基本在分流、立案过程中无法派上用场。长此以往,即便“争议不大”标准可以在审判过程中发挥一定作用,立案、分流阶段对标的额的过分重视也会加剧“争议不大”标准的进一步虚化。发人深省的是,“标的额”标准的改革对于小额诉讼程序适用的作用究竟有多大?基于实证数据,课题组发现:

首先,标的额上限的拔高并不必然带来小额诉讼程序适用率[①]的提升。从2020年X市14个基层法院审结的小额诉讼案件中可以看出,“标的额”标准的变化会带来特定标的额范围内小额诉讼案件数量及程序适用率的变化。例如,当“标的额”标准由相关省级行政区划上年度就业人员平均工资的30%增加至50%时,小额诉讼案件数量增加了2818件,但其占对应标的额范围一审民商事案件总数的比重反而降低了0.36%。比较“30%标准”、“50%标准”与“5万元标准”对应的小额诉讼案件数占对应标的额范围一审民商事案件总数比重的发展规律,不难判断出,尽管标的额上限的提高会带来小额诉讼案件数量的增加,但不必然带来特定标的额范围内小额诉讼程序适用率的增长,甚至会使得程序适用率降低。换言之,标的额上限与对应标的额范围内的小额诉讼程序适用率不存在正相关关系(详见表2-4)。3个典型法院2020年的相关数据也基本能够印证以上观点。如表2-5所示,3个法院的小额诉讼案件数量均随着标的额上限的逐渐提高而不断增加,但特定标的额范围内的小额诉讼程序适用率却呈现出不同的变化样态:A区法院的小额诉讼程序适用率先减后增。尽管如此,“5万元标准”对应的程序适用率仍然低于“30%标准”对应的程序适用率。L区法院的程序适用率呈现先增后减的态势,“5万元标准”对应的适用率要高于“30%标准”对应的程序适用率。R市法院的程序适用率一直在下降。由此不难看出,标的额上限的拔高不一定能够提升对应标的额范围内的小额诉讼程序适用率。

① 此处的“程序适用率”是指,在特定“标的额”标准下,小额诉讼案件数占对应标的额范围内的一审民商事案件审结数的比重。

表 2－4　2020 年 X 市 14 个基层法院特定标的额范围内的小额诉讼案件情况

标的额范围	所有民商事一审案件数量/件	小额诉讼案件	
		数量/件	占比/%
案件标的额在各省、自治区、直辖市上年度就业人员年平均工资 30%（20,780.1 元）以内	34,462	14,380	41.73
案件标的额在各省、自治区、直辖市上年度就业人员年平均工资的 50%（34,633.5 元）以内	41,569	17,198	41.37
案件标的额在 5 万元以内	48,600	20,238	41.64

表 2－5　2020 年 X 市 3 个典型法院特定标的额范围内的小额诉讼程序适用率

标的额范围	A 区法院小额诉讼程序适用率/%	L 区法院小额诉讼程序适用率/%	R 市法院小额诉讼程序适用率/%
案件标的额在各省、自治区、直辖市上年度就业人员年平均工资的 30%（20,780.1 元）以内	46.04	35.91	68.11
案件标的额在各省、自治区、直辖市上年度就业人员年平均工资的 50%（34,633.5 元）以内	43.93	38.75	65.40
案件标的额在 5 万元以内	45.95	38.54	62.70

其次，“标的额”标准中的比例制某种程度上无法应对不同地区经济发展水平各异的问题。一方面，不同地区法院小额诉讼案件标的额大小的差异与区域经济发展水平无绝对关联性。梳理 X 市 14 个代表性基层法院 2020 年小额诉讼案件标的额范围可以发现，虽然在经济发展水平较高的一圈层当中，A 区法院与 G 区法院标的额集中的区域上限与下限整体偏高，但 B 区法院标的额集中区域的上限与下限整体偏低，且低于好几个二、三圈层中的基层法院。相反，三圈层中的 P 市法院与 T 区法院在标的额集中区域的上限与下限数值上处于较高水平。此外，小额诉讼案件标的额的中位数也未呈现出明显的地区性规律。从表 2－6 可以看出，经济发展水平一般的地区法院审结的小额诉讼案件标的额的中位数反而较高。以上情况表明，即便区域经济发展一般，该区域基层法院审理的小额诉讼案件标的额也可能整体处于较高

水平;经济发展水平较高的地区,小额诉讼案件标的额可能整体处于较低水平(详见表2-6)。[①] 另一方面,小额诉讼程序适用率呈现出的地区差异与区域经济发展水平关联不大。以2020年X市14个基层法院小额诉讼程序适用率为例,处于三圈层,即经济发展水平较低地区的N市法院小额诉讼程序适用率高达38.66%,远超一圈层3个代表性法院的程序适用率。反观经济发展水平较高的一圈层法院,A区与B区法院的程序适用率较为一般,G区法院小额诉讼程序适用率仅有17.03%,为14个基层法院中最低(详见表2-6)。事实上,从经济发展水平的角度来看,X市不同区县小额诉讼程序适用情况基本与我国不同省份小额诉讼程序的适用情况相对应。以上现象表明比例制的应用不会影响程序适用率的大小。质言之,2021年《民事诉讼法》中"50%"的比例设置恐无法应对不同省份经济发展水平各异的问题。

表2-6 2020年X市14个基层法院小额诉讼案件标的额集中范围

法院		标的额集中区域的数额下限/元	中位数/元	标的额集中区域的数额上限/元
一圈层	A区法院	8114.4	8998.67	44,990.75
	B区法院	5000	10,000	25,800
	G区法院	5022.78	15,000	41,197.87
二圈层	L区法院	6603.09	15,000	29,200
	J区法院	5494.51	11,730	25,802.86
	I区法院	3951.16	11,632.38	30,410
三圈层	N市法院	2667	9282	25,958.74
	O市法院	4176	10,000	23,436.27
	P市法院	5753.25	14,000	36,576.33
	R市法院	7447.12	16,780.23	32,597.68
	Q市法院	5806.17	12,500	26,541.86
	S县法院	2412.43	7792.06	21,800.64
	T区法院	8808.65	22,000	38,623.57
	V县法院	7634	19,522	41,273.83

① 表2-6根据X市中级人民法院提供的14个基层法院办结的小额诉讼案件标的额制作。部分案件未标注标的额大小,遂将其排除在统计序列。

总的来说，尽管小额诉讼制度设计者在“标的额”标准上煞费苦心，或是考虑到我国地区经济差异而在立法中采取比例制的标的额标准；或是为了方便评估而在试点改革中采取统一化的定额制标的额标准；①或是为进一步拓展小额诉讼程序适用范围，在2021年《民事诉讼法》中较原有立法规定的比例制标的额标准上增加了20个百分点。但实际上，“标的额”标准的作用有限。小额诉讼程序适用率等方面的变化更可能与各基层法院对小额诉讼程序的推进力度直接相关。若忽视“争议不大”标准，小额诉讼基本等同于剥夺部分经济实力弱者完整诉权的程序，其功能便集中于法院“小额”案件与“非小额”案件的分流，既非“繁”与“简”的分流，也非当事人的诉权保障。正如个别法官所言，“小额诉讼”实际上是个伪命题，有些案件即便标的额高达上千万元，调解人员居中调解几个小时也能定分止争。基层法院分流之初基本无法判断案件是否为简单金钱给付案件，因此仅能在具有较强客观性的“标的额”标准上做文章。现有分流实践不仅没有把握小额诉讼案件争议不大的核心要素，甚至在“标的额”标准上越走越偏。

（三）适用顾虑仍存，“就繁不就简”现象频出

就当事人而言，一方面，改革过程中小额诉讼程序约定适用率的数值及其逐年变化趋势体现了当事人“就繁不就简”的行为与心态。首先，尽管改革过程中的小额诉讼程序约定适用率高于改革之前，却仍然较低。以X市13个基层法院2019～2021年小额诉讼程序约定适用率为例，②从整体层面来看，上述13个基层法院在2019年、2020年与2021年的小额诉讼程序约定适用率依次为0.13%、1.68%、1.37%，均未超出2.00%的范畴。具体到各基层法院，3年间，多数情况下各基层法院的小额诉讼程序约定适用率保持在0～2.00%的范围之内，仅有2020年的P市法院以及2021年P市、R市法院取得了4.00%以上的约定适用率（详见表2－7）。其次，改革过程中，约定适用率并未表现出持续性的增长态势。从13个基层法院2019年、2020年与2021年约定适用率的整体变化情况来看，尽管2020年的约定适用率同比增长了1.55个百分点，但2021年的约定适用率却同比降低了0.31个百分

① 参见石春雷：《小额诉讼程序的分流困境及其破解》，载《北方法学》2021年第6期。

② 因无法获取G区法院2021年约定适用小额诉讼程序的案件数量，此处仅以X市13个代表性基层法院为分析对象。

点。具体到各基层法院,比较2020年与2021年13个代表性法院的约定适用率的变化情况可以发现,2021年,仅有5个法院的约定适用率高于2020年,多数法院的约定适用率同比有所下降。概言之,尽管改革的推动使得当事人约定适用小额诉讼程序的情形更为多见,但在绝大多数情况下,当事人合意适用小额诉讼程序的可能性仍然较小。换言之,当事人主动选择小额诉讼程序的意愿并不强烈。

表2-7　2019~2021年X市13个基层法院的小额诉讼程序约定适用率

单位:%

法院		2019年约定适用率	2020年约定适用率	2021年约定适用率
一圈层	A区法院	0.12	1.99	1.09
	B区法院	0.00	2.41	1.44
二圈层	L区法院	0.00	0.79	0.09
	J区法院	0.24	0.93	0.49
	I区法院	0.56	3.66	3.18
三圈层	N市法院	0.00	1.30	1.44
	O市法院	0.00	0.48	0.07
	P市法院	0.43	4.34	5.42
	R市法院	0.00	1.70	4.39
	Q市法院	0.17	0.28	0.78
	S县法院	0.36	0.21	0.07
	T区法院	0.00	1.38	0.76
	V县法院	0.22	3.03	3.19

另一方面,较高的程序异议率暴露出当事人对于小额诉讼程序适用的“不敢”及“不愿”情绪。课题组座谈发现,在当事人担忧一审终审无法保障其诉权的心理作用下,当事人对小额诉讼程序的适用积极性普遍较低,导致符合小额诉讼程序适用条件的案件易转换为其他程序,尤其是简易程序。①

① 参见《N市人民法院关于建立运行小额诉讼程序案件快速评议机制的报告》。

以2020年为例,据X市中级人民法院统计,全市共有5505件小额诉讼程序转换案件,程序转换率为11.00%。小额诉讼程序转换为简易程序及普通程序的案件数量分别为4694件与811件。课题组进一步梳理具有代表意义的14个基层法院的程序转换详情发现,涉及小额诉讼程序转换的案件合计4137件,其中包括3437件小额诉讼程序转换为简易程序的案件、67件小额诉讼程序转换为普通程序的案件以及633件简易程序转换为小额诉讼程序的案件。可见小额诉讼程序不仅在前端约定适用的达成上遭遇了瓶颈,在中端适用过程中亦遭受了相当程度的抵触。这点集中反映在程序转换的原因上。关于程序转换原因,课题组将4137件案件中存在明显逻辑矛盾①或者未注明程序转换原因的数据筛除之后,共保留2957件案件。其中,小额诉讼程序转简易程序(以下简称"小转简")的案件合计2356件,小额诉讼程序转普通程序(以下简称"小转普")的案件为49件,简易程序转小额诉讼程序(以下简称"简转小")的案件为552件。重点考察小额诉讼程序与简易程序互相转化的原因可以发现,"小转简"的原因当中,当事人对小额诉讼程序提出异议且成立的情况出现次数最多,对应案件数量占到了"小转简"案件总数的58.32%(详见表2-8)。课题组访谈获知,这些原因多为当事人或法官"就简易不就小额"的借口。首先,根据《民诉分流实施办法》第11条的规定,程序转换原因成立与否具有较强主观性。例如,该条第1款规定,当事人认为案件不符合小额诉讼程序适用的基本条件,比如争议较大时,可以提出异议。若法院认为异议成立,则可转换为简易程序审理。这一条款指明了当事人寻求程序救济的渠道,但事实上,我们有理由相信法院在判断小额诉讼程序适用条件上的专业性,尽管个别法官判断上的失误以及当事人一方下落不明等客观因素的出现也会导致程序转换,但"当事人对小额诉讼程序提出异议且异议成立"的原因出现频次过高,以至于课题组不得不怀疑此为当事人追求上诉权或法院躲避信访风险的途径。

---

① 例如,将小额诉讼程序转换为简易程序的原因填写为"初定程序后发现属于法定适用小额诉讼的情形"。

表 2－8　2020 年 X 市 14 个基层法院 2957 件涉及小额诉讼程序转换的案件情况

小额诉讼程序转换原因	"小转简"		"简转小"		"小转普"	
	案件数量/件	占 2356 件"小转简"案件总数的比重/%	案件数量/件	占 552 件"简转小"案件总数的比重/%	案件数量/件	占 49 件"小转普"案件总数的比重/%
当事人对小额诉讼程序提出异议且成立	1374	58.32	0	0	6	12.24
当事人增加或变更诉讼请求致条件发生变化	1282	54.41	1	0.18	7	14.29
当事人提出反诉	27	1.15	0	0	0	0
需要鉴定、评估、审计	11	0.47	0	0	1	2.04
初定程序后发现属于法定适用小额诉讼的情形	0	0	547	99.09	0	0
审理中发现案情疑难复杂或其他情形	853	36.21	0	0	41	83.67
标的额 5 万元以上、10 万元以下，简易程序立案后，双方约定适用小额程序	0	0	4	0.72	0	0

就法官而言，"就繁不就简"的情况同样较为常见。

首先，法官群体普遍存在"就简易程序不就小额诉讼程序"的心理。接受课题组访问的法官当中，不乏法官认为在当事人不满裁判结果却又无法上诉的情况下，小额诉讼程序不仅没有减轻办案负担，反而增加了法官在处理信访事务等方面的工作量，相较之下，简易程序往往更受"欢迎"。有法官直言，实践中的小额诉讼程序与简易程序具有同样的审理程序。小额诉讼减少的仅有上诉法院的负担，矛盾仍聚集在基层法院。此外，与简易程序相比，小额诉讼程序审理期限较短。在办案压力的驱使下，法官会尽可能地适用简易程序办理案件。另外，有法官认为，相对于小额诉讼程序，简易或普通程序可以适当降低当事人对程序简化的不满。总的来说,适用小额诉讼程序审理案件并未给基层法官带来明显的好处与便利。囿于上级法院对小额诉讼程序适用的考核要求,他们不得不办理一定数量的小额诉讼案件,不得不克服适用小额诉讼程序所带来的系列副作用。

其次,法官在程序转换过程中的话语权较大,能够通过程序转换缓解小额诉讼程序的适用压力。一方面,程序转换的批准主体绝大多数是承办法官。在上述2356件小额诉讼程序转换为简易程序的案件中,除去6件未标记程序转换决定主体的案件外,有1918件案件的程序转换主体为承办法官,占到"小转简"案件总数的80.00%以上。[①] 换言之,承办法官在案件转换过程中的自由裁量权极大。此种情况下,若小额诉讼程序运行不畅,无论是基于当事人的考量,或是基于法官个人的考量,在重重压力下,法官极有可能通过程序转换寻求"救济"。简而言之,程序转换为法官规避适用小额诉讼程序提供了可能。另一方面,程序转换原因一定程度上证实了法官"就繁不就简"的行为与心态。其一,在"小转简"以及"小转普"的情形当中,当事人对小额诉讼程序提出异议且成立、当事人增加或变更诉讼请求导致小额诉讼适用条件发生变化以及审理过程中发现案情疑难复杂或其他情形是绝大多数案件转换程序的主要原因,这些原因大多具有较强主观性。整体来看,因客观原因致使小额诉讼程序不得不转为其他程序审理的案件数量相对较少。课题组访谈发现,上述主观原因极易成为法官逃避适用小额诉讼程序的托词,为法官"就繁不就简"提供了较大的操作空间。其二,在552件简易程序转为小额诉讼程序的案件中,程序转换的主要原因表现为办案人员在案件初定为简易程序后,发现案件事实上属于法定适用小额诉讼程序的情形。涉及此类转换原因的案件数量占到"简转小"案件总数的99.00%以上。在"简转小"的552件案件当中,由法官自行决定程序转换的案件数量为526件,占比为95.29%。[②] 质言之,司法实践中存在相当数量的原本应当强制适用小额诉讼程序的案件在程序确定之初并未采取小额诉讼程序审理。这一现象的出现

① 2350件载明了小额诉讼程序转换为简易程序的决定主体的案件当中,有222件案件的程序转换决定主体为院长,196件案件的程序转换决定主体为庭长,14件案件的程序转换决定主体为团队负责人,占"小转简"案件总数的比重分别为9.42%、8.32%和0.59%。

② 552件"简转小"案件中,未载明程序转换决定主体的案件为4件,占比0.72%;由庭长决定程序转换的案件为14件,占比2.54%;由院长决定程序转换的案件有7件,占比1.27%;由团队负责人决定程序转换的案件有1件,占比0.18%。

要么在繁简分流时办案人员未发现此类案件属于法定适用小额诉讼程序的情形,要么在相关主体在分流之初便无意适用小额诉讼程序,而后承办法官将其强制适用小额诉讼程序。结合访谈内容可知,前者在法院有意提高小额诉讼程序适用率的试点期间较为少见,后者存在的可能性更大。

最后,小额诉讼程序自身简化方面的"就繁不就简"行为较为常见。《民诉分流实施办法》明确规定小额诉讼程序可以比照简易程序适当简化,相关裁判文书亦是如此。关于程序适当简化,各基层法院均有努力,且尽其所能地采取了简化措施,并取得了较好的正向效果。接受课题组访谈的部分法官助理也认为小额诉讼审判程序的简化以及裁判文书的简化确实能够帮助其减轻辅助性事项上的工作量。但在某些程序的简化选择上,法官仍倾向于选择相对复杂的程序。譬如,包括《民诉分流实施办法》在内的多份规范性文件均鼓励办案法官当庭宣判,然而,尽管 X 市个别基层法院的当庭宣判率达到了 70.00% 左右,但当庭宣判的整体实践效果并不理想。不同法官对于当庭宣判的态度不一,在 F 区法院,可能有一半左右的法官不愿意当庭宣判;其余法官可能会就特定的案件类型选择当庭宣判。课题组进一步访谈某基层法院的法官助理获知,其所在法院当庭宣判的案件数量较少。[①] 原因在于,法官承办的案件数量较多,庭审过程中没有办法过于仔细地审查案件内容,为避免当庭宣判过于仓促,造成诸如利息计算不当等错误,办案人员一般会择期宣判。又如,当前简式文书适用率不断攀升,但实践中关于"简不简""如何简"等问题并未形成统一认识,因而相当数量的法官不愿也不敢适用简式文书。前文提到,部分法院主要采取的简式文书样式由 X 市中级人民法院发布。但 X 市中级人民法院并非小额诉讼程序的直接适用者,其所制定的简式文书模板是否真的契合实践?其边界设定是否合理?基层法院简式文书适用情况基本给出了这些问题的答案。在 A 区法院,简化文书适用情况与法官治理水平存在一定关联。该院相对年轻的法官适用简式文书的意愿并不强烈,其态度更为审慎,而部分资深法官可能更愿意适用简式文书;在 M 区法院,文书简化与否取决于法官个人;而在 R 市法院,其所适用的简式裁判文书样式相对集中于传统式与要素式。因中国裁判文书网不支持表格式文书,R 市法院遂较少适用此类文

① 该院当庭宣判的案件主要表现为简单公告案件,以及部分法律关系非常明确、证据非常简单且为当事人双方认可的案件,但这些案件数量很少。

书。接受课题组访谈的法官助理亦表示,尽管表格式裁判文书便于法官适用,但当事人会因表格式裁判文书过于简单而对其公信力产生怀疑。整体而言,R市法院认为通过简化文书来提高效率作用不大,过于简化反而不利于说理和表明事实。X市中级人民法院提供的简式文书模板对群体性、类型化案件可以起到一定作用,但对有争议的案件意义不大。因而未强制办案法官适用简式文书,法官享有一定的个性发挥空间。鉴于此,仍有一定数量的办案人员宁愿选择适用相对复杂的裁判文书。另外,亦有法官在其他程序的简化上摇摆不定,也会为了预防再审而尽可能地将各项程序饱满化。在有效救济措施缺失的境遇下,部分法官对小额诉讼程序应简化到何种程度把握不准,因而会"保守"地选择相对复杂的程序,以确保万无一失。

(四)过于追求效率,诱发司法逻辑异化及再审等风险

改革过程中,法院系统主要通过程序适用率的提高以及审判迅速化来实现司法效率目标。然而,因法院过于主导推进程序适用以及审判迅速化,当事人的合理诉求受到了某种程度上的忽视。这一现象加剧了基层法院、承办法官与当事人之间的矛盾与冲突,不仅造成既往存在的问题无法解决,甚至加剧了问题的复杂性,给法院招致了司法逻辑异化风险以及再审、信访风险。

首先,就X市两级法院而言,法院主导推进程序适用大致有以下三类表现。

其一,通过办案规则设定较高的程序适用率目标。譬如,《X市小额及简易程序实施方案》明确要求,5万元以内法律未明确表示不可适用小额诉讼的金钱给付案件均以小额诉讼程序立案。各基层法院小额诉讼程序适用率不应低于20%,有条件者可制定更高的适用目标。① 据观察,X市基层法院为达至适用率目标,普遍采取了中级人民法院要求的刚性适用办法,个别法院甚至将程序适用率目标定为35.00%以上。② 如此操作极易造成部分标的额虽小但争议较大的案件流入小额诉讼程序,加剧程序转换进而影响办案效率。但事实上,程序转换过度又将导致考核不过关。为更好、更快地实现小额诉

① 该方案规定,严格按照最高人民法院改革试点要求,对诉讼标的额5万元以下,且不属于明确不适用小额诉讼的金钱给付类案件,直接适用小额诉讼程序立案,并在审判流程管理系统中按照统一模式标注"小额"。依托信息化技术,对于符合小额诉讼适用条件案件应立尽立,以刚性立案标准解决"能用而不用"的问题,明确各试点基层法院小额诉讼适用比例不应低于受理民商事案件总量的20%,有条件的基层法院可制定更高的适用比例。

② 参见P市人民法院《小额诉讼立审执一体化运行方案》。

讼程序适用的预期目标,X市两级法院设置了细致、严格的考核规则。基于考核要求,基层法院不得不审结一定数量的小额诉讼案件,且需将程序转换率控制在一定范围内。在程序转换被明确限制的基础之上,承办法官或要面临考核上的不过关,或面临再审、信访等风险。

其二,采取"默认"做法提高小额诉讼程序约定适用率。从《X市小额诉讼实施细则》可以看出,X市中级人民法院对于标的额位于5万~10万元的简单金钱给付案件基本默认其应当适用小额诉讼程序审理,除非当事人提出异议。[①] 部分基层法院在落实X市中级人民法院这一要求的过程中,更加突出了法院在当事人约定适用中的主导地位。如A区法院在其2020年11月印发的《构建小额诉讼"辅分保调　立审执监"绿色通道操作指引》中规定,对于诉前调解过程中5万~10万元的案件,当事人在收到调解人员向其送达的确认书后三天之内未提交书面异议的,视为当事人同意适用小额诉讼程序审理;对于立案分流过程中的案件,符合基本适用条件的一般均以小额诉讼程序立案;对标的额在5万~10万元的金钱给付案件以及简单知识产权案件,除非原告立案时明确表示不同意适用小额诉讼程序审理,否则均以小额诉讼程序立案,并向当事人送达《约定适用小额诉讼程序确认书》以及《小额诉讼程序告知书》。这些有关约定适用的条文无不凸显了法院在小额诉讼程序适用中的主导地位。[②] 尽管X市基层法院约定适用小额诉讼程序的案件数量及适用比例远未达到较为理想的程度,但其做法实难突出当事人在程序选择上的主体地位。甚至,以上规定不难让人产生怀疑,部分约定适用案件中的当事人对其拥有的程序选择权可能毫不知情。既然名为"当事人双方约定适用",便不能过度引申为"法院引导当事人约定适用"。法院默认当事人同意适用小额诉讼程序的做法,极易招致程序转换、再审以及信访风险,减损民众对于司法的信任。甚至有办案人员直言,若非法

---

① 详见《X市小额诉讼实施细则》第7条第2款:标的额在5万元以上、10万元以下的简单金钱给付案件,当事人未提出异议的,一般应当适用小额诉讼程序;当事人双方约定适用的,应当适用小额诉讼程序。

② 类似情形也出现在R市法院中,其在该院小额诉讼程序实施细则中规定,对于标的额处于5万~10万元的简单金钱给付案件,应向当事人出具《小额诉讼程序告知书》,当事人未提出异议的,一般应当适用小额诉讼程序。P市法院《小额诉讼程序选择适用反向引导办法》中亦规定,当事人对小额诉讼程序的应用既不表示同意也不表示反对的,视为其同意运用这一程序审理。该办法的第3条规定,经充分告知当事人小额诉讼权利义务并征询当事人意见后,当事人既不肯定也不否定,而是默认并配合适用小额诉讼程序审理的,视为其同意适用小额诉讼程序审理。

院引导，当事人基本上不会愿意适用小额诉讼程序。这一现象恰好表明公众并不信任小额诉讼程序，法院系统应当反思其背后的深层原因。

其三，借由法定适用实现程序适用率目标。在适用率目标的触及方面，法定适用小额诉讼程序起到了决定性作用。在有选择权的情况下，当事人很少主动适用小额诉讼程序。若非法院强制适用，同等条件下，可适用小额诉讼程序的案件往往会通过简易程序审理。① 实证研究发现，小额诉讼案件当中，法院强制适用小额诉讼程序的案件数量占据了小额诉讼案件的绝大多数。尽管当事人合意适用小额诉讼程序的情形较改革前已更为多见，部分基层法院也突破了零约定适用的大关，但约定适用的境遇仍有待改善。梳理X市13个基层法院的小额诉讼案件信息可以发现，改革前的2019年，除I区法院以外，有12个法院法定适用小额诉讼程序的案件数量为约定适用小额诉讼程序案件数量的10倍以上。B区、L区等6个基层法院分别具有一定数量的法定适用小额诉讼案件，但约定适用的案件数量均为0，课题组遂将相关比值以“100”代替。改革过程中，约定适用的情形有所好转，除少数法院之外，法定适用案件数量与约定适用案件数量的比值基本呈大幅下降趋势，改革前相关案件数量为0的法院也都实现了“零的突破”。然而，约定适用的情形较法定适用而言仍不容乐观。例如，在2020年，法定适用案件数量是约定适用案件数量10倍以上的法院有9个，S县法院与Q市法院法定适用案件数量与约定适用案件数量的比值较2019年不降反增，且分别高达88.17与78.89（详见表2-9）。3个不同圈层的典型法院当中，A区法院法定适用小额诉讼程序的案件数量为4066件，约定适用的案件数量为397件，前后两者的比值为10.24；L区法院法定适用小额诉讼程序的案件数量为1899件，约定适用的案件数量为71件，两者比值为26.75；R市法院法定适用小额诉讼程序的案件数量为948件，约定适用的案

---

① 2020年，X市法院简易程序适用率为63.55%，小额诉讼程序适用率为20.71%。改革前两者的对比更为明显，2019年，X市法院简易程序适用率为68.64%，小额诉讼程序适用率为6.28%。这一数据可在某种程度上体现出相关人员在简易程序与小额诉讼程序适用上的偏好。现有数据很难直观反映出原本可适用小额诉讼程序的案件究竟是多少，各法院办案系统也未包含相关统计指标，因此无法计算出可适用小额诉讼程序的案件中分别有多少适用了小额诉讼程序审理，又有多少适用了简易程序审理。鉴于此，本部分的分析仅针对通过小额诉讼程序审结的案件，这类案件经由法院审理确属“事实清楚、权利义务关系明确、争议不大的简单金钱给付类案件”，分析其中约定适用的案件情况也能从侧面反映出相关人员对小额诉讼程序的态度。

件数量为71件，两者比值为13.35。此外，进一步梳理可以发现，在约定适用的案件当中，仅有47.08%的案件标的额处于5万元以上，余下52.92%的案件标的额均在5万元以下。换言之，现有约定适用的案件当中，有过半数的案件可强制适用小额诉讼程序。这一数据虽体现了法院对于5万元以下标的额案件当事人合意的尊重，但也表明5万～10万元约定适用的情况不容乐观。此外，比较2020年与2021年X市13个基层法院法定适用小额诉讼程序案件数量与约定适用小额诉讼程序案件数量的比值可以发现，[①]2021年，这一比值高于2020年的法院数量有8个，且该比值大于250的法院有3个。整体而言，法院强制当事人适用小额诉讼程序仍为主流，当事人主动合意适用小额诉讼程序的情形相对“小众”。法院主要凭借法定适用实现小额诉讼程序适用率目标（见表2－9）。

表2－9　2019～2021年X市13个基层法院法定适用小额诉讼程序与约定适用小额诉讼程序案件数量的比值

法院		2019年比值	2020年比值	2021年比值
一圈层	A区法院	25.68	10.24	16.87
	B区法院	100	9.80	19.49
二圈层	L区法院	100	26.75	262.73
	J区法院	41.76	24.23	57.07
	I区法院	9.68	5.13	7.73
三圈层	N市法院	100	28.84	27.14
	O市法院	100	41.39	366.25
	P市法院	24.75	6.08	4.65
	R市法院	100	13.35	6.00
	Q市法院	39.33	78.89	35.90
	S县法院	15.5	88.17	472.80
	T区法院	100	18.85	35.28
	V县法院	42.67	7.98	6.69

① 因无法获取G区法院2021年法定适用与约定适用小额诉讼程序的案件数量，此处仅分析了X市13个代表性基层法院。

其次,法院过于推进审判迅速化的情形主要表现为程序简化的督促以及审理期限的控制。

一方面,X 市基层法院在督促办案人员程序简化上下足了功夫。例如,A 区法院规定,小额诉讼案件的举证期与答辩期合并计算,一般情况下均为 5 天,较《民诉分流实施办法》规定的期限各缩短了 2 天。R 市法院规定,适用小额诉讼程序的案件答辩期与举证期一般为 3 天,最长不得超过 7 天,一般情况下的期限较《民诉分流实施办法》缩短了 4 天。P 市法院通过《小额诉讼程序便民诉讼十条规定》督促办案人员尽早完成小额诉讼案件的立案及审理。该规定载明,对于当事人在场却无法达成调解协议的案件,由引导专员引导当事人适用小额诉讼程序,并启动快速立案、立即开庭等程序,当事人等待开庭的时间一般不超过 30 分钟;通常情况下,小额诉讼案件应在 30 分钟内结束庭审并当庭裁判;闭庭后,当事人可在 20 分钟内获取相关文书;等等。

另一方面,为进一步达到审限缩短的效果,X 市中级人民法院对各基层法院小额诉讼的审理期限作了较为严格的限制。《民诉分流实施办法》采取的是“2 + 1”的期限设置:一般情况下小额诉讼应在两月内审结;特殊情况下可延长至 3 个月。《X 市小额诉讼实施细则》采取的则是“1 + 1”模式,一般情况下小额诉讼案件应在 1 个月内审结,有特殊情况的,可延长至 2 个月。换言之,X 市中级人民法院关于审限的规定较最高人民法院的相关规定缩短了 1 个月。具体到操作过程中,各基层法院也有其应对方案,如 A 区法院规定小额诉讼案件原则上应在 30 天内审结,超过 30 天的,由庭长或部门负责人督办;R 市法院规定,小额诉讼案件应在 1 个月内审结,特殊情况下需要延长 1 个月的,须经院长批准。这两个法院通过领导审批的方式尽可能地督促办案人员缩短审限。P 市法院为追求较高审判效率,将案件平均审理期限的目标设定为 25 天以内,事实上该院审理期限的确一直保持在较短水平,2020 ~ 2021 年,其小额诉讼案件平均审理期限仅为 12.90 天。

这种对于超短审限的追求隐藏着令人担忧的现象:各基层法院通过多样化的统计排名使得办案审限受到了实质化的监控,现有审判管理模式亦促成了审限的竞争样态,提高法院、司法人员在相关指标上的排名以获得认可已成风气。司法逻辑在改革浪潮中逐渐异化为行政逻辑。[①]

事实上,基层法官对于小额诉讼程序的适用主要并非出于节约司法资源的考量,而是考核压力驱使下的行为。调研时,受访法官无不对小额诉讼程序适用率、案件平均审理期限等考核指标持消极态度。个别法官表示,基层法院面临多项考核内容,其所在法院每年年初都要研究哪些指标需要放弃、哪些指标需要"誓死捍卫"。这样做并非法院故意逃避责任,而是在考核重压之下不得已而为之。有法官直言,在此次小额诉讼程序改革过程当中,法院权力本位过于突出,相关数据系考核压制的结果,并非程序自然演进的结果;也有法官认为,尽管小额诉讼程序确实能够帮助基层法院减轻不少负担,但相关考核制度的存在会阻碍法官对于程序的运用。质言之,异化后的司法逻辑无疑背离了小额诉讼程序改革的初衷。

最后,在法院主导推进程序适用以及审判迅速化的情况之下,X市法院小额诉讼案件的再审申请数量不容乐观,信访问题突出。某基层法院法官接受课题组访谈时直言,小额诉讼程序转换能够为当事人争取更多的程序性权利,某种程度上可以化解一定的再审、信访风险,但也会带来相应考核分数的扣除,致使法官不敢进行程序转换。该法官认为,正常情况下50.00%左右的程序转换率才算合理。适用率与程序转换方面的考核压力使得其不得不"一刀切"地适用小额诉讼程序审理案件,这样又会导致小额诉讼程序不仅没有化解诉诸法院的原有纠纷,反而诱发了大量矛盾。在根深蒂固的两审终审理念下,可能有一半以上的当事人想要申请再审。2021年,该法官承办的案件当中,有约10起案件的当事人申请再审,这一数量虽较法院小额诉讼案件总数而言小得多,但在再审申请层面已不容乐观。从全市范围来看,小额诉讼案件申请再审数占小额诉讼案件总数的比重逐年增加的情形一定程度上反映出了救济措施适用不佳的困境。2019年,X市所有基层法院小额诉讼案件申请再审的数量仅有9件,占小额诉讼程序审结案件数的0.07%。改革过程中的2020年,申请再审的案件数为65件,占比0.15%;2021年,申请再审的案件数为408件,占比0.55%。此外,再审申请往往容易诱发信访事件,信访又将耗费承办人员大量时间进行判后释疑

① 参见郑涛:《民事审限之"双高"悖论及其司法化构建》,载《法制与社会发展》2021年第5期。

等诸项工作。[①] 另一基层法院的法官也表示，信访的压力会促使其不得不将本来可适用小额诉讼程序的案件转换为其他程序。即便小额诉讼信访案件在事实与法律上均不存在问题，也会使办案人员在材料填写、回访等问题上花费大量时间与精力，影响其他案件的审理。X市其他基层法院的法官也表达了类似的看法。他们认为，小额诉讼程序的推广适用导致当事人申请再审的案件数量显著增加。有法官表示，扩大适用小额诉讼程序的做法使得其所在法院申请再审的案件数量同比增加了400.00%。尽管经过前端化解和审查过滤，申请再审的案件真正能够进入再审程序的并不多，但也招致了较大的再审风险与信访风险。此外，承办法官无不表现出对信访案件的惧怕。受访法官表示，一旦案件涉及信访，无论当事人是否在理、是否有证据，承办法官均需出具各种相关情况说明及有关材料。除此之外，承办法官还可能面临当事人的干扰甚至威胁。为防止当事人做出更为极端的反应，办案人员只能将相关处理事项做足、做细到极致。[②] 这就必然导致办案人员工作量的增加。也有法官认为，小额诉讼的救济途径中，再审比信访更让法院难办。小额诉讼的本意在于节约司法资源，但再审救济渠道比二审上诉更加浪费司法资源。从本质上来说，小额诉讼程序适用节约了大量的二审司法资源，但并未节省基层法院的司法资源。相反，基层法院耗费了加倍的司法资源。

概言之，X市基层法院较高的小额诉讼程序适用率、较低的程序转换率以及较短的审限等内容均为X市两级法院强力推进的结果。这一“成绩”取得的同时也给法院带来了司法逻辑异化以及再审、信访等负面影响，如何有效化解这些负面影响成为当下亟待解决的问题。

---

① 这些信访案件中，不乏案件标的额较小但争议较大、矛盾突出的案件。例如，在受访法官办理的一起案件中，当事人双方因旅馆住宿问题发生轻微抓扯，涉及300元的赔偿。尽管标的额较小，但其中一方当事人就小额诉讼程序适用事宜闹得不可开交，认为法官对其不重视，过分追求速度，不尊重当事人。法院审查当事人的申诉时，接待、释疑了一下午。该当事人仍就分摊比例存在较大异议，不同意法院判处其承担30%的赔偿款，即90元。认为承担10%～20%均可，无法接受30%的比例。再审申请被驳回后，该当事人不停地信访，给法官带来极大困扰。

② 在当事人闹判、法院须对判决进行释疑的情况下，办案人员会采取全程同步录音录像的方式记录释疑过程，以防当事人“赖账”。对于办案人员释疑程序的告知以及相关文字笔录的梳理，当事人亦需要签字确认。若当事人不理解相关内容，办案人员会逐字逐句通俗化释明。当事人来一次他们会接待一次，并且还会慢慢地、耐心地解释所有问题。当事人每次来法院的问题都一样，办案人员的解答也一样。尽管如此，有的当事人仍会反复到法院“寻求公道”，办案人员亦需反复答疑，造成诉讼资源的极大浪费。办案人员无不坦言其已做到释疑工作的极致，尚无其他更好的办法来应对当事人带来的信访风险。

（五）缺乏恰当救济措施，权利保障阙如

一审终审一直以来都是小额诉讼程序不受当事人与基层法官欢迎的主要原因之一，甚至可以说是最为关键的原因。与此同时，在《民诉分流实施办法》与立法规定部分案件应强制适用小额诉讼程序的情况下，当事人与基层法官恐怕更难接受这一程序带来的法律后果。较约定适用而言，法院强制适用小额诉讼程序更易导致当事人出现不满情绪。因此，如何疏导当事人的不满情绪、赋予当事人恰当的救济措施成了小额诉讼程序推广的关键一环。小额诉讼程序经立法确立以来，相关救济措施主要表现为再审、信访与合理异议请求下的程序转换。与再审、信访相比，程序转换相对经济、便利，是当事人寻求小额诉讼程序救济的首要选择。① 然而，在国家层面，现有异议规则虽较以前有所完善，但仍相当含糊。如何恰当地告知当事人的异议提出权、当事人如何提出异议、法院如何审查异议等均缺乏明确规定。法院是否决定程序转换亦具有较强主观性。且改革期间的考核制度要求法院严格控制小额诉讼程序转换率，无疑削弱了当事人获得程序保障的权利。具体到司法实践中，当事人程序异议权保障不足的表现有以下三方面。

首先，异议规则缺乏合理设计。《民诉分流实施办法》赋予了当事人关于程序适用的异议权，规定当事人认为案件不符合相关小额诉讼程序适用条件时，可以向法院提出异议。但《民诉分流实施办法》并未阐明当事人应当如何提出异议，也未解释异议的审查过程以及次数限制，等等。其一，关于异议提出时间，2015 年与 2020 年《民诉法解释》将其规定在“开庭前”，《X 市小额诉讼实施细则》亦然。随即，《X 市小额及简易程序实施方案》指出，各试点基层法院可在综合考量下合理敲定异议提出时限，并在程序告知书中予以明确。因此，各基层法院制定的小额诉讼程序实施方案中关于程序异议的规定不尽相同。有的法院规定当事人既可在开庭前提出程序异议，也可当庭提出；②有

① 当事人对小额诉讼程序提出异议的案件数量与小额诉讼案件再审申请数、涉及小额诉讼程序的信访案件数量上的对比某程度上即可证明这点。以 2020 年 14 个代表性基层法院为例，如表 2－3 所示，当事人对小额诉讼程序提出异议且异议成立的案件数量便有 1380 件，从逻辑上即可推知，当事人对小额诉讼程序提出异议的案件数量无疑高于 1380 件。与此同时，小额诉讼案件再审申请数仅有 33 件。当事人对小额诉讼程序提出异议的案件数量是小额诉讼案件再审申请数的 41 倍有余。而经课题组访谈，X 市基层法院涉及小额诉讼的信访案件数量往往较再审申请少，因此通过异议渠道申请程序转换的案件数量也远大于信访案件数量。

② 参见《X 市 B 区人民法院适用小额诉讼程序审理实施细则（试行）》（以下简称《X 市 B 区小额诉讼实施细则》）第 16 条规定：“当事人提出适用小额诉讼程序异议的，应当在开庭前书面提出或当庭口头提出。”

的法院规定异议应当在开庭前提出。① 虽然 2022 年《民诉法解释》依旧明确地将当事人程序异议的提出时间规定为“开庭前”，但这种实践中的非一致性加剧了异议权被滥用的风险。此外，包括《X 市小额诉讼实施细则》在内的规则规定当事人的异议必须在开庭前提出，逾期将不予审查。若当事人在开庭之后才发现案件不应适用小额诉讼程序审理，便无法通过异议渠道实现程序转换，这无疑限制了当事人异议提出的可能性。其二，关于当事人异议的提出方式，《民诉分流实施办法》、2015 年与 2020 年《民诉法解释》以及《X 市小额诉讼实施细则》均未作出规定。《X 市小额及简易程序实施方案》明确指出，当事人应以书面形式阐述异议理由。而具体到基层法院相关实施办法，有的法院规定当事人既可以采取书面方式提出异议，也可以采取口头形式提出异议；有的法院规定仅可采取书面形式；有的法院未说明应采取何种形式。② 2021 年《民诉法草案》、2021 年《民事诉讼法》与 2022 年《民诉法解释》同样未回应实务部门关于异议提出方式的差异。在小额诉讼案件中，必然有部分当事人无法凭借个人能力作出恰当的书面表达。书面化的要求进一步阻隔了当事人提出异议的可能。其三，关于当事人异议的审查过程，《民诉分流实施办法》未着过多笔墨介绍；2015 年与 2020 年《民诉法解释》介绍了异议成立与否的法律后果，但仅将异议审查主体设定为“人民法院”，具体审查人员未作解释；《X 市小额诉讼实施细则》则将程序异议的审查主体进一步解释为案件承办法官，就异议处理的后果、当事人不服异议的情况也给出了较为详细的说明；③各基层法院同样未就异议审查过程作出一致规定。部分法院沿袭了《X 市小额诉讼实施细则》的相关规定；④部分法院明确了异议审查的具体主体、审查期限以及审查后果，但未规定当事人不服异议处理结果的

① 参见《X 市 L 区人民法院适用小额诉讼程序审理案件实施细则(试行)》(以下简称《X 市 L 区小额诉讼实施细则》)第 16 条规定：“当事人对适用小额诉讼程序有异议的，应当在开庭前书面提出。逾期提出的，不予审查。”

② 参见《R 市人民法院民事诉讼繁简分流改革试点完善小额诉讼程序审理案件实施细则(试行)》(以下简称《R 市小额诉讼实施细则》)第 26 条规定：“当事人认为案件不符合本实施细则第十三条、第十四条关于小额诉讼程序适用条件的规定，应当在开庭前提出。逾期提出的，不予审查。”

③ 参见《X 市小额诉讼实施细则》第 28 条、第 29 条。第 28 条规定，当事人对适用小额诉讼程序提出异议的，承办法官应进行审查，异议成立的，裁定转为简易程序或普通程序审理；异议不成立的，告知当事人并记入笔录，电话告知的应当制作工作笔录并保存录音。第 29 条规定，当事人收到程序异议处理结果或程序转换裁定后，原告拒不到庭、中途退庭的，按撤诉处理；被告拒不到庭、中途退庭的，按缺席审判处理。

④ 参见《R 市小额诉讼实施细则》第 34 条、第 35 条。

后续内容;[①]部分法院与《X市小额诉讼实施细则》的相关内容类似,但未阐明异议审查主体[②]……概言之,现有异议规则的设计理念尚未统一,也无涉异议提出次数等内容。在异议规则缺乏完整性、统一性的背景之下,当事人对异议权的行使缺乏有效约束,异议权某种程度上可能遭遇滥用的风险。此外,现有规范未对法院审查异议流程作出有效规制,法院也可以基于多重考量滥用异议机制。

其次,程序转换过程模糊处理。综观现有程序转换规程,人们不难产生以下疑问。其一,程序转换是否应当经过审批?应当经由谁审批?《民诉分流实施办法》与2015年、2020年《民诉法解释》均未就此作出说明。X市中级人民法院制定的规范性文件要求"小转普"裁定作出前应当履行审批手续,但未阐明审批主体。依据现有规定,"小转简"似乎无须经过审批。具体到X市各基层法院,有的法院未言明程序转换是否应当经过审批;有的法院规定了"小转简"和"小转普"都应当经过审批,但相关审批人员不尽相同,或为庭长,或为分管院长,或为部门负责人,或为小额诉讼中心负责人,等等。2021年《民事诉讼法》与2022年《民诉法解释》未就实践中的差异予以回应。审批规则的模糊性某种程度上导致了审批流程的虚化以及程序转换的随意性。其二,程序转换后谁来审理?原承办法官能否继续参加后续审理活动?《民诉分流实施办法》与2015年、2020年《民诉法解释》同样未就此作出说明。X市中级人民法院规定小额诉讼程序转换为其他程序后,应当按照相应程序继续审理。部分基层法院作出了同样的规定;个别法院明确指出,部分程序转换的案件由原承办法官继续审理。[③] 换言之,关于程序转换后审理主体等内容的法律规定基本处于空白状态。其三,现有规范表明了小额程序转换之前当事人双方业已确认的事实可不再举证、质证,那么程序转换前的诉讼行为是否依然有效?X市中级人民法院认为相关行为对当事人双方仍具约束力,[④]但整体而言,《民诉分流实施办法》及其他具有普遍指导意义的规范性文件尚未对转换后的程序衔接工作作出体系化的规定。此外,关

① 参见《X市B区小额诉讼实施细则》。

② 参见《X市L区小额诉讼实施细则》第17条、第18条。

③ 参见P市法院《小额诉讼程序流转实施办法》第5条、第7条。

④ 参见《X市小额诉讼实施细则》第30条规定:"小额诉讼程序转为简易程序或普通程序后,按照相应程序继续审理。程序转换前,双方当事人已确认的事实,可以不再举证、质证;已实施的诉讼行为仍具有约束力。"

于小额诉讼程序转换为简易程序后，何种情况下可以继续转为普通程序？简易程序转换为小额诉讼程序的情形有哪些、应当如何处理？《民诉分流实施办法》与2015年、2020年《民诉法解释》并未给出明确答案。就X市两级法院而言，个别基层法院敢于创新，结合既有规定阐释了“确有必要”的含义、列明了6类可继续转换程序的具体情形，且规定相关情形须经分管院领导审批；[①]少数基层法院的规范性文件详细介绍了简易程序转换为小额诉讼程序的条件和具体流程。[②] 但以上做法仅为个例，尚未在市域范围内普及。尽管最高人民法院2020年4月15日发布的《民事诉讼程序繁简分流改革试点问答口径（一）》（以下简称《民诉分流问答口径（一）》）解答了部分疑问，[③]但改革结束之后，2021年《民事诉讼法》与2022年《民诉法解释》仍缺乏对相关问题的明确规定。可以说，制度设计者基本上模糊处理了程序转换过程，司法实践中形形色色的程序转换规定便是此种模糊处理的后果，也是小额诉讼程序面临适用难题的原因之一。

最后，程序转换比例严格受控。《X市小额及简易程序实施方案》要求基层法院严格控制转换比例。各基层法院也通过其认为可行的方式回应这一要求，且程序转换的主导权基本集中于法院本身。例如，P市法院在其2021年5月印发的有关程序流转的实施方案中规定，小额诉讼程序转换应遵循“严格转出、灵活转入”原则；当事人认为案件不应适用小额诉讼程序的，应在开庭前提出异议，由法院审查案件是否符合程序转换条件，而法官认为案件不应适用小额诉讼程序的，审理过程中均可启动程序转换。此外，各基层法院均将程序转换率纳为考核指标，程序转换的决定主体基本为承办法官个人，程序转换的原因也具有较强的主观性。因此，小额诉讼程序能否转换为其他程序，很大程度上取决于承办法官个人的想法，在程序转换率的考核控

---

① 参见《X市L区小额诉讼实施细则》第26条规定：“由小额诉讼程序转为简易程序审理的案件，一般不得再转为普通程序审理，但确有必要的除外，该情形须经分管院领导审批。转为普通程序审理的案件，除有回避情形外，原独任法官应继续参加案件的审理。‘确有必要’指的是案件审理过程中，出现以下情形必须适用普通程序且需组成合议庭审理的情形：（一）涉及国家利益、公共利益的；（二）涉及群体性纠纷，可能影响社会稳定的；（三）产生较大社会影响，人民群众广泛关注的；（四）新类型或者疑难复杂的；（五）与本院或上级人民法院已经生效的类案判决可能发生冲突的；（六）其他不宜采用独任制的案件。”

② 例如，P市法院《小额诉讼程序流转实施办法》。

③ 例如，《民诉分流问答口径（一）》释明了《民诉分流实施办法》第11条第2款规定的“确有必要”的内涵与具体情形；明确了简易程序可以转为小额诉讼程序的两种情形。

制下,当事人异议权的保障大打折扣。可以断言,若非程序转换被设置为基层法院考核指标之一,程序转换率将远远高于改革后的13.22%。[①]

四、完善小额诉讼程序进一步的建议

(一)正视程序功能与局限,彰显便捷保障实体权利的价值

1.繁简分流与权利保障均为程序功能应有之义

近年来,学者们关于我国小额诉讼程序功能的解读从未停歇。有学者认为,小额诉讼程序的作用在于推进案件繁简分流、缓解基层法院案多人少的困境;[②]有学者认为,小额诉讼的功能在于促使民众接近正义,而非繁简分流,该制度立足于当事人而非法院;[③]也有学者认为,小额诉讼的功能体现为通过一审终审化解上诉法院办案压力;[④]亦有学者表示,其功能名为促使民众接近正义,实为减轻法院办案压力。[⑤] 课题组认为,不应对小额诉讼程序的功能作出单一化的解读。从现有《民诉分流实施办法》以及早前《小额速裁指导意见》均可看出,小额诉讼程序的功能不仅体现为案多人少背景下的繁简分流,亦体现为当事人诉讼权利的有效保障以及当事人诉累的及时缓解。[⑥] 这些功能之间不存在孰轻孰重的比较,都是出于立法者与改革设计者在更高层次上

---

① 2020~2021年,X市小额诉讼程序转换案件数为18,406件,小额诉讼程序受理案件数为139,209件,程序转换率为前后两者的比值。

② 参见唐力、谷佳杰:《小额诉讼的实证分析》,载《国家检察官学院学报》2014年第2期;许尚豪:《小额诉讼:制度与程序——以新修改的我国〈民事诉讼法〉为对象》,载《政治与法律》2013年第10期。

③ 参见傅郁林:《小额诉讼与程序分类》,载《清华法学》2011年第3期;张海燕:《法院"案多人少"的应对困境及其出路——以民事案件为中心的分析》,载《山东大学学报(哲学社会科学版)》2018年第2期;肖锋:《小额诉讼程序的价值定位与制度分析》,载《法律适用》2011年第7期;肖建华、唐玉富:《小额诉讼制度建构的理性思考》,载《河北法学》2012年第8期;肖建国、刘东:《小额诉讼适用案件类型的思考》,载《法律适用》2015年第5期。

④ 参见潘庆林:《民事案件繁简分流制度的完善——基于对A省基层法院的调研》,载《法学杂志》2019年第9期。

⑤ 参见窦玉前:《论小额诉讼的启动》,载《学术交流》2014年第12期。

⑥ 参见安晨曦:《民事诉讼立法预期与运行效果的背离及修正——以〈民事诉讼法〉新制度实施状况为范例的分析》,载《现代法学》2015年第6期;刘敏:《论非讼法理在小额诉讼程序中的适用》,载《清华法学》2011年第3期;王亚新:《民事诉讼法修改中的程序分化》,载《中国法学》2011年第4期。

实现司法公正与效率相统一的考量。①

2. 正视小额诉讼程序实现效率价值之局限

尽管该轮小额诉讼程序改革取得了令人瞩目的成效,效率方面的独特优势也使小额诉讼程序备受改革倡导者的青睐。然而,实证研究发现,小额诉讼程序在效率价值的实现方面具有一定的局限性。一方面,小额诉讼程序的适用空间相对有限。如前文所述,改革过程中的小额诉讼程序适用率已然处于较高水平,且尽管适用领域的拓展颇有成效,小额诉讼程序仍然集中于某些特定的案件类型。另一方面,小额诉讼程序简化已至瓶颈期。该轮改革几乎穷尽了可行的程序简化措施,在当前"就繁不就简"等现象仍然突出的司法背景之下,小额诉讼程序简化业已大幅提高司法效率。此外,对程序适用以及审判迅速化的过度追求已然招致司法逻辑异化等风险,理论界对于小额诉讼程序效率化改革的批判亦不绝于耳。鉴于此,法院系统不宜继续通过制定更高的程序适用率目标、严控程序转换率方式等推进程序适用,或者通过压缩审限、制定不符合司法规律的考核规则达至程序简化的目标。未来改革进程中,效率价值的实现应建立在必要权利保障的基础之上。若需进一步提高司法效率,可从创新程序展开方式层面着手,如通过信息技术替代传统诉讼程序,等等。

3. 彰显小额诉讼程序保障当事人实体权利快捷实现的价值

从现实需求上来看,尽管当事人权利保护系小额诉讼程序功能的应有之义,但在"案多人少"的大背景下,小额诉讼程序"繁简分流"的功效被过分放大,以至于当事人相关权利保护未得到充分重视,且理论界对于程序价值完整实现的过度追求某种程度上遮掩了小额诉讼程序快速实现的当事人权利的效能。鉴于此,彰显小额诉讼程序保障当事人实体权利快捷实现的价值成为必要。如此既可推动小额诉讼程序规则的体系化、完善化,破除小额诉讼程序的功能误读,亦可促进当事人主动适用小额诉讼程序。

课题组认为,彰显小额诉讼程序保护当事人实体权利快捷实现功能的进路可从以下几方面探索:其一,办案人员在理念上应当要明确小额诉讼程序系当事人实体权利保护的"快捷键",并将其融入实际工作当中;其二,法院在

① 参见周强:《推进中国特色一站式多元纠纷解决机制建设》,载《人民日报》2022年3月3日,第6版。

引导当事人选择适用或者宣传小额诉讼程序的过程中,应当强调当事人对程序性权利的自由处分权,以及行使处分权后可以带来的实体层面的效益;其三,制度设计者应当配合以上功能理念的实现,特别是在小额诉讼程序转换机制中凸显当事人自由选择程序的权利。若当事人有关程序适用不当的异议成立,应及时启动便捷、灵活的程序转换与衔接机制。此外,任何一项程序都不可能尽善尽美,小额诉讼程序亦然,其功能及适用面相对有限,不应承载过多的期望,也不应被束缚在过短的审限内。只有正视小额诉讼程序的优缺点,不断完善繁简分流机制,促进小额诉讼程序与简易程序、普通程序以及速裁程序间的分工与衔接,小额诉讼程序才能更好地发挥其应有功能。

(二)重“争议不大”标准,合理弱化“标的额”标准

1.合理弱化“标的额”标准

在法院主导推进程序适用及审判迅速化的背景之下,“标的额”标准被过分突出,“争议不大”标准发挥的分流作用不大甚至可以说是没有。如此既可能导致“争议不大”等标准形同虚设,也可能诱发前述一系列顽固性问题。从“标的额”标准在司法实践中发挥的作用看来,其主要起到数额上的分流功效。对于案件“繁”与“简”的分流、程序适用率提升等方面的贡献很小。那么如何弱化“标的额”标准、突出“争议不大”标准的核心作用?整体而言,通过案件标的额确定案件是否适用小额诉讼程序并不恰当。① 但从实践需求看来,当前废除“标的额”标准不太现实。较为可行的方案是,在现有立法框架内采取“双层分流”模式筛选小额诉讼案件,逐步弱化“标的额”标准在繁简分流过程中的作用,进一步突出当事人争议在小额诉讼程序适用中的决定性地位,以保护当事人的合理诉权。

“双层分流”模式涉及立案阶段的初分流以及审判阶段的再分流两个阶段。具体而言,“双层分流”模式的“第一层”表现为,立案人员在立案阶段结合“标的额”标准及立法明确排除适用小额诉讼程序的条文筛选出形式上可能适用小额诉讼程序的金钱给付类案件,并将其以小额诉讼案件立案、移送至相应的审判庭。“标的额”标准在其中主要起形式分流作用,以确保标的额较大的民商事案件享有上诉权。“第二层”表现为,审判人员在审判过程中具

① 参见和芫、马峰:《小额诉讼与社会环境的关系研究——基于上世纪中叶美国的小额诉讼》,载《时代法学》2019年第4期。

体判断案件争议大小,并决定是否继续适用小额诉讼程序审理案件。若案件争议较大、不宜采取小额诉讼程序继续审理,则通过程序转换机制将其适用其他程序审理。结合当前智慧法院建设情况来看,“第一层”分流基本上可交由现代技术手段处理,立案人员主要在分流系统中起到维护与监督作用。因现有技术无法取代人类在经验判断上的绝对优势,“第二层”分流则需要审判人员结合具体案情具体分析以准确展开。司法实践中,已有部分法院根据“双层分流”模式筛选强制适用小额诉讼程序审理的案件。例如,在A区法院,课题组问及案件分流如何把握小额诉讼案件的判断标准时,该院法官指出,只要案件标的额在5万元以内,均在立案时被列为刚性适用案件。若在审理过程中发现案件有不应适用小额诉讼程序的情形,法官再进行程序转换。F区法院与之类似,受访法官表示,案件标的额在5万元以内的,法院视其为“争议不大”的案件;若当事人实际上存在较大争议,法院再将其排除在小额诉讼程序之外。也就是说,“争议不大”标准无法起到正向分流作用,但可起到反向排除效果。当然,“双层分流”机制有赖完善的当事人异议机制与程序转换机制。此外,如何尽量客观地判断“争议不大”,也需要制度层面给予回应。特别需要说明的是,结合司法规律来看,若需进一步弱化“标的额”标准、突出其形式上的分流作用,未来立法表述应作以下调整,即将小额诉讼程序适用的基本标准修改为“基层人民法院……审理标的额为……百分之五十以下,且事实清楚、权利义务关系明确、争议不大的简单金钱给付民事案件,适用小额诉讼的程序审理……”约定适用的条款亦应作类似处理,将“标的额”标准提至“清楚”标准与“争议不大”标准之前,表明“标的额”标准仅为最初级的筛选条件。

2. 明确“争议不大”判别依据

民事诉讼层面,争议对象主要体现为案件事实与法律关系,而法律关系基本上表现为权利义务关系。因此,小额诉讼程序适用标准中的“争议不大”实际上暗含了对事实与权利义务关系的评价。换言之,“争议不大”标准隐含了“清楚”标准。争议不大必然意味着案件事实清楚,权利义务关系明确。这点从2020年《民诉法解释》第256条的规定亦能看出。该条文规定,“争议不大”指的是“当事人对案件的是非、责任承担以及诉讼标的争执无原则分歧”。其中,当事人双方对案件是非没有原则性分歧的规定与“事实清楚”的内涵,即“当事人对争议事实的陈述基本一致”没有本质差别;当事人双方对责任承担没有原则性分歧的内容也与第256条描述的“权利关系明确”的内涵，即“能够明确区分谁是责任的承担者，谁是权利的享有者”在本质上一致。从2020年《民诉法解释》第256条的字面上来看，“争议不大”标准仅较“清楚”标准多规定了“当事人对诉讼标的争执无原则性分歧”。简而言之，“争议不大”标准隐含着“清楚”标准，是判断案件能否适用小额诉讼程序的实质标准。

X市繁简分流实践中，有的基层法院对“争议不大”标准的判决依据在于：纠纷涉及的法律关系单一，存有书面证据，当事人人数较少，双方往来账务清楚，债务最好经过结算，诉讼请求简单；有的基层法院认为“争议不大”意味着案件法律关系较为单一、当事人数量少、诉讼请求少；有的法院认为“争议不大”的小额诉讼案件就是指单纯的金钱给付案件。课题组认为，“争议不大”的判断可从被告方的答辩情况着手。若根据被告方的答辩，案件是非无法查明，或者责任的具体承担者不清，抑或诉讼标的的争执陷入焦灼状态，只能经由实质性的庭审方能作出综合裁判，如此情况便不能称为“争议不大”；相反，若被告在答辩过程中未提出实质性的异议，法官凭借原告提供的证据即可作出裁决，便可称为“争议不大”。概言之，被告答辩情况对于法官判别争议大小具有重要意义。①

（三）加强权利保障，优化小额诉讼程序救济机制

1. 探索灵活、便利的程序转换与衔接机制

针对当事人异议规则缺乏合理设计、程序转换过程模糊处理等问题，有必要结合试点改革经验，探索灵活、便利的程序转换与衔接机制。具体可从以下两方面着手。

一方面，畅通当事人异议渠道，便于当事人合理启动程序转换流程。首先，应结合试点改革情况妥善调整当事人异议提出时间。课题组认为，当事人异议提出时间的设置可借鉴部分实务部门的做法，适当延长到开庭之后。从现行法律来看，法院依职权转换程序的时间并未受到任何限制。试点期间适用的《民诉分流实施办法》亦规定法官可以在审理过程中转换程序。② 这在某种程度上说明，纵然是专业法官也无法确保在开庭前即判断出案件究竟能否适用小额诉讼程序审理、是否会在开庭之后出现程序转换情形，遑论多

① 参见吴英姿：《民事速裁程序构建原理——兼及民事诉讼繁简分流改革的系统推进》，载《当代法学》2021年第4期。

② 参见《民诉分流实施办法》第11条。

数情况下不具备相关法律知识的当事人。因此,不应将当事人提出程序异议的时间限制在开庭前,而应适当延迟到开庭后的某个时间点。当然,为兼顾审判效率,当事人异议提出时间不应设置得过晚。课题组认为,法庭辩论环节是当事人发现程序适用问题的关键环节,当事人增加诉讼请求、提出反诉[①]以及申请回避等诉讼行为[②]的作出时间均被设置在法庭辩论终结前,因此当事人异议提出的时间亦可限制在法庭辩论终结前。其次,不应限制当事人程序异议的提出方式。尽管试点期间的法律规范均未限定程序异议提出的具体方式,但部分基层法院却对当事人作出了书面提出程序异议的强制性要求。课题组认为,口头异议方式较书面异议方式更为简单、快捷,既有利于保障当事人的诉讼权利,也可发挥小额诉讼程序的效率优势。关于异议方式的规定,要么在法律层面明确规定当事人的程序异议既可书面提出亦可口头提出,要么明令禁止实务部门关于书面提出程序异议的要求。最后,明确异议审查过程。2021 年《民事诉讼法》与 2022 年《民诉法解释》规定了当事人异议成立与否的法律后果,但未明确异议审查的具体人员、异议审查的期限以及当事人不服异议处理结果的后续内容,等等。基层人民法院在司法实践中的具体做法各异。为防止当事人或者法院在异议规则不统一、不完善的情况下滥用异议权或者异议审查机制,有必要通过以下途径适当明确异议审查过程:其一,将异议审查主体明确设定为案件承办法官,因其对案件情况最为熟悉,由其进行异议审查也更为方便。其二,列明异议审查时限,如 3 个工作日。其三,规范异议审查流程,强调承办法官应在规定的审查期限内对当事人异议进行审查,并给出明确答复、及时开展后续工作。异议成立的,应及时转换程序;异议不成立的,应及时告知当事人,并将告知情况妥善记录。承办法官须做好相应的释明工作,并继续适用小额诉讼程序审理案件。其四,明确当事人不服异议处理结果的法律后果。当事人收到程序异议处理结果或程序转换裁定后,原告拒不到庭、中途退庭的,按撤诉处理;被告拒不到庭、中途退庭的,按缺席审判处理。此外,制度层面应当严格限制当事人提出程序异议的次数。为督促当事人更好地行使权利、确保司法资源得到合理利用,程序异议权的提出

---

① 参见 2022 年《民诉法解释》第 232 条:“在案件受理后,法庭辩论结束前,原告增加诉讼请求,被告提出反诉,第三人提出与本案有关的诉讼请求,可以合并审理的,人民法院应当合并审理。”

② 参见 2021 年《民事诉讼法》第 48 条第 1 款:“当事人提出回避申请,应当说明理由,在案件开始审理时提出;回避事由在案件开始审理后知道的,也可以在法庭辩论终结前提出。”

应以两次为限。

另一方面,完善程序转换与衔接机制。第一,不应过度限制程序转换。当事人异议规则的落实理应配套灵活的程序转换机制。为此,制度上不应逼迫基层法院将某一特定的程序转换率设置为硬性考核指标,而应赋予基层法官较大的自由裁量空间。在现有分流机制有待完善的背景之下,法官只有在审理过程中方能判断案件是否可以适用小额诉讼程序审理。强行压榨较低的程序转换率只会使办案人员更加不愿意也不敢适用小额诉讼程序审理案件。现有小额诉讼案件的体量已经较大,程序转换并非法官逃避适用小额诉讼程序的有效手段。相反,解除程序适用方面的考核限制更能促使法官从保障当事人权益的视角出发审理案件。第二,立法或司法解释层面应释明程序是否可以二次转换以及能够二次转换的具体情形。现阶段,关于"二次转换"的规定在2021年《民事诉讼法》与2022年《民诉法解释》中处于空白状态。鉴于此,制度设计者应当在未来的法律规范体系中回应相关问题。结合试点期间实务部门的做法,课题组认为,未来的制度设计可以考虑借鉴《民诉分流问答口径(一)》的相关规定,通过司法解释等文件进行统一规范:第一,一般情况下小额诉讼程序不得"二次转换",除非"确有必要"。第二,"确有必要"是指案件出现《民诉分流实施办法》第17条第1~5项或第9项规定的情况。[①] 第三,没有必要设置程序转换审批环节。事实上,《民诉分流实施办法》与相关法律条文并未要求程序转换应当经过审批。结合实务部门试点情况看来,尽管部分法院明确要求程序转换应当履行相关审批手续,但关于程序转换审批的具体做法即便在市域范围内也未统一。审批规则的模糊性也进一步导致了审批流程的虚化。据课题组访谈所知,承办法官提交的程序转换申请基本上都会通过审批。通常情况下,法官不会将不符合程序转换条件的案件转为简易或普通程序审理。这是因为程序转换不仅会增加办案人员的工作量,还会带来考核上的风险,且现有程序转换条件具有较强主观性,精力有限且对案件情况缺乏较强了解的审批人员也较难分辨案件是否真正符合程序转换条件。此外,从法理层面来看,程序转换的权力当属法官审判权的一部分,是否应当转换程序理应由法官根据个案情况具体判断,这一过程

① 涉及国家利益、公共利益的;涉及群体性纠纷,可能影响社会稳定的;产生较大社会影响,人民群众广泛关注的;新类型或者疑难复杂的;与该院或者上级人民法院已经生效的类案判决可能发生冲突的;其他不宜采用独任制的案件。

不应当受到其他人员干预。[①] 第四，合理规制程序转换后的衔接工作，妥善安排程序转换后的审理主体。一般情况下，原承办法官均应继续审理转换程序后的案件，除非原承办法官出现了应当回避的情形。改革实践中，个别法院会将部分程序转换的案件重新分流，除此之外，原承办法官都将参与程序转换后的案件审理。[②] 概言之，制度层面应当明确承办法官继续审理程序转换案件的权力。第五，释明简易程序可以转换为小额诉讼程序的条件及相关流程。具体可借鉴此次改革经验，将“简转小”的情形设定为两种：其一，因鉴定、评估、审计以及当事人提出反诉等导致案件未能适用小额诉讼程序，审理过程中以上原因消除的；其二，以金钱给付为诉讼请求，当事人减少或者变更诉讼请求，致使案件标的额下降至法定适用标的额范围之内，或者下降至约定适用标的额范围内且当事人同意适用小额诉讼程序的。当然，为防止出现审限上的矛盾，[③]或者造成诉讼资源浪费，有必要对“简转小”的时间予以限定，具体可将其设置在立案后的某个时间点内，如立案后的20天内。此外，为追求程序弹性与程序安定间的平衡，程序不可多次转换也不可往返转换。[④] 因此，由简易程序转为小额诉讼程序审理的案件，不得再次转为简易或普通程序审理。

2. 设立“有效异议—重审”救济机制

在小额诉讼领域，现有立法及司法解释针对生效判决明确设定的救济方式仅有再审这一审判监督程序。[⑤] 结合实践中的救济窘境不难看出，再审并非小额诉讼程序恰当的救济措施。理论界的不少学者亦呼吁小额诉讼程序

---

① 参见李浩：《繁简分流改革视域下完善小额诉讼程序研究——以N市与S市试点法院为重点》，载《当代法学》2021年第4期。

② 参见P市法院《小额诉讼程序流转实施办法》第7条规定：“符合本办法第五条第（一）、（二）项规定导致程序转换的案件，或者符合本办法第五条第（三）至（六）项规定导致程序转换且审理期限自立案之日起未满15日的案件，由小额诉讼中心将案件退回立案庭按照我院《民事案件繁简分流调整方案》重新分流。当事人当庭提出反诉或者程序异议以及增加、变更诉讼请求导致程序转换的案件，不适用前款规定。除符合本条第一款重新分流的案件外，其他程序转换的案件均由原承办法官继续审理。”

③ 例如，经简易程序审理的期限已然超过小额诉讼程序审理期限，再进行程序转换必然导致超审限的状况出现。

④ 参见向明：《论我国民事诉讼的程序转换机制》，载《湖南科技大学学报（社会科学版）》2015年第6期。

⑤ 参见2020年《民诉法解释》第426条。

不适合通过再审程序纠错。[①] 在小额诉讼程序具备独特的制度安排以及法院追求审判快速化的背景之下，有必要为当事人寻求权利救济设置合理的渠道。这种渠道的设置应当契合小额诉讼的制度功能。毫无疑问，再审救济方式与小额诉讼程序追求高效、便捷、低成本的初衷背道而驰，且架空了小额诉讼一审终审的制度设计，带来了程序上的异化现象。这种异化现象表现为，小额诉讼程序为凸显一定的效率价值而摒弃了上诉救济渠道，其生效判决却可通过再审程序获得本不该享有的上诉机会。[②] 可以说，再审救济方式既与小额诉讼程序的预设功能相抵牾，也违背了救济机制契合于程序功能的要求。此外，从理论上来讲，小额诉讼程序的再审救济方式不符合比例原则的基本要求。既然小额诉讼程序连上诉救济方式都不允许适用，那么更不应适用再审这一更为复杂且特殊的救济途径。那么究竟何种救济方式更为适合当前的小额诉讼程序？从现有研究来看，学者们主张的救济方式大致有如下几类：其一，"异议审查"式。这主要是对日本小额诉讼救济模式的借鉴，即当事人对小额诉讼判决有异议时，可向法院提出审查申请。若异议合法，诉讼程序将恢复至口头辩论终结的前一阶段。不少学者在借鉴日本小额诉讼程序救济方式的基础上，根据个人理解对"异议审查"方式作出了不同程度的"改良"。[③] 其二，"再审＋异议审查"式，即在现有再审救济途径之外，增设异议审查机制。[④] 其三，"有限上诉"式，即在有限条件下，当事人可就小额诉讼一审裁判上诉。[⑤] 其四，"特殊再审"式，即对现有再审机制予以改良，以匹配

---

① 参见罗东川：《关于〈民事诉讼法〉修改的若干建议》，载《法律适用》2011年第7期；许尚豪：《小额诉讼：制度与程序——以新修改的我国〈民事诉讼法〉为对象》，载《政治与法律》2013年第10期；张卫平：《论民事诉讼制度的价值追求》，载《法治现代化研究》2021年第3期。

② 参见潘剑锋：《论构建民事程序权利救济机制的基本原则》，载《中国法学》2015年第2期。

③ 参见许尚豪：《小额诉讼：制度与程序——以新修改的我国〈民事诉讼法〉为对象》，载《政治与法律》2013年第10期；廖中洪：《小额诉讼救济机制比较研究——兼评新修改的〈民事诉讼法〉有关小额诉讼一审终审制的规定》，载《现代法学》2012年第5期；唐力、谷佳杰：《小额诉讼的实证分析》，载《国家检察官学院学报》2014年第2期。

④ 参见占善刚、施瑶：《关于小额诉讼制度的实证研究——以岳阳市部分基层法院为调研对象》，载《河南财经政法大学学报》2016年第3期；刘秀明、何亮辰：《论民事小额诉讼中的四对关系——以成都市锦江区人民法院为例》，载《辽宁大学学报（哲学社会科学版）》2013年第4期。

⑤ 参见肖建华、唐玉富：《小额诉讼制度建构的理性思考》，载《河北法学》2012年第8期；绵阳市中级人民法院小额诉讼调研课题组：《小额诉讼的运行现状及其完善——基于绵阳市小额诉讼的调研》，载《西部法学评论》2015年第4期。

小额诉讼制度的预设目标。[①] 其五,"重审"式,不同学者主张的"重审"有着不同的含义。个别学者主张的"重审"即取消前置审查程序,一旦当事人对小额诉讼裁判提出异议,原审法院即组成合议庭、适用普通程序对案件进行重新审理,重审后的裁判系终审裁判。[②] 也有学者认为"重审"并不意味着前置审查程序必须取消。当事人只有在确信判决有误或存在严重违反法律程序等问题时,方可向原审法院申请重审。原审法院重审时将适用普通程序,得出的裁判系终局裁判。[③] 课题组认为,我国可采取"有效异议—重审"的救济机制。在此救济机制中,当事人不服小额诉讼判决的,可在收到判决书后向原审法院提出异议。原审法院收到异议申请后,应指定原承办法官之外的审判人员审查异议申请。经审查认为异议不成立的,裁定驳回申请;异议成立的,原审法院应撤销原判,适用普通程序[④]对案件进行重新审理。为遵循比例原则,避免小额诉讼陷入救济"循环怪圈",[⑤]经普通程序重新审理得到的判决应为终审判决,当事人不得继续上诉,亦不得申请再审。这种救济机制将矛盾圈定在基层,符合小额诉讼程序繁简分流的初衷,也符合四级法院审级职能定位的理念。通过普通程序重新审理的方式既能够相对合理地吸纳当事人的不满,降低信访等风险,也能避免再审带来的诉累。有学者认为,小额诉讼程序救济机制中不应包含前置异议审查程序。设置异议审查程序的做法不仅使救济机制与再审无实质性差别,也是违背小额诉讼判决简化要求的"本末倒置"的选择。[⑥] 课题组认为,异议审查程序有其设置的必要。一方

---

① 参见谢鹏远:《我国地方法院小额诉讼程序设计差异性考察》,载《中国社会科学院研究生院学报》2014 年第 5 期;宋朝武:《小额诉讼程序的宪法解释及程序设计》,载《河南社会科学》2011 年第 5 期;白昌前:《小额诉讼程序适用的现实困境及应对——以重庆法院为例》,载《西南政法大学学报》2015 年第 1 期。

② 参见李浩:《小额诉讼程序救济方式的反思与重构》,载《法学》2021 年第 12 期。

③ 参见汪静:《台湾地区小额诉讼程序及启示》,载《江西社会科学》2013 年第 9 期。

④ 此处提倡适用普通程序而非简易程序的原因在于:一方面,依据《民诉分流实施办法》第 17 条的规定,案件在适用审判监督程序等情况下,应当组成合议庭,适用普通程序审理;依据 2021 年《民事诉讼法》的规定,再审案件应当组成合议庭进行审理;依据 2022 年《民诉法解释》的规定,小额诉讼再审案件应当组成合议庭进行审理。概言之,现有法律体系普遍认可普通程序在审判监督过程中的作用,且普通程序合议审理相较于简易程序独任审理而言往往更易吸纳当事人的不满。另一方面,在当事人对小额诉讼裁判的异议成立的情况下,案件基本上无法满足"事实清楚、权利义务关系明确以及争议不大"的条件,不符合简易程序适用的基本要求,不宜通过简易程序进行审理。

⑤ 参见许尚豪:《小额诉讼:制度与程序——以新修改的我国〈民事诉讼法〉为对象》,载《政治与法律》2013 年第 10 期。

⑥ 参见李浩:《小额诉讼程序救济方式的反思与重构》,载《法学》2021 年第 12 期。

面,异议审查程序可以筛除大量无效的判决异议。如若取消异议审查流程,只要当事人有异议申请便启动重新审理程序,基层法院又将面临极大的工作负担。另一方面,异议审查并不止于判决书的审查。它表现为通过该案相关材料审查当事人的异议申请是否合理。此外,判决书的简化是审判人员的权力。审判人员可以根据案情决定判决书简化的具体程度,自然也可以决定不简化。审查人员也不会因为裁判文书的简化而无法判断案件是否存在程序违法或者法律适用错误等问题。换言之,并非所有的小额诉讼裁判文书都会被简化处理,简化之后的裁判文书也不一定会遮掩案件审理过程中存在的问题。这种异议审查前置的做法尽管与再审具有一定相似性,但不如再审复杂。与异议审查上的困难相比,大量因判决异议便需通过普通程序审理的案件涌入基层法院更易加大法官的办案压力。

(四)优化配套措施,消除法院程序适用后顾之忧

1. 科学设置考核机制

课题组调研访谈过程中,不乏办案人员提出改革考核机制的愿景。有人认为,小额诉讼程序推行不易,法官在适用过程中本就具有较大压力,希望法院能够鼓励法官适用,而非严格考核标准,促使法官为难。譬如,小额诉讼程序转换多数情况下是出于案情需要,并非基于法官个人原因,因此程序转换率不应纳入考核指标。有人认为,小额诉讼程序在法院主导适用的情况下,最终能否真正适用完全取决于当事人,不能因此对法官进行考核;也有人认为,基层办案人员办理小额诉讼案件时,面临着当事人不理解、推行难以及考核严格的重重压力。虽然在某种程度上,目标考核是当前司法效率提高的"中流砥柱"。它既是法院改革创新的不竭动力,亦是上级法院监督下级法院的关键机制。这种机制有其存在的必要性与合理性,但考核目标与方式的设置应当契合司法规律。

课题组认为,当前考核机制中的不合理因素已然严重影响办案人员的责任感与幸福感。① 在这个机制当中,国家权力追踪、记录、分析着法律过程的细小环节,并依据时限与质量指标对其展开评价,促使考核机制变成了竞争

① 参见左卫民:《"诉讼爆炸"的中国应对:基于W区法院近三十年审判实践的实证分析》,载《中国法学》2018年第4期。

机制。[①] 各基层法院都面对着一套体系化的考评指标，法官在作出决策前会根据组织预定目标综合评估不同决策可能带来的后果，进而最大可能地规避风险、保护自己，由此便可能折损当事人的合法权利。课题组认为，小额诉讼考核机制的设置应当充分听取基层办案人员的意见，根据办案需求以及审判规律着力打造一套既可发挥激励作用，又不会因考核压力过大进而诱发审判权失范的考核机制。同时，如何科学、客观、便捷地收集司法数据，且不再将这些数据作为考核标准与依据，而是促使其发挥优化司法决策、改善案件管理的效用，既是需要我们深入探讨的问题，[②]也是制度设计者需要结合实践情况予以考量的问题。例如，最高人民法院仅通过《民诉分流实施办法》赋权基层法院进一步简化小额诉讼程序，并非强行要求这一程序必须简化到某种程度。囿于法院主导推进审判迅速化，程序简化逐渐演变为硬性考核指标，诱发了小额诉讼案件承办法官与当事人的不满。从试点改革实践看来，即便基层法院享有程序简化的权力，可以某种程度上减轻办案负担，但实务中"就繁不就简"的现象表明，部分承办法官愿意放弃此种权力进而追求程序的相对饱满化，以进一步确保当事人在庭审程序中感受正义、宣泄情绪。从X市中级人民法院每月发布的改革试点工作数据情况通报可以看出，适用简式文书数量及其占比成了各基层法院进行评比的重要指标之一。课题组认为，现有规定赋予基层法院简化程序的权力有其现实意义，但在规定具体实施过程中，不应将程序简化作为硬性考核指标。简化与否应当由法官根据个案情况自行决定，过于硬性的简化要求不符合司法实践。想必这也是2021年《民事诉讼法》未将《民诉分流实施办法》与《民诉法草案》中关于小额诉讼程序简化的大部分内容纳入其中的出发点之一。

2. 改良配套保障措施

小额诉讼程序预设功能的展现有赖于配套机制的有效保障。结合试点改革情况来看，相关配套保障机制可从如下几方面予以完善。首先，优化智慧法院建设工作，为小额诉讼在线管理提供必要的技术支撑。X市中级人民法院鼓励各基层法院借助庭审录音录像代替庭审笔录以简化庭审程序。改革试点过程中，极个别法院基本实现了小额诉讼案件庭审录音录像的全覆

① 参见季卫东等：《中国的司法改革：制度变迁的路径依赖与顶层设计》，法律出版社2016年版，第9页。

② 参见庞小菊：《审判周期构成理论引导下的审判迅速化》，载《法商研究》2018年第1期。

盖,普遍不需要庭审笔录,亦无须配置书记员。但这仅为例外,X 市绝大多数法院尚且无法完全借助庭审录音录像取代庭审笔录。这一现象的产生非因庭审录音录像自身存在弊端,而在于当前技术与数据储备条件暂不支持多数法院的录音录像及其电子化管理工作。R 市法院系 X 市最早推行庭审录音录像取代庭审笔录的基层法院。尽管如此,鉴于电子档案储备问题尚未得到有效解决,其对小额诉讼案件并非全然适用庭审录音录像,而是推广适用。该院认为,为确保庭审录音录像的真实性、准确性与完整性以及存储方式的安全性,庭审录音录像应当采用公认的安全的存储方式。如条件不具备,应当谨慎适用。换言之,同稳定性与可靠性较强的纸质笔录相比,有助于简化庭审程序的录音录像因其潜在风险而未受到多数办案人员的主动选择。在繁简分流改革有意提高司法效率的目标之下,通过互联网技术改良诉讼开展方式的途径既可保障当事人的完整诉权,亦可加速程序推进,是兼顾公正与效率的不二法门。鉴于此,未来改革可从在线管理层面寻求司法效率进一步提高的突破口。比如,通过完善电子信息存储平台,确保同步录音录像等电子信息具备充分的存储空间,获取必要的安全保障以及存储时长,进而解决电子档案储备问题。又如,可在基层法院办案系统中为程序转换、程序简化、适用简式文书类型等小额诉讼相关统计指标预留空间,便于办案人员在个案办理过程中及时填报相关信息。① 与此同时,各基层法院办案系统设置的数据指标、享有的技术水平应保持一致,且支持根据上级法院需要导出相关数据。如此既可避免基层法院每月耗费相当时间重新查阅大量资料来补充填报数据信息,减轻办案人员负担,也可减少后期统计分析时因人工记忆、记录带来的数据偏误。

其次,加强小额诉讼程序宣传,提高当事人对程序的接受度与认可度。课题组曾对 X 市基层法院的 178 位办案人员②进行过问卷调查,在问及当前阻碍小额诉讼程序实施的现实问题有哪些时,62.36% 的被调查者提到了“法律普及不广泛”,且这一“问题”的选择人数最多。而就如何推进小额诉讼程

---

① 改革过程中,基层办案人员对于上级法院要求月报数据的行为叫苦不迭,认为需要在短时间内凭个人记忆或查阅资料手动填报的数据繁多,极大增加了办案人员的工作量,致使书记员、法官助理不愿意办理小额诉讼案件。课题组认为,小额诉讼案件数据的收集与统计分析工作有其现实意义,部分受访者提出的减少数据报送工作的呼声并不契合司法监督需求。但为减轻基层法院办案人员负担,有必要在办案系统设计上作出更为人性化的改良。

② 具体包括法官、书记员和法官助理。

序改革顺利进行这一问题，相当部分办案人员提议加强小额诉讼程序宣传。从办案人员反馈的情况可以看出，社会公众对小额诉讼程序的了解程度较低。为促成社会公众对小额诉讼程序的理解、发动当事人主动选择小额诉讼程序，有必要突出宣传小额诉讼程序的功能定位。尽管小额诉讼在程序上确实从快、从简，但当事人关于小额诉讼程序便捷与否、简洁与否的理解属于较为主观的感受。如果宣传人员结合立法规定强调简单金钱给付案件仅能适用小额诉讼程序，也许当事人的观念会发生一定程度的转变，进而能够更容易接受小额诉讼程序的适用，减少当事人对办案人员的误解，缓解其与办案人员间的冲突。

最后，适当提供案例指导，化解基层办案人员司法实践中的疑虑。个别法官在课题组访谈时提到，在实际办案过程中，对于把握不准的问题，法官更希望当事人能够将案件上诉到上级法院。这并非推卸责任，而是法官真切地想要了解上级法院的观点，以便为后续案件办理提供参考。小额诉讼案件也一样。诸如程序要不要简、如何简等问题，仍有部分法官琢磨不透。上级法院可以在基层法院办理的小额诉讼案件中选取部分指导性案件供办案人员参考。

第三章　完善简易程序规则改革实证研究

进入21世纪,我国民事诉讼案件数量与日俱增和法院审判资源紧张间的矛盾凸显,简化诉讼程序,减轻当事人及法院讼累,成为我国民事诉讼改革的主要方向。为进一步优化司法资源配置,推进案件繁简分流、轻重分离、快慢分道,提升司法效能,促进司法公正,2019年12月,全国人民代表大会常务委员会授权最高人民法院在部分地区开展民事诉讼程序繁简分流改革试点工作,"完善简易程序规则"被纳入改革内容。随着2021年《民事诉讼法》印发实施,改革落下帷幕。自1982年《民事诉讼法(试行)》规定民事诉讼简易程序,到此次繁简分流改革提出"完善简易程序规则",再到2021年《民事诉讼法》专门修正简易程序内容,40年间,该程序始终备受学界和实务界广泛关注。

梳理现有简易程序研究成果,主要集中在4个方面:一是探讨简易程序价值定位、功能结构、法理基础等宏观理论;①二是着眼于简易程序司法实践具体运行,围绕程

---

① 关于简易程序基础理论的相关研究,参见赵钢:《略论民事诉讼简易程序之结构》,载《法商研究(中南政法学院学报)》1998年第1期;李华、林同军、许初冬:《审判实践中简易程序的正确适用》,载《人民司法》1987年第9期;左欣华:《谈谈审理经济纠纷案件如何正确适用简易程序》,载《人民司法》1989年第12期;章武生:《民事简易程序中的公正与效益》,载《法学》2003年第8期;徐胜萍:《论民事诉讼简易程序的法理基础》,载《现代法学》2003年第6期;齐树洁:《简易程序:诉讼公正与效率的平衡》,载《中国审判》2015年第4期。

序适用特点、适用范围、民事纠纷解决效果等展开细化讨论;①三是聚焦简易程序适用中的某一类案件、某一具体环节、某一现象、某一诉讼权利保障等,深入揭露与研究解决个中问题;②四是从体系化角度,思考简易程序的重构、规则完善等优化路径。③ 已有研究成果为现阶段完善简易程序改革研究奠定了一定基础,但仍存在一些不足:一是大量研究集中于2012年《民事诉讼法》修改之前,2012年《民事诉讼法》修改后十余年里关于简易程序的研究不多,尤其是2016年印发《繁简分流若干意见》系统推动繁简分流改革实践后相关研究更少,研究成果时间分布不均衡,时效性阙如;二是现有研究讨论内容相对较集中,主要着眼于外部性、整体性研究,如简易程序的诉讼定位,与小额诉讼、普通程序的区别,缺乏从程序自身内部着手,研究其具体规则的细化完善等,也缺乏对此次改革所涉及的公告送达类案件适用简易程序的研究;三是在研究方法上,注重传统法教义学方法,相关实证研究成果匮乏,无法为繁

---

① 关于简易程序司法实践的应用类研究,参见朱彤:《试论简易程序的特点及其适用范围》,载《法学评论》1983年第Z1期;岳龙海:《谈谈正确划分和适用简易程序问题》,载《法学研究》1984年第6期;王琦、张丽娜:《论我国民事诉讼简易程序的适用范围》,载《海南大学学报(人文社会科学版)》2000年第3期;朱展望、邹松文:《民事简易程序适用过程中出现的问题及其对策——以浙江省金华市两级法院为考察对象》,载《法律适用(国家法官学院学报)》2001年第8期;章武生、吴泽勇:《简易程序与民事纠纷的类型化解决》,载《法学》2002年第1期;郝万莹:《民事诉讼简易程序在基层法院的现状分析》,载《山东审判》2009年第3期。

② 关于简易程序具体某一方面、某一现象的相关研究,参见王道远、李克等:《适用简易程序要注意保障被告的答辩权》,载《人民司法》1985年第11期;吕小武:《论简易程序的开庭审理》,载《法学评论》1992年第2期;田世元、陈福君:《论简易程序民事案件的执行》,载《辽宁公安司法管理干部学院学报》2001年第4期;汤鸣:《放权抑或限权——民事简易程序选择权之反思与重构》,载《法学》2007年第2期;冯磊:《论民事简易程序中的当事人程序选择权》,载《辽宁行政学院学报》2010年第11期;王燕军:《我国民事简易程序选择权现状反思与完善——兼评民事诉讼法(2012修正)第133条》,载《辽宁公安司法管理干部学院学报》2013年第1期;文晓鹏:《民事诉讼简易程序选择权研究》,载《重庆科技学院学报(社会科学版)》2016年第4期;王旺、卞京:《民商事案件简易程序重复开庭现象的解构与规制》,载《人民司法》2020年第28期。

③ 关于简易程序改革与完善的相关研究,参见何文燕、廖永安:《我国民事简易诉讼程序之重构》,载《中国法学》2002年第1期;章武生:《民事简易程序比较研究》,载《现代法学》2003年第1期;彭志忠、陈忠:《民事简易程序的现实反思与制度重构》,载《江汉论坛》2003年第8期;章武生:《民事简易程序改革的若干认识误区之剖析——兼论我国多元化民事简易程序体系的建构》,载《中国法学》2004年第6期;刘晓岚:《论我国民事简易程序的再简化》,载《湘潭大学学报(哲学社会科学版)》2006年第6期;杨卫国:《论民事简易程序系统之优化》,载《法律科学(西北政法大学学报)》2014年第3期;唐牣:《民事简易程序适用改革的思考》,载《山东审判》2014年第6期;易夕寒:《民事简易程序与普通程序的实践及路径优化——以C市Y区法院为例》,载《重庆科技学院学报(社会科学版)》2016年第11期;左卫民、靳栋:《民事简易程序改革实证研究》,载《中国法律评论》2022年第2期。

简分流改革下进一步完善简易程序规则提供实证支撑。

此外,学界对此次完善简易程序规则改革评价亦褒贬不一。有学者将此次改革总结为“普通程序简易化、简易程序小额化”,认为此次改革以“简化”为逻辑。① 有学者认为,简易程序适用范围扩大符合社会客观规律,然而此次改革依然将简易程序视为普通程序的补充与特别程序予以规定,应当重构民事一审诉讼程序,将“简易程序普通化”。② 有学者提出担忧,在一审程序应用过程中,包括小额诉讼程序在内的简易程序将被普遍适用,且庭审程序简化会使庭审功能受到极大影响,相当部分案件的审判质量缺少应有的保障。③ 亦有学者认为,现有程序分类思路较为粗放,不同程序之间高度同质化,简易程序与普通程序在程序的阶段构成、法官的行为方式和裁判方式方面没有明显区别。④ 此次完善简易程序规则改革中,简易程序的程序定位具体如何?其在司法实践中的适用范围扩大程度如何?程序适用规则有无区分细化,有无实现“简化”?有无实现公正与效率的平衡?

基于此,课题组选取X市两级法院为试点改革研究对象,⑤重点通过实证研究方法对上述问题予以考察和回应。同时,民事简易程序有无随改革推进出现“新特征”、衍生出“新问题”,以及如何进一步完善,亦是课题组的关注重点。实证考察中,课题组将以X市22个基层法院为宏观前提,以14个基层法院的简易程序案件为具体分析样本,并在这14个基层法院中重点选取A区、L区和R市3个基层法院为典型考察对象,⑥围绕上述法院2019~2021年及2022年第一季度的改革全样本微观和宏观数据,运用描述性统计等实证方法重点考察研究完善简易程序规则改革实况,评价改革效果,总结提炼

---

① 参见任重:《中国式民事程序简化:逻辑与省思》,载《法治研究》2022年第3期。

② 参见王韶华、李军波:《繁简分流改革背景下的民事诉讼程序设置研究》,载《中国应用法学》2021年第4期。

③ 参见潘剑锋:《“基本”与“其他”:对〈民事诉讼法〉相关制度和程序修订的体系化思考》,载《法学评论》2022年第2期。

④ 参见纪格非:《民事程序类型化的基础与逻辑》,载《社会科学辑刊》2022年第3期。

⑤ X市为西南地区具有影响力的省会城市,经济总量位列全国前六位。近年来,X市两级法院收案数和结案数位居全国副省级城市第二位,简易程序适用实践经验丰富;在此次繁简分流改革中,X市两级法院是改革试点法院之一,具有改革研究样本代表性与典型性。

⑥ 14个基层法院全面覆盖了X市的3个圈层法院,尤其A区、L区和R市3个典型基层法院的“案多人少”矛盾、收案量、结案量等综合指标分别位居一、二、三圈层法院前列,X市简易程序的改革样态基本能够在A区、L区、R市等14个基层法院中得到全面、客观的反映,整体具有一定代表性与典型性。

改革存在的问题，以期对完善简易程序规则改革及未来发展提供可行性建议。

一、完善简易程序规则改革的要点

（一）调整适用条件：削除“争议不大”标准

根据《民诉分流实施办法》第12条规定，事实清楚、权利义务关系明确的简单民事案件即可通过简易程序审理。此次改革调整简易程序适用条件，削除了“争议不大”标准，即当事人争议大小并不影响简易程序适用。

关于简易程序适用条件，1982年《民事诉讼法（试行）》第124条仅规定了“简单的民事案件”这一笼统性条件，之后1991年《民事诉讼法》第142条首次细化明确了适用简易程序必须具备的3个要件：“事实清楚”、“权利义务关系明确”和“争议不大”。紧接着1992年最高人民法院《关于适用〈中华人民共和国民事诉讼法〉若干问题的意见》（以下简称《民诉法若干问题意见》）第168条就“事实清楚”、“权利义务关系明确”和“争议不大”三要件具体含义作了解读。自此，简易程序适用的三要素条件一直延续至2007年、2012年和2017年《民事诉讼法》中，这三次《民事诉讼法》修改始终未改变三要件规定。直至此次繁简分流改革，《民诉分流实施办法》直接剔除了“争议不大”的案件性质要求，简易程序适用条件由三要素变为二要素。所谓“争议不大”，指当事人对案件的是非、责任及诉讼标的争执无原则分歧。据此，在司法实践中，尽管某一案件属于简单案件，但如果当事人对案件是非、责任承担或者诉讼标的有原则分歧，通常便不能认定是“争议不大”，从而不能适用简易程序审理。如此规定，无疑过窄限制了“争议不大”范围。案件是否适宜用简易程序审理，应主要聚焦案件本身的难易和繁简程度，不因当事人彼此间的对立程度和主观认识差异影响程序适用，否则简易程序的适用主动权存有任由当事人掌握之嫌。不可否认，任何程序的适用都应当保障当事人的选择权，但出于纠纷双方当事人天然的对立角色，任何纠纷当事人或多或少都会对案件是非、责任或者诉讼标的有所争议，且不少情况下对方当事人或出于对立惯性反驳，或心存侥幸想蒙混过关，因此如果一刀切地认为存在双方当事人有“争议”便放弃简易程序而选择适用普通程序，将造成司法资源浪费，且不符合诉讼经济原则，亦不符合简易程序制度定位及发展趋势。① 基于此，《民诉分流实施办法》剔除“争议不大”标准，将简易程序适用条件的把握回归案件性质本身。当然，依照《民事诉讼法》规定，当事人对简易程序仍然享有异议权，认为简易程序适用不符合法律规定的，可以提出异议，经法院审查异议成立的，裁定转为普通程序，如此亦有效保障了当事人的诉讼权利。此项改革考量同样得到了2021年《民诉法草案》第8条的延续。根据2021年《民诉法草案》第8条规定，基层人民法院和它派出的法庭审理的事实清楚、权利义务关系明确的简单民事案件，适用简易程序。不过，遗憾的是，最终2021年《民事诉讼法》并未吸收该做法，而是依旧将“争议不大”纳入简易程序适用前提条件之一。为何如此，探究该立法背后考量，或许是考虑到在扩大小额诉讼适用范围和增加公告送达案件可以适用简易程序前提下，若继续扩大其他简单民事案件适用简易程序范围，有一味追求效率而无法较好兼顾公正之嫌。由此也可以看出，此次立法在扩大简易程序适用范围方面的谦抑与谨慎，亦表明了对当事人诉讼权利保障和司法公正的重视与追求。

（二）合理扩大适用范围：公告送达案件从“禁止”到“可以”简易审理

《民诉分流实施办法》第12条“事实清楚、权利义务关系明确的简单案件，需要公告送达的，可以适用简易程序审理”的规定，打破了此前司法解释明确规定公告送达案件不宜适用简易程序的限制，将需要公告送达的简单民事案件纳入简易程序适用范围，传递出最高人民法院有意借助此次繁简分流改革进一步拓展简易程序适用范围的讯号，有利于节约资源，降低当事人的诉讼成本，实现司法效率与权利保障的统一。

此次改革之前，2015年《民诉法解释》第140条规定，“适用简易程序的案件，不适用公告送达”。这一规定在2020年《民诉法解释》中也得到了维持。立法者在制定这些规定时，主要考虑了两个原因：一是担心简易程序的审理期限（3个月）与公告送达的期限（60日）存在冲突，从而不符合简易程序的相关规定；二是在公告送达的情况下，大多数被告仍不到庭，适用普通程序审理能更有效保护双方当事人尤其是被告的合法权益。然而，这种担忧可能并不完全成立。根据2015年《民诉法解释》第243条和2012年《民事诉讼

---

① 参见李华、袁春燕：《论民事诉讼中简易程序的适用》，载郑州市中级人民法院网2004年8月20日，http://zzfy.hncourt.gov.cn/public/detail.php? id=3240。

法》第 149 条的规定，简易程序的审限并不包括公告期间。因此，简易程序审限与公告送达期限并不会发生冲突。此外，虽然保护当事人权益是立法的重要考量，但在实践中，确实存在一些简单案件，尽管被告下落不明或送达有困难，但仍然适宜采用简易程序审理。这种情况下，选择公告送达并转为普通程序审理，可能会增加不必要的诉讼负担。首先，当事人不再享有诉讼费减半收取优惠，诉讼成本增加；其次，审理期限延长，影响诉讼效率；最后，案件性质并未随程序转换而改变自身复杂程度，简单案件却仍然合议审理，一定程度浪费了审判资源。更重要的是，当受送达人下落不明且穷尽其他送达方式仍无法送达，采用公告送达的，该方式侧重实现程序的公正；而简易程序适用于事实清楚、权利义务关系明确、争议不大的简单民事案件，强调实体的"清楚""明确""简单"。单就公告送达和简易程序的适用条件来看，二者并无冲突，也不应相互制约。此外，在部分因当事人故意规避送达、逃避送达进而拖延诉讼的简单民事案件中，允许公告送达后继续简易审理，更有利于保护另一方诉讼诚信当事人。① 整体而言，"公告案件一律适用普通程序无现实必要，既延长审理时间，耗费司法资源，也增加当事人诉讼成本"。② 允许公告送达的简单民事案件适用简易程序审理，有利于实现审判质效和司法公信力的统一。2018 年最高人民法院《关于互联网法院审理案件若干问题的规定》(以下简称《互联网法院审案若干规定》)正式开创公告送达案件可适用简易程序审理的先河。该规定第 18 条明确提出，"对需要进行公告送达的事实清楚、权利义务关系明确的简单民事案件，互联网法院可以适用简易程序审理"。之后，此次改革亦合理扩大简易程序适用范围，公告送达案件实现从"禁止"到"可以"简易审理的转变。

遗憾的是，尽管允许公告送达案件适用简易程序制度在试点过程中取得了良好效果，但是 2021 年《民诉法草案》、2021 年《民事诉讼法》和 2022 年《民诉法解释》并未吸收改革做法。最高人民法院表示，"该项成果需进一步综合评估"，故并未通过立法同意公告送达可以适用简易程序，相关法条未作

---

① 参见郝绍彬、张博：《适度扩大简易程序适用公告送达》，载重庆法院网，http://cqgy.cqfygzfw.gov.cn/article/detail/2020/09/id/5475423.shtml。

② 参见胡仕浩、何帆、李承运：《〈关于互联网法院审理案件若干问题的规定〉的理解与适用》，载《人民司法(应用)》2018 年第 28 期。

出调整。[①] 这一现象表明,现有立法及司法解释暂不支持此次改革所采取的扩大简易程序适用范围的举措。而在理论界,学者们对改革扩大简易程序适用范围的评价褒贬不一。有学者认为,简单公告案件不能适用简易程序的规定无益于司法资源的优化配置。[②]《互联网法院审案若干规定》既已允许部分公告送达案件适用简易程序审理,《民诉法解释》理应对照修改简易程序适用范围。[③] 完善后的简易程序审理公告案件制度无疑会被广大相关人群接受。[④] 鉴于此,课题组将就此次改革拓展简易程序适用范围的实践情况展开细致深入的分析,以求回应理论与实践关切。

(三)完善简化规则:从"逐层浅尝"到"充实细化"

对于通过简易程序审理的案件,《民诉分流实施办法》赋予了法院进一步简化庭审程序与裁判文书的权力。依据《民诉分流实施办法》第 13 条规定,庭审程序简化可围绕 3 个方面展开:其一,对于简易程序庭前已经完成的程序性告知,庭审时可不再重复;其二,对于庭前会议笔录中记载的无争议事实与证据,其效力可及于庭审阶段,法院无须重复认定;其三,庭审过程法院可直接围绕案件要素或者诉讼请求展开,而不必受限于固有的庭审阶段划分。同时,《民诉分流实施办法》强调,庭审程序简化应以当事人诉讼权利的有效保障为前提,即法院可简化涉及当事人答辩、举证、质证等基本权利的诉讼环节流程,但不得直接省略。在裁判文书简化方面,《民诉分流实施办法》第 14 条有如下规定:其一,法院可依据概括出的案件固定要素载明当事人意见、证据及法院裁判理由、依据与结果。其二,在当事人一方明确承认另一方的全部或主要诉讼请求及双方对案件事实无争议或争议不大的情况下,裁判文书可仅记载当事人基本信息、诉讼请求、答辩意见、主要事实、简要裁判理由、裁判依据及裁判主文。此外,诉讼费用负担、告知当事人上诉权利等必要内容并非裁判文书可简化省略的部分,应当保留,即裁判文书简化也必须以保障

---

① 参见郭锋、陈龙业等:《〈最高人民法院关于适用《中华人民共和国民事诉讼法》的解释〉修改内容及其理解与适用》,载《法律适用》2022 年第 5 期。

② 参见党振兴:《民事诉讼繁简分流机制现状考察及进路探究——以 M 县人民法院繁简分流及案件分配探索为样本》,载《南海法学》2021 年第 6 期。

③ 参见广东省深圳市中级人民法院课题组:《扩大独任制适用范围问题研究》,载《人民司法》2021 年第 16 期。

④ 参见孙辉筱:《简易程序审理公告送达案件的问题与对策》,载《人民司法》2021 年第 16 期。

当事人合法诉讼权益为前提。[①]

综观我国民事简易程序40年规则变迁过程，“简化”始终是简易程序规则的设计理念之一。1982年《民事诉讼法（试行）》首次引入简易程序时便对起诉、传唤、审判组织形式作出了“简化”规定。“口头起诉”、“用简便方式随时传唤”和“独任审判”均是彼时程序简化的“关键词”。1991年《民事诉讼法》延续了1982年《民事诉讼法（试行）》的简化做法，此时并未作出进一步的简化调整。2003年最高人民法院《关于适用简易程序审理民事案件的若干规定》（以下简称《简易程序若干规定》）就简易程序简化予以了较为详细的阐释：其一，明确传唤的具体简化方式主要包含捎口信、电话、传真等途径；其二，提出当事人可围绕争议焦点进行举证、质证、辩论，争议焦点由审判人员依据当事人的诉讼请求与答辩意见进行归纳，且须经当事人确认；其三，规定“一次开庭审结”原则；其四，明确了可适当简化裁判文书认定事实部分或裁判理由部分的五种情形。[②] 然而，2007年《民事诉讼法》并未据此修改程序简化的内容，相关表达与1991年《民事诉讼法》别无二致。2012年《民事诉讼法》则有所不同，除规定传唤可使用简便方式以外，诉讼文书送达亦可“简化”，但此种简便方式的展开不得“随时”进行，应保障当事人陈述意见的权利。2015年《民诉法解释》进一步扩大了简化范围，如庭前准备可以简便方式进行；开庭可通过视听传输技术方式展开；在简便传唤、通知方式中明确增加了“短信”类别，等等。此外，2015年《民诉法解释》强调了可简便送达的诉讼文书不包括裁判文书。与2003年《简易程序若干规定》相类似，其规定了四种可适当简化裁判文书认定事实部分或裁判理由部分的情形，[③]尽管两者

---

① 参见刘峥、何帆、李承运：《〈民事诉讼程序繁简分流改革试点实施办法〉的理解与适用》，载《人民法院报》2020年1月17日，第5版。

② 参见2003年《简易程序若干规定》第32条：“适用简易程序审理的民事案件，有下列情形之一的，人民法院在制作裁判文书时对认定事实或者判决理由部分可以适当简化：（一）当事人达成调解协议并需要制作民事调解书的；（二）一方当事人在诉讼过程中明确表示承认对方全部诉讼请求或者部分诉讼请求的；（三）当事人对案件事实没有争议或者争议不大的；（四）涉及个人隐私或者商业秘密的案件，当事人一方要求简化裁判文书中的相关内容，人民法院认为理由正当的；（五）当事人双方一致同意简化裁判文书的。”

③ 参见2015年《民诉法解释》第270条：“适用简易程序审理的案件，有下列情形之一的，人民法院在制作判决书、裁定书、调解书时，对认定事实或者裁判理由部分可以适当简化：（一）当事人达成调解协议并需要制作民事调解书的；（二）一方当事人明确表示承认对方全部或者部分诉讼请求的；（三）涉及商业秘密、个人隐私的案件，当事人一方要求简化裁判文书中的相关内容，人民法院认为理由正当的；（四）当事人双方同意简化的。”

在适用情形类数及具体表达上存在部分差异，但大致意思相同。而此次《民诉分流实施办法》补充细化了简易程序的简化内容。相较既往的有关规定，《民诉分流实施办法》更为细致、更具指导性。具体而言，既往的程序简化规定更多的是以"能否简化"切入，而《民诉分流实施办法》则主要从"如何简化"着手。正因如此，《民诉分流实施办法》充实了简易程序简化体系，补充了原有规范尚未规定的内容，如法院无须重复认定庭前会议笔录中记载的无争议事实与证据，等等。总的来说，从1982年《民事诉讼法(试行)》设定简易程序至《民诉分流实施办法》发布，简易程序简化路径大致呈现出从最初的"浅尝辄止"到后续的"深入细化"发展特点。随着制度设计者对简化视角的不断探索，简易程序可简化的内容逐渐丰富且体系化，简化方式也变得更为科学、合理。

尽管此次改革在程序简化方面作出了大量尝试，2020年修正的《简易程序若干规定》、2020年《民诉法解释》、2021年《民诉法草案》、2021年《民事诉讼法》及2022年《民诉法解释》均未采纳《民诉分流实施办法》有关简易程序简化的内容。当然，程序简化的尝试并未就此停歇，2022年《民诉法解释》虽未肯定《民诉分流实施办法》"完善简易程序规则"部分的简化尝试，却将裁判文书纳入了简便方式送达的对象。因电子送达与简便方式送达存在交叉重叠部分，此种变化某种程度上也契合电子诉讼制度改革的初衷。与修法层面简易程序简化的冷清境遇相对应，《民诉分流实施办法》发布后，理论界关于简易程序简化的论述亦较少。对此，课题组拟在实证分析简易程序改革效果的基础上，探索制度设计者摒弃《民诉分流实施办法》中简化规则的用意，并对简易程序能否继续走程序"简化"之路进行检验和判断。

(四)调整最长审理期限:从"有限延长"到"适当缩短"

《民诉分流实施办法》规定，简易程序案件一般应在3个月内审结，在有特殊情况并经法院院长批准的条件下，审理期限可延长1个月。与改革前施行的2015年《民诉法解释》相比，《民诉分流实施办法》呈现出以下特点:其一，最长审理期限由改革前的6个月演变为改革过程中的4个月。依据2015年《民诉法解释》规定，简易程序案件最长审理期限可达6个月。《民诉分流实施办法》率先将此期限控制在4个月以内，旨在有效避免程序拖沓，真正发挥简易程序"简、快、灵"的制度优势，与小额诉讼程序、普通程序形成合理区分。其二,审理期限延长条件由“双方当事人同意”演变为“有特殊情况”。2015年《民诉法解释》规定的审理期限延长条件要求必须同时具备两点:一是当事人双方合意继续适用简易程序审理;二是法院院长批准延长。改革过程中,《民诉分流实施办法》将第一点条件修改为“有特殊情况”。所谓“特殊情况”,一般是指受客观因素制约而无法预见和避免的情形,如突发不可抗力或意外事件等。[①] 相较“当事人同意适用”的延长条件,“特殊情况”规定的制约性更强,可谓进一步限缩了审理期限延长的适用范围。至此,简易程序审理期限的延长条件变得更为主观,也较改革前的“双方当事人同意”更为苛刻。由此可以发现,自2015年《民诉法解释》生效到《民诉分流实施办法》发布,简易程序最长审理期限被予以适当限缩。反观2015年《民诉法解释》发布之前涉及简易程序最长审理期限的其他法律或者司法解释,从1991年《民事诉讼法》确切规定简易程序审理期限为3个月至2015年《民诉法解释》生效,简易程序最长审理期限无疑得到了延长,且这种延长有所限制。在此期间,2007年《民事诉讼法》延续了1991年《民事诉讼法》对简易程序规定的3个月的最长审理期限。2008年最高人民法院《民诉法若干问题意见》明确指出简易程序审理期限不得延长。直至2015年《民诉法解释》出台,简易程序最长审理期限方有延长至6个月的可能。概言之,截至《民诉分流实施办法》发布,简易程序案件最长审理期限经历了从“有限延长”到“适当缩短”的发展样态。

《民诉分流实施办法》发布之后,2020年《民诉法解释》并未缩短简易程序案件最长审理期限,而是仍然采取了2015年《民诉法解释》的审理期限规定。2021年《民诉讼法草案》就简易程序最长审理期限的规定亦相对保守,延续了既往《民事诉讼法》的规定。与之相反,2021年《民事诉讼法》与2022年《民诉法解释》却吸收了《民诉分流实施办法》“四个月”的设定方式。换言之,最新立法与司法解释肯定了《民诉分流实施办法》在简易程序审理期限制度上所作的调整,也间接肯定了简易程序改革成效。然而,学界对简易程序最长审理期限缩短的制度变化存在不同的看法。例如,有学者认为,现有简易程序建构在普通程序的框架之下,通过压缩审理期限等方式提高司法效率

① 参见刘峥、何帆、李承运:《正确贯彻实施新民事诉讼法需重点把握的七个问题》,载《人民司法》2022年第10期。

的空间十分有限。[①] 鉴于此,课题组将结合 X 市两级法院简易程序改革数据证实或证伪理论与实务界的观点。

二、完善简易程序规则改革的成效

(一)简易程序适用率始终稳居一审诉讼程序首位

经课题组实证研究发现,此次改革前后,在基层法院一审诉讼程序当中,简易程序涉及案由种类最多,标的额涵盖范围最广,相较小额诉讼程序与普通程序,其程序适用率始终稳居首位,且程序转换率较低。可以说,简易程序是我国基层法院民事纠纷解决的主要适用程序,呈现"普遍"适用特征。

从全国范围来看,改革过程中的 2020 年,试点地区法院简易程序适用率为 63.80%,小额诉讼程序适用率从试点前 5.70% 上升至 19.30%,普通程序适用率则只有 16.90%,简易程序适用率较小额诉讼与普通程序适用率之和高出 27.60 个百分点。[②] 这一数据表明,尽管小额诉讼程序大有扩张适用之势,但简易程序适用率仍远高于其他一审程序适用率,居于一审程序首位。再观 X 市基层法院,2019~2021 年,X 市 22 个基层法院简易程序适用率分别为 68.64%、63.55% 和 63.84%,小额诉讼程序适用率分别为 6.28%、20.70% 和 26.90%,普通程序适用率则分别仅为 25.08%、15.75% 和 9.26%,即 X 市 22 个基层法院简易程序适用率始终超出一审程序适用率一半,明显高于小额诉讼程序和普通程序适用率及二者程序适用率之和,稳居首位。需要说明的是,尽管改革期间适用率相较改革前有所降低,但降幅不大,分别只有 5.09% 和 4.80%,且 2021 年相比 2020 年略有回升趋势,不影响简易程序适用率稳居一审诉讼程序首位的整体趋势。此外,为量化改革期间简易程序适用率,具体统计 X 市 22 个基层法院的简易程序适用率发现,2020 年,全市有 15 个基层法院的简易程序适用率超过了全年度整体适用率 63.55%,最高值甚至达到 77.34%。同样,2021 年,全市亦有 15 个法院的简易程序适用率超过了同年度整体适用率 63.84%,不过 2 个年度 15 个基层法院的范围略有不同。除此之外,在 22 个基层法院中,

---

① 参见纪格非:《民事程序类型化的基础与逻辑》,载《社会科学辑刊》2022 年第 3 期。

② 参见姜佩杉:《创新程序规则 优化流程机制 强化权利保障——聚焦最高人民法院关于民事诉讼程序繁简分流改革试点情况的中期报告》,载《人民法院报》2021 年 2 月 28 日,第 4 版。

2021 年简易程序适用率最低值为56.69%高于2021 年最低值55.16%。具体到A 区、L 区和R 市3 个典型基层法院,这一特征同样显著。以A 区法院为例,如图3－1 所示,2019～2021 年,简易程序适用率分别为79.38%、66.45%和74.63%,小额诉讼程序适用率分别为3.48%、22.61%和18.74%,普通程序适用率相应分别为17.14%、10.94%和6.63%,横向对比同一时间段3 个程序适用率可以看到,简易程序适用率同样高于小额诉讼程序和普通程序适用率,且自身呈现先降低再回升的特征趋势,与22 个基层法院整体趋势完全一致。L 区和R 市法院简易程序适用率亦是如此。如图3－1 所示,2019～2021年,L 区法院简易程序适用率分别是70.13%、66.58%和71.56%,R 市法院简易程序适用率分别为76.04%、62.48%和67.37%。横向对比2019～2021年3 个程序的适用率,简易程序适用率均高于小额诉讼程序和普通程序的适用率。这一发展趋势亦延续到了改革结束后的2022 年。同样以A 区、L 区与R 市3 个基层法院为例,2022 年1～5 月,3 个法院的简易程序适用率依次为72.15%、67.97%和62.59%,小额诉讼程序适用率分别为15.25%、24.22%和30.04%,普通程序适用率则依次为12.60%、7.81%和7.37%。概言之,简易程序适用率始终稳居基层法院一审民事纠纷适用程序首位。相应地,简易程序是基层法院民事纠纷解决的主要适用程序。

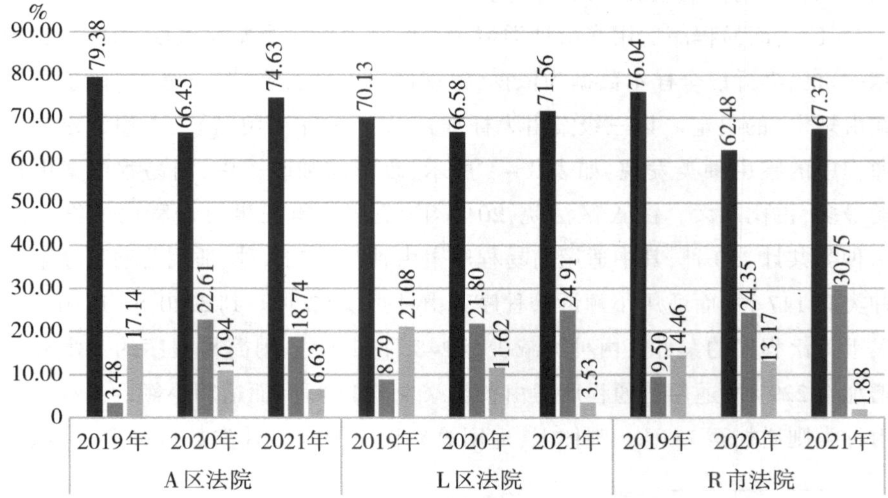

图3－1　2019～2021 年X 市A 区、L 区和R 市3 个基层法院的简易、小额诉讼与普通程序适用率

此外，经课题组实证调研，2019～2021 年，X 市 22 个基层法院简易程序转换案件数分别为 15,562 件、14,288 件和 7797 件，简易程序转换率分别为 8.58%、9.20% 和 3.97%。由此可见，随着改革推进，简易程序转换案件数不断降低，尤其是 2021 年简易程序案件数和简易程序转换率均以倍数下降，再次印证了简易程序作为一审诉讼程序主要适用方式，其解纷适用状况良好。

一直以来，无论是立法还是学理角度，普通程序始终具有民事诉讼程序的统领地位，是制度基础，而简易程序（包括小额诉讼程序）是普通程序的补充与特别程序。为何在实践中，简易程序占据着基层法院民事纠纷解决适用程序的"主力军"地位？课题组认为，这与可适用该程序的案件范围较大，以及基层法院繁案与简案之间的"二八定律"等不无关联。就适用范围而言，根据《民事诉讼法》规定，基层法院和它的派出法庭所审理的具备"事实清楚""权利义务关系明确""争议不大"三要件的简单民事案件适用简易程序。相反，其他疑难复杂案件则适用普通程序。在繁案和简案判断层面，案由和诉讼标的额一定程度上是两大主要考量因素。基于此，以 X 市 A 区、L 区和 R 市 3 个基层法院为例，课题组从案由和诉讼标的额 2 个方面分别实证考察简易、小额诉讼和普通程序的涵盖面发现，简易程序涵盖案由种类最多，涵盖标的额范围最广，且在各类案由和各区间标的额民事纠纷中均高度适用。

其一，简易程序适用案由种类最多。课题组以 3 个基层法院 2019～2020 年一审民事诉讼全样本数据为依据，根据最高人民法院《关于修改〈民事案件案由规定〉的决定》，以三级案由为标准，[①]实证统计适用简易、小额诉讼和普通程序的案由种类发现：如表 3－1 所示，改革前和改革中，简易程序案由种类最多，占比最大。在 A 区法院，2019 年，适用一审民事诉讼程序的案件案由种类共计 250 种，其中适用简易程序案由种类有 224 种，适用普通程序案由种类有 147 种，而适用小额诉讼程序案由种类仅 52 种。到 2020 年，适用一审民事诉讼程序的案件案由种类减少至 248 种，其中适用简易程序的案由种类增加至 229 种，适用普通程序案由种类减少至 110 种，而适用小额诉讼程序案由种类则增加至 78 种。整体上，适用简易程序的案由种类数量最多，且随着

① 我国民事案由共有四级。基于民事法律关系的复杂性，案由设计不可能穷尽所有第四级案由，司法实践中，第三级案由是最常见和广泛使用的案由，而目前所列的第四级案由只是一些典型的、常见的或者为了司法统计需要而设立的案由。为实现民事案由的具体化，课题组通常会统计至案由的"最低等级"，即存在四级案由的则统计四级案由，不存在四级案由的则统计三级案由。

改革增加；而适用普通程序和小额诉讼程序的种类数量相对不高，并随着改革分别呈现减少和增加的趋势。这一案由种类变化情况与三种程序在此次改革下案件范围的限缩、扩大成正比关系。在L区和R市法院，2019～2020年3个诉讼程序的适用案由种类分布情况与变化特征与A区法院完全一致。

表3－1　2019～2020年X市A区、L区和R市3个基层法院简易、小额诉讼和普通程序的适用案由种类情况

单位：种

法院	改革前（2019年）				改革中（2020年）			
	总案由种类	简易程序	小额诉讼程序	普通程序	总案由种类	简易程序	小额诉讼程序	普通程序
A区法院	250	224	52	147	248	229	78	110
L区法院	168	149	52	106	189	171	94	68
R市法院	134	123	31	52	145	131	65	28

注：由于适用各类程序的案由之间存在交叉重复情况，总案由种类数量并非简单等于适用三类诉讼程序的案由种类之和。

其二，简易程序涵盖标的额范围最广。课题组以A区、L区和R市3个基层法院2019～2020年一审民事诉讼全样本数据为依据，以“诉讼标的额”为标准，按照“百、千、万、十万、百万、千万”元级别归类，实证统计分析适用简易、小额诉讼和普通程序的案件诉讼标的额分布情况①发现，如表3－2所示，无论是改革前还是改革中，3个基层法院简易程序审理的案件标的额范围最广，且简易程序在大部分不同级别的标的额民事案件中适用率均居首位。在A区法院，2019年，简易程序在标的额为“百、千、万、十万、百万、千万”元级别案件中的适用率分别为51.61%、60.90%、76.57%、79.81%、80.87%和72.73%；普通程序在“百、千、万、十万、百万、千万”元级别案件中的适用率分别为36.56%、29.96%、20.39%、20.19%、19.13%和27.27%；小额诉讼程序在“百、千、万”元级别案件中的适用率则分别仅为11.83%、9.14%和3.04%。② 2020年，简

① 整理分析一审民事诉讼样本数据时，首先，课题组以是否存在“诉讼标的额”将案件区分为“不存在诉讼标的额”的案件和“存在诉讼标的额”的案件两类。其次，将“存在诉讼标的额”的案件根据标的额的“百、千、万、十万、百万、千万”级别归类，为便于统计，并依次按照每2个级别整合分为“较低”、“中等”和“较高”3个档。

② 受小额诉讼程序法定适用标的额为5万元以下，约定适用标的额为10万元以下的范围限制，在诉讼标的额为“十万、百万、千万”元级别的案件中不可能适用小额诉讼程序，即这3个级别中不存在小额诉讼程序适用率。

易程序在上述级别诉讼标的额案件中的适用率分别为 65. 38%、63. 64%、62. 38%、94. 68%、91. 27%和 87. 50%；普通程序的适用率分别为 0、4. 84%、5. 58%、5. 32%、8. 73%和 12. 50%；小额诉讼程序在“百、千、万”元级别案件中的适用率分别为 34. 62%、31. 52%和 32. 04%。也就是说，无论在哪个量级的标的额案件中，简易程序的适用率始终保持在 50%以上，远高于普通程序和小额诉讼程序的适用率。尤其需要说明的是，即使在标的额极高的案件中，简易程序的适用比例依旧最高。例如，2019 年 A 区法院在“百万”元诉讼标的额案件中，简易程序适用率为 80. 87%；2020 年，该数据增加为 91. 27%。与此同时，2019 年普通程序在“百万”元诉讼标的额案件中的适用率为 19. 13%，2020 年该数据则下降为 8. 73%。L 区法院和 R 市法院亦是如此。就诉讼标的额而言，“基层法院大量适用简易程序审理一审民事案件，而适用简易程序案件的标的额从数千元、数万元到数十万元再到数百万元甚至更多”①。相反，普通程序并没有在保障当事人涉诉权益的大小方面发挥明显的程序优势。

表 3－2　2019～2020 年 X 市 A 区、L 区和 R 市 3 个法院简易、小额诉讼、普通程序适用标的额范围占比

单位：%

<table>
<tr><th rowspan="2">法院</th><th rowspan="2" colspan="3">案件标的类型</th><th colspan="3">改革前（2019 年）</th><th colspan="3">改革中（2020 年）</th></tr>
<tr><th>简易程序</th><th>小额诉讼程序</th><th>普通程序</th><th>简易程序</th><th>小额诉讼程序</th><th>普通程序</th></tr>
<tr><td rowspan="7">A 区法院</td><td colspan="3">不存在诉讼标的额</td><td>79. 42</td><td>—</td><td>20. 58</td><td>7. 36</td><td>—</td><td>92. 64</td></tr>
<tr><td rowspan="6">存在诉讼标的额</td><td rowspan="2">标的额较低</td><td>百元级别</td><td>51. 61</td><td>11. 83</td><td>36. 56</td><td>65. 38</td><td>34. 62</td><td>0</td></tr>
<tr><td>千元级别</td><td>60. 90</td><td>9. 14</td><td>29. 96</td><td>63. 64</td><td>31. 52</td><td>4. 84</td></tr>
<tr><td rowspan="2">标的额中等</td><td>万元级别</td><td>76. 57</td><td>3. 04</td><td>20. 39</td><td>62. 38</td><td>32. 04</td><td>5. 58</td></tr>
<tr><td>十万元级别</td><td>79. 81</td><td>—</td><td>20. 19</td><td>94. 68</td><td>—</td><td>5. 32</td></tr>
<tr><td rowspan="2">标的额较高</td><td>百万元级别</td><td>80. 87</td><td>—</td><td>19. 13</td><td>91. 27</td><td>—</td><td>8. 73</td></tr>
<tr><td>千万元级别</td><td>72. 73</td><td>—</td><td>27. 27</td><td>87. 50</td><td>—</td><td>12. 50</td></tr>
</table>

① 李浩：《小额诉讼程序救济方式的反思与重构》，载《法学》2021 年第 12 期。

续表

法院	案件标的类型			改革前(2019 年)			改革中(2020 年)		
				简易程序	小额诉讼程序	普通程序	简易程序	小额诉讼程序	普通程序
L区法院	不存在诉讼标的额			76.05	—	23.95	76.56	—	23.44
	存在诉讼标的额	标的额较低	百元级别	96.97	—	3.03	46.81	51.06	2.13
			千元级别	50.45	37.73	18.82	17.15	82.33	0.52
		标的额中等	万元级别	79.52	5.46	15.02	56.33	40.07	3.60
			十万元级别	86.36	—	13.64	94.92	—	5.08
		标的额较高	百万元级别	92.76	—	7.24	90.80	—	9.20
			千万元级别	60.00	—	40.00	94.44	—	5.56
R市法院	不存在诉讼标的额			76.58	10.95	12.46	98.12	—	1.88
	存在诉讼标的额	标的额较低	百元级别	71.43	28.57	0	20.00	80.00	0
			千元级别	46.65	35.36	17.99	31.90	67.74	0.36
		标的额中等	万元级别	78.15	9.50	12.34	50.16	49.30	0.54
			十万元级别	86.72	0.99	12.29	96.98	—	3.02
		标的额较高	百万元级别	87.94	—	12.06	92.67	—	7.33
			千万元级别	73.33	—	26.67	80.00	—	20.00

整体而言,随简易程序适用范围的不断扩大,简易程序正逐步向普通程序适用范围渗透。[①] 无论从适用简易程序的案由种类还是诉讼标的额范围来看,简易程序都具有绝对优势。普通程序尽管是立法中的核心诉讼程序,但无法撼动简易程序在司法实践中的优势地位。

(二)公告送达案件简易程序适用率逐年增加

公告送达案件适用简易程序审理是此次改革新增加内容。对于这一创新内容,在各级法院的积极试点之下,公告送达案件简易程序适用率呈现逐年增长趋势,有效减少了当事人的诉讼成本,节约了有限的司法资源。

以 X 市 22 个基层法院的公告送达案件适用简易程序情况为例,课题组

---

① 参见刘晓岚:《民事简易程序的域外法比较》,载《海南大学学报(人文社会科学版)》2006 年第 2 期。

经统计分析，2020 年，公告送达的一审民商事案件审结数为 18,900 件，其中公告送达案件适用简易程序案件有 10,122 件，公告送达案件简易程序适用率达 53.56%。2021 年，公告送达的一审民商事案件审结数增加至 20,786 件，其中公告送达案件适用简易程序案件数量亦增加至 17,212 件，公告送达案件简易程序适用率更是提高至 82.81%，同比增加了 29.25 个百分点。具体到 A 区、L 区和 R 市 3 个典型基层法院，如图 3－2 所示，公告送达案件同样呈现简易程序适用率增加态势。以 A 区法院为例，2020 年公告送达的一审民商事案件审结数为1265 件，其中适用简易程序审结 445 件，公告送达案件简易程序适用率为 35.18%；2021 年，公告送达的一审民商事案件审结数增至 1679 件，其中适用简易程序审结 1450 件，公告送达简易程序适用率为 86.36%，同比增加了 51.18 个百分点。同样，在 L 区法院，2020～2021 年，公告送达案件简易程序适用率分别为 23.73%、82.72%，随着改革推进，公告送达案件简易程序适用率增长了 2.49 倍；R 市法院 2020～2021 年公告送达案件简易程序适用率分别为 77.92%、93.25%，同比增加了 15.33 个百分点。

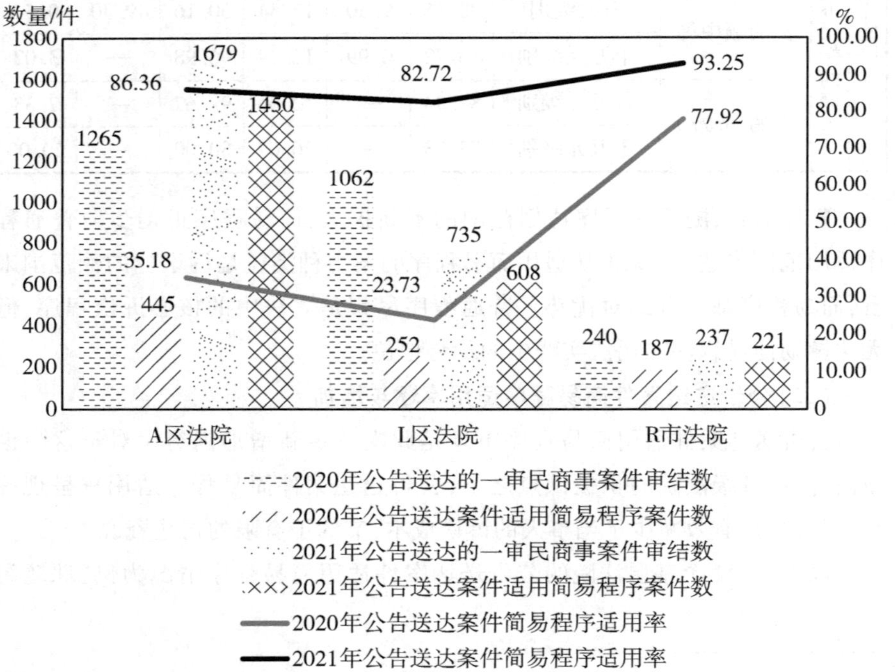

图 3－2　2020～2021 年 X 市 A 区、L 区和 R 市 3 个基层法院公告送达案件适用简易程序案件数与适用率

课题组经实证调研发现,X 市 22 个基层法院公告送达案件简易程序适用率逐年增加主要与试点法院两方面改革举措相关:一方面,X 市 22 个基层法院均积极回应改革内容,大力推进简单公告送达案件通过简易程序审理,不断完善将简单公告案件纳入简易程序审理的甄别机制,持续深化简单公告送达案件当庭裁判机制,等等。改革之初,《X 市实施方案》明确规定"对于需要公告送达的事实清楚、权利义务关系明确的简单民事案件,可以适用简易程序审理"。2021 年,在总结 X 市试点改革经验基础上,W 省高级人民法院印发《W 省高级人民法院民事诉讼程序繁简分流改革试点完善简易程序规则实施细则》(以下简称《W 省简易程序实施细则》),在适用范围部分明确规定,"需要公告送达的事实清楚、权利义务关系明确、争议不大的简单民事案件,也可以适用简易程序",进一步固定了公告送达案件可以适用简易程序审理的创新做法。另一方面,严格控制公告送达案件简易程序的转换情形。《X 市实施方案》强调"不能单纯因超过简易程序审理期限将案件转为普通程序审理"。《W 省简易程序实施细则》第 9 条亦明确规定,"适用简易程序审理的案件,不得仅因审理期限即将届满将案件转为普通程序审理"。具体实践中,各基层法院严格遵循上述简易程序转换规定。课题组在访谈中了解到,3 个典型基层法院一线法官普遍表示,在对符合条件的公告送达案件适用简易程序审理后,通常只有在随案件审查的不断深入发现案情比较复杂不适宜通过简易程序审理时,才会转为普通程序审理。在改革之初,或许存在由于对公告送达案件可以适用简易程序审理的改革内容理解不到位,进而出现适用简易程序审理的简单民事案件一旦有公告情况便即转为普通程序审理的情形,但随着改革的深入推进,此种现象已逐渐消失。以 A 区法院为例,2020 年其公告送达案件的程序转换率为 4.66%,程序转换率较低。课题组进一步考察发现,A 区法院的公告送达案件中存在程序转换情形的主要是服务合同纠纷,且均属案情复杂进而转为普通程序审理,并均由同一法官承办。可以说,公告送达案件适用简易程序审理现状整体较为稳定。

(三)简式文书适用率不断攀升

简化裁判文书是此次完善简易程序规则改革的重要内容。改革以来,X 市 22 个基层法院转变繁简不分、统一适用传统规范化文书的模式,探索在文书制作上做"减"法,便于当事人更好理解裁判文书内容,提高当事人的诉讼体验度,满足当事人便捷、高效的司法需求,并不断拓宽简式文书适用范围,有效节约了一定司法资源，减轻了法官制作裁判文书的时间，为司法效率加速。

经课题组实证调研，X市简易程序案件的简式文书适用率随改革推进不断提升。2019~2021年，X市22个基层法院审结的简易程序案件数分别为132,182件、129,660件、176,004件。其中，适用简式文书的案件数量分别为5742件、24,160件和71,719件，简式文书适用率则分别为4.34%、18.63%和40.75%，同比分别增长了14.29%和22.12%。具体到X市14个基层法院中，其简式文书适用情况基本与全市整体适用特征相一致。如图3-3所示，2019年，简式文书适用率整体相对较低，仅少数法院的简式文书适用情况相对理想。例如，T区法院简式文书案件数量为779件，适用率达到38.21%；Q市、R市法院的简式文书案件数量分别为570件、621件，适用率分别为22.54%、17.67%；其余11个法院的简式文书适用率均在7%以下，B区、I区和O市3个法院的简式文书适用率甚至为0。2020年，各法院适用简式文书的案件数量及简式文书适用率均明显增加。其中，7个法院适用简式文书的简易程序案件数量超过了1000件，A区、L区和R市3个法院适用简式文书的简易程序案件数量分别达到2826件、1674件和1012件，简式文书适用率为21.29%、27.82%和33.87%。同时，除Q市法院之外，其他13个法院的简式文书适用率均较2019年有所增加，且大多数法院的增幅较大，如N市法院2020年简式文书适用率为46.74%，较2019年的4.41%适用率增加了42.33个百分点。此外，T区法院2020年的简式文书适用率增至61.06%，已然处于较高水平，居2020年全市22个基层法院简式文书适用率最高值。时至2021年，14个典型基层法院的简式文书适用情况进一步向好发展。首先，8个法院适用简易文书的简易程序案件数量突破了2000件，B区法院更是高达10,512件。其次，6个法院的简式文书适用率居于50%以上，I区法院甚至高达92.30%，同比增加了72.67个百分点。最后，A区、L区和R市3个法院适用简式文书的简易程序案件数量分别达到4909件、2547件和1466件，简式文书适用率为30.36%、30.57%和48.53%，适用率同比分别增加了9.07%、2.75%和14.66%。

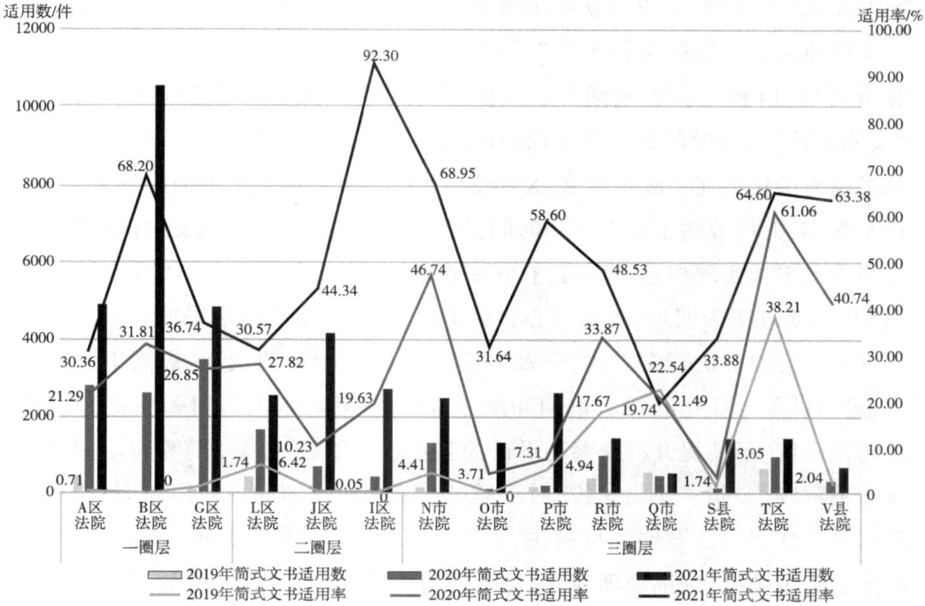

图 3-3　2019～2021 年 X 市 14 个基层法院简式文书适用数与适用率

简式文书适用率不断攀升的背后是各试点法院多项简化举措的协同推进与落实。首先,试点法院优化裁判文书形式,探索多样化简式文书格式。X 市 22 个基层法院主要形成了要素式、表格式和令状式三种简式文书类型。三类简式文书特征不同,适用情形亦不相同。例如,对于标的额小,没有争议及争议不大的案件,各法院主要适用令状式简式文书;对于案件事实简单,当事人双方对事实、责任分配无争议,且金钱给付项目列明的案件,通常采用表格式简式文书,如买卖合同、道路交通案件等;对于能够概括出固定要素的劳动争议、离婚纠纷、民间借贷纠纷、信用卡纠纷等,主要适用要素式简式文书。而对于不同类型简式文书使用,在不同法院层面亦有不同侧重。例如,根据课题组调研,在上述 14 个基层法院中,J 区法院基于 X 市中级人民法院制作的简式文书模板,主要通过令状式简化裁判文书,简化内容集中于原告主张的事实与理由,法院说理部分依然充分。P 市法院在文书简化方面相对谨慎,涉及文书简化最多的案件类型为道路交通案件。因该类案件相关责任已由公安机关清楚认定,法院无须赘述,文书内容仅需在判决书中载明基本事实、赔偿清单与相关说理即可,具有较大的简化空间。实践中,对于当事人在事实方面无争议的案件,P 市法院通常会省略事实查明部分的内容,直接以“被告承认原告所主张的案件事实”予以概括。在说理部分,P 市法院尽管亦会有所简化,但相对会着重阐释。其次,高度提炼核心,实现裁判文书内容的“实质简化”。传统的裁判文书面面俱到,篇幅冗长,晦涩难懂,即便简单案件也采用复杂化表述。改革以来,X 市 22 个基层法院精简文书内容篇幅,压缩正文内容,大量节约了文书制作时间,缩减了当事人拿到裁判文书的期限,便于当事人更快实现权益。同时,在正文撰写中,简式文书只突出“重点”,不讲“枝叶”,条理更为明晰,内容核心愈加明显,并在风格上尽量采取平实易懂的语言和直切要点的行文方式,令裁判文书更加“接地气”,且易被当事人所理解,进而破除专业化的司法审判和法律术语在当事人中的屏障,提高裁判结果的接受度,不断提升群众参与诉讼的获得感。最后,创新“简易程序同类纠纷示范裁判”举措。也就是说,对于通过示范诉讼审结的系列简单案件,从中选取具有代表性的案件先行判决,待首例示范判决制定后,通过示范判决所确定的文书类型、判词说理内容、框架结构布局等制作标准,引导其余案件在强化判词释法说理度和可接受性前提下,批量高效制作简式文书,实现涉群诉讼等裁判文书的繁简分流,极大地减轻了承办法官撰写文书的工作量,进一步提高了类案办理效率。

正义不仅要被实现,还要以被看得见的方式实现。裁判文书可谓是以“看得见的方式”向当事人等呈现司法公正的关键载体。区分繁简案件,推动裁判文书“该繁则繁,当简则简,繁简得当”,进而向公众展示优质的司法产品。当然,尽管简式文书适用率不断攀升,但为突出裁判文书释法说理功效,实现司法效率与公正的双重兼顾,在适用简式文书的同时,试点法院对于复杂的不宜适用简式文书的案件仍采用传统文书,即区分繁简实行裁判文书释法说理的“双轨分流”机制。

(四)简易程序审判质量保持稳定

司法公正是繁简分流改革追求的核心目标。改革以来,X 市 22 个基层法院遵循“简程序,不减权利”原则,始终把司法公正放在首位,在简易程序结案率整体持续向好发展基础上,简易程序案件的上诉率、二审改发率和再审改发率均相对稳定,审判质量有所保障。

一方面,改革以来,简易程序案件结案率均获明显提升。2019 年,X 市 22 个基层法院简易程序案件结案率为 79.67%;2020 年,这一比例突破 90% 大关,增至91.93%;2021年,结案率更是增长至93.25%,呈现持续向好发展态势。另一方面,简易程序案件上诉率与改发率均相对稳定,如表3-3所示。其一,简易程序案件上诉率相对稳定。课题组统计分析X市22个基层法院2019~2021年简易程序案件上诉情况发现,2019年,简易程序案件上诉数为15,885件,简易程序案件上诉率为12.02%;2020年,简易程序案件上诉数降低至13,614件,上诉率降为10.50%;2021年,简易程序案件上诉数为21,901件,上诉率增加至12.44%。对比3年间上诉情况,大体呈现"先降后增"趋势,不过尽管改革期间2021年上诉率上升了,但增幅不大,与改革前2019年相比,仅上升了0.42个百分点,整体上保持了相对稳定状态。其二,简易程序案件二审改发率相对稳定。2019~2021年,X市22个基层法院简易程序案件二审改发数分别为2297件、2583件和3454件;简易程序案件二审改发率为1.74%、1.99%和1.96%。相较改革前2019年,简易程序二审改发率持续上升,不过上升幅度较小,分别比2019年增加了0.25%和0.22%,且改革期间二审改发率呈下降趋势,可以说整体上没有实质影响简易程序审判质量。其三,简易程序案件再审改发率相对稳定。2019~2021年,X市22个基层法院简易程序案件提起再审数分别为407件、352件和621件,再审改发数分别为49件、42件和58件,简易程序案件再审改发率3年均保持在0.04%。

表3-3　2019~2021年X市22个基层法院简易程序案件审判质效情况

年份	上诉情况		二审情况		再审情况		
	简易程序案件上诉数/件	简易程序案件上诉率/%	简易程序案件二审改发数/件	简易程序案件二审改发率/%	简易程序案件提起再审数/件	简易程序案件再审改发数/件	简易程序案件再审改发率/%
2019	15,885	12.02	2297	1.74	407	49	0.04
2020	13,614	10.50	2583	1.99	352	42	0.04
2021	21,901	12.44	3454	1.96	621	58	0.04

试点改革以来,X市22个基层法院始终把保障当事人权利、实现司法公正放在首位。一方面,虽然此次改革扩大了简易程序适用范围,但相对改革前,此次增加适用简易程序的案件亦是事实清楚、权利义务关系明确的简单民事案件,其案件办理难度未增加,加之改革并未改变审判人员结

构,甚至部分法院由专门团队负责审理适用简易程序的案件,专业化司法资源为审判质量提供了基础保障。另一方面,虽然改革简化了庭审程序,但根据规定,简化的内容大多限于程序性事宜、已经固定的无争议事实和证据,其并不会实质影响案件审判结果。对于"可以直接围绕诉讼请求或者案件要素进行"的程序简化事宜,试点法院积极推行"要素式审判",在审理民事案件的过程中,对一些能够概括出固定案件要素的案件进行要素提炼,并对双方当事人就案件中各种要素是否存在争点进行归纳。法官在开庭时,对当事人有争议的要素依次进行法庭调查,引导当事人举证、质证。该方式以简明具体的操作步骤作为抽象审判思路的基本载体,将民商事案件的审理分解为多个步骤,在厘清法官办案思路、提高办案技能、提升办案方法科学性上进行有益探索。但该种模式仅打破了固有的法庭调查和法庭辩论等程序限制,使庭审围绕前期通过要素表梳理的重点争议有效开展,而并未减去必要环节,并未减损当事人诉讼权利。改革初期,有学者提出担忧:"在一审诉讼案件的审理过程中,简易程序(包括小额诉讼程序)将被普遍适用,案件庭审程序被简化,而简化的结果是庭审的功能受到极大影响,相当部分案件审判的质量缺少应有的保障。"①综合上述分析,改革中简易程序审判质量保持稳定,并未如前述学者所言改革会导致审判质量的降低。

三、完善简易程序规则改革存在的问题

(一)简易程序定位存在偏差,立法与实践"两张皮"

在我国目前的民事一审程序设计中,普通程序是核心审判程序,也是基础审判程序;简易程序和小额诉讼程序是基于普通程序基本构造所设计的简化程序。从立法层面看,简易程序的立法地位不可能高于普通程序。然而,由于政策导向的变化,简易程序逐步扩张适用,在司法实践中成为一审民事

---

① 潘剑锋:《"基本"与"其他":对〈民事诉讼法〉相关制度和程序修订的体系化思考》,载《法学评论》2022年第2期。

诉讼审理所普遍适用的程序,具有实质普遍性特征。改革以来,简易程序适用率更是始终稳居一审诉讼程序首位,实践地位不断加强。显然,简易程序的实践地位与立法地位不一致。相应地,普通程序虽仍在立法上保持着"通则""统领"的诉讼地位,但事实上已经失去了其在审判程序中的"普通"地位,成为更具"普通"性质的简易程序适用之"补充与特别"程序。① 可以说,普通程序与简易程序二者的立法定位已不符合司法实践需求。

此外,单就简易程序具体运行而言,其自身亦不契合"简易"之特性。不可否认,不断扩大简易程序适用范围、简化诉讼程序是法院缓解日益增长的案件压力、提高诉讼效率的"良策"。但实践中,简易程序范围扩大,涵盖案件范围广,早已突破《民事诉讼法》对"事实清楚""权利义务关系明确""争议不大"的简单民事案件的条件制约,②成为基层法院排除难案之外、绝大部分"相对简单"案件的审理程序。可以说,中国司法实践中的民事简易程序,已不再是前述立法层面定义的简易程序,而是一种根植于中国司法实践土壤的"相对简易"程序。所谓"相对简易"程序,主要表现为3个特征:一是审理案件的"相对简单"。简易程序审理的案件是相对普通程序审理的"难案"和相对小额诉讼审理的"极简案件"而言的"相对简单"的案件。"基层法院管辖的大量民事案件中,案件纠纷的复杂还是简单都不过是'相对'而言的模糊概念,究竟哪些案件采用何种程序,解释上并不存在一条明确的界限。"③"相对简单"的含义比较宽泛,意指排除极简案件和难案之外的大部分案件。二是审判方式的"相对简化"。简易程序的程序简化是有边界、有范围的,并未"绝对简化"。三是权利保障的"相对完整"。相较普通程序,虽然我国简易程序为实现效率目标而设计了诸多简化规则,包括采用独任制审判、可以口头起诉、灵活传唤、灵活送达、举证期较短、灵活确定答辩期、审理期限较短等,但与此同时,审判亦基本保障了答辩、举证、质证、陈述、辩论、上诉等当事人的核心诉权,体现出简易程序对权利保障的"相对完整"特征。同时,课题组在

---

① 参见王韶华、李军波:《繁简分流改革背景下的民事诉讼程序设置研究》,载《中国应用法学》2021年第4期。

② 参见王亚新:《民事诉讼法修改中的程序分化》,载《中国法学》2011年第4期。

③ 王亚新、陈杭平、刘君博:《中国民事诉讼法重点讲义》,高等教育出版社2017年版,第230页。

访谈中还了解到,因简易程序定位偏差,实践中部分适用简易程序审理的案件实则与普通程序审理的案件难度相当,甚至少数适用简易程序审理的案件比普通程序审理的案件难度更大。如此,将本该适用普通程序审理的案件适用了简易程序,不仅加重了负责简易程序案件审理团队的难度,降低了诉讼效率,还使当事人诉权受到严重侵犯,方才起步的程序正当化进程受到严重威胁。①

繁简分流改革目标在于“推进案件繁简分流、轻重分离、快慢分道,提升司法效能”。“繁简分流”中的“简案”通常属于民事简易程序和小额诉讼程序审理范围,“繁案”则是民事普通程序的审理对象。在这种民事案件“繁简”二分结构中,简易程序缺乏清晰定位,并在司法实践中逐渐衍生出“相对性”特征,成为“相对简易”之程序。整体而言,我国民事简易程序司法实践定位已超出立法设定,而改革尚未对此有清晰的认识。

(二)简易程序适用范围扩大空间相对有限,改革拓展效果不佳

此次改革将原本属于普通程序排他性审理的公告送达案件纳入简易程序适用范围,进一步拓展了民事简易程序的适用空间。然而,实证研究显示,尽管公告送达案件简易程序适用率逐年增加,但其在简易程序适用中的整体占比较小,仅小幅提高了简易程序适用范围,程序拓展空间可谓相对有限,加之小额诉讼程序适用范围的合理扩大分流了一部分简易程序案件,一正一反双重作用下,简易程序适用范围进一步拓展效果不佳。

就扩大公告送达可以适用简易程序审理这一正面层面而言,以X市22个基层法院为例,如表3-4所示,2020年,公告送达案件适用简易程序共审结10,122件,公告送达案件简易程序适用率为53.56%,但其仅占简易程序案件总数的7.81%,占一审民商事案件总数的比重为4.96%。2021年,公告送达案件适用简易程序共审结17,212件,公告送达案件简易程序适用率增加至82.81%,但其占简易程序案件总数的比重亦仅为9.78%,占一审民商事案件总数的比重则为6.24%。对比上述改革两年数据可以发现,尽管改革将简单的公告送达案件纳入简易程序适用范围,且实践中公告送达案件简易程序

① 参见章武生:《民事简易程序改革的若干认识误区之剖析——兼论我国多元化民事简易程序体系的建构》,载《中国法学》2004年第6期。

适用率不断增加，但公告送达案件适用简易程序案件数占简易程序案件总数比重整体偏低，一定程度上对于进一步拓展简易程序适用范围的作用相对有限。具体到3个典型基层法院，该种现象更为明显。如表3-4所示，2020~2021年，A区、L区和R市3个法院的公告送达案件简易程序适用率均不断增加，到2021年，其公告送达案件简易程序适用率已分别增长至86.36%、82.72%和93.25%，增幅分别高达51.18%、58.99%和15.33%，但公告送达案件适用简易程序案件数占简易程序案件总数的比重则分别仅为8.97%、7.30%和7.32%，增幅分别仅为5.62%、3.11%和1.06%；同时，占一审民商事案件总数的比重分别仅有6.69%、5.22%和4.93%，增幅分别仅有4.46%、2.43%和0.46%。可以说，尽管2021年3个典型基层法院公告送达案件的简易程序适用率均高居80%以上，R市法院更是达到了93.25%，但公告送达案件适用简易程序案件数占简易程序案件总数的比重均未超过9%，其占一审民商事案件总数的比重均未超过7%，同样对于提升简易程序适用率的作用不太明显，未能有效扩张简易程序适用空间。

表3-4　2020~2021年公告送达案件适用简易程序案件数占简易程序案件与一审民商事案件总数的比重

法院	年份	一审民商事案件审结数/件	简易程序审结案件数/件	公告送达的一审民商事案件审结数/件	公告送达案件适用简易程序案件数/件	公告送达案件简易程序适用率/%	公告送达案件适用简易程序案件数占简易程序案件总数的比重/%	公告送达案件适用简易程序案件数占一审民商事案件总数的比重/%
22个基层法院	2020年	204,013	129,660	18,900	10,122	53.56	7.81	4.96
	2021年	275,697	176,004	20,786	17,212	82.81	9.78	6.24
A区法院	2020年	19,980	13,276	1265	445	35.18	3.35	2.23
	2021年	21,664	16,169	1679	1450	86.36	8.97	6.69
L区法院	2020年	9037	6017	1062	252	23.73	4.19	2.79
	2021年	11,644	8333	735	608	82.72	7.30	5.22
R市法院	2020年	4185	2988	240	187	77.92	6.26	4.47
	2021年	4484	3021	237	221	93.25	7.32	4.93

在因小额诉讼程序扩大适用范围而压缩了简易程序适用空间这一反面层面，同样以X市22个基层法院为例，如前所述，2019年简易程序适用率为68.64%，小额诉讼程序适用率仅为6.28%。2020~2021年改革期间，简易程序适用率分别降至63.55%和63.84%，小额诉讼程序适用率则提高至20.70%和26.90%。在启动此次繁简分流试点改革前，司法实践中对符合民事诉讼法及司法解释规定可以适用小额诉讼程序审理的案件，基本采用简易程序审理，①小额诉讼程序适用情况不佳。改革以来，《民诉分流实施办法》对小额诉讼程序适用范围予以调整，规定基层法院受理的标的额在5万元以下的简单金钱给付案件严格适用小额诉讼程序审理，并增加小额诉讼程序约定适用方式，小额诉讼程序适用范围不断扩大，适用率明显提升，而简易程序适用率则有所降低，某种程度上分流了部分简易程序案件，压缩了简易程序适用空间。该现象在A区、L区和R市3个典型基层法院同样存在。如图3-4所示，在试点改革前的2019年，A区、L区、R市法院的小额诉讼程序适用率均不高，分别仅有3.48%、8.79%和9.50%，而3个法院简易程序适用率分别高达79.38%、70.13%与76.04%。改革过程中，如2020年，3个典型法院的小额诉讼程序适用率分别提升至22.61%、21.80%与24.35%，简易程序适用率则分别降低至66.45%、66.58%与71.40%。到2021年，3个典型法院的小额诉讼程序适用率分别变更为18.74%、24.91%与30.75%，简易程序适用率则相应变动至74.63%、71.56%与67.37%。从小额诉讼程序和简易程序的适用率变化来看，总的来说，二者变化呈现相反态势。当小额诉讼程序适用率有所增加时，简易程序适用率则有所降低；当小额诉讼程序适用率有所降低时，简易程序适用率则有所提升。结合改革以来二者程序适用率发展整体情况，试点法院小额诉讼程序适用率增长，而简易程序适用率降低，小额诉讼程序的扩大一定程度上影响了简易程序拓展效果。

---

① 参见占善刚、施瑶：《关于小额诉讼制度的实证研究——以岳阳市部分基层法院为调研对象》，载《河南财经政法大学学报》2016年第3期；刘加良：《小额诉讼程序适用的改进逻辑》，载《法学论坛》2020年第1期。

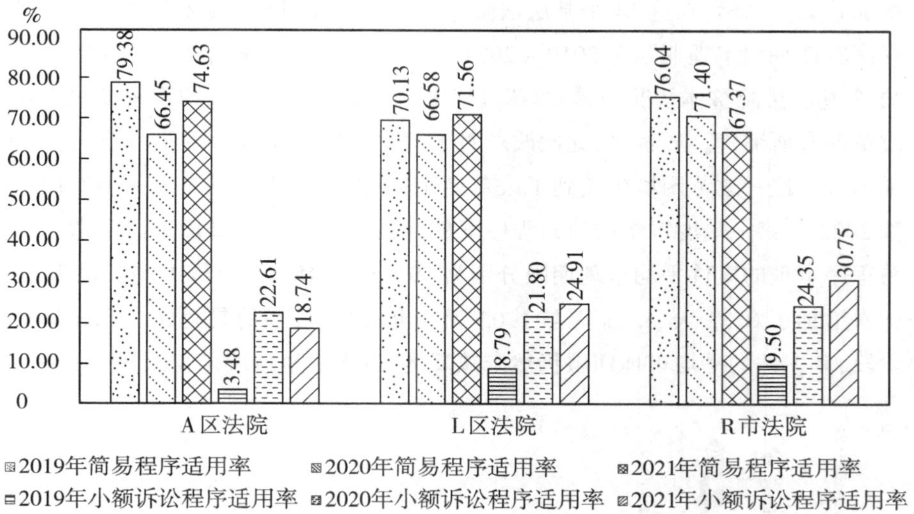

图3-4　2019~2021年X市A区、L区和R市3个法院简易与小额诉讼程序适用率变化情况

(三)庭审简化空间不大,难促诉讼效率提升

改革以来,X市22个基层法院根据《民诉分流实施办法》探索简化庭审程序,创新开展要素式审判,以期减少诉讼时间,提升诉讼效率。但事实上,尽管庭审程序得到了一定简化,但在先期简易程序运行基础上,其庭审进一步简化空间不大,实践呈现"略简"特征,未能有效提升诉讼效率。

课题组以X市22个基层法院为例,实证分析案件平均审理期限指标变化情况发现,改革期间简易程序审判效率未得到提升,甚至有所下降。2019年,X市22个基层法院简易程序案件平均审理期限为46.89天;2020年,简易程序案件平均审理期限延长为52.44天,同比增加5.55天;2021年,平均审理期限继续增至54.36天,同比增加1.92天。尽管2021年平均审理期限增幅有所降低,但整体仍呈现期限延长趋势,反映出简易程序诉讼效率不升反降现状。这一现象在X市14个典型基层法院中亦能得到进一步印证。如图3-5所示,在14个基层法院中,2020年除B区、J区、Q市和V县4个法院的审理期限低于2019年外,其余10个法院的平均审理期限均不同程度高于2019年;2021年,8个法院简易程序案件平均审理期限高于2019年,且其中L区、I区和P市3个法院的平均审理期限相较2020年亦持续上升,呈现逐年增加趋势。当然，在这14个基层法院当中，亦有J区和V县2个法院的简易程序案件平均审理期限在2019～2021年表现为逐年递减样态，但结合X市22个基层法院整体情况来看，改革过程中的简易程序案件平均审理期限未较改革前有所缩短。质言之，此次改革对于简易程序效率优势的进一步提升效果不大。这一改革困境延续到了改革结束后的2022年。以3个典型基层法院2022年第一季度审结的简易程序案件为例，A区、L区和R市法院适用简易程序审理的案件平均审理期限分别为50.25天、48.51天与27.73天，同比依次增加了0.33天、5.21天与1.02天。也就是说，在简易程序常态化运行阶段，其案件的平均审理期限仍然未减反增，诉讼效率持续未得到提升。

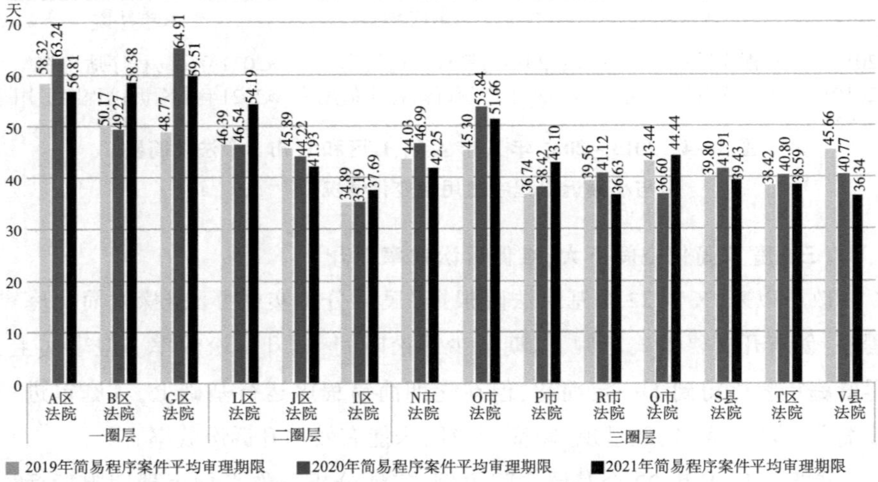

图3－5　2019～2021年X市14个基层法院的简易程序案件平均审理期限分布情况

根据课题组实证调研，改革以来，X市22个基层法院探索实施系列简化举措，不断优化简易程序。一方面，落实《民诉分流实施办法》要求，将法庭纪律告知等程序性事项置于庭前，以书面方式一并告知当事人，并对在庭前完成交换的证据，庭审时不再举证、质证；另一方面，探索要素式审判方式，智能提取案件基本要素信息，精细梳理案件事实和证据，辅助快速庭审。此外，也有个别法院探索简化庭审程序新路径。例如，倡导"一步到庭"，对于争议不大的案件，法院争取开庭结束后的30分钟内完成宣判事宜等。概言之，此次改革基本上涉及了所有简易程序案件可简化的空间，司法实践也一一落实了程序简化措施，且通过前文分析简式文书适用范围拓宽，适用率也在逐年攀升。在此背景下，缘何简易程序案件平均审理期限仍未能得到有效缩短？

为探索这一问题的成因，课题组尝试以A区、J区和T区法院为例，①通过随机方式分别选取3个法院在此次改革过程中适用简易程序审理的100个代表性案件，共计300个案件为样本，②观看其庭审录像具体分析庭审环节构成及各环节所花时间，进而找寻简易程序庭审简化下诉讼效率提升效果不佳的原因所在。经课题组仔细研究分析300个样本案件庭审录像发现：如表3－5所示，首先，《民诉分流实施办法》第13条第1项规定"当事人身份核实"、"权利义务告知"和"庭审纪律宣示"这3个程序性事宜在开庭时可以简化规定，优化空间较小，实践中对诉讼效率提升的效果相对有限。一方面，司法实践中，这3个程序性事宜并非在所有案件中均得以全部简化。根据调研，"当事人身份核实"环节仅有T区法院审结的民间借贷纠纷在庭审时全然省去了，而在3个代表法院中的其他五大类案由中均存在较大比例的案件未对此予以省略的现象，如A区法院服务合同纠纷未省略该环节的占比达到了55%等。分析个中原因，法官助理庭前未核实当事人身份信息，需要审判员当庭核实；也存在即便法官助理已于庭前核实，但部分审判员基于个人习惯仍倾向在庭审过程中再次核实的情况。"权利义务告知"和"庭审纪律宣示"2个程序性事宜简化情况相对较好，在绝大部分简易程序案件的庭审中均得

---

①　需要说明的是，在简易程序案件庭审程序简化部分实证分析过程中，课题组以A区、J区和T区为分析对象，理由有二：一是3个法院是X市民事简易程序试点改革重点法院，具有较丰富改革数据资料，有助于深度实证研究；二是相较其他基层法院改革，这3个法院简易程序改革数据最为全面，尤其是这3个基层法院的有关简易程序案件庭审程序录音录像的资料完整度高，能为实证分析提供充足支撑。需要说明的是，虽然本部分选取的J区、T区法院与本研究中其他部分实证分析所选取的L区、R市2个法院不同，但J区、T区法院与L区、R区法院分别均属于X市二、三圈层法院，样本之间具有相似性，能够达到相同的研究效果，样本选取具有一定科学性与代表性。

②　考虑到适用简易程序的案件案由种类较多，而课题组在实证调研中发现，适用简易程序审理且相关案件数量位列前5名的案由基本占简易程序案件数量的50%左右，而其他案由相对来说案件数量大多为个位数，不具有代表性。例如，J区法院2020年适用简易程序审理的五大类案由分别为"买卖合同纠纷""商品房预售合同纠纷""民间借贷纠纷""离婚纠纷""机动车交通事故责任纠纷"，其案件数量分别占简易程序案件总数的14.05%、13.42%、11.55%、9.37%、5.97%，共计54.36%。对此，课题组在3个法院各选取100个案件时，主要以案件数量排名前5的5类案由为基准，每种案由随机选取20个案件为课题组研究样本，样本选取具有科学性与合理性。同时，因5种案由在各个法院均排前列，样本具有代表性。此外，3个法院合计300个案件的样本具有全面性，足以展示简易程序庭审实态。

以被省略。实践中,“权利义务告知”一般以“权利义务告知书”的形式在庭前送达,“庭审纪律宣示”一般在开庭前由法官助理朗读或播放音频的方式完成。在300个样本案件中,除T区法院审结的5%的民间借贷纠纷与J区法院审结的5%的机动车交通事故责任纠纷类案件未省去“权利义务告知”环节外,其他案件均未在开庭时重复这一事宜。同样,除J区法院审结的10%的买卖合同纠纷与5%的商品房预售合同纠纷未省略“庭审纪律宣示”环节外,其他案件亦均未在开庭时重复这一事宜。另一方面,“权利义务告知”、“庭审纪律宣示”和“当事人身份核实”3个程序性事宜合计用时本较短,即便在庭审中同时存在,往往也只需花费2~3分钟,意味着不论上述程序的简化案件数量占比如何,省略上述环节能够为庭审节约的时间并不多。其次,《民诉分流实施办法》第13条第2项规定的“无争议事实和证据”经庭前会议笔录记载的,可以不再举证、质证的简化情况在实践中较少,未能有效助益诉讼效率提升。就3个法院前5类案由案件而言,省略“无争议事实和证据”环节的案件数量占比均不高,最多的为T区法院买卖合同纠纷案件,但其占比也仅为15%,最低的低至2%,为该院劳动争议合同案件。“无争议事实和证据”如果在庭前能够固定,无疑能更有效减少诉讼时间。而事实并非如此,庭前会议中当事人已经完成证据交换并发表质证意见的情况比较少见。一方面,部分法官与当事人更青睐于通过法庭举证、质证,认为能更有效保障诉权;另一方面,部分案件属缺席审判,存在无法实现庭前证据交换的客观困难。最后,尽管《民诉分流实施办法》第13条第3项规定的“庭审可以直接围绕诉讼请求或者案件要素进行”,司法实践亦探索要素式审判,但实质上其并不是严格意义上以“要素”为前提的审判方法,并未对原有的民事简易审判基本格局形成冲击。要素式审判的难点在于案件“要素”收集、提炼不易。一方面,该做法难以获得当事人的积极配合;另一方面,案件之间存有差异,“要素”的综合提炼十分考验法官的办案水平,具有一定难度。总的来说,此次改革中民事简易程序审判方式可谓“略简”,庭审程序简化方面的改革成效甚微。这或许也是2020年修正的《简易程序若干规定》、2020年《民诉法解释》、2021年《民诉法草案》、2021年《民事诉讼法》及2022年《民诉法解释》均未采纳《民诉分流实施办法》有关简易程序简化内容的重要原因之一。

表3-5 X市A区、J区和T区3个基层法院300件简易审理样本案件庭审程序简化事项及所占比重

单位:%

法院	主要适用案由	简化内容							
		当事人身份核实		权利义务告知		庭审纪律宣示		无争议事实和证据	
		省略该环节的案件数量占比	未略该环节的案件数量占比	省略该环节的案件数量占比	未略该环节的案件数量占比	省略该环节的案件数量占比	未略该环节的案件数量占比	省略该环节的案件数量占比	未略该环节的案件数量占比
A区法院	金融借款合同纠纷	60	40	100	—	100	—	—	100
	民间借贷纠纷	65	35	100	—	100	—	—	100
	商品房预售合同纠纷	75	25	100	—	100	—	5	95
	买卖合同纠纷	50	50	100	—	100	—	10	90
	服务合同纠纷	45	55	100	—	100	—	5	95
J区法院	买卖合同纠纷	60	40	100	—	90	10	—	100
	商品房预售合同纠纷	55	45	100	—	95	5	10	90
	民间借贷纠纷	75	25	100	—	100	—	—	100
	离婚纠纷	55	45	100	—	100	—	—	100
	机动车交通事故责任纠纷	95	5	100	—	100	—	—	100
T区法院	民间借贷纠纷	100	—	95	5	100	—	5	95
	买卖合同纠纷	90	10	100	—	100	—	15	85
	机动车交通事故责任纠纷	70	30	95	5	100	—	—	100
	劳动争议	85	15	100	—	100	—	2	98
	合同纠纷	85	15	100	—	100	—	5	95

此外,此次改革调整简易程序的审理期限延长规则,将可延长审理期限的时间从3个月缩短为1个月,以期更好发挥简易程序快速、高效解决纠纷的作用。然而,限制审理期限延长规则未得到有效落实,这亦是影响简易程序改革诉讼效率效果不彰的一大重要原因。经课题组以2019~2020年A区、J

区和T区3个基层法院审结的简易程序案件为样本,[①]实证分析发现,2020年改革期间,适用简易程序审理的部分案件依旧存在延长1~3个月的审理期限现象。如表3-6所示,A区、J区和T区3个基层法院适用简易程序审理案件中需要延长审理期限的案件数量占比均有所增加。2019年,A区、J区和T区法院审理期限延长的案件数量占比分别为23.75%、11.80%和6.14%;到2020年,该占比分别增加至24.97%、14.79%和11.94%,增幅分别为1.22%、2.99%和5.80%。其中,部分适用简易程序的案件审理期限延长了1个月以上。例如,在A区、J区和T区法院2020年适用简易程序审理的案件中,分别有5.60%、3.00%与2.32%的案件延长了1~2个月的审理期限;分别有3.01%、1.78%与1.09%的案件延长了2~3个月的审理期限;还分别有3.44%、3.72%与1.16%的案件延长了3个月以上的审理期限。

表3-6　2019~2020年A区、J区和T区3个基层法院简易程序案件审理期限延长情况

单位:%

法院	年份	审理期限延长的案件数量占比	审理期限延长1个月内的案件数量占比	延长1~2月的案件数量占比	延长2~3个月的案件数量占比	延长3个月以上的案件数量占比
A区法院	2019	23.75	12.42	4.23	2.13	4.97
	2020	24.97	12.92	5.60	3.01	3.44
J区法院	2019	11.80	4.59	2.99	1.31	2.91
	2020	14.79	6.29	3.00	1.78	3.72
T区法院	2019	6.14	2.82	1.41	0.55	1.36
	2020	11.94	7.37	2.32	1.09	1.16

注:本部分研究依托于A区、J区和T区3个基层法院2019~2020年排除公告送达案件后的全样本数据。简易程序案件审理期限计算方法为:分别筛选适用简易程序的案件的审理周期,再一一统计审理周期不同时长的案件,并计算在全部简易程序案件中的占比。

当然,小额诉讼程序的扩大适用也可能会使简易程序改革过程中的平均审理期限延长。改革前,小额诉讼适用情况不佳,原本属于小额诉讼程序适

① 公告送达案件涉及法定公告期且在进入公告程序之前需穷尽所有送达手段,需耗费一定时间,虽不计入审限但是会整体拉长审查周期。为避免上述因素影响,课题组统计时未纳入公告送达案件。

用范围的部分案件会适用简易程序审理。改革期间，该部分案件回归适用小额诉讼程序审理，同时改革扩大小额诉讼程序适用范围后，部分在改革前属于简易程序适用范围的简单民事案件转由小额诉讼程序审理。如此，适用简易程序审理的案件减少，且因该部分案件的审理周期较短，缺少这部分案件必然会使简易程序案件的审理期限总和有所延长，致使改革期间简易程序案件的平均审判周期较改革前有所延长。整体而言，结合实证数据定量分析和访谈定性研究可知，简易程序案件在改革中基本保持了改革前的平均审理期限，意味着试点法院尽管在简易程序改革中探索了系列简化举措，但这种自我加压的方式能够简化的庭审空间相对受限，对提升审判效率的作用发挥非常有限。

四、完善简易程序规则进一步的建议

（一）确定简易程序普通化定位，建立以简易程序为核心的民事一审诉讼程序体系

繁简分流改革下，简易程序在自身“扩张”和普通程序“收缩”下，在基层法院民事一审诉讼程序中已取代普通程序成为“包打天下”的主体程序，[①]实践中整个民事一审诉讼程序系统实质上达到了一种新的平衡。对此，立法应当顺应实践需求，确定简易程序普通化、普通程序特别化的程序定位，打破简易程序在立法和实践中的“两张皮”现象，实现二者有机统一，并以此为基础，重构以简易程序为核心的民事一审诉讼程序体系。

现阶段，我国民事一审诉讼程序共有小额诉讼程序、简易程序和普通程序三种程序，根据前述实证分析，一直以来，简易程序适用率始终超过50%，居于首位。繁简分流改革以来，小额诉讼程序适用范围扩大，其适用率提升，但简易程序适用率仍然稳居首位。从构成比例来说，适用普通程序的繁案与适用小额诉讼程序和简易程序的简案基本符合“二八定律”。基于此，课题组认为，未来立法应当充分尊重司法实践需求，根据繁简比例的实然状态重新

① 参见杨卫国：《论民事简易程序系统之优化》，载《法律科学（西北政法大学学报）》2014年第3期。

确定三种程序的立法定位，重构民事一审诉讼程序体系。其一，明确简易程序普通化的定位。所谓“简易程序普通化”，指将简易程序转变为审理基层法院80%简案的普遍适用程序。相应地，普通程序则转变为专门用于审理基层法院20%繁案的特别适用程序。在程序规范理念下，普通程序是纠纷化解首要选择，通过程序正义能最大化确保司法的公正价值。而在诉讼爆炸时代背景下，“迟到的正义为非正义”，注重公正的同时也应当兼顾效率。在繁简分流改革下，只有不断扩大简易程序适用范围实现繁简兼顾，才能平衡案件审理中的公正与效率。其二，厘清简易程序“相对简易”本质。在简易和普通程序中，虽然二者在普遍适用与特别补充适用上的重要性位置发生了角色切换，但是普通程序无论从诉讼流程完整性还是权利保障全面性等角度而言，其比简易程序的诉讼要求都更高。而在小额诉讼程序和普通程序中，根据现阶段立法，我国并未赋予小额诉讼程序独立的诉讼地位，小额诉讼程序仍在简易程序框架下。事实上，小额诉讼程序部分适用规则已不同于传统简易程序，应确立其不同于简易程序的独立更简程序地位，专门负责审理基层法院80%简案中的特定范围内的更简案件。可以说，相较普通程序的完整诉讼模式、小额诉讼程序的更简诉讼模式，简易程序属“相对简易”模式，该程序在诉讼流程的完整度、权利保障全面性、审理案件的繁简度等层面均处于“相对居中”样态，即民事一审诉讼三大程序构建形成“由简到繁”的阶梯式定位。其三，明确简易程序适用范围。基于简易程序“普通化”定位和“相对简易”本质，简易程序负责审理20%繁案之外，80%简案之内、小额诉讼独立更简案件之外的简单案件。考虑到3个诉讼程序间的区别，并进一步更好在立案阶段判断适用简易程序，将大量案件分流处理，课题组认为可通过排除法方式判断。以“案由”“诉讼标的额”“当事人一方或双方是否为两人以上”等案件复杂程度判断指标先确定小额诉讼程序的适用清单和普通程序的适用清单，而后将排除在清单之外的案件统一适用简易程序审理。当然，案件或繁或简并非一锤定音，而是处于动态变化中。立案环节对民事案件作出的繁简判断，实则是一种形式化、静态化的判断。立案后在办案人员通过实质审查案件发现案件不宜简易程序审理时，通过程序转换改变审理程序即可。

整体而言，基于简易程序的定位、性质，以及小额诉讼程序、简易程序和普通程序的适用范围占比变化，3个诉讼程序之间可谓形成“两头小、中间大”的诉讼模式，成功构建基层法院“以简易程序为核心”的民事一审诉讼程序体系。

（二）将公告送达案件纳入简易程序适用范围，以此为基础不再继续拓展适用空间

此次改革允许符合条件的公告送达案件适用简易程序审理，但改革完成后，2021 年《民事诉讼法》并未吸收改革做法将公告送达案件纳入简易程序适用范围。结合实证研究，课题组认为，公告送达案件在改革中具有成效，且在 2021 年《民事诉讼法》修正后公告送达案件更具有适用简易程序的可行性，未来立法应当将公告送达案件纳入简易程序适用范围。

一方面，改革以来，公告送达案件适用简易程序案件量增加，适用率不断提升，一定程度缩短了公告送达案件审判周期，提高了简易程序诉讼效率。另一方面，此次改革以来，公告送达案件适用普通程序审理的必要性愈加减弱，相关障碍已切实排除。此次改革解绑普通程序与合议制，允许基层法院审理的基本事实清楚、权利义务关系明确的第一审普通民事案件，可以由一名审判员独任审理。也就是说，对于事实清楚、权利义务关系明确的简单民事案件而言，适用简易程序和普通程序已无实质差别，包括审判人员、庭审环节等。除此之外，普通程序独任制和简易程序适用条件均聚焦案件性质的"清楚""明确""简单"，适用条件一致，程序无实质差别，适用普通程序确无必要。更甚者，2021 年《民事诉讼法》将公告期由 60 日缩短至 30 日，在简单民事案件中即使公告送达，审判人员也有充足时间查明案情，准确判断并公正裁判。[①] 鉴于此，应当允许公告送达的简单案件简易审理，切实助力民事审判工作提速增效，而这也符合近年来立法不断拓展简易程序适用范围的发展趋势。

综观立法与司法解释可以看出，自 1991 年《民事诉讼法》明确表示简易程序适用于事实清楚、权利义务关系明确及争议不大的简单民事案件以来，制度设计者便在不断探索拓展简易程序适用范围的举措。例如，2003 年《简易程序若干规定》通过否定式"列举 + 概括"方式明确了基层法院适用简易程序"负面清单"，规定除第 1 条所列举的四种具体情形及其他"人民法院认为不宜适用简易程序进行审理的"简单的民事案件外，其他简单的民事案件均

---

① 参见王恒泽：《公告案件可否适用简易程序审理》，载《江苏法治报》2022 年 4 月 26 日，A07 版。

可以适用简易程序审理。[①] 也就是说,将简易程序适用条件从“例外”变为“原则”,[②]某种程度上拓宽了简易程序适用领域。除此之外,2003年《简易程序若干规定》首次探索规定简易程序约定适用方式,赋予民事案件各方当事人简易程序选择权。依该规定第2条第1款,在基层法院适用普通程序审理的一审民事案件中,当事人双方合意选择简易程序且经法院审查同意的,该案即可适用简易程序审理。可以说,该规定的施行亦有利于扩大简易程序适用范围。之后,2012年《民事诉讼法》更是从立法层面肯定了当事人合意约定适用简易程序的合法性,根据其第157条第2款规定,基层人民法院和它派出的法庭审理的“事实清楚、权利义务关系明确、争议不大的简单的民事案件”之外的其他民事案件,当事人也可以合意适用简易程序。在后续涉及简易程序适用范围的司法规范性文件中,2015年《民诉法解释》延续了2003年《简易程序若干规定》扩大程序适用范围的否定式“列举+概括”范式,不同的是,2015年《民诉法解释》增加了两类不宜适用简易程序审理的案件类型,[③]并对“事实清楚”、“权利义务关系明确”及“争议不大”的内涵作了相对明确的界定。相较2003年《简易程序若干规定》,2015年《民诉法解释》对简易程序适用范围的扩大更为谨慎、合理。随后,为进一步拓展简易程序适用范围,2018年《互联网法院审案若干规定》开创了公告送达案件可适用简易程序审理的先河。[④] 此次繁简分流改革中,《民诉分流实施办法》进一步将公告送达案件纳入试点法院简易程序适用范畴。整体而言,多项立法与司法解释均有扩大简易程序适用范围之势。

进一步拓展程序适用范围,是在“案多人少”司法背景下进一步提升司法

---

① 参见2003年《简易程序若干规定》第1条:“基层人民法院根据《中华人民共和国民事诉讼法》第一百四十二条规定审理简单的民事案件,适用本规定,但有下列情形之一的案件除外:(一)起诉时被告下落不明的;(二)发回重审的;(三)共同诉讼中一方或者双方当事人人数众多的;(四)法律规定应当适用特别程序、审判监督程序、督促程序、公示催告程序和企业法人破产还债程序的;(五)人民法院认为不宜适用简易程序进行审理的。”

② 参见庞小菊:《民事审判迅速化的效率原则》,载《西部法学评论》2017年第5期。

③ 涉及国家利益、社会公共利益的,以及第三人起诉请求改变或者撤销生效判决、裁定、调解书这两类案件。参见2015年《民诉法解释》第257条:“下列案件,不适用简易程序:(一)起诉时被告下落不明的;(二)发回重审的;(三)当事人一方人数众多的;(四)适用审判监督程序的;(五)涉及国家利益、社会公共利益的;(六)第三人起诉请求改变或者撤销生效判决、裁定、调解书的;(七)其他不宜适用简易程序的案件。”

④ 参见《互联网法院审案若干规定》第18条:“对需要进行公告送达的事实清楚、权利义务关系明确的简单民事案件,互联网法院可以适用简易程序审理。”

效能之举。结合上述分析来看,为应对诉讼爆炸、缓解司法压力,简易程序已经在司法实践中被一再扩展适用范围,适用率始终稳居民事一审诉讼程序首位便是例证,且相关拓展举措确已一定程度提升了诉讼效率。毋庸置疑,拓展简易程序适用范围是司法实践所需要的。但立足当下,在将公告送达案件纳入简易程序适用范围后,简易程序适用率不断提升,可以说已经具有了相当广的适用范围。同时,试点改革实证研究显示,公告送达案件纳入简易程序适用范围后,尽管适用率不断提升,但从整体在简易程序空间扩大方面的占比看,其比率相对有限,反映出新一轮改革在程序适用范围拓展上的尝试未取得较为理想的成效,简易程序可继续拓展的空间亦非常有限。整体而言,课题组认为,在厘清简易程序"普通化"定位、"相对简易"性质,构建以简易程序为核心的一审民事诉讼程序体系后,简易程序适用范围的拓展可以说已经到了饱和程度,将公告送达案件纳入简易程序适用范围后,在未来下一步改革中,简易程序不宜再继续拓展适用范围。

(三)合理看待效率目标,以要素式审判和示范诉讼优化简易程序

民事简易程序的设立初衷是在保障基本公正的基础上提升诉讼的效率。[①] 基于民事简易程序是基层法院审理"相对简单"案件之程序定位的认识,"程序简化"始终是我国民事简易程序立法设计的主要方向。此次改革实施前,我国民事简易程序已然在各个程序环节作了简化尝试。此次改革进一步通过省去"当事人身份核实、权利义务告知、庭审纪律宣示"3 项程序性事宜,不再重复举证、质证,围绕诉讼请求或者案件要素进行庭审等方式"简化"调整了简易程序,寄予了"提升效率"愿景。然而,经课题组实证研究发现,适用简易程序审理的民事案件庭审效率已经处于较快水平,如"离婚纠纷"的庭审时长通常在 10~30 分钟,"机动车交通事故"的庭审时长一般在 10~20 分钟。在我国现阶段民事庭审效率已经取得大幅提高前提下,作为"效率化司法"[②]主力军的民事简易程序,在此次改革中程序简化效果不彰,适当缩短最长审理期限举措亦效果平平,简易程序的审判效率整体上未能取得进一步有效提升,改革愿景落空。改革完成后,2021 年《民事诉讼法》等亦并未吸收《民诉分流实施办法》有关简易程序规则简化的规定。

---

① 参见舒瑶芝:《民事诉讼程序分流研究》,法律出版社 2013 年版,第 231 页。

② 左卫民:《"诉讼爆炸"的中国应对——基于 W 区法院近三十年审判实践的实证分析》,载《中国法学》2018 年第 4 期。

结合实证调研，课题组认为，民事简易程序在诉讼效率上确实具有一定优势，但现阶段各环节已处于相对简化状态，可以说，简易程序简化内容已达到饱和，简易程序进一步简化空间不大。从公正与效率兼顾的价值考量层面出发，就是否有必要进一步对庭审进行更为细致的“简化”改革，课题组认为应当保持慎重态度。下一步改革，应当冷静审视效率价值追求，在现有简化框架内进一步“优化”简易程序即可，如探索完善要素式审判、创新推广应用示范诉讼等。

1. 完善要素式审判

要素式审判的初衷是精细化、标准化、略式化审判，进而实现审判质量和审判效率的同步提高。现阶段，要素式审判研究尚在起步阶段，[①]实践中探索要素式审判改革成效不够明显。课题组认为，推动要素式审判体系建立的关键在于改革庭审方式。从诉讼程序的优化发展来看，要素式审判的内涵并不仅是程序简化，更重要的是对诉讼全流程发挥“抓取要点”“提炼信息”作用的制度。因此，要素式审判应以庭审为中心展开优化，确立以要素为纲的庭审方式，并建立相关的前端要素表、中端配套措施和末端裁判文书，以庭审内容的设计决定要素表、裁判文书。

首先，明确诉讼流程前端要素表的定位，精准设计要素表。要素表是要素式审判获取信息的关键，应当服务于要素式庭审活动。“当事人在庭前所填写的诉讼要素表，其内容之性质当属当事人陈述。”[②]设计要素表应当围绕要素式审理展开，理应具备便于获取信息、提示关键事实、总结争议焦点、便捷信息补录等重点功能。[③] 要素表要求当事人在一个相对集中且合理的时间内，就案件所涉的诉讼要素表提供所有证据。通过填写要素表，自然形成一个融举证、庭前证据交换、当事人答辩于一体的诉讼程序。但目前的制度设

---

① 作为简易程序的内核规则，要素式审判的研究尚未得到充分关注和重视，仅有个别文章分别从要素式审判的适用标准角度、要素式裁判文书角度及要素式裁判理论研究角度对其分析，但均未触及要素式审判的本质。参见李鑫、王世坤：《要素式审判的理论分析与智能化系统研发》，载《武汉科技大学学报（社会科学版）》2020 年第 3 期；黄振东：《要素式审判：类型化案件审判方式的改革路径和模式选择》，载《法律适用》2020 年第 9 期；滕威：《要素式审判方法之改进及其运用——提升民事庭审与文书制作效率的新思路》，载《人民司法》2019 年第 10 期。

② 滕威：《要素式审判方法之改进及其运用——提升民事庭审与文书制作效率的新思路》，载《人民司法》2019 年第 10 期。

③ 参见林遥：《民商事类型化案件要素式审判机制研究——以 C 市法院民事庭审优质化改革情况为样本分析》，载《法律适用》2018 年第 15 期。

计严重依赖当事人的配合，课题组认为，应当将要素表作为立案的必备材料，要求当事人充分填写。同时，法院应根据当事人的意见对要素表内容和框架进行补充或修改，建立以“基本模板＋可修改”为特征的要素表。在填写过程中，不过分强调统一性，而应更加注重要素式审判为简化案件所带来的便利性与高效性。一方面，可针对特定案件出现的特定情形，制定灵活可调整的要素表内容；另一方面，可在与当事人的沟通中不断完善要素表之要素，进一步优化要素表。

其次，优化诉讼流程中端配套措施。一方面，做好庭前确认事项的效力固定，落实庭前证据交换及争点整理，庭前准备工作包括但不限于庭前会议。庭前准备过程可将信息化技术与要素式审判紧密结合，与双方当事人保持稳定的线上或线下联系，确保法院在庭审前即掌握大量案件要素，推动集中化要素式庭审进行。① 另一方面，明确法官与司法辅助人员在要素式审判流程中的分工，法官负责庭审，法官助理、书记员负责庭前准备工作，合理优化配置司法资源，提升要素式审判质效。

最后，增强诉讼流程末端要素式裁判文书的可操作性。目前各地法院积极探索表格式、令状式和要素式裁判文书，均有其特色，可针对不同类型案件使用。但课题组注意到，部分法院的要素式裁判文书模板过于简单，不能充分展示案情，不利于审判中法官了解案情。“要素式裁判文书的结构安排，必须要回应要素式庭审方式并与其相结合。”②鉴于此，课题组认为，应当从如下3个方面实现要素式裁判文书的可操作性：一是提炼案件要素，方便当事人阅读；二是形成完备模板方便法官撰写；三是保留核心内容和争议事项，方便其他法院查明案情。具体而言，未来可尝试以要素式庭审为中心构建统一、完备的要素式裁判文书模板库，由法官撰写裁判文书的基本格式，还可由法官自由添加要素式庭审中形成的关键性内容，增加其实质内容的充分度。此外，传统民商事裁判文书采用先叙述、后议论的写作方法，虽涵盖全面但缺乏重点，且不便于当事人理解，要素式裁判文书则可采用“夹叙夹议”的写作方法，动态展现要素式庭审过程，突出原告与被告围绕要素开展的举证、质证和辩论内容。

---

① 参见《人民法院司法改革案例选编(二)》。

② 滕威：《要素式审判方法之改进及其运用——提升民事庭审与文书制作效率的新思路》，载《人民司法》2019年第10期。

2.创新示范诉讼

示范诉讼的核心和关键点是实现诉讼的示范效应,以示范首案带动其他平行案件的批量化解,并通过类型化的裁判结果起到对社会的宣告作用,引导当事人更好接受法院的裁判结果,即以诉讼化解诉讼是该制度的改革目标。改革过程中,试点法院对示范诉讼的认识逐步提升,多用于房产类、建工类、物业服务类等同时衍生涉众、涉稳案件,而其中有些问题牵涉企业、政府等其他主体,其根源性化解并不是简单通过一个判决能够解决的,须通过政府对接、政企联动的方式去解决。这就要求在审理集团性、系列化案件时,审判人员必须建立系统化思维方式,从整体角度考量纠纷解决。将完善简易程序规则与示范诉讼机制相融合,无疑将更好在诉源治理或衍生案件办理方面发挥积极意义,同时亦会缩短平行案件的审理周期,进而从系统视角整体提升类型化案件的审判质效。

如何具体创新推广应用示范诉讼,课题组认为,可重点围绕以下 6 个方面展开。

其一,启动方式。改革过程中,示范诉讼主要由法院引导、鼓励当事人选择适用,由当事人确定是否进行示范诉讼处理。包括个别法院在确定示范案件时,均是由当事人选定,最终由法院确定,如 T 区法院。关于启动示范诉讼是否需要征求当事人的意见,有观点提出法院可以依职权启动。由于示范诉讼目前尚处探索阶段,仅是实践举措而未纳入立法层面,实践中尽量通过向当事人解释示范诉讼的积极作用,引导当事人选择并认可示范诉讼。

其二,示范案件的选取。示范案件选取的好坏直接决定着后续平行案件的处理与当事人对示范诉讼结果的接受度情况。试点法院在对全部案件事实、证据通盘考虑、整体梳理基础上,运用要素方式将案件共同性的事实、证据等进行罗列,让双方当事人共同确认要素,并从中选出要素点最多、证据充足的案件为示范案件。由于要素方式是双方共同确认的,通过要素表也可以一目了然地明晰要素点的数量,当事人通常容易认可所选取的示范性案件。课题组认为,除当事人协商选择示范案件外,法院也可依职权指定,并且从示范案件选取的合理性、科学性、专业性层面看,由法院主导,针对不同情形区别选择适宜的示范案件更为妥当。例如,对于尚处诉前阶段未进入诉讼的案件,选取涵盖所有共同性事实和法律争点的案件为示范案件;对于已经进入诉讼的案件,通过庭前会议确立共同的事实、法律及证据争点,进而选取示范性案件。需要强调的是,示范案件的共同性要素越多,越具有代表性;平行案件的审理过程越顺利,判决结果也越利于当事人接受,上诉案件也会越少,进而达到较好的服判息诉效果。

其三,示范案件的审理。确立开展示范诉讼后,由于示范案件对整体涉众案件的影响较大,在示范案件进入立案后应当进行流程监管,同时做好信息的同步公开,尤其是向平行案件当事人的公开。课题组建议,公开审理示范案件,审理中通过庭前会议确定共同事实、法律及证据争点。庭审中将共同争点作为示范案件的审理目标,引导当事人进一步针对共同争点辩论。若审理过程中因调解、撤诉等原因案件的共同争点消失,应当另选示范案件。同时,在示范案件审理过程中,示范诉讼案件当事人原则上不能主动作出权利放弃的意思表示,因为其诉讼行为会涉及其他当事人的利益,若放弃则应当按照示范诉讼机制重新更替示范案件。此外,关于生效裁判文书的既判效力范围,由于示范裁判文书所认定的共同事实、法律适用的标准应当作为其他平行案件裁判的依据和标准,若非经法定程序对其更改,则情形相同的平行案件应当适用示范案件的裁判。示范诉讼的裁判文书应当围绕示范案件审理的目标充分论述,详细分析共同的证据、事实和法律适用观点。对于示范判决,当事人同样具有上诉权,案件生效后应及时告知平行案件的当事人。

其四,平行案件的诉讼与管理。推动示范诉讼过程中,相关案件办理必然会受到当事人和其他平行案件当事人的特别关注,因此必须建立系统化思维,并秉持公开透明原则,让当事人及时了解案件的办理进展,解决平行案件的管理难题。示范诉讼中,示范案件往往会为当事人提供明确的诉讼预期,示范判决生效后,若示范案件的示范效应比较理想,则应尽量通过调解、司法确认等方式解决平行案件,降低法院的受案数量,同时也利于降低当事人的诉讼成本。若通过诉讼方式解决,则示范判决所认定的共同事实在平行案件庭审中无须由当事人再举证。平行案件的裁判文书亦可采取表格式、要素式或令状式等简易方式制作,示范案件的判决文书附在文后即可。若个别当事人不接受示范案件结果,法院则通过集中审理、要素式审理、简式文书等方式解决。若出现恶意诉讼、恶意上诉情形,一旦认定就应通过惩戒机制加以处理。经当事人同意,可以将平行案件合并立为一个案件,如果当事人不同意,则以分别立案的方式处理。改革中,T 区法院在处理 100 余件物业合同纠纷案时,在示范判决生效后采取“示范诉讼 + 委托调解 + 司法确认”方式处理平行案件,取得较好衍生案件抑制效果等。当然,需要说明的是,平行案件的当事人没有直接参与示范案件审理,课题组认为,如果硬性要求其接受示范裁判结果的约束,有悖于程序公正的基本要求,则应当允许平行案件当事人提出异议,若该异议成立,示范案件判决认定的共同事实及法律适用标准,对该异议案件不发生效力。但为避免异议权滥用,应限制异议提出情形,明确异议成立标准,即只有在提出的异议足以影响案件结果时,才予以认可。

其五,建立相关配套措施。示范诉讼更加注重向一种实质化的方向发展。对此,课题组建议,借鉴试点实践成果综合运用相关措施,不断丰富、发展其内涵,建立“示范诉讼 +”制度。例如,若示范案件上诉,从整体效果看,系统化思维要求上下级法院配合和协调,以期尽快确定案件最终结果,进而更好发挥示范案件借鉴作用。例如,在示范诉讼中,应尽量在平行案件中委托专业代理人或推选代表人参加诉讼,否则示范机制很难发挥公正、高效价值。

其六,保障平行案件当事人的诉讼权利。示范诉讼最大的难题是如何保护平行案件当事人的诉讼权利。对此,课题组建议,一方面,赋予平行案件当事人程序参与权,将示范案件的选定结果、平行案件的范围与审理目标、示范判决的效力及当事人参与权等事项及时告知当事人,消除平行案件当事人的焦虑。另一方面,做到示范诉讼公开透明,及时公开示范案件的庭审信息,使平行案件当事人、潜在案件的当事人、代理的群体成员等在内的主体都可以充分了解示范案件所使用的证据、事实调查及辩论过程,更好选择平行案件的处理方式,并为案件解决做足准备。此外,选定示范案件后应及时审理,尽量缩短办案周期,减少平行案件当事人因等待示范案件生效裁决而产生的焦虑及可能导致的公正性负面评价。

整体而言,示范诉讼作为此次改革的实践探索,具有优化简易程序进而提升审判质效的价值与意义。示范诉讼是对某一类型案件、某一区域或者某一个纠纷的一系列案件的微型指导性案件,最优目标在定分止争,避免衍生诉讼。当然,示范诉讼除在简易程序中适用外,在小额诉讼程序和普通程序中亦具有适用可行性。

第四章　扩大独任制适用范围改革实证研究

繁简分流改革前，我国《民事诉讼法》《人民法院组织法》等法律规定了合议制和独任制两种审判组织形式，并强制规定简易程序案件适用独任制审理，普通程序案件仅适用合议制审理，同时长期秉持以"合议制为主，独任制为辅"的审判组织适用原则。随着经济、社会等发展，我国民事领域"诉讼爆炸""案多人少"已成不争事实。在缓解审判压力过程中，司法实践出现审判组织不合理适用问题。一方面，一些疑难复杂案件被不当分流到简易程序，独任制案件比重不断提升。加之简易程序简化不足，未能满足当事人和法院便捷迅速、成本低廉处理大量少额、简单纠纷的迫切要求，"简案不简"问题突出。[①] 另一方面，合议制异化变形。受案件承办人制度、陪审制度、院庭长审批制度及审判委员会制度等多种因素的交互影响，[②]合议制在实践运行中出现"形合实独""陪而不审，合而不议"等突出问题。可以说，此次繁简分流改革之前，我国民事案件审判组织的立法规定与司法实践严重脱节。一直以来，理论界围绕是否应将独任制扩大至一审普通程

---

① 参见王亚新：《民事诉讼法修改中的程序分化》，载《中国法学》2011 年第 4 期；杨秀清、谢凡：《普通程序适用独任制的理论阐释》，载《法治研究》2022 年第 4 期。

② 参见左卫民、吴卫军：《"形合实独"：中国合议制度的困境与出路》，载《法制与社会发展》2002 年第 2 期。

序、是否应将独任制扩大至二审程序以及如何扩大独任制适用范围等问题展开激烈讨论。主流观点认为,应当扩大基层法院独任制适用范围,一审通过普通程序审理的民事案件亦可以适用独任制审理。[①] 不过,对于是否将独任制扩大至二审程序,研究者分歧明显。有的认为应有条件地将独任制扩大至二审程序;[②]有的认为不应将独任制扩大至二审程序,但中级人民法院审理的一审民事案件可以适用独任制。[③] 因此,如何理解实践、调整民事审判组织适用规则已成为司法实务和理论研究不得不回应的重要问题。

在此背景下,2019 年 12 月 28 日,第十三届全国人民代表大会常务委员会第十五次会议通过《民诉分流授权决定》,将扩大独任制适用范围作为繁简分流五项重点改革内容之一,并授权 X 市两级法院等开展为期两年的改革试点。随后,最高人民法院制定《民诉分流实施办法》,围绕一审适用普通程序的民事案件可以适用独任制审理和部分二审民事案件可以适用独任制审理等相关问题,用 5 个条文对其作出部署。经过两年试点改革,在充分吸收改革经验和论证改革成果基础上,《民事诉讼法》对扩大独任制适用内容作出立法修改。针对此次修法内容,有些学者批评最高人民法院操之过急,独任制步子迈得太大、太快。[④] 整体来看,此次立法未能推动各界对扩大独任制适用范围达成共识,反而在某些方面进一步加剧了分歧。繁简分流试点改革下,独任制发生了哪些变化?独任制适用范围是否出现明显扩张?改革后审判组织结构是否更加合理?此次改革最终有无完全实现优化司法资源配置等改革目的?尚存在哪些不足?独任制相关立法应如何进一步完善?梳理现阶段独任制改革已有研究成果发现,针对此次改革的专门研究非常有限,以理论研究为主,实证研究偏少。在少量实证研究中,定性研究多,定量研究少,全样本的定量研究更是凤毛麟角。整体上未能全面、准确、深刻揭示扩大独任制试点改革实际情况。对此,课题组拟以 X 市两级法院为研究对象,通过采取定量与定性相结合的实证研究方法,客观、具体、深度地呈现 X 市两级法院独任制改革的

---

① 参见蔡彦敏:《断裂与修正:我国民事审判组织之嬗变》,载《政法论坛》2014 年第 2 期。

② 参见荣明潇:《二审民事案件适用独任制审理的理性逻辑与进路探索》,载《法律适用》2017 年第 9 期。

③ 参见张晋红:《关于独任制与合议制适用范围的立法依据与建议——兼评当事人程序选择权之客体》,载《法学家》2004 年第 3 期。

④ 参见张卫平:《审判资源程序配置的综合判断——以民事诉讼程序为中心的分析》,载《清华法学》2022 年第 1 期。

实践样貌,并在评析改革效果基础上对上述问题作出回应,为下一步改革奠定基础。一方面,以X市中级人民法院和22个基层法院为整体分析对象,通过收集汇总、解读分析系列独任制改革文件,以及《X市数据通报》等宏观司法统计数据,从总体上把握独任制改革情况和趋势。另一方面,选取X市中级人民法院和B区、L区和R市3个典型基层法院为重点分析对象,通过实证分析随案调查表、情况统计表等全量样本数据,深度剖析独任制适用情况与改革效果。① 通过有针对性地对3个典型基层法院进行实地访谈调研方式,进一步了解独任制改革制度机制建设、具体运行及存在的问题等。

一、扩大独任制适用范围改革的要点

(一)解除程序捆绑:基层法院普通程序案件审理从"合议制"到"可以独任制"

长期以来,我国民事审判组织存在"独任制 = 简易程序""合议制 = 普通程序"的捆绑模式。这种硬性捆绑在一定程度上导致审判组织与案件难易程度不匹配,不当限缩了独任制适用范围,被不少学者所质疑。② 此次改革将民事审判组织与审判程序解绑,规定独任制适用不再以简易程序为前提,符合条件的普通程序案件同样可以适用独任制审理。《民诉分流实施办法》第16条第2款规定:"基层人民法院审理的事实不易查明,但法律适用明确的案件,可以由法官一人适用普通程序独任审理。"最高人民法院2020年4月发布的《民诉分流问答口径(一)》对"事实不易查明""法律适用明确"具体含义细化规定,指出理解适用时应秉持整体考虑原则,不可孤立理解。即便事实复杂,待事实查明

① B区、L区、R市所在地区经济发展水平、案件受理数量和法院人员配备等方面均分别位居X市一、二、三圈层法院前列,且彼此间存在较大差异,能较全面地代表全市基层法院改革情况。尤其B区法院是X市扩大独任制适用范围试点改革的示范性法院,更具有样本代表的典型性,遂课题组以上述3个基层法院为重点研究样本。此外,因为B区法院与A区法院均属一圈层法院,二者辖区人口、经济发展水平等条件相当,案件体量、法院人员配备等亦相差不大,且B区法院是X市扩大独任制适用范围试点改革牵头单位,相较A区法院,更能全面反映改革情况,所此不同于优化司法确认程序、完善小额诉讼程序等改革实证研究选取A区法院为一圈层基层法院代表样本,扩大独任制适用范围改革部分以B区法院为一圈层基层法院的样本法院。

② 参见傅郁林:《繁简分流与程序保障》,载《法学研究》2003年第1期;张晋红、赵虎:《民事诉讼独任制适用范围研究》,载《广东社会科学》2004年第4期等。

后,法律解释与适用不存在空白与争议的案件亦可适用独任制审理。之后,2021年《民诉法草案》将《民诉分流实施办法》中的“事实不易查明,但法律适用明确”这一“普通程序案件独任制审理”(以下简称“普独”)适用标准修改为“基本事实清楚、权利义务关系明确”。这一修改在理论界引发了争议。2021年11月,在中国法学会民事诉讼学研究会主办的“民事诉讼法修改理论研讨会”会上,有学者指出“基本事实清楚、权利义务关系明确”显然是以实体法律关系的性质严重程度来决定给予双方当事人何种程度的程序保障,反映出典型的重实体而轻程序观念,不够妥当。[①] 在同日召开的第二届中国民事诉讼法学研究会浦江民诉沙龙上,亦有不少学者持此批评意见。此外,还有不少学者认为,相较简易程序独任制适用条件“事实清楚、权利义务关系明确、争议不大的简单的民事案件”,普通程序独任制适用条件仅加了“基本事实”的限定,以致二者适用条件混同,恐进一步扩大独任制案件范围。如果将基本事实理解为法律要件事实,案件“基本事实清楚”就会跟“权利义务关系明确”相重合,亦会进一步扩大独任制适用范围。尽管不断扩大独任制适用范围是提升司法效率的最简便对策,但若“一味过度扩大”就会损害司法公正。[②] 对此,学者们建议修改“普独”适用标准。例如,有人建议将“普独”适用标准改为“法律适用争议不大”;有人则建议删除“基本”二字;有人建议在“普独”案件既有适用标准上附加“需当事人双方同意”的条件。[③] 不过,《民事诉讼法》最终仍延续2021年《民诉法草案》,确立“基本事实清楚,权利义务关系明确”为“普独”适用标准。尽管《民事诉讼法》中的“普独”适用标准规定备受理论界质疑,但该标准与实体法对简单案件的认定标准保持一致,是立法机关的立场宣示。

整体而言,此次改革及立法对探索适用“普独”的重大意义不容忽视。一方面,在一定程度上解决了审判程序与审判组织不当捆绑的“顽疾”。1991年《民事诉讼法》规定简易程序案件适用独任制审理,导致独任制与简易程

① 参见《会议综述|民事诉讼法修改理论研讨会》,载微信公众号“民事程序法研究”2021年11月9日,https://mp.weixin.qq.com/s/dDSQ6LfhldGtDG_6FpgwpQ。

② 参见《研讨会综述|第二届中国民事诉讼法学研究会浦江民诉沙龙——长三角地区民事诉讼法学者关于民事诉讼法修改的专题研讨》,载微信公众号“复旦大学司法与诉讼制度研究中心”2021年11月8日,https://mp.weixin.qq.com/s/uspymiOLqQJqLwQ0bOc_yQ。

③ 参见《研讨会综述|第二届中国民事诉讼法学研究会浦江民诉沙龙——长三角地区民事诉讼法学者关于民事诉讼法修改的专题研讨》,载微信公众号“复旦大学司法与诉讼制度研究中心”2021年11月8日,https://mp.weixin.qq.com/s/uspymiOLqQJqLwQ0bOc_yQ。

序、合议制与普通程序硬性捆绑，而后2007年、2012年及2017年《民事诉讼法》三次修正均未能解除审判组织与审判程序绑定模式。2021年《民事诉讼法》出台后，审判程序决定审判组织的思维定式被打破，民事审判组织与审判程序的不合理捆绑被破除。另一方面，审判组织适用依据更加科学。案件的疑难复杂程度是影响审判组织选择的最关键因素，而审判程序的复杂程度与案件的疑难复杂程度并不存在必然关联。例如，适用普通程序审理的公告送达类案件并不都是疑难复杂案件，部分主要因被告人下落不明，法院为保障当事人程序权利而选择适用普通程序审理。也就是说，审判程序与审判组织之间无一一对应必要。将独任制扩展至普通程序，意味着审判组织的适用不再以案件审判程序为依据，而取决于案件本身的难易程度。

（二）突破审级限定：二审民事案件独任制审理从“无”到“有”

两审终审审级制度下，为确保案件审判质量、加强审判监督和防止司法腐败，二审案件一律适用合议制审理是我国长期坚持的民事审判组织适用根本性原则。但事实上，司法实践中部分二审案件案情较为简单并无适用合议制审理的必要。早在此次改革前，便一直存在将独任制扩大至二审案件的声音，法院实务部门呼声尤盛。[①] 此次改革顺应呼吁，突破独任制适用审级限定，规定符合条件的二审案件可以适用独任制审理。根据《民诉分流实施办法》第18条规定，第一审适用简易程序审结的，以及不服民事裁定的上诉案件，若事实清楚、法律适用明确则可以适用独任制审理。一方面，二审民事案件并不都是疑难复杂案件。有些当事人上诉只是为拖延判决生效时间，有些当事人上诉仅是再次公开表达诉求，甚至是宣泄情绪。当二审民事案件在事实认定和法律适用都不疑难复杂的情形下，由一名法官审理完全可以满足实际需要。另一方面，《民诉分流实施办法》规定可以适用独任制审理的两类二审民事案件，在第一审程序中均系相对简单案件，即便上诉，二审独任法官也没有太大的自由裁量空间，不正确履职的概率相对较小。整体而言，对争议焦点集中，审理难度不大的二审民事案件适用独任制审理，既有利于节约审

---

① 参见宋明潇：《二审民事案件适用独任制审理的理性逻辑与进路探索》，载《法律适用》2017年第9期；方鸿华：《独任制适用限制变化的逻辑与未来走向》，载《司法改革论评》2019年第2期；田娟、叶艳：《悖论与校正：独任制审判范围适度扩张的逻辑基础与实现路径——以S市两级法院近三年审判数据为分析样本》，载胡云腾主编：《司法体制综合配套改革与刑事审判问题研究——全国法院第30届学术讨论会获奖论文集》（下），人民法院出版社2019年版，第121～133页。

判资源,也不会明显增加司法公正损害风险。

对于二审民事案件独任制适用规定,2021 年《民诉法草案》除将适用条件"事实清楚、法律适用明确"改为"事实清楚、权利义务关系明确"外,基本全部吸收了《民诉分流实施办法》规定。这一做法令理论界不少学者哗然。在前述第二届中国民事诉讼法学研究会浦江民诉沙龙上,大多数学者认为,司法实践中基层法院审理的绝大多数民事案件均适用简易程序审理,一审简易程序适用案件基数大,如此规定必然会导致二审案件独任制适用范围过于广泛。① 鉴于此,有的学者建议应在二审民事案件独任制适用规定中加入"经双方当事人同意适用"的限定条件,即只有经双方当事人同意才可以在二审案件中适用独任制;有的学者提议增加"对于具有原则性意义的案件或者为保证裁判的统一,应当组成合议庭审理"的规定;有的学者甚至主张删除二审可以适用独任制审理的规定,认为不管一审中是适用简易程序结案的,还是不服民事裁定而上诉,二审上诉后均不能适用独任制审理。② 受学术界讨论的影响,2021 年《民事诉讼法》第 41 条修改时在 2021 年《民诉法草案》相关规定的基础上增加了"经双方当事人同意"的制约限定条件,规定"经双方当事人同意,可以由审判员一人独任审理",以有效防止独任制滥用。就"经双方当事人同意"认定问题,最高人民法院亦作出详细规定。③

一直以来,是否应当赋予当事人民事审判组织选择权是理论界争论焦点之一。有的学者认为不宜赋予当事人审判组织选择权;④有的学者认为是否赋予当事人审判组织选择权,不能一概而论,而应分情况讨论,如对本应适用独任制审理的案件当事人可以合意选择适用合议制审理,但本应适用合议制

① 参见《研讨会综述|第二届中国民事诉讼法学研究会浦江民诉沙龙——长三角地区民事诉讼法学者关于民事诉讼法修改的专题研讨》,载微信公众号"复旦大学司法与诉讼制度研究中心"2021 年 11 月 8 日,https://mp.weixin.qq.com/s/uspymiOLqQJqLwQ0bOc_yQ。

② 提出上述修改建议的学者依次为:刘敏教授、赵秀华教授、段厚省教授、霍海红教授。《研讨会综述|第二届中国民事诉讼法学研究会浦江民诉沙龙——长三角地区民事诉讼法学者关于民事诉讼法修改的专题研讨》,载微信公众号"复旦大学司法与诉讼制度研究中心"2021 年 11 月 8 日,https://mp.weixin.qq.com/s/uspymiOLqQJqLwQ0bOc_yQ。

③ 参见最高人民法院民事诉讼法修改起草小组编著:《民事诉讼法修改条文对照与适用要点》,法律出版社 2022 年版,第 38~39 页。

④ 参见张晋红:《关于独任制与合议制适用范围的立法依据与建议——兼评当事人程序选择权之客体》,载《法学家》2004 年第 3 期;张晋红、赵虎:《民事诉讼独任制适用范围研究》,载《广东社会科学》2004 年第 4 期。

审理的案件当事人不可以合意选择适用独任制审理；[①]有的学者认为应赋予当事人审判组织选择权。[②] 此次改革中，《民诉分流实施办法》、2021 年《民诉法草案》均未赋予当事人审判组织选择权。2021 年《民事诉讼法》突破原有规定，赋予当事人对二审独任制案件的审判组织选择权，是此次修法在当事人诉讼程序保障和司法公正方面的一大进步体现。

（三）划定适用范围“红线”：创设排除适用独任制“负面清单”

《民诉分流实施办法》除对独任制适用范围作出正面扩大规定外，还规定了必须适用“合议制”的情形，划定了不得适用独任制的范围“红线”。根据《民诉分流实施办法》第 17 条规定，以下 9 种情形基层法院必须适用“合议制”，不得适用“独任制”审理：（1）涉及国家利益、公共利益；（2）涉及群体性纠纷，可能影响社会稳定；（3）产生较大社会影响，人民群众广泛关注；（4）新类型或者疑难复杂；（5）与本院或者上级人民法院已经生效的类案判决可能发生冲突；（6）发回重审；（7）适用审判监督程序；（8）第三人起诉请求改变或者撤销生效判决、裁定、调解书；（9）其他不宜采用独任制的案件。除最后一种情形属于兜底条款外，其余 8 种禁止适用独任制审理情形大致可分为两类：第一类是本身重要且复杂的纠纷。前 5 种情形即属于此，该类纠纷社会影响较大，或影响国家、公共、特定群体利益，或容易引发群众广泛关注、影响社会稳定，还有的则属于可能具有样本示范效应的新型纠纷，甚至可能对生效裁判产生较大影响。第二类是解决程序较为复杂的纠纷，如后 3 种情形。不过，考虑到案件的审判程序较为复杂并不完全表示该案审理难度大，2021 年《民诉法草案》第 42 条删除了《民诉分流实施办法》规定的上述第二类纠纷及第一类纠纷中与生效类案判决可能冲突的情形，仅保留了第一类纠纷中的前 4 种情形。同时，新增“法律规定应当组成合议庭审理的”情形。最终，2021 年《民事诉讼法》对 2021 年《民诉法草案》第 42 条独任制适用“负面清单”规定全盘吸收。通过“列举 + 概括”方式，2021 年《民事诉讼法》划定了较为科学合理的独任制适用范围。

（四）强化过程指导：增设独任制转换机制

考虑到部分适用独任制审理的民事案件或存在审判组织适用不当的可能，《民诉分流实施办法》对独任制转合议制的转换条件、审理期限等作出详

---

① 参见张靖波：《从优化基层审判组织的视角看独任审判改革》，载《法律适用》2010 年 Z1 期。

② 参见陈琨：《扩大民事案件独任制适用范围的现实路径——基于 B 省近 3 年独任制适用情况的实践考察》，载《法律适用》2019 年第 15 期。

细规定。一方面,第19条规定了独任制应当转为合议制的具体情形,即审理过程中出现上述第17条规定的第一类纠纷下的5种重要且复杂情形或者第9项情形之一的,则必须裁定组成合议庭审理。同时,《民诉分流问答口径(一)》补充规定,司法实践中独任制转合议制时,还应当综合考虑《人民陪审员法》第15条、第16条,以及《关于完善人民法院司法责任制的若干意见》第24条、《关于完善人民法院审判权力和责任清单的指导意见》第8条的规定,且特别强调当案件属于最高人民法院规定的"四类案件"时,原则上都应当适用合议制审理。修法时,2021年《民诉法草案》和2021年《民事诉讼法》吸收了《民诉分流实施办法》中独任制转合议制的规定,但并未延续《民诉分流实施办法》中关于独任制转合议制的细化条件规定,而是直接载明"人民法院在案件审理过程中,发现案件不宜由审判员一人独任审理的,应当裁定转由合议庭审理"。另一方面,《民诉分流实施办法》对审判组织转换后的审理期限起算点和程序转换前已作出诉讼行为效力予以明确。其第19条第2款规定,独任制转合议制审理案件,其审理期限自立案之日起计算,且已作出的诉讼行为继续有效。一方面,审判组织转换不等于重新审判,明确规定将案件已审理用时计入案件审限,可避免法官随意延长审限;另一方面,明确已决审判事项、已作出的审判行为继续有效,既维护独任法官权威,又避免审判程序无效空转。与《民诉分流实施办法》不同,2021年《民诉法草案》未对转换后审限和既有审判活动效力进行规定,《民事诉讼法》亦然。

对于跟程序转换相关的裁定形式、裁定主体等内容,《民诉分流实施办法》均未规定,但随后发布的《民诉分流问答口径(一)》《民诉分流问答口径(二)》作了回应,强化了司法实践中转换过程指导。一方面,《民诉分流问答口径(一)》第25条、第26条规定,独任制转合议制应当以裁定方式作出,采书面或口头形式均可,且规定独任制转为合议制后,即便审理过程中出现原有的审判组织转换情形消失情况,案件也应继续由合议庭审理。另一方面,规定程序转换提出主体可以是独任法官,也可以是院庭长,最终裁决主体为合议庭。遗憾的是,这些规定都未在2021年《民诉法草案》、2021年《民事诉讼法》及2022年《民诉法解释》中体现。此外,改革试点期间,《民诉分流实施办法》并未赋予当事人对于独任制适用的异议权,被指摘侵害当事人程序性权利。《民诉分流问答口径(二)》则分别赋予了当事人对一审"普独"案件和二审独任制案件提出异议的权利,并作出细化规定。一是异议请求仅限于案件是否应当适用独任制,而不包括是否应当适用普通程序;二是异议事由包括应当转为合议制审理的情形和不符合《民诉分流实施办法》规定的"普独"适用条件；三是程序异议应在案件开庭前提出，独任法官应当审查当事人提出的异议，异议成立的，由合议庭作出组成合议庭审理的裁定。随后，2021年《民诉法草案》、2021年《民事诉讼法》充分吸收该程序性权利，2021年《民事诉讼法》第43条新增当事人有权对独任制适用提出异议的规定，该举措无疑是此次修法在保障当事人诉讼权利、助益司法公正方面的又一大进步。

（五）降低二审独任制不开庭的程序性条件：询问当事人从"必须"变为"可选"

二审上诉案件是否一律开庭审理一直是理论界争论的焦点之一。根据2017年《民事诉讼法》和2020年《民诉法解释》，二审案件应当以"开庭审理为原则，不开庭审理为例外"。2017年《民事诉讼法》第169条第1款规定，"经过阅卷、调查和询问当事人，对没有提出新的事实、证据或者理由，合议庭认为不需要开庭审理的，可以不开庭审理"。也就是说，二审不开庭审理的程序性条件为"经过阅卷、调查和询问当事人"。此次改革中，《民诉分流实施办法》继续沿袭"开庭审理为原则，不开庭审理为例外"原则。不同的是，将不开庭审理的程序性条件修改为"经过阅卷、调查或者询问当事人"，询问当事人从必选项变成可选项，二审不开庭的程序性条件有所降低。这无疑有利于二审案件快速审判，尤其是二审独任制案件。但同时，该改革亦被指摘削弱了当事人的程序保障，剥夺了当事人对案件事实和证据发表意见的权利，影响合议庭对是否需要开庭审理作出全面准确决定。尤其是，尽管一直以来立法规定二审案件以不开庭为例外，但实际司法实践中早已异化为"不开庭审理为常态，开庭审理为例外"。一方面，2017年《民事诉讼法》第169条有条件地赋予了合议庭不开庭审理的权利，给予了法官较大的自由裁量权。2019年《民诉证据规定》第60条第1款规定"当事人在审理前的准备阶段或者人民法院调查、询问过程中发表过质证意见的证据，视为质证过的证据"之规定则加剧了该现象，致使许多法官借此认为可以通过调查询问的方式解决证据和事实问题，无须开庭。另一方面，案多人少情况下法官审判压力大，比起开庭审理，不开庭审理方式免去了系列烦琐流程，有助于提高审判效率。有学者们认为，司法实践中二审普遍不开庭审理的做法不仅违反公开原则、直接原则、言词原则与辩论原则，还使二审纠错和监督机能无法有效发挥。① 有的学者认为，当事人在二审

① 参见段文波：《民事二审不开庭审理的反思与修正》，载《中国法学》2021年第6期。

中没有提出新的事实、证据,并不意味着其对一审认定的证据和事实没有争议,也并非可以成为上诉案件不开庭审理的理由。① 改革中,针对二审独任制案件不开庭审理的规定,有学者建议,应附加"经双方当事人同意"的限定条件,保障当事人程序性权利。② 综合考量二审诉讼效率提升与司法公正间的价值兼顾,最终2021年《民诉法草案》和2021年《民事诉讼法》将《民诉分流实施办法》中"经过阅卷、调查或者询问当事人"这一不开庭审理的程序性条件改为"经过阅卷、调查和询问当事人",即重新沿袭修改前《民事诉讼法》的规定。

二、扩大独任制适用范围改革的成效

(一)独任制适用范围逐渐扩大,节约了一定数量的审判资源

改革以来,基层法院一审及中级人民法院二审独任制案件数量和独任制适用率均逐步上升。

一方面,基层法院一审独任制案件数量、适用率整体呈逐年增长趋势。根据课题组统计,2019年,X市22个基层法院适用独任制审结的案件数为143,487件,一审独任制适用率为74.52%。2020年,X市22个基层法院适用独任制审结的案件数为173,913件,比2019年多30,426件,一审独任制适用率为85.25%,同比增长10.73个百分点,且适用率略高于同期全国其他试点地区基层法院独任制平均适用率84.80%。③ 2021年,X市22个基层法院适用独任制审结案件数增长至256,942件,较2020年多83,029件,一审独任制适用率为93.20%,比2020年高出7.95个百分点。④ 具体到各个基层法院,课题组发现,各法院一审独任制案件数量、适用率均较改革前有不同程度

---

① 参见《研讨会综述|第二届中国民事诉讼法学研究会浦江民诉沙龙——长三角地区民事诉讼法学者关于民事诉讼法修改的专题研讨》,载微信公众号"复旦大学司法与诉讼制度研究中心"2021年11月8日,Https://mp.weixin.qq.com/s/uspymiOLqQJqLwQ0bOc_yQ。

② 参见《研讨会综述|第二届中国民事诉讼法学研究会浦江民诉沙龙——长三角地区民事诉讼法学者关于民事诉讼法修改的专题研讨》,载微信公众号"复旦大学司法与诉讼制度研究中心"2021年11月8日,Https://mp.weixin.qq.com/s/uspymiOLqQJqLwQ0bOc_yQ。

③ 参见周强:《最高人民法院关于民事诉讼程序繁简分流改革试点情况的中期报告——2021年2月27日在第十三届全国人民代表大会常务委员会第二十六次会议上》,载《人民法院报》2021年3月1日,第1版。

④ 关于基层法院一审独任制适用率,本书采用了X市实务部门的计算方法,即X市基层法院一审独任制适用率=X市基层法院独任制审结一审案件数÷X市两级法院民商事一审案件审结数×100%。

增加,且2021年上述两项指标又明显高于2020年(见图4-1)。其中,一审独任制适用率增幅最大的属B区法院,最小的是R市法院。2020年,B区法院适用独任制审结案件12,125件,一审独任制适用率为85.58%;2021年独任制案件数增长至22,112件,一审独任制适用率增长至96.38%,同比增加10.8个百分点。R市法院2020年适用独任制审结案件4010件,一审独任制适用率为95.82%;2021年独任制案件数增长至4382件,一审独任制适用率为97.73%,同比仅增加1.91个百分点。另外一个典型基层法院L区法院,2020年、2021年适用独任制审结的案件数分别为8127件、11,411件,一审独任制适用率分别为89.93%、98.00%,适用率同比增长8.07个百分点,增幅居于中间位置。同时,值得一提的是,基层法院一审独任制适用率增长趋势延续至改革结束后常态化司法实践。根据课题组统计,2022年X市基层法院一审独任制适用率未出现明显回弹,个别法院甚至出现新高。以L区法院为例,2022年1~5月共审结一审民事案件5092件,其中适用独任制审结5038件,一审独任制适用率为98.94%。R市法院2022年1~5月共审结一审民事案件1751件,其中适用独任制审结1741件,一审独任制适用率为99.43%。

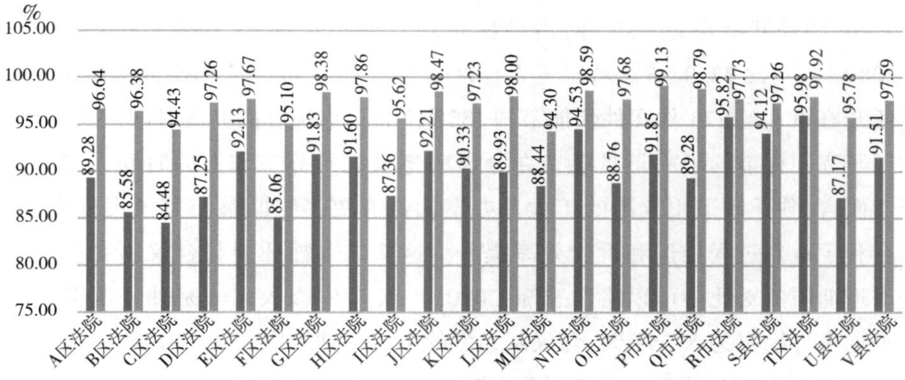

图4-1 2020年、2021年X市22个基层法院一审独任制适用率统计

另一方面,中级人民法院适用独任制实现从无到有质变后,案件数量和适用率持续增加。据课题组统计,2020年X市中级人民法院适用独任制审结二审案件4699件,二审独任制适用率为23.05%。2021年,X市中级人民法院适用独任制审结二审案件增至8993件,较2020年增加近1倍;二审独任制适用率增至38.16%,比2020年增加15.11个百分点。

独任制适用范围扩大可以说一定程度节约了基层法院和中级人民法院一定数量的审判资源,促进了有限司法资源的优化配置。首先,节约了基层法院较为可观的金钱成本与相关司法人员的时间成本,主要体现在适用独任制审理的普通程序案件中。改革以来,X 市 22 个基层法院独任制普通程序案件数量及独任制普通程序案件适用率有较大幅度提升。2020 年,X 市 22 个基层法院独任制普通程序案件量为 4509 件,适用率为 2.59%;2021 年,X 市 22 个基层法院独任制普通程序案件数量高达 9696 件,适用率升至 3.77%。改革规定符合条件的普通程序案件可以适用独任制审理,使部分原本应当合议审理的案件已由法官独任审理,同时还将部分"形合实独"的合议案件转变为"形独实独"的独任案件,有效节约了法官、陪审员、审判辅助人员等相关主体司法资源。例如,节约了法院选任陪审员开销,减省了书记员耗费在合议庭笔录记录、陪审员通知等工作上的时间成本等。其次,节约了二审法院部分法官资源,尤其是节约了原先应当开庭的二审案件中的司法资源。以 X 市中级人民法院为例,据课题组统计,在剔除未标注开庭与否,以及填写有误的案件之后,在所保留的 8690 件有效分析样本中,X 市中级人民法院 2020 年独任审理案件 2864 件。其中,独任开庭审理 775 件,占独任审理案件总数的 27.06%;未开庭审理 2089 件,占比 72.94%。若以三人合议庭为标准,与改革前相比,仅 2020 年独任开庭审理的 775 件案件便能节约 1550 位非主审法官的办案时间。同时,独任开庭同样节约了书记员耗费在合议庭笔录记录等工作上的时间成本。整体而言,独任制适用范围的扩大使办案人员有更多时间参与其他案件审理,有利于审判过程推进和诉讼效率提升。这从二审独任制与合议制案件平均审理期限的对比中可以略作感知:2020 年,X 市中级人民法院独任制案件的平均审理期限为 55.57 天,合议制案件的平均审理期限为 79.70 天。

(二)独任制类型化特征明显,审判组织结构更加优化

一方面,改革以来,"独任制为主,合议制为辅"已成为基层法院审判组织适用的基本原则,并总体呈现出"简独"、"小额独"①、"普独"三类独任制并立且适用率分别稳居高、中、低位特点。以 X 市 22 个基层法院为例,2019~2021 年,"简独"适用率分别为 68.64%、63.55%、63.84%,涨幅分别为 -5.09% 和 0.29%;"小额独"适用率分别为 6.28%、20.71%、26.90%,涨幅分别为

① "简易程序案件独任制审理"简称"简独","小额程序案件独任制审理"简称"小额独"。

14.43%、6.19%；“普独”适用率分别为0、2.59%、3.77%，涨幅分别为2.59%、1.18%。可见，“简独”适用率最高，占比过半；“小额独”适用率居中，涨幅明显，间接带动独任制适用率随之提升；“普独”适用率最低。具体到B区、L区和R市3个典型基层法院，如图4-2所示，2019~2021年，B区法院“简独”适用率分别为65.60%、58.15%、67.19%，“小额独”适用率分别为4.45%、25.99%、29.47%，“普独”适用率分别为0、4.48%、2.34%，整体上“简独”“小额独”“普独”适用率呈现高、中、低位特点，L区和R市法院亦如此（分别如图4-3和图4-4所示）。试点结束后，基层法院三类独任制类型适用率仍继续保持“简独”高、“小额独”中、“普独”低的特点。以L区法院为例，2022年1~5月，适用“简独”审结一审民事案件3427件，适用率为67.30%；适用“小额独”审结一审民事案件1226件，适用率为24.08%；适用“普独”审结一审民事案件385件，适用率为7.64%。R市法院2022年1~5月，适用“简独”审结一审民事案件1093件，适用率为62.78%；适用“小额独”审结一审民事案件526件，适用率为30.21%；适用“普独”审结一审民事案件122件，适用率为7.01%。

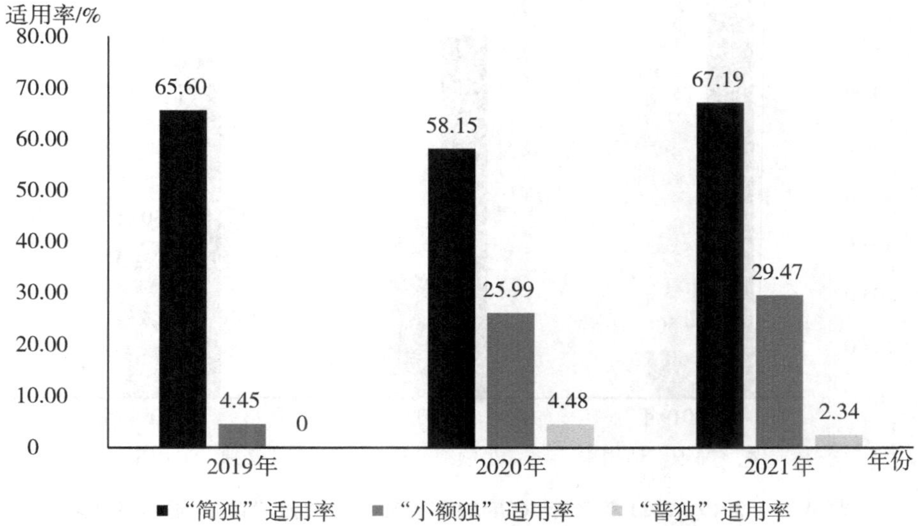

图4-2　2019~2021年X市B区法院“简独”“小额独”“普独”适用率对比

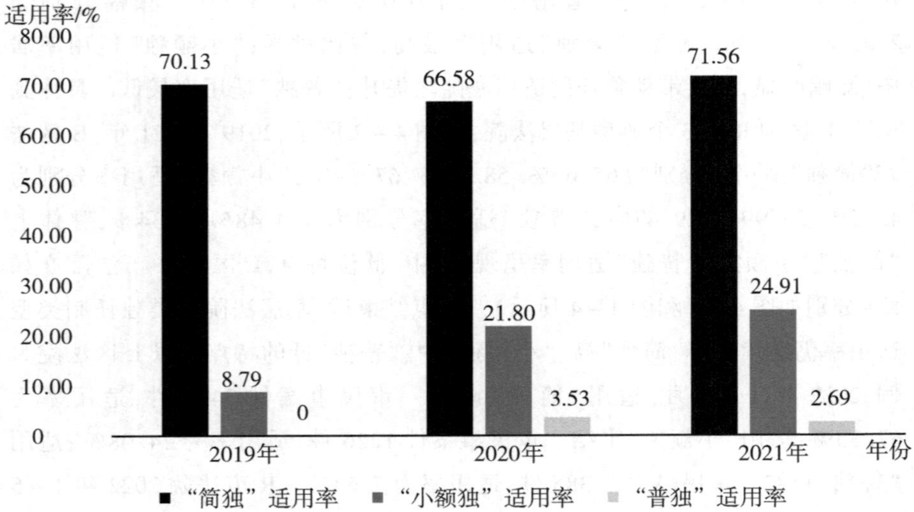

图4-3　2019~2021年X市L区法院"简独""小额独""普独"适用率对比

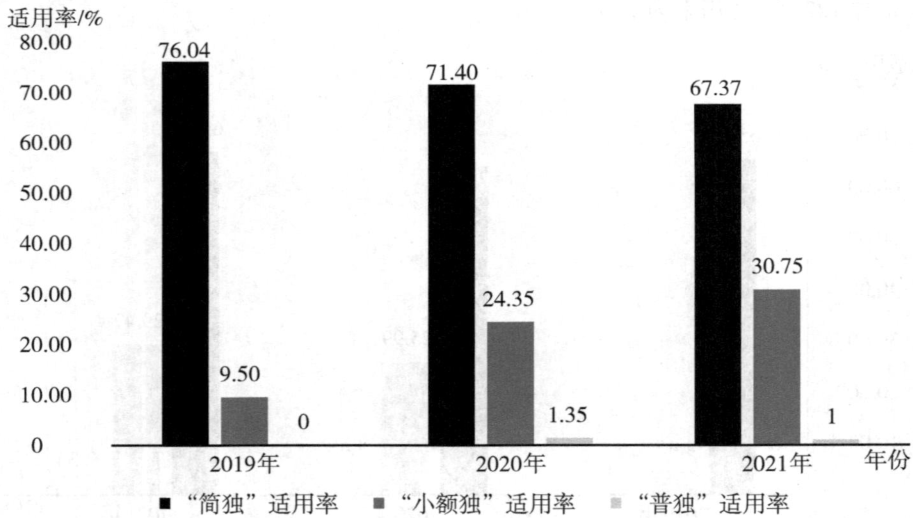

图4-4　2019~2021年X市R市法院"简独""小额独""普独"适用率对比

另一方面,改革以来,中级人民法院审判组织结构从合议制的一元结构转变为合议制和独任制并存的二元结构,"合议制为主,独任制为辅"的二审法院审判组织格局基本形成,且独任制正在发挥着愈加重要的作用。改革试点前,2019 年 X 市中级人民法院二审案件均适用合议制,二审合议制适用率为 100%;试点期间,2020~2021 年 X 市中级人民法院二审合议制适用率分别为 76.95%、61.84%,二审独任制适用率分别为 23.05%、38.16%。其中,在二审独任制审理案件中,2020~2021 年,X 市中级人民法院独任制审结的简易程序上诉案件数量分别为 4354 件、8636 件,独任制审结裁定上诉案件数量分别为 1133 件与 2409 件。一审适用简易程序审结的上诉案件适用独任制案件数量较高,不服民事裁定的上诉案件适用独任制案件数量较低。整体而言,尽管改革以来二审独任制适用率不断增加,但合议制仍为二审民事案件适用的主要审判组织形式。

(三)审判质量稳定且审判组织转换率低,结果与程序公正基本兼顾

改革以来,X 市两级法院配置高素质法律人才和精英化审判团队开展独任制审理。例如,基层法院建立了以独任法官为核心的审判团队和审判单元,按照一名法官、一名法官助理、一名书记员的比例配置审判辅助人员,且审理"普独"案件的法官均具有两年以上的民商事审判工作经验,能有效确保独任制案件审判质量。加之独任制改革下参审法官得以释放,使其有更多精力专注办理自己所承办案件,从而对司法公正产生积极影响。整体来看,适用独任制审理的一审、二审案件审判质量总体稳定,审判组织转换率低,结果公正和程序公正得以兼顾保障。

一方面,改革注重保障结果公正。改革以来,基层法院独任制案件审判质量总体稳定,呈现较好趋势。上诉率、二审改发率及一审再审改发率是评判基层法院独任制案件审判质量的重要指标。一般而言,上诉率、二审改发率、再审改发率越低,案件审判质量越高。经课题组实证分析发现,改革期间,X 市基层法院独任制案件的上诉率、二审改发率、再审改发率均较低。首先,独任制案件的上诉率处于较低水平,且改革期间的上诉率明显低于改革前的 2019 年。据统计,2019~2021 年,X 市 22 个基层法院独任制案件上诉数分别为 15,612 件、8089 件、13,989 件,独任制案件上诉率依次为 10.88%、4.65%、5.44%,改革期间独任制案件上诉率较 2019 年的降幅均超过了 5.00%。其次,独任制上诉案件二审改发率较低,其变化趋势类似于独任制案件的上诉率。2019~2021 年,X 市 22 个基层法院独任制上诉案件二审改发数分别为 2381 件、1177 件、1852 件,上诉案件二审改发率依次为 1.66%、0.68%、0.72%。再次,独任制案件再审改发率持续较低。2019~2021 年,X

市22个基层法院独任制一审案件提起再审数分别为282件、134件、425件，一审案件再审改发数分别为50件、42件、69件，一审案件再审改发率分别为0.04%、0.03%、0.03%。与此同时，中级人民法院二审独任制案件审判质量亦较好。改革期间，X市中级人民法院独任制二审案件提起再审数与再审改发数均为0。2021年全国试点法院二审独任制案件提起再审率0.60%，二审案件再审改发数仅为17件。[①] 整体来看，二审独任制案件审判质量整体较好，X市中级人民法院尤其明显。此外，对于某些简单或常规性案件，审判质量与法官人数并非正相关关系。有研究指出，“当法官个人的工作总量因参审案件的增加而增加、投入自己承办案件的时间和精力相应减少时，案件总体的正确率反而会因此降低”[②]。

另一方面，在保障结果公正的同时，改革也始终兼顾程序公正。改革以来，X市两级法院细化独任制适用标准规定，探索规定独任制转合议制的标准和机制细则，包括转换情形、审理期限、效力延续等，以期具体指导法官更加精准适用独任制，实现独任制适用的程序公正。例如，B区法院在《民诉分流实施办法》规定框架下，专门印发《B区法院民事诉讼一审案件普通程序独任审理实施细则(试行)》(以下简称《B区“普独”实施细则》)，专章规定程序转换，细化独任制与合议制间的转换标准，并区分“应当转”与“可以转”两种类型，分别规定了7类“应当”转为合议制[③]和6类“可以”转为合议制的具体情形。[④] 从课

---

① 参见周强:《最高人民法院关于民事诉讼程序繁简分流改革试点情况的中期报告——2021年2月27日在第十三届全国人民代表大会常务委员会第二十六次会议上》，载《人民法院报》2021年3月1日，第1版。

② 傅郁林:《繁简分流与程序保障》，载《法学研究》2003年第1期。

③ 《B区“普独”实施细则》第16条规定，“适用普通程序独任审理的案件，在审理过程中出现本实施细则第五条第一款、第二款、第三款、第四款、第五款情形或下列情形的，应当裁定组成合议庭审理，并告知当事人合议庭组成人员。(一)依据诚实信用、公序良俗等法律原则作为主要裁判依据的；(二)拟适用习惯、道德规范和争议观念、理论学说、法律学说等非正式法律渊源进行裁判的；(三)拟适用的法律或司法解释之间存在冲突或抵触的案件，或者适用法律和现行政策之间可能产生冲突的案件；(四)裁判结果可能产生连锁反应和广泛示范效应的；(五)重大涉外和港澳台案件；(六)院庭长在履行审判监督管理职责中认为有必要组成合议庭审理的；(七)其他不宜继续采用独任制审理的案件”。

④ 《B区“普独”实施细则》第17条规定，“适用普通程序独任审理的案件，在审理过程中出现下列情形的，可以组成合议庭审理。在决定转为适用普通程序独任审理时，应当作出裁定并告知当事人合议庭组成人员。(一)涉嫌犯罪，拟移交公安机关和检察机关立案侦查的；(二)缺乏直接证据，拟以间接证据形成证据链、高度盖然性标准认定案件主要事实的；(三)双方对举证责任分配有分歧的，导致裁判结果可能出现根本性差异的；(四)适用自由裁量权幅度过大的；(五)存在重大分歧，经专业法官会议讨论仍难以形成多数意见的；(六)有关单位或者个人反映法官有违法审判行为的”。

题组实证分析数据来看，改革试点期间，一审、二审独任制案件审判组织转换率均较低，法院适用独任制准确度较高，减少了程序回转情况，有效保障了程序公正。其一，基层法院一审审判组织转换率较低，且呈逐年下降趋势。2019 年，X 市 22 个基层法院独任制转为合议制的一审案件数为 27, 865 件，一审审判组织转换率为 18%。改革期间，2020 年独任制转为合议制的一审案件数为 12, 756 件，同比减少 15, 109 件，一审审判组织转换率为 6. 93%，同比下降 11. 07 个百分点。2021 年，独任制转为合议制审理的一审案件数为 4734 件，较 2020 年减少 8022 件，一审审判组织转换率为 1. 69%，同比降低了 5. 24 个百分点。其二，与基层法院相似，X 市中级人民法院的二审审判组织转换率亦较低，且呈现逐年下降样态。据课题组统计，2020 年 X 市中级人民法院独任制转为合议制审理的二审案件数为 335 件，二审审判组织转换率为 6. 79%。2021 年 X 市中级人民法院独任制转为合议制审理二审案件数为 236 件，同比减少 99 件，二审审判组织转换率则明显低于 2020 年，仅有 2. 29%，同比降低了 4. 5 个百分点。

三、扩大独任制适用范围改革存在的问题

独任制改革以来，除取得上述成效外还存在一些不足。结合实证调研所获资料，课题组将详细解析独任制改革相关问题。

（一）审判组织与审判程序未完全解绑，独任制适用标准模糊不清

此次改革虽然解除了简易程序和独任制的捆绑，规定普通程序案件可以适用独任制，但一定程度上仍然将审判组织的选用与审判程序捆绑，本质上没有厘清二者的不同，未突破二者相捆绑的思维定式，导致两级法院独任制适用标准模糊不清。

一方面，“简独”与“普独”适用标准存在混同，基层法院“普独”适用标准模糊。根据课题组实证访谈调研，B 区、L 区和 R 市 3 个典型基层法院法官均表示，“普独”适用标准“事实不易查明，但法律适用明确”之规定过于抽象、模糊，且与普通程序案件合议制审理（以下简称“普合”）适用条件中的“事实难以认定”不易区别。即使《民诉分流问答口径（一）》第 22 条对“普独”作了解读，也未改变该现状。对此，试点期间，X 市基层法院在立案环节探索以案由、标的额、当事人诉讼类型等因素判断是否适用“普独”，同时考虑案件的鉴

定评估、公告、反诉等情形，并衔接简易程序、小额诉讼程序的扩大适用，形成不同审判程序、不同审判组织的梯度式适用模式，力求避免“借用”审限架空普通程序。这在一定程度上提高了司法实践可行性，但案由、标的额及当事人诉讼类型等因素并不必然与案件难易程度相关，“普独”精准适用仍较为困难。以案由为例，课题组分析B区、L区和R市3个基层法院“普独”案件的案由后发现，其案由分布广泛，且无类案集中或类案排斥情况。[①] 司法实践中，承办法官往往凭借各自主观意志判断某一案件是否适用“普独”。一般情况下，法官通过审查当事人的诉讼请求及提交的证据材料便能够大致判断出案件的复杂难易程度，进而确定适用的审判组织形式。当凭借书面诉讼材料也无法把握案件复杂难易程度时，法官往往会与双方当事人联系，根据双方当事人的陈述内容判断案件的审判组织形式。法官的个人审判经验及业务能力在“普独”适用甄别中发挥极大作用，但因不同法官能力参差不齐，凭借主观经验判断易引起适用不一现象。2021年《民事诉讼法》规定简易程序适用独任制审理的标准是“事实清楚、权利义务关系明确、争议不大”，同样与“普独”案件的适用标准存在一定程度的混同。如何区分“简独”与“普独”始终是司法实践难题。恰如张卫平教授所言，“这必然导致独任制适用上的尴尬和矛盾——因为独任制适用条件与简易程序适用条件等值，但在普通程序中又要扩大适用独任制，无疑形成一种悖论”[②]。

另一方面，二审独任制适用与一审简易程序捆绑，一定程度上不合理划定了二审独任制适用范围。此次改革虽然将独任制扩大至了二审民事案件，但限定只有在一审适用简易程序审结，以及不服民事裁定的两类上诉案件，才可独任审理，将一审适用普通程序审结案件完全排除在外。实际上，并非所有一审适用普通程序审理的案件在二审时均不宜适用独任制。首先，部分适用普通程

---

① 2020年，B区法院适用“普独”审理案件543件，以民事案件三级案由为区分标准，其主要适用案由包括：著作权权属、侵权纠纷160件；借款合同纠纷70件；执行异议之诉66件；买卖合同纠纷44件；建设工程合同纠纷22件；房屋买卖合同纠纷20件；其他类型纠纷161件。2020年，L区法院适用“普独”审理案件287件，三级案由主要案由包括：执行异议之诉66件；借款合同纠纷53件；房屋买卖合同纠纷33件；劳务合同纠纷30件；买卖合同纠纷30件；其他类型纠纷75件。与B区、L区法院相比，R市法院适用“普独”审理案件54件，明显较少。三级案由主要适用案由包括：借款合同纠纷12件；买卖合同纠纷9件；银行卡纠纷3件；执行异议之诉3件；房屋买卖合同纠纷2件；其他类型纠纷25件。

② 张卫平：《审判资源程序配置的综合判断——以民事诉讼程序为中心的分析》，载《清华法学》2022年第1期。

序独任审理的案件并非疑难复杂案件。此类案件“基本事实清楚，权利义务关系明确”，与适用独任制审理的简易程序案件相比，除程序保障不同外，其他并无区别。因“简独”案件与“普独”案件适用标准存在一些混同，有些“普独”案件实则应适用“简独”案件审理。其次，实践中不乏一审法官为延长审限而将简易程序转为普通程序的案件情形，此类普通程序案件实际上并不都是疑难复杂案件。最后，部分案件因在分案阶段被错误识别为疑难复杂案件，导致简单案件被错误适用普通程序审理。可以说，上述三类一审普通程序案件上诉后在二审阶段实则均可以在符合条件情形下独任审理，若“一刀切”排除在二审独任制适用范畴之外，无疑缺乏合理性。此外，将二审独任制适用与一审简易程序捆绑，结合目前一审程序中绝大多数案件由简易程序审理现状，恐有二审独任制规模不合理扩张风险。加之我国实行两审终审制度，若二审程序大规模适用独任制，则将不利于终审审判监督职能的发挥。还需说明的是，改革默认对不服裁定提起上诉的二审案件采用独任制审理的“一刀切”做法亦不妥当。司法实践中不服裁定提起上诉的二审案件并不都是简单案件，也存在部分需要适用合议制审理的疑难复杂案件。鉴于此，下一步改革应当解绑独任制与简易程序，并建立案件疑难复杂程度为审判组织形式确定的主要考量准则。

（二）基层法院普通程序案件基数小，“普独”适用空间有限

此次独任制改革亮点之一是一审普通程序案件可以适用独任制审理。然而，其在实践中的适用效果并不如预期。如前所述，2020～2021 年，X 市 22 个基层法院“普独”适用率分别为 2.59%、3.77%，相较“小额独”“简独”，“普独”适用率最低。为何改革实践未能达至理想状态？课题组认为，究其原因，主要在于基层法院适用普通程序审理的案件基数较小，可适用“普独”的案件范围本身有限。

改革前，为缓解“人案矛盾”，提高审判效率，基层法院在审判实践中已经大力适用简易程序，形成“独任制为主，合议制为辅”的审判方式。① 例如，2013～2015 年，全国基层法院一审案件简易程序适用率已近七成。② 2019

① 参见陈莉：《“形合实独”的实践困局与制度转型——以基层法院的民事诉讼程序为对象》，载《南京大学法律评论》2019 年第 1 期。

② 全国法院受理的案件有 80% 以上在基层法院，而基层法院审理的案件大多适用简易程序，2013～2015 年，民事案件简易程序适用率分别为 71.45%、67.98%、66.13%。参见李少平：《大力推进繁简分流　全面深化司法改革》，载《人民法院报》2016 年 9 月 14 日，第 5 版。

年,X市22个基层法院一审案件简易程序适用率便已达到77.49%,接近八成。也就是说,基层法院一审案件普通程序适用率较低,基数有限。同时,基层法院法官更愿意选用简易程序审理案件,而对普通程序审理案件尤其是"普独"的适用热情并不高。首先,"普独"案件不易识别。如前文所述,《民诉分流实施办法》规定,"事实不易查明,但法律适用明确"的普通程序案件由法官独任审理,而2021年《民事诉讼法》规定,"基本事实清楚,权利义务关系明确"的普通程序案件由法官独任审理。这种界限不清的识别标准使法院在立案阶段很难识别出哪些普通程序案件适宜用独任制审理。案件的事实是否不易查明,法律适用是否明确,基本事实是否清楚,以及权利义务关系是否明确,只有在案件进入审理阶段时依靠法官判断才能完全厘清。其次,"简独"与"普独"的区分标准较为模糊,司法实践呈现出简易程序适用的"普通化"与普通程序适用的"简易化"特征,特别是简易程序适用的"普通化"越来越显著。2003年最高人民法院出台有关简易程序适用的司法解释之际,曾打算在认可其实际适用普遍性的前提下明确简易程序与普通程序的区别,但最后还是仅列举了不应适用简易程序的少数几种情形。[①] 后续的改革文件均延续了这一做法。再次,虽然简易程序审判期限比普通程序短,在审判压力较大的情形下,适用普通程序更能减少法官超出审判期限判案的风险,但这并未能促使"普独"被大范围适用。对于司法人员而言,适用简易程序审理的案件可以通过"扣除审限"的方式实质性地延长审理期限。[②] 因此,一审案件适用普通程序并未较适用简易程序有更大的优势。最后,现有法律允许"简独"案件转为"普独"案件,但对"普独"案件转为"简独"案件作出了禁止性规定。为在审判组织转换上留有余地,基层法院法官也更加愿意选择适用简易程序审理案件。概言之,"普独"适用标准模糊且程序转换受限,多数基层法官不愿适用"普独"审理一审案件,是导致"普独"改革实践不如预期的一大原因。

(三)"普独"案件审限逐年增加,独任制案件整体审判效率优势不彰

一般认为,扩大独任制适用范围将使审判效率得到极大提高,然而实证数据却并未充分支撑上述认知。经课题组实证分析发现,两级法院独任制审理案件平均时长均呈现增长态势。一方面,基层法院独任制一审案件平均审

① 参见王亚新:《民事诉讼法修改中的程序分化》,载《中国法学》2011年第4期。

② 根据访谈,实践中大多简易程序案件以当事人申请庭外和解为由申请"扣除审限"。

理期限未减反增。据统计,如表4－1所示,2019～2021年,X市22个基层法院独任制一审案件的平均审理期限分别为45.90天、48.26天与50.34天。相较改革前2019年,X市基层法院独任制一审案件平均审理期限并未随改革推进而明显缩短,反而有所延长。具体至X市3个典型基层法院,独任制案件的平均审理期限差异较大,亦未呈现出较为理想的改革样态。2019～2021年,B区法院独任制案件的平均审理期限分别为48.98天、44.14天、53.60天;L区法院独任制案件的平均审理期限依次为44.07天、43.67天与49.81天;R市法院则分别为38.05天、36.47天与31.88天。对比可知,除R市法院的独任制案件平均审理期限呈现出明显的逐年下降趋势之外,B区、L区法院反倒呈现出波动增加趋势。尽管B区、L区法院2020年独任制案件平均审理期限较改革前2019年有所缩短,但2021年却同比有所增加,且较2019年有所增加。其中"普独"审限逐年增加态势尤为明显。据课题组统计,2020～2021年,X市22个基层法院"普独"案件的平均审理期限分别为111.24天与126.66天。具体到B区、L区与R市法院,其"普独"案件平均审理期限亦较长。2020年,B区、L区和R市法院"普独"案件平均审理期限分别为85.15天、98.94天与93.02天;2021年3个法院"普独"案件的平均审理期限分别为118.14天、110.41天与95.02天。对比可知,3个法院"普独"案件平均审理期限无一例外地呈现逐年增加趋势。另一方面,X市中级人民法院二审独任制案件平均审理期限同样出现增长样态。据课题组统计,2021年X市中级人民法院独任制审理二审案件的平均审理期限为60.81天,比2020年的55.57天延长了5.24天。

表4－1　2019～2021年X市22个基层法院独任制案件及"普独"案件平均审理期限统计

单位:天

年份	独任制案件平均审理期限	"普独"案件平均审理期限
2019	45.90	—[①]
2020	48.26	111.24
2021	50.34	126.66

①因2019年适用普通程序审理的民事案件尚不能适用独任制,因此无2019年的普通程序独任制案件平均审理天数。

为何扩大独任制适用范围改革下,独任制案件审判效率不但未有明显提升,还出现了下降情形？经分析,课题组认为,具体原因有二:一是适用“普独”程序审理的案件均为事实不易查明、但法律适用明确类案件。例如,X 市基层法院“普独”案件主要有两种类型:一类是法律规定必须适用普通程序审理的案件,如执行异议之诉类纠纷;另一类是案情较为复杂的案件,如建设工程类纠纷、民间借贷纠纷、合同纠纷、追偿权纠纷、离婚纠纷、侵害作品信息网络传播权纠纷等。这两类案件的事实往往不易查明,案情较为复杂,实践中“普独”案件的审理期限相对较长。二是中国法官的高压工作状态并未发生根本性变化,导致缩短案件审理期限的改革理想缺乏现实支撑。虽然改革扩大了独任制的适用范围,节约了一定的审判资源,但是由于案件数量快速增长,每个法官手上的案件数量不降反增。恰如现有研究所指出的,过去司法实践中“办完一个案,再办下一个”的状态早已不复存在。通常情况下,法官往往疲于处理临近审判期限的案件,导致其他案件被搁置。法官不得不在上百件未结案件中交替开展调解、送达、阅卷等活动,“并线作业”方属我国法官的工作常态。[①] 三是改革后“普独”案件虽然由法官独任审理,但适用普通程序审理案件的程序并无相应精简,仍需按照普通程序流程一一审理。综合上述因素,独任制改革虽然有助于提高审判效率,但碍于诸多因素叠加影响而未能对审判效率带来立竿见影的效果。

(四)独任制转合议制时间与裁定主体不明确,制度适用随意性较大

《民诉分流实施办法》、2021 年《民事诉讼法》均未对两级法院适用独任制过程中独任制转合议制时间、转换裁定主体作统一规定,程序转化随意性较大,司法实践操作不一,缺乏有效指导。

一方面,立法未对独任制转合议制时间作统一规定,司法实践中两级法院独任制案件中程序转换时间分布阶段广泛,随意性大。改革期间,最高人民法院民事诉讼法修改起草组认为“当事人的异议一般应在开庭审理前提出,转换事由在开庭后才发现的,也可以在法庭辩论终结前提出”,但其并未对法院依职权启动审判组织转换的时间节点作出详细解释。就《民诉分流实施办法》未规定明确的事项,试点法院分别探索各自规定,做法不一。例如,《B 区“普独”实施细则》第 19 条规定,“符合转换条件的案件,独任法官应及时进行程序转换,决定转换程序的时间原则上不应当超过案件审理期限的二分之一”。以 X 市试点改革为例,经课题组实证分析发现,X 市两级法院独任

① 参见何帆:《2021 年修正民事诉讼法评述》,载微信公众号“法影斑斓”2021 年 12 月 24 日,https://mp.weixin.qq.com/s/OjykHPMmv5nHYYPQk-QHig。

制转合议制时间广泛分布于庭审前、庭审中和庭审后。在基层法院层面，课题组统计2020年X市14个基层法院开展审判组织转换的4239件有效案件发现，①如表4－2所示，在庭审前转换审判组织的案件共计3697件，占比87.21%；在庭审中转换审判组织的案件共481件，占比11.35%；在庭审后转换审判组织的案件共61件，占比1.44%。在中级人民法院，课题组统计2020年X市中级人民法院367件进行审判组织转换的有效案件发现，298件在庭审前进行了审判组织转换，占比81.20%；60件在庭审中进行了审判组织转换，占比16.35%；9件在庭审后进行了审判组织转换，占比2.45%。

表4－2　2020年X市两级法院独任制案件审判组织转换时间分布阶段统计

单位：件

法院	庭审前	庭审中	庭审后
14个基层法院	3697	481	61
中级人民法院	298	60	9

另一方面，立法未对独任制转合议制裁定主体作统一规定，司法实践中两级法院独任制案件中程序转换裁定主体多元，随意性大。改革期间，《民诉分流实施办法》仅对审判组织转换裁定方式作了具体规定，未对审判组织转换裁定主体等作出细致规定，给了司法实践较大自由空间。《民诉分流问答口径（一）》虽然进一步明确了独任制转换为合议制的裁定应当由谁作出，但又区分转换提出主体和裁定主体，致使司法实践做法不一。在基层法院层面，课题组统计2020年X市14个基层法院包含完整程序转换裁定主体信息的4131件案件发现，②如表4－3所示，共有4类审判组织转换裁定主体，呈现多元化特征。其中，1084件由法官作为审判组织转换裁定主体，占比26.24%；987件由团队负责人裁定是否转换审判组织，占比23.89%；1291件由庭长作为审判组织转换裁定主体，占比31.25%；769件由院长裁定是否转

① 调研中，课题组收集到2020年X市14个基层法院一审审判程序及审判组织情况随案调查统计表，其中详细包含了独任制转合议制的程序转换时间、裁定主体等微观数据。秉持所填报信息的全面性、客观性、准确性原则，课题组最终筛选出包含完整审判组织时间转换分布阶段的4239件有效案件。

② 尽管在一审审判程序及审判组织情况随案调查统计表中，存在审判组织转换情况的案件同时包括转换时间、转换裁定主体等信息，但课题组在统计数据时发现，不同指标的信息填报完整度不统一，因此不同指标类别下有效数据案件数量可能不同。

换审判组织,占比 18.62% 。整体看,首先庭长是出现次数最多的审判组织转换裁定主体,其次是法官,再次是团队负责人,最后是院长。与基层法院不同的是,在中级人民法院层面,尽管仍然呈现多元主体裁定是否转换审判组织特征,但法官是主要裁定主体。根据课题组统计的 2020 年 X 市中级人民法院 278 件包含完整审判组织转换裁定主体信息的案件发现,96.40% 的案件均由法官直接裁定是否转换审判组织;仅 3.60% 案件由庭长和团队负责人裁定是否转换审判组织,其中 7 件由团队负责人裁定,3 件由庭长裁定,而院长裁定的审判组织转换类案件数量为 0。

表 4-3 2020 年 X 市两级法院独任制案件审判组织转换裁定主体分布统计

单位:件

法院	院长	庭长	团队负责人	法官	合计
14 个基层法院	769	1291	987	1084	4131
二审法院	0	3	7	268	278

(五)改革呈现司法控制倾向,当事人程序性权利保障不足

1. 当事人审判组织异议权规定蕴含较浓的职权主义色彩

改革初期,《民诉分流实施办法》未赋予当事人对审判组织的异议权,审判组织的转换全由法院主导。到改革中后期,考虑到诉讼效率与强化程序保障间的综合权衡,最高人民法院赋予了当事人对审判组织的异议权。根据最高人民法院发布的《民诉分流问答口径(二)》第 19 条、第 20 条之规定,当事人可以就一审"普独"案件及二审独任制案件的审判组织形式适用提出异议,并对异议的请求、事由和程序进行了具体的规定。但该规定具有较浓的职权主义色彩,具体体现在:独任法官可在审限届满前的任意阶段提出独任制转合议制审理的请求,而当事人仅能在开庭前请求独任制转合议制。此外,对于法院将案件由独任制转合议制的做法,当事人无异议权,且当事人对审判组织提出异议的最终审查权在法院。在《民诉分流问答口径(二)》的基础上,X 市两级法院亦相应调整了相关规定,赋予了当事人对审判组织的异议权。但经课题组实证研究发现,当事人对审判组织提出异议的情况较少,且所提出的大多异议都被法院驳回;相反,法院提出独任制转合议制的请求较多,且大多被通过。以 X 市中级人民法院 2020 年审结的 20,388 件二审案件

为例,其中4699件案件由法官一人独任审理。在这4699件独任审理的案件中,当事人对审判组织提出异议的有106件。课题组进一步从对审判组织提出异议的当事人类型层面考量分析这106件提出异议案件发现,如表4-4所示,原审第三人提出异议的案件数量较多,共计94件,占当事人对审判组织提出异议案件总数的88.68%。而上诉人和被上诉人提出异议的情形较为少见,合计12件,占比仅有11.32%。除此之外,在当事人提出异议的106件案件中,异议成立且最终被裁定由独任制转为合议制审理的案件仅有6件。与此同时,X市中级人民法院2020年全年共有433件案件由独任制转为合议制,在这433件案件中,由法院主动进行审判组织转换的案件多达427件,而因当事人提起异议而转换审判组织的案件仅有6件。由此可见,在独任制转为合议制的二审案件中,因当事人提出异议且独任制转为合议制的案件数量明显低于法院依职权将独任制转为合议制的案件数量。此外,2021年《民事诉讼法》等规定对当事人享有的审判组织异议权规定亦不完善。例如,评判当事人异议是否成立的依据是什么?当事人提出异议被驳回后是否享有救济权?当事人是否对合议制案件享有异议权等,均未有细化规定。

表4-4 X市中级人民法院二审独任制案件当事人对审判组织提出异议统计

单位:件

异议类型	上诉人	被上诉人	原审原告	原审被告	原审第三人
异议成立	3	1	0	0	2
异议不成立	8	0	0	0	92

2. 当事人审判组织选择权规定未充分考虑当事人程序选择自治性

改革期间,《民诉分流实施办法》、《X市中级人民法院民事诉讼程序繁简分流改革试点扩大独任制审理案件实施细则(试行)》(以下简称《X市独任制实施细则》)均未赋予当事人对适用审判组织的选择权。随着改革发展,2021年《民事诉讼法》赋予了当事人对二审案件适用独任制审判的选择权,但依然未赋予当事人对一审案件审判组织的选择权,一定程度上不利于尊重和保障当事人程序选择权。根据课题组访谈,X市两级法院受访法官均认为选择适用何种审判组织属于公权力范畴,审判组织的最终决定权应在法院。还有法官认为,若允许当事人选择审判组织形式,可能会诱发当事人滥用审判组织选择权的情形。同时在双方当事人就此存在分歧的情况下,法官将难以协调,若操作不当,容易使法院陷入尴尬境地。

课题组认为,民事程序选择权,是指当事人在法律规定的范围内选择纠纷解决方式,在诉讼过程中选择有关程序及与程序有关事项的权利。[①] 当事人对审判组织的选择亦包含在民事程序选择权之列。所谓当事人对审判组织的选择权,通常应包括对独任制或合议制的选择权,包括对一审审判组织的选择权,以及对二审审判组织的选择权等。此次改革对二审案件适用独任制审理,规定“经双方当事人同意”的前提条件。反观此次改革同样新增的一审普通程序案件适用独任制审理之规定,却并未规定“经双方当事人同意”的前提条件。一方面,相较合议制,独任制的“集智功能”与制约功能、形式与仪式的程序保障感较弱,在现阶段当事人对司法及法官的社会信赖度等尚未达到相对较高值的状态下,对“基本事实清楚、权利义务关系明确的第一审民事案件”选择独任审理,应当考虑当事人的程序选择自治性。虽然当事人在认为独任制审理案件不符合规定时,可以提出异议,但相较事后异议,事先征询更有利于保障当事人程序选择权。另一方面,赋予当事人程序选择权,可以使当事人出于自身利益考量自由选择审判组织,不受司法规制。例如,对于一些合议制案件,或许出于权利处分,考虑到效率实现,当事人愿意放弃合议制而选择独任制。该种情况下,只要法院准确告知了当事人不同审判组织的适用区别,充分保障了当事人知情权,当事人自我处分权利就具有正当性。课题组认为,独任制和合议制均为审判组织形式内容,尽管二者适用案件复杂程度等不同,但在案件符合相应条件时二者应同等具有被适用的机会。而且独任制和合议制虽然审判人员数量不同,但其审判过程中适用的普通程序均相同,在审判人员专业化、精细化程度下,均能实现司法公正。以此为前提,允许当事人自主放弃合议制而选择独任制审理案件是保障当事人程序自治权的体现。同时,允许当事人合意自主选择审判程序等事宜,保障当事人程序自治权是民事诉讼法一以贯之的内容,具有正当性与合理性。例如,2012年《民事诉讼法》首次规定基层法院和它派出的法庭审理的民事案件,当事人可以约定适用简易程序。也就是说,在符合条件下,当事人可选择适用成本较高

---

① 参见左卫民、谢鸿飞:《论民事程序选择权》,载《法律科学(西北政法学院学报)》1998年第6期。

但程序保障相对完备的普通程序，也允许放弃复杂的普通程序而自行约定合意适用程序灵活且成本低廉、快捷的简易程序，以缓和程序的内在缺陷与不利情形，增加程序的正当性与可接纳性。[①] 由此而言，立法理应充分保障当事人对独任制的合意选择权，2021 年《民事诉讼法》等未规定当事人合意选择独任制，可以说一定程度上未充分保障当事人在程序选择中的自治性。

3. 立法禁止合议制转独任制未充分考虑当事人程序选择自治性

依循《民诉分流实施办法》，X 市两级法院同样对合议制转独任制作出了禁止性规定。例如，《X 市独任制实施细则》第 19 条规定："已经由合议庭审理的案件，不得转为独任审理。"《B 区"普独"实施细则》第 20 条亦规定，"已经由合议庭审理的案件，不得转为普通程序独任审理"。改革完成后，2021 年《民事诉讼法》也仅对独任制转合议制作了规定，未规定合议制转独任制情形。立法为何禁止合议制转独任制？究其原因，旨在避免因程序回转造成司法资源浪费和诉讼效率下降。同时，课题组访谈调研时还了解到，程序转换时牵涉的诉讼费退费问题亦是法院不认可合议制转独任制的原因之一。在基层法院，合议制转独任制包括"普合"转"普独"、"普合"转"简独"两种案件情形。其中，简易程序案件的诉讼费用是普通程序案件的一半，"普合"转"简独"涉及诉讼费退费问题。而法院退费手续十分烦琐，会耗费司法人员一定的时间与精力，影响案件进度。从程序回转浪费司法资源和降低诉讼效率角度而言，课题组认同合议制转独任制的做法，既然案件已经由合议制审理，则无须再转独任制，这也是保障司法权威性的体现。但诉讼退费烦琐等不应成为拒绝合议制转独任制的理由，这也与司法为民的审判理念背道而驰。更重要的是，若当事人出于自身个性化的利益需要，合意请求转为独任制，法院则不应禁止。同时，经审查若认为适用独任制审理符合法律既有规定且合理，则应当准许合议制转独任制。课题组认为，"为保障程序主体权、贯彻程序主体性原则，应承认纷争关系人及程序当事人即程序主体，亦为参与形成、发现及使用'法'之主体，其在受保障适时审判请求权之同时，亦应被赋予相当之程序法上的处分权"[②]。参照立法允许当事人合意选择适用简易程序之规定，允许当事人合意选择合议制转独任制亦具有合理性，是尊重当事人程序选择

---

① 参见傅郁林：《新民事诉讼法中的程序性合意机制》，载《比较法研究》2012 年第 5 期。

② 邱联恭：《口述民事诉讼法讲义(2015 年笔记版)》，台北，元照出版有限公司 2015 年版，第 104 页。

自治性的体现,且在案件开庭审理前将合议制转为独任制并不必然造成诉讼资源的浪费,也不必然会降低诉讼效率。

4. 二审不开庭审理举措违反直接言词原则与辩论原则

2020年4月,X市中级人民法院印发《关于对部分商事案件试点类型化上诉深化二审繁简分流的若干意见》,其第10条规定:“针对一审裁定或一审简易程序审理的以下类型的上诉案件,一般适用独任制进行审理:(1)一审严重违背程序侵害当事人诉讼权利的;(2)当事人对于一审认定事实没有异议的;(3)当事人对一审认定事实存在异议,但均认可提出的异议事实成立的;(4)当事人对于一审认定事实虽有异议,但异议不大且在类型化上诉表中未提出有新的证据的;(5)虽有一审没有提交的证据,但当事人未在类型化上诉表格中陈述对案件认定事实与结果具体影响的。采用二审独任制进行审理的案件,在类型化上诉、答辩、陈述意见的基础上,通过电话、网络等灵活方式再次询问当事人关于案件处理的意见后,可以不开庭书面进行审理,做出裁判。”据课题组统计,在筛选出的2020年X市中级人民法院2864件有效二审独任制案件中,775件案件为开庭审理,占比27.06%;2089件案件不开庭审理,占比72.94%。为何《民诉分流实施办法》规定的二审独任制案件“以开庭审理为原则,不开庭审理为例外”的审理方式已经异化为以不开庭审理为常态?

课题组访谈X市中级人民法院民庭独任法官发现,二审独任法官倾向于不开庭审理案件,尤其是对于当事人没有提出新的事实、证据或者理由的上诉案件,基本采用不开庭方式审理。受访的大多数二审法官表示,《民诉分流实施办法》第20条“二审独任制案件原则上应当开庭审理”的规定不但不利于审判效率的提升,而且在大多数合议制案件尚不开庭审理的情形下,立法反而要求独任制案件开庭审理,无疑为二审法官增加了额外的工作量,不利于独任制在二审案件中的扩大适用。此外,不少受访法官认为,是否开庭审理与判决效果并无必然联系,不开庭审理的案件质量并不比开庭审理差。对此,课题组持否定态度。课题组认为,在二审独任制案件中,法院应当谨慎地将不开庭作为主要审理方式。二审独任制案件仅需法官一人作决定,相比多人合议制,无疑赋予了独任法官较大的裁量权。不开庭审理又适用独任制,意味着独任法官的裁量权进一步扩大,且不受合议庭监督,易滋生司法腐败。更严重的是,二审独任制不开庭审理违反直接言词原则和辩论原则,有可能侵犯当事人的基本程序权利。虽然不开庭审理方式有利于提高二审诉讼效率，但不应以破坏程序公正、损害当事人诉讼权利为代价。于当事人而言，开庭审理能够直观地体现言词原则与辩论原则，增强当事人对裁判结果的接受度和满意度。[①] 在开庭审理的方式下，当事人申请回避、陈述观点、举证、质证、辩论、调解和撤诉等各项诉讼权利都有对应的程序作为保障。[②] 若不开庭审理，则上述部分诉讼权利可能会受到削弱。

四、扩大独任制适用范围进一步的完善建议

（一）充分解绑审判组织与审判程序，进一步优化独任制适用标准

此次改革，立法者未能充分认识审判组织与审判程序二者的关系，特别是二者各自与案件疑难复杂程度的关系，进而未能将独任制与简易程序、合议制与普通程序充分解绑，致使基层法院独任制适用中存在“简独”“普独”混同问题，二审独任制适用范围被不合理限缩。通常认为，审判程序与案件复杂疑难程度存在一定的关系，但审判程序的最终适用并非由案件难易程度这一单一因素决定。审判程序的价值还在于以程序的规范性来保障司法活动的公正性。一般情况下，审判流程的完整度、期限限制、当事人所享有的权利和承担的义务，均根据案件的具体类型和实际情况而有所不同。简言之，审判程序的复杂程度并不必然与案件自身的复杂程度成正比。[③] 与审判程序不同，审判组织的适用则主要由案件难易程度决定。简单案件独任制审理、疑难复杂案件合议制审理已经成为各界共识。正因如此，简易程序不能与独任制捆绑，普通程序亦不能与合议制捆绑。法院判断适用何种审判组织时不能单独凭借审判程序。课题组认为，此次改革继续以简易程序作为两级法院独任制案件的适用标准，审判组织与审判程序二者解绑并不彻底。下一步，建议立法采用“小额诉讼程序—简易程序—普通程序”三元模式，删去基层法院中简易程序案件适用独任制审理的规定，修改二审法院独任制适用范围主

① 参见段文波：《民事二审不开庭审理的反思与修正》，载《中国法学》2021 年第 6 期。

② 参见李承运：《冲突与融合：民事二审审理方式实践运行与规则预设的检视和改造》，载《现代法学》2014 年第 5 期。

③ 参见田娟、叶艳：《悖论与校正：独任制审判范围适度扩张的逻辑基础与实现路径——以 S 市两级法院近三年审判数据为分析样本》，载胡云腾主编：《司法体制综合配套改革与刑事审判问题研究——全国法院第 30 届学术讨论会获奖论文集》（下），人民法院出版社 2019 年版，第 124 页。

要以一审适用简易程序和一审以裁定方式结案为依据划分的规定，将案件难易程度确立为划定两级法院独任制适用条件的科学合理依据。对于疑难复杂案件应当适用合议制，其余案件均适用独任制。

建议将基层法院层面“适用简易程序审理的民事案件，由审判员一人独任审理”修改为“除案件事实认定或法律适用疑难复杂的，基层法院的民事案件一般由审判员一人独任审理”；建议摒弃中级人民法院层面一审适用简易程序上诉案件或者不服民事裁定上诉案件可以适用独任制之规定，以案件难易程度为主要标准重新厘定二审独任制适用范围。关于如何判断案件难易程度，可以运用“客观 + 主观”方法识别，进而判断哪些案件适用独任制、哪些案件适用合议制。在客观识别方面，主要以案件类型、诉讼标的额、当事人多寡、法律关系复杂程度等为识别要素。确定疑难复杂案件时，侧重筛选出新类型、诉讼标的额较大、当事人人数众多、法律关系复杂的案件，再与“负面清单”规定的必须适用合议制审理的案件类型相结合，初步筛选出可能的疑难复杂案件。关于“负面清单”，课题组认为《民事诉讼法》规定的独任制适用“负面清单”尚有进一步合理限缩的优化必要。独任制与合议制的分工意义在于“对得出正确裁判结果更为困难的复杂案件应当投入更多资源”。换言之，决定适用何种审判组织形式原则上无须考虑来自社会的外在因素。[①] 现阶段，《民诉分流实施办法》和《民事诉讼法》规定强制适用合议制审理的“负面清单”中部分案件在某种程度上更多或许是基于政治层面的考量，而非案件本身疑难复杂。比如，涉及国家利益、社会公共利益的案件；涉及群体性纠纷，可能影响社会稳定的案件；人民群众广泛关注或者其他社会影响较大的案件等。基于此，应将《民事诉讼法》列举的上述基于政治考量而决定不得由审判员一人独任审理的类型化情形案件排除在“负面清单”之外。在主观识别方面，借助法官个人审判经验及业务能力判定案件的复杂疑难程度。同时，鉴于法官识别案件难易程度的正确率及效率与其审判经验和法律专业知识正相关，课题组建议，应将审判经验丰富且法律知识扎实的法官作为案件难易程度识别的最后一道防线。此外，考虑到司法实务中法官往往能够根据个人审判经验及业务能力判定案件的复杂疑难程度，对于“案件事实认定或法律适用疑难复杂”的

① 参见占善刚、曹影：《民事诉讼独任制扩张的制度逻辑与中国路径》，载《内蒙古社会科学》2021 年第 5 期。

认定，可由承办法官自行认定，进而由其决定适用何种审判组织。

（二）“普独”具有改革价值和发展空间，应继续保留

独任制改革以来，理论界不乏学者以基层法院普通程序独任制适用率较低、节约司法资源和提升案件效率意义不大为由，建议取消一审普通程序案件可以适用独任审理的规定。[①] 其认为，即使对这些“普独”案件适用合议制，也不会占用太多司法资源，对案件效率影响不大，且相对合议制的价值意义和优越性，这类案件更没有必要适用独任制。是否普通程序适用独任制审理改革没有存在价值？是否没有进一步发展空间，应当取消呢？课题组不以为然。课题组认为，“普独”改革具有实践价值和理论价值，对节约司法资源和提升效率具有意义，且具有进一步发展空间，应当继续保留。

一方面，从审判资源的角度考量，虽然改革前“形合实独”“陪而不审”“合而不议”等问题致使基层法院实际适用普通程序审理的案件基数小，改革以来“普独”适用空间有限，进而使独任制改革未能明显节约基层法院可用的法官资源，但“未明显节约资源”不等于“没有节约资源”。事实上，此次独任制改革将部分“形合实独”的合议案件转变为独任案件，已经在一定程度上节约了司法成本，促进诉讼效率的小幅度提升。另一方面，从制度建构层面考量，也应当坚持“一审普通程序案件可以适用独任审理”的法律规定。理由有二：一是普通程序可以适用独任制审理的规定在一定程度上将普通程序与合议制解绑，值得肯定。审判程序不等同于审判组织，二者的概念、内容及作用等皆存在差异。以二者对诉讼的作用为例，审判程序对于诉讼的作用主要在于以公正的审判规程保证诉讼活动公平、有序和具有效益；审判组织对诉讼的作用则体现为以合理的人力投入保证法官对案件事实的认定和对法律的适用尽可能正确。[②] 因此，不能简单地将审判程序与审判组织混淆和单一对接。二是一审适用普通程序审理的案件并不全是疑难复杂案件，也有部分简单案件，应当适用独任制审理。例如，2020 年《民诉法解释》第 310 条规定：“人民法院审理执行异议之诉案件，适用普通程序。”虽然执行异议之诉有一定特殊性与复杂性，但并不排除其中存在简单案件。出于合理分配审判资源的考量，简单的执行异议之诉理应适用独任制审理。因此，保留一审普通程

---

① 参见王韶华、李军波：《繁简分流改革背景下的民事诉讼程序设置研究》，载《中国应用法学》2021 年第 4 期。

② 参见张晋红、赵虎：《民事诉讼独任制适用范围研究》，载《广东社会科学》2004 年第 4 期。

序案件可以适用独任制审理的法律规定确有必要。

此外,根据实证调研,2020~2021年,在X市基层法院审结的普通程序案件中,分别适用独任制审结案件4509件与9696件,占普通程序案件总数的比重依次为14.04%与37.97%。由此不难看出,虽然基层法院“普独”案件数量较少,但“普独”案件数量在普通程序案件中的占比却在逐年增加。换言之,“普独”具有进一步发展空间,在坚持“普独”制度立法设计的同时,还应完善相关适用规定适度提升“普独”适用率。一方面,通过司法解释明晰“普独”适用标准,明确区分“简独”“普独”“普合”界限。另一方面,考虑通过“列举式”具体划定能够适用普通程序独任制的案件类型。虽然“普独”案件类型呈现“案由广泛,且无类案集中”的特征,难以穷尽列举,但地方法院可以根据其审判实际归纳总结,科学划定“普独”适用正面清单。同时,需明确指出,实践中不宜将“普独”适用率作为基层法院审判工作的考核指标,否则将违背扩大独任制适用范围改革的初衷。

(三)优化配置独任制审判资源,提升独任制诉讼效率

相较合议制,独任制在提升审判效率方面优势较为明显,这也是此次繁简分流改革下扩大独任制适用范围的改革初衷之一。但如前所述,根据实证分析,“普独”案件审限逐年增加,独任制案件整体审判效率优势不彰。对此,有必要探索举措进一步提升独任制诉讼效率。课题组认为,提高诉讼效率不应单从扩大独任制案件适用数量入手,还需优化配置独任制案件审判资源。

一方面,构建以独任法官为核心的高质量审判团队。首先,配备专业型独任法官。改革期间,B区法院要求“普独”案件审理法官应当具有两年以上的民商事审判工作经验,该做法值得借鉴。其次,按照“1名法官:1名法官助理:1名书记员”配备高素质审判辅助人员,将独任法官从非核心审判工作中剥离出来。在审判团队内部分工中,法官负责案件审理的核心事务,法官助理负责辅助法官完成审判工作,书记员负责非核心事务。三方各司其职,高质效完成独任制案件审判工作。最后,减少独任制审判团队尤其是独任法官行政性事务工作,将其从非核心工作中剥离出来。“无论是法院还是法官都不应当偏离自己应有的专业性或专业化运行的轨道。”①经课题组相关实证研究发现,

① 张卫平:《审判资源程序配置的综合判断——以民事诉讼程序为中心的分析》,载《清华法学》2022年第1期。

法官、尤其是领导型法官，其较大部分工作时间被行政事务所占据。① 若尽量减少法官在行政事务中的精力投入，使其更多投入独任制案件审判中，就会增加司法资源的有效供给，提高诉讼效率。另一方面，优化独任制审判方式，如制定格式化独任制裁判文书。独任制案件案情较为简单，或“基本事实清楚，权利义务关系明确”，或“事实清楚，法律适用明确”，裁判文书中不需要对事实和证据认定等进行较为复杂的论述，因而具备适用格式化裁判文书的基础。独任制案件适用格式化裁判文书将减少程序性司法资源浪费，同时能够提高法官书写裁判文书的速度，有利于法官当庭判决，进而提高诉讼效率。

（四）完善独任制适用规定，充分保障当事人程序性权利

“民事诉讼程序制度归根结底是为当事人服务的，既然作为这一制度利用者的当事人是程序主体，我们在设计和运作程序时，当然也就有必要考虑当事人的关于程序的意愿，满足当事人关于程序的合理需求。”②立法规定和司法实践表明，独任制改革中尚存系列侵犯当事人诉讼权利现象，如大量二审独任制案件不开庭审理，当事人审判组织异议权蕴含较浓的职权主义色彩，当事人审判组织选择权未充分考虑程序自治性等。整体而言，改革未充分关注当事人的实体权益和诉讼权利，未回应与满足当事人的司法需求。为此，应当完善独任制适用规定，充分保障当事人诉讼权利，增强司法公正性。

1. 强化当事人审判组织异议权

司法人员普遍认为，“审判组织形式只是影响资源配置，不影响对程序性质的判断，决定采取何种审判形式，应由人民法院判断并决定”③。现阶段《民诉分流问答口径（二）》等对当事人审判组织异议权规定亦蕴含较浓的司法职权主义色彩。课题组认为，现有当事人审判组织异议权规定不利于保障当事人诉讼权利，应通过立法削弱法院强主导审判组织转换现状，强化当事人对审判组织提出异议的权利，更好监督法院独任制适用情况。一方面，在提出异议时间阶段上，将当事人提出异议的时间与独任法官提出转换请求的时间保持一致，即当事人在案件审理期限届满前的任何阶段发现有“案件由审判员一人独任审理违反法律规定”的事由时，均可以向法院提出异议。另一方面，对于

① 参见左卫民：《时间都去哪儿了——基层法院刑事法官工作时间实证研究》，载《现代法学》2017 年第 5 期。

② 李浩：《民事程序选择权：法理分析与制度完善》，载《中国法学》2007 年第 6 期。

③ 龚成、张引千：《独任制改革试点的发展路径与思路探索》，载《法律适用》2021 年第 6 期。

法院依职权将独任制转为合议制审理的案件，赋予当事人异议权，即法院在作出审判组织转换决定前，应当征询当事人意见，包括原告、被告与第三人。同时，为确保当事人异议权行使，法院应事先明确独任法官所在合议庭。在当事人提出异议启动独任制转合议制的程序时，由独任法官归属的合议庭以书面形式裁定案件是否可由独任制转为合议制审理。当然，为防止当事人滥用审判组织异议权，也应合理限定当事人提出异议的事由范围。课题组认为，当事人提出审判组织异议权事由，应仅限于其认为案件不适合通过独任制审理，即独任制的适用可能违反《民事诉讼法》第 40 条、第 41 条有关独任制适用标准和范围的规定，或者可能符合《民事诉讼法》第 42 条规定的不得适用独任制审理的情形，而不应包括对案件审判程序存在异议等。

2. 赋予当事人对一审案件审判组织选择权

对于是否应当赋予当事人审判组织选择权，学术界看法不一。有学者认为，程序选择权的客体不应包括审判组织形式，将审判组织作为当事人程序选择的客体，是民事诉讼程序审判程序泛民主、非理性的表现。[①] 有学者则认为，程序选择权的客体应当包括审判组织形式，且应当有条件地赋予当事人合意选择审判组织的权利。当事人选择审判组织的范围限于原本根据法律规定应当适用合议制的案件，且当事人的合意选择应当接受法院的审查，以防止双方当事人恶意串通损害第三人或社会公共利益。[②] 现阶段，《民事诉讼法》第 41 条第 2 款赋予了当事人对二审案件独任制审理的选择权，但当事人对一审案件的审判组织是否享有选择权未作规定。课题组认为，在一审案件中，亦应赋予双方当事人对审判组织的选择权。民事诉讼是为解决当事人私权纠纷而设计的制度，当事人作为其私权的直接利益关联方，享有对私权自由处分权，审判组织的选择关系到审判结果的公正，进而关系到当事人的切身利益权益，立法也应赋予当事人对一审案件的审判组织选择权。此外，参考域外经验，《德国民事诉讼法》第 348 条第 3 款规定，独任法官在出现下列情况时，须将案件提交给合议庭，由合议庭决定是否接管案件：(1) 案件在事实上或法律上有特殊困

① 参见张晋红：《关于独任制与合议制适用范围的立法依据与建议——兼评当事人程序选择权之客体》，载《法学家》2004 年第 3 期。

② 参见田娟、叶艳：《悖论与校正：独任制审判范围适度扩张的逻辑基础与实现路径——以 S 市两级法院近三年审判数据为分析样本》，载胡云腾主编：《司法体制综合配套改革与刑事审判问题研究——全国法院第 30 届学术讨论会获奖论文集》（下），人民法院出版社 2019 年版，第 133 页。

难;(2)案件具有原则性意义;(3)双方当事人一致申请。“双方当事人一致申请”可谓赋予了当事人审判组织选择权。《德国民事诉讼法》认为,若当事人合意选择适用合议制解决案件,法院应当在听取双方当事人的主张和陈述后作出裁决。课题组认同该做法,认为在不影响国家、社会公共利益的前提下,理应赋予一审案件当事人对审判组织的选择权。在充分解绑独任制与简易程序、合议制与普通程序基础上,根据案件实际难易程度,当事人均有权选择适用独任制或合议制。一般情况下,对于疑难复杂案件应当适用合议制,其余案件均适用独任制。对于独任制案件,如果当事人一致申请适用合议制,应当允许申请,但须经由法院审查后作出裁定。反之,对于适用合议制案件,如果当事人自愿自主放弃合议制而选择独任制审理案件,亦应当允许,当然也须经由法院审查后作出裁定。此外,若当事人一方选择独任制,另一方选择合议制,则交由法院审查后作出裁定。

3. 构建一审案件合议制转独任制机制

目前立法只允许审判组织由独任制转合议制,而未规定合议制转独任制。课题组认为,应当充分尊重当事人程序选择自治权,构建审判组织双向转换机制,不仅可由独任制转合议制,还可以由合议制转独任制。关于合议制转独任制的启动方式,应当规定法院依职权启动和当事人合意选择两种。在法院依职权启动合议制转独任制方面,建议借鉴吸收德国、意大利的做法。《德国民事诉讼法》第 348 条规定,“当案件出现以下情形时,合议庭可以作出裁决,将案件交给一名合议庭成员作为独任法官裁判:(1)案件在事实上或者法律上没有特殊困难;(2)案件不具有原则性意义;(3)案件在民事庭没有在主期日经过法庭审理,除非其间作出了保留判决、部分判决或中间判决”①。《意大利民事诉讼法典》第 281 条规定:“合议庭发现交由其审理的案件应该由独任制审判庭审理时,应通过终局性裁定将案件发回给调查法官,由其根据第 281 条Ⅳ、第 281 条Ⅴ及第 281 条Ⅵ的规定,作为独任审判庭的法官继续进行审理。”②借鉴《德国民事诉讼法》《意大利民事诉讼法典》对合议制转独任制的规定,课题组认为,对于一审合议审理的案件,如果合议庭发现没有合议审理的必要,就应当将案件转为独任审理,独任审理的法官为合议庭中的法官。同时,兼顾诉讼

① 《德国民事诉讼法》,丁启明译,厦门大学出版社 2016 年版,第 86 页。

② 《意大利民事诉讼法典》,白纶、李一娴译,中国政法大学出版社 2017 年版,第 104 页。

效率,应将合议制转为独任制的时间节点严格限定在开庭审理之前。在当事人合意选择合议制转独任制方面,必须遵循双方当事人合意之原则。是否同意转换,由法院在审查后裁定。经审查,法院认为不属于疑难复杂案件的,应同意将合议制转为独任制审理;认为属于疑难复杂案件的,应驳回当事人的请求,继续合议审理。而当事人合意转换的时间阶段,应严格限定在立案后开庭审理前。若案件已经在开庭审理阶段,为节约诉讼资源、考虑诉讼效率,亦不允许当事人合意转换。

此外,在合议制转独任制的审级方面,应只允许一审基层法院普通程序案件合议制转独任制,严格禁止二审中级人民法院适用合议制审理案件转为独任制,双方当事人合意转为独任制的除外。理由是:我国实行二审终审制,二审作为终审程序,既承担一审裁判的审判监督职能,也是保障当事人诉讼权利的关键环节之一。因此,扩张适用独任制时必须采取更为谨慎的态度。在二审案件确定适用合议制审理后,即使法官在案件审理过程中发现存在应当适用独任制审理的情形,出于保障权利和节约资源之考量,也不应主动依职权转换为独任制审理。当然,若当事人合意选择转为独任制,出于充分考虑当事人程序自治性,尊重当事人程序选择权之考量,则应当允许启动审判组织转换,经法院审查后认为不属于疑难复杂案件的,裁定转为独任制审理。

4. 统一审判组织双向转换时间与裁定主体规定

关于审判组织转换时间的规范统一,由于审判组织转换包含独任制转合议制、合议制转独任制两种双向情形,不同情形下转换时间要求不同,课题组分别探讨。一方面,对独任制转合议制审理的案件,课题组认为,尽管司法实践表明转换时间阶段广泛分布于庭审前、庭审中和庭审后 3 个阶段,适用上较为随意,但出于对当事人诉讼权利保护之考量,无论是法院依职权还是当事人提出异议启动审判组织转换,只要确实有不宜独任审理的情形,在案件裁决作出之前的任意时间段,均应允许提出审判组织转换申请,独任法官均应经审查后及时在符合情形时将独任制转换为合议制审理。审判组织转换时间不作统一规定,基层法院独任制案件和二审独任制案件审判组织转换均如此。另一方面,对合议制转独任制审理的案件,则需统一转换时间。因合议制转独任制最主要的出发点在于尊重当事人的程序选择权,且其转换的前提条件是不对司法资源配置产生额外影响,不增加法院工作量。因此,课题组认为,如前所述,对于已经确定组成合议庭审理的案件,当事人合意选择独任制审理的,应在案件开庭审理前提出,且整个转换流程应在开庭审理前完成;对于开庭审理后的案件,即使双方当事人合意转换,也不允许转换。

关于审判组织提起转换后最终裁定转换主体的统一,课题组认为应统一由合议庭法官裁定,两种双向转换情形均如此。根据前述实证研究,现阶段司法实践中法官、团队负责人、庭长和院长均是裁定主体。但课题组认为,由合议庭法官裁定最为恰当。理由是:若交由独任法官裁定,则有可能出现独任法官为延长审理期限而将审判组织转为合议制的情况;若交由院长、庭长裁定,因其并非案件审判法官,事先对案件并不了解,作出裁定前需在本职行政工作外花费一定时间,则不利于及时作出裁定。而若由合议庭法官裁定,一方面,可以避免法官利用审判组织转换程序延长审理期限情形;另一方面,合议庭法官还可提前了解、熟悉案情,确保审判组织程序转换的快捷性,且节约了将来合议庭审判案件所花费的时间,利于提高诉讼效率。

5. 严格限制二审独任制案件不开庭审理

关于二审独任制案件审理方式,立法规定以开庭审理为主要审理方式。针对现阶段二审独任制案件以不开庭审理为主的司法现状,应当严格限制二审独任制案件可以不开庭审理的前提条件,且应当赋予当事人对不开庭审理的程序选择权与异议权,充分保障当事人举证、质证、辩论等诉讼权利。相较合议制,独任制案件全部审判事宜均由法官一人决定,若不对独任制案件不开庭审理限定更严格的条件,则大规模的二审独任制案件不开庭审理无疑会削弱对独任法官的审判监督力度。尤其是我国实行两审终审制,在决定以不开庭方式独任审理上诉案时应更加谨慎。同时,当事人通常是不服一审裁判方提起上诉,二审阶段程序设置越合理、正当、公开、公正,其对不满的吸收功能越强。相较不开庭审理,开庭审理更有利于公开原则、直接言词原则、辩论原则的实现。通过庭审中的法庭调查、法庭辩论环节,双方当事人得以充分举证、质证、辩论等,有利于法官最大限度发现案件真相,增强当事人对裁判结果的接受度和满意度。

第五章　健全电子诉讼规则改革实证研究

在当代中国社会,信息技术持续且快速发展,已全方位渗入各个角落并深刻改变着我们的日常生活。数据显示,截至2021年12月,中国网民数量达到10.32亿,手机网民数量约10.29亿,互联网普及率达73.00%。[①]“毫无疑义,晚近十来年,一个在线时代正在开启,人类社会特别是中国社会正在进入在线社会。”[②]在司法领域,司法与现代科技尤其是与互联网技术的结合也愈发紧密。随着司法信息化建设不断深化,电子诉讼[③]从个别地区的“时髦”做法逐渐演变为全国各级法院探索和推进的新型诉讼方式,并被纳入此次民事诉讼程序繁简分流改革,作为重要创新性内容在我国司法实践中正在加速推进。目前我国已设立杭州、北京和广州3个互联网法院,广泛应用“移动微法院”等诉讼平台。通过各类电子诉讼服务平台,利用远程通信和实时通信软件,当事人和司法人员全

---

① 参见中国互联网络信息中心:《第49次中国互联网络发展状况统计报告》,载中国互联网络信息中心网,http://www.cnnic.net.cn/hlwfzyj/hlwxzbg/hlwtjbg/202202/P020220407403488048001.pdf。

② 左卫民:《中国在线诉讼:实证研究与发展展望》,载《比较法研究》2020年第4期。

③ 截至繁简分流改革开始,理论界与实务界尚未就诉讼方式的在线化形成统一表述,此次试点改革将之定义为“电子诉讼”,最高人民法院颁行的司法解释将之定义为“在线诉讼”,鉴于其本质属于诉讼行为的电子化,且“电子诉讼”比“在线诉讼”内涵与外延更加丰富,故在下文中如无特殊说明,课题组统一按照改革用语,表述为“电子诉讼”。

流程在线立案、庭审、提讯等都已不再是难题。

电子诉讼司法实践快速推进的同时，理论界亦逐渐关注电子诉讼发展，围绕电子诉讼制度构建的法律基础、价值取向、与传统民事诉讼的冲突与融合等基础理论，互联网法院、电子送达、远程庭审等具体实践发展，以及电子诉讼证据规则构建等立法应对事宜展开一系列研究，积累了一定的研究成果。① 但总体而言，有关电子诉讼的既有理论研究尚处于相对粗略阶段，研究重心偏重宏观价值，以及过于微观层面的具体电子诉讼环节。一方面，研究内容未能有效融合宏观与微观层面的问题意识，也缺乏对运行机制等处于"中层理论"的问题进行研究。还有一系列重大理论问题如互联网技术与诉讼程序应在何种程度及在多大范围结合、电子诉讼对当事人主义之下法院与当事人关系的影响等问题，始终未能得到周延回答。另一方面，研究方法未能充分运用实证研究，影响对电子诉讼运行实践的客观、全面把握，尤其是未能深刻揭露后疫情时代电子诉讼运行情况，也缺乏对此次健全电子诉讼规则改革的实证考察。上述研究现状使电子诉讼的整体研究水平滞后于电子诉讼实践的最新发展。对今后研究而言，急需更丰富的经验感受和更符合经验的总体视角。

鉴于此，课题组选取繁简分流改革试点单位之一的 X 市两级法院为研究对象，采用实证研究方法对 X 市两级法院电子诉讼运行情况进行分析，在客观描述试点法院电子诉讼总体情况的基础上，进一步深入考察分析民事电子诉讼主要环节具体运行情况，尝试回答在为期两年的试点改革后，健全电子诉讼规则改革目标是否全部实现，改革目标在多大程度上得以实现，尚存哪些问题待解决，并进一步剖析成因，以期助益探寻我国电子诉讼未来的发展方向和改革路径。

---

① 代表性研究成果参见王福华：《电子诉讼制度构建的法律基础》，载《法学研究》2016 年第 6 期；侯学宾：《我国电子诉讼的实践发展与立法应对》，载《当代法学》2016 年第 5 期；张兴美：《电子诉讼制度建设的观念基础与适用路径》，载《政法论坛》2019 年第 5 期；高翔：《民事电子诉讼规则构建论》，载《比较法研究》2020 年第 3 期等。

一、健全电子诉讼规则改革的要点

(一)赋予在线、线下诉讼同等法律效力:从“模糊摸索”到“明确规定”

《民诉分流实施办法》第21条明确了电子诉讼活动与线下诉讼活动具有同等法律效力,这不失为此次改革的一大亮点,为日后继续完善民事电子诉讼规则提供了制度保障。根据《民诉分流实施办法》的规定,人民法院可以根据技术条件、案件情况等因素,决定线上和线下的及时转换,或者实行一方当事人线上、一方当事人线下的诉讼方式,已经完成的诉讼行为均具备法律效力。同时,考虑到在线审理本质上是为当事人提供诉讼便利,也需要当事人全面配合,如果当事人要求线下审理,人民法院原则上应当同意,不能以不接受在线审理认定当事人诉讼失权。

需要指出的是,《民诉分流实施办法》发布之前,2017年《民事诉讼法》未涉及电子诉讼行为法律效力问题,其在当时尚属于民事诉讼立法领域空白,随着互联网法庭试点改革的开展,该问题随之也受到广泛关注。2018年最高人民法院发布的《互联网法院审案若干规定》对电子诉讼行为的法律效力问题首次作出回应。一方面,《互联网法院审案若干规定》明确肯定了通过互联网诉讼平台作出的诉讼行为具有法律效力,①特别载明了电子送达凭证具备送达回证效力,②且通过在线方式核对、确认过后的电子笔录同书面笔录享有同等法律效力③;另一方面,《互联网法院审案若干规定》并未明确除在线制作笔录以外的其他电子诉讼行为是否与线下诉讼行为具有同等法律效力。时至2020年1月,《民诉分流实施办法》率先打破电子诉讼法律效力定性模糊的僵局,明确了“在线、线下等效”。当然,后续相关法律文件并未都延续此种明确化走向,如2020年2月,最高人民法院印发的《关于新冠肺炎疫情防控期间加强和规范在线诉讼工作的通知》(以下简称《疫情期间在线诉讼工作通知》)提到,电子诉讼推进过程中,各级法院在当事人同意线上办理的条件下,应在信息系统内确认并留痕,借此确保相关诉讼活动之法律效力。至于

---

① 参见《互联网法院审案若干规定》第5条。

② 参见《互联网法院审案若干规定》第17条。

③ 参见《互联网法院审案若干规定》第20条。

这种法律效力是否与线下诉讼活动等效,该通知并未说明。尽管如此,随后2021年发布的《人民法院在线诉讼规则》(以下简称《在线诉讼规则》)、2021年《民诉法草案》及《民事诉讼法》均吸收了《民诉分流实施办法》规定,明确电子诉讼与线下诉讼活动具有同等法律效力。

整体而言,截至《民诉分流实施办法》发布,赋予在线、线下诉讼同等法律效力的行为经历了从"闪烁其词"到"明确规定"的发展路径。改革期间及改革结束后的立法与司法解释均肯定了《民诉分流实施办法》促使"在线、线下等效"的改革举措。然而,理论界并非全然赞许现有"等效"原则。有学者认为,赋予在线、线下诉讼活动同等法律效力的规定十分恰当。① 但另有学者认为,在线与线下诉讼行为差异较大,"等效"处理缺乏针对性,无法完整满足在线诉讼规范需求。② 有学者认为,2021年《民事诉讼法》修正之时尚未来得及考虑线上与线下规则之间的体系性协调,如异步审理等在内的特殊线上诉讼活动已超出"等效原则"之下线下诉讼规则的约束范围。③ 但不管怎样,在线诉讼已然能够实现传统线下诉讼功能,至于在线诉讼本身及在线诉讼规则如何优化、完善,还需在不断的试错中予以探索。④

(二)扩大电子诉讼适用范围:从"部分适用"到"全面铺开"

赋予电子诉讼法律效力的同时,《民诉分流实施办法》第21条也进一步扩大了电子诉讼案件的适用范围。此前,《互联网法院审案若干规定》仅将可全流程电子诉讼的案件限定在3个互联网法院有权管辖的与互联网相关的网上纠纷范围内。司法实践表明,与互联网有关的网上纠纷案件数量有限,这极大限制了电子诉讼的适用范围,阻碍了科技赋能司法、助力司法保质提效作用的发挥。对此,《民诉分流实施办法》并未限制可电子诉讼的案件类型,仅表示人民法院、当事人及其他诉讼参与人等相关主体可通过信息化诉讼平台在线开展诉讼活动。换言之,任何民事案件均可通过在线方式完成相关诉讼环节。较《互联网法院审案若干规定》,《民诉分流实施办法》无疑扩大了电子诉讼适用范围。紧随其后发布的《疫情期间在线诉讼

---

① 参见肖建国:《在线诉讼的定位与〈民事诉讼法〉的修改》,载《北京航空航天大学学报(社会科学版)》2022年第2期。

② 参见张卫平:《在线诉讼:制度建构及法理——以民事诉讼程序为中心的思考》,载《当代法学》2022年第3期。

③ 参见曹建军:《在线诉讼规则与民事诉讼法典化》,载《河北法学》2022年第8期。

④ 参见左卫民:《后疫情时代的在线诉讼:路向何方》,载《现代法学》2021年第6期。

工作通知》亦延续了《民诉分流实施办法》扩大电子诉讼适用范围的精神，规定民商事案件一般均可开展电子诉讼，未限制电子诉讼的案件类型。《在线诉讼规则》、2021年《民诉法草案》与《民事诉讼法》亦采纳了改革试点期间的做法，规定所有类型民商事案件均可线上开展诉讼。不过，理论界对此同样具有不同的声音。有学者认为，在线诉讼应当具有不同于线下诉讼的案件适用范围。线下诉讼适合于各类案件，但在线诉讼的技术性、虚拟性等特征则决定了其在与互联网相关的案件审理过程中似乎更具优势。① 另有学者认为，阶段化电子诉讼的目标在于辅助线下诉讼，毫无疑问适用于所有案件类型，但全流程电子诉讼并非如此。电子诉讼“全面开花”的实践现状存有隐忧。② 实际上，电子诉讼适宜审理哪些类型的案件，以及如何科学界定电子诉讼适用范围，进而凸显电子诉讼优势，还尚待从试点改革实践运行中找寻答案。

（三）明确电子化材料法律效力与提交规则：从“权力主导”到“权利主导”

《民诉分流实施办法》第22条明确了电子诉讼中电子化材料提交的效力和规则。根据规定，当事人选择在线方式诉讼的，可以通过电子化方式提交诉讼材料和证据材料，经人民法院审核通过后，可以不再提交纸质原件。但根据对方当事人申请和案件审理需要，人民法院可以要求当事人提供纸质原件，当事人应当提供。该条文明确了电子化诉讼材料和证据材料的效力，为选择电子诉讼的当事人提供了一定便利，并考虑到部分案件的特殊性及当事人对电子化材料的接受度，也明确了电子诉讼中法院要求提供纸质原件的条件。此外，该条还对电子化材料的提交规则作了初步规定，即电子化材料一般应以当事人自愿主动提交为主。换言之，实践中，人民法院可以建议有条件的当事人提交电子化材料，特别是采取在线审理的情况下，应当尽量为当事人提交电子化材料提供平台支撑和技术便利。当事人提交纸质材料的，人民法院应当及时扫描录入案件办理系统。需要说明的是，允许通过电子化方式提交材料，并不意味着电子化材料具有当然的证据能力和证明力，是否具备证据的真实性、关联性、合法性，还须进一步根据证据标准作专门判断。

---

① 参见谢登科：《论在线诉讼中的程序转化——以〈人民法院在线诉讼规则〉第5条为视角》，载《辽宁师范大学学报（社会科学版）》2022年第4期。

② 参见高翔：《民事电子诉讼规则构建论》，载《比较法研究》2020年第3期。

实际上,在肯定电子化材料法律效力与提交规则方面,《民诉分流实施办法》并非首创。其发布之前,《互联网法院审案若干规定》已作出过相关规定。其第10条规定,当事人及其他诉讼参与人通过技术手段将诉讼材料和证据材料进行电子化处理后提交的,"经互联网法院审核通过后,视为符合原件形式要求。对方当事人对上述材料真实性提出异议且有合理理由的,互联网法院应当要求当事人提供原件"。但《互联网法院审案若干规定》的适用对象仅限于互联网法院,且其认为电子化材料的提交属于当事人的义务。其第9条规定,互联网法院组织在线证据交换的,当事人"应当"在互联网诉讼平台上传提交在线电子数据和经过电子化处理后的线下证据。毫无疑问,《民诉分流实施办法》的出台,一方面将电子化材料的法律效力与提交规则推广到了非互联网法院,另一方面也突出了当事人在提交电子化材料方面的选择性权利,强调了当事人提交的自愿性与主动性。整体来看,电子化材料的法律效力与提交规则大致经历了从"权力主导"到"权利主导"的转变。而后发布的《疫情期间在线诉讼工作通知》也重申了上述"权利主导"基调,指出当事人及其代理人提交纸质材料时,法院应及时将其电子化并导入办案系统。此外,法院应积极引导当事人及其代理人提交电子化材料,并为其提供平台支撑与技术便利。《在线诉讼规则》亦采纳了《民诉分流实施办法》"权利主导"改革内容,且通过第12条、第13条两条法律条文详细阐释了当事人应当提交原件、原物,以及法院可审核通过电子化材料的具体情形。尽管《民诉分流实施办法》发布之后的相关规定均不同程度地吸纳了明确电子化材料法律效力与提交规则改革内容,肯定了"权利主导"改革成效,但理论界就改革举措与效果仍存争议。如有学者认为,《民诉分流实施办法》尚未明确电子证据审核规则,这可能与程序效率价值相冲突。① 另有学者指出,从国外的立法例与实践经验来看,强制适用电子诉讼是大势所趋。尽管与电子诉讼普及带来的诉讼便利性和经济性相比,《在线诉讼规则》未引入特定主体强制适用电子诉讼义务尚可容忍,但电子诉讼是社会发展的体现,强制适用电子诉讼义务源于诉讼经济原则,应当在我国民事诉讼法中引入电子诉讼强制适用义务,积极回应提高诉讼效率、降低成本、便捷诉讼等优势。②

---

① 参见杨凯:《诉讼服务与公共法律服务制度协同的构架及路径》,载《南海法学》2022年第3期。

② 参见朴顺善:《强制适用电子诉讼义务制度研究》,载《西南政法大学学报》2022年第2期。

整体而言,今后电子化材料的法律效力与提交规则究竟会如何变化,需随未来发展探知。

(四)调整在线庭审规则:从"笼统规定"到"细化完善"

《民诉分流实施办法》第23条对在线庭审的适用范围、不适用情形、单方在线及线上线下庭审转化等相关问题作了较为详细规定。具体而言,其一,扩大了在线庭审适用范围。将在线庭审适用范围从简易程序案件扩大至普通程序案件。改革前,2015年《民诉法解释》第259条规定,"当事人双方可就开庭方式向人民法院提出申请,由人民法院决定是否准许。经当事人双方同意,可以采用视听传输技术等方式开庭。"也就是说,在简易程序案件中,只有经双方当事人同意才可在线庭审。而此次改革未作限制,普通程序同样可以适用在线庭审。其二,明确了排除适用在线庭审的情形,主要为当事人主观上不愿意、客观条件不具备或者案件本身不适宜采取在线庭审方式。其三,规定在当事人同意的前提下,可以采取"部分当事人线上、部分当事人线下"的审理方式,即部分当事人通过在线视频远程参与庭审,部分当事人在审判法庭参与庭审。其四,明确了线上和线下审理方式可以根据案件实际情况相互衔接转换,规定"不适用在线庭审"的4种情形均可以由线上转线下审理。

总体来看,《民诉分流实施办法》基本从在线庭审的适用范围和运行机理两个方面,对在线庭审运行作了初步明确,相较2015年《民诉法解释》仅在简易程序部分用第259条一个条文对在线庭审的笼统规定有了较大程度的细化。但不可否认的是,囿于实践经验的匮乏,在线庭审规则尚处于初步构建阶段,有关在线庭审的具体程序规定稍显简单粗略,尚须在实践运行中不断补充完善。这点在《民诉分流实施办法》发布后陆续出台的、与在线庭审相关的系列规范及理论界对在线庭审制度的讨论中可见端倪。一方面,尚无规范完全吸纳《民诉分流实施办法》有关在线庭审规则的内容。例如,《疫情期间在线诉讼工作通知》仅采纳了《民诉分流实施办法》对于在线庭审适用范围及不适用情形的规定;《在线诉讼规则》延续了《民诉分流实施办法》的改革精神,但并未全然接收《民诉分流实施办法》相关规定,而是进一步明确、细化了在线庭审规则,如增加了"社会影响"这一类在线庭审适用应当考虑的因素,增设了三类不应适用在线庭审的情形。此外,《民事诉讼法》及2022年《民诉法解释》均未对在线庭审作出新的规定。另一方面,理论界亦不乏学者就在线庭审规则的优化建言献策。如有学者将案件涉及商业秘密、当事人可能被判无期或死刑等几种情况纳入了在线庭审适用的“负面清单”，且就庭审方式转换、证据交换等事项进行了补充论证；①有学者认为时机成熟后，可出台“在线民事诉讼特别程序法”。未来一段时期内，线上、线下诉讼共存且需要适时转换的情况使制度设计者有必要对庭审方式的交互转换作出相应规制。此外，保障辩论、质证过程的流畅性与严肃性亦是设计在线庭审制度的基本要求。②

（五）创新电子送达机制：从“零散局部规定”到“成体系化发展”

《民诉分流实施办法》第 24 条至第 26 条明确了电子送达的总体机制、适用条件、适用范围和生效标准，创新性调整了改革前 2017 年《民事诉讼法》、2015 年《民诉法解释》、最高人民法院《关于人民法院通过互联网法院公开审判流程信息的规定》等法律法规中与电子送达相关的系列规定。具体体现为 3 个方面：其一，在遵循“当事人同意”的基本适用条件下，建立“默示同意”规则，即对事前约定和事后认可均视为同意电子送达。2012 年《民事诉讼法》首次将电子送达规定为法定送达方式，电子送达正式具有立法上的“合法”身份，但相较传统直接送达或邮寄送达等方式，电子送达适用须以“受送达人同意”为前提，适用门槛较高。此次改革适度放宽了适用条件，根据规定，尽管电子送达仍需遵循“当事人同意”的基本原则，但同意的方式除了事前明示同意外，还增加了事后认可即“默示同意”方式。其二，扩大电子送达适用范围之所有诉讼文书。根据《民诉分流实施办法》第 25 条规定：“经受送达人明确表示同意，人民法院可以电子送达判决书、裁定书、调解书等裁判文书……”这一规定对 2017 年《民事诉讼法》第 87 条“但判决书、裁定书、调解书除外”的但书规定予以修改，允许电子送达判决书、裁定书和调解书。但须指出的是，对于电子送达判决书、裁定书及调解书，必须经当事人“明确表示同意”，不能是“默示同意”。其三，明确不同情形下电子送达生效标准。根据《民诉分流实施办法》第 26 条规定，对当事人主动提供或确认的电子地址，采取“到达主义”，送达信息到达该电子地址即为有效送达；对受

① 参见王洪用、崔家蔚：《在线庭审：现状、成因与变革》，载《山东科技大学学报（社会科学版）》2022 年第 3 期。

② 参见张卫平：《在线诉讼：制度建构及法理——以民事诉讼程序为中心的思考》，载《当代法学》2022 年第 3 期。

送达人同意电子送达但未主动提供或者确认电子地址,人民法院向能够获取的受送达人电子地址进行送达的,采取"收悉主义"。同时,确认"收悉"分为两种类型:第一种类型是不可推翻的直接确认,即符合"受送达人回复已收到送达材料,或者根据送达内容作出相应诉讼行为"情形时,视为送达成功,且效力不可推翻;第二种类型是可推翻的推定确认,即符合"受送达人的电子地址系统反馈受送达人已阅知,或者有其他证据可以证明受送达人已经收悉"情形时,推定送达成功。若当事人举证证明非因主观过错确未"收悉",则不能视为有效送达,送达效力可被推翻。

从改革内容来看,虽然直至2012年《民事诉讼法》修改,电子送达才正式成为一种法定的送达方式,但早在2003年12月1日起施行的《简易程序若干规定》中,"电子送达"便已初显端倪。此后各地法院在司法实践中亦围绕电子送达的技术与方式等方面进行了丰富的探索与创造。2018年,《互联网法院审案若干规定》更是对电子送达作出了上述类似规定,不过该规定约束的对象仅为互联网法院。《民诉分流实施办法》发布前,规制非互联网法院电子送达行为的立法与司法解释条文仅有4条,[①]相关内容亦未成体系,既缺乏对"受送达人同意"等行为的明确界定,也无法满足当前电子诉讼大规模推广的现实需求。而《民诉分流实施办法》打破了此种僵局,创新性地将完善过后的电子送达机制推广至全部试点法院,既包含3个互联网法院,也包含非互联网法院。随后,《疫情期间在线诉讼工作通知》要求试点法院应严格遵照《民诉分流实施办法》开展电子送达工作,非试点地区法院可参照执行《民诉分流实施办法》第24条、第26条的规定,但不得参照适用第25条的规定,即非试点法院不能电子送达判决书、裁定书及调解书。《在线诉讼规则》基本延续了《民诉分流实施办法》的改革精神,但较《民诉分流实施办法》更为全面、细致。2021年《民诉法草案》采纳了《民诉分流实施办法》的部分规定,既扩大了电子送达的方式,也将判决书、裁定书与调解书归入可电子送达的范畴。此外,在电子送达生效标准方面,2021年《民诉法草案》增加采取了"收悉主义"原则。然而,2021年《民事诉讼法》在2021年《民诉法草案》基础上摒弃了"收悉主义"原则,仅就电子送达的方式与对象作出了相应调整。2022年

① 参见2017年《民事诉讼法》第87条;2015年《民诉法解释》第136条、第261条;最高人民法院《关于人民法院通过互联网法院公开审判流程信息的规定》第14条。

《民诉法解释》第135条补充阐释了2021年《民事诉讼法》第90条规定的“送达日期”的内涵。概言之，在电子送达方面，此次改革带来的最大变化在于创新了试点地区非互联网法院的电子送达机制，并不断丰富细化电子送达机制，逐步推出成体系化的发展机制。最新立法与司法解释均不同程度地吸收了改革的良好经验，将电子送达机制推广到了全国各级法院。针对实践中的系列操作，理论界认为有进一步完善的空间。如有学者认为，电子送达的机制创新与实践范式存在正当性与协调性等方面的不足，且其价值合理性与技术合理性呈现出不断博弈的样态。① 有学者指出，电子送达过程中，数据信息需要经由网络与不同的路由器传递至受送达人的接收端，存在泄露、被截取以及被篡改等风险，且司法实践中的技术障碍加剧了此种风险。② 有学者认为，当前电子送达机制并不成熟，当事人权利保障是否到位仍存争议。③ 毋庸讳言，创新型电子送达机制在全国法院中的应用尚处起步阶段，须从试点改革的实践运行中不断探寻优化路径。

二、健全电子诉讼规则改革的成效

（一）电子诉讼实现全流程化

在经典理论中，诉讼一般被定义为“由当事人提交到法院的纠纷”④，就传统线下诉讼而言，法院及法庭作为诉讼活动的特定场地基本由各国的法律进行明确限定。但对于电子诉讼而言，其打破了诉讼行为必须在法院或者法庭这一固定场域进行的固定模式，使各个阶段的诉讼行为实现了从特定物理空间向虚拟空间的转变。在此背景下，要想充分实现法院的功能，便需要将线下诉讼运转的各个环节相应地转移到互联网，对此电子诉讼平台便扮演了

---

① 参见邓恒、董朝阳：《民事诉讼电子送达规则改造及其路径》，载《湘潭大学学报（哲学社会科学版）》2022年第3期。

② 参见张素华、王年：《在线诉讼中的数据安全问题及法律规制》，载《科技与法律（中英文）》2022年第4期。

③ 参见胡昌明：《破解“送达难”困局：从住址送达到电子送达》，载《中国社会科学院研究生院学报》2021年第5期。

④ ［法］洛伊克·卡迪耶：《法国民事司法法》，杨艺宁译，中国政法大学出版社2010年版，第5页。

传统线下诉讼中法院或法庭的角色。换言之,电子诉讼平台是确保电子诉讼得以实现并顺利运转的关键。

此前的实证研究表明,在此次繁简分流改革试点初期,电子诉讼平台的不够完善是阻碍电子诉讼适用的关键因素。一方面,改革初期,电子诉讼平台建设尚不健全,全流程一体化的诉讼平台有待建成。从全国范围来看,除了网上立案和案件信息查询等较为基础的业务基本实现全国普及外,当事人可利用诉讼服务平台进行的诉讼活动还较为有限。另一方面,由于缺乏统一的平台设置标准,各个法院的平台建设并不统一,从操作的界面到平台首页的功能模块再到各个法院对网上审判需要的文件和信息都存在或多或少的差异,使当事人在不同法院需要提交的材料,以及进行远程庭审的体验感都各不相同。此外,各平台依托的在线庭审技术支持基本取决于法院的自主选择,缺乏统一的标准。①

但据课题组考察,此次繁简分流改革试点为电子诉讼平台的建设与完善按下了加速键,经过为期 2 年的实践探索,电子诉讼平台的建设已初具雏形,基本能满足全流程电子诉讼的运行。以 X 市中级人民法院为例,在改革试点期间,X 市中级人民法院着重打造了独具特色的电子诉讼平台——“X 易诉”。“X 易诉”平台历经一年的精心设计、打磨和 5 个月的试运行,最终于 2021 年 3 月 10 日成功在 X 市两级法院全面上线。该平台自上线以来,取得不错成效。据统计,截至 2021 年 11 月 30 日,该平台入驻当事人 12,364 人,律师 4587 人;在线申请立案 77,544 件,审核通过率 87.85%,在线庭审 111 件,电子送达 246,932 件。该平台可通过电脑端和手机端便捷登录,且实现对内、对外两个层面的功能升级。对内,该平台以网上办案、电子卷宗同步生成为基础,借助大数据分析、智能推送、证据电子化等功能,为法官提供智能化、一体化辅助服务,全面提升办案质效;对外,该平台实现网上立案、网上缴费、网上诉讼服务、在线调解、在线庭前证据交换、“5G 智慧参审室”预约、在线庭审、电子送达等诉讼事务的全流程在线办理,使当事人和律师切实感受到“足不出户”的司法便捷。为解决网络环境对电子诉讼尤其是在线庭审环

① 参见彭昕:《远程庭审:实践、困境与完善——基于新冠肺炎疫情期间远程庭审的实证考察》,载《北京警察学院学报》2021 年第 1 期。

节的桎梏，X 市中级人民法院创新提出并推动在律所等处建立“5G 智慧参审室”举措，除本所律师外，其他律所的律师和当事人也可通过平台申请就近使用“5G 智慧参审室”。截至 2021 年 12 月，X 市已建成 14 个“5G 智慧参审室”。值得指出的是，X 市中级人民法院除了自主研发电子诉讼平台外，也给予基层法院更多的操作和发展空间，和基层法院平台共存共生，形成“百花齐放”、独具特色的平台体系。以 R 市法院为例，其依托“X 易诉”电子诉讼平台，将现有电子诉讼服务平台、自身平台设备和信息共享部门平台无缝集成为一个协同工作的信息化平台，并基于共建共享协同机制实现互联、互通、互操作。此外，针对电子诉讼的不同环节，X 市两级法院还充分发挥能动性，在“X 易诉”电子诉讼平台基础上进行扩展优化。例如，对于在线立案板块，X 市两级法院搭建多个立案平台供诉讼当事人选择，并配套建设了统一的立案审核平台，且在建立在线立案平台后，X 市两级法院还逐步对其“衍生功能”加以完善，如繁简识别、电子诉讼选择及分流、虚假诉讼甄别、重大疑难敏感案件甄别及预警功能等在线立案系统后台处理事宜。

诚如上文所指出的，电子诉讼平台是确保电子诉讼得以实现并顺利运转的关键，在这个意义上，试点改革在加速电子诉讼平台打造与完善的同时，也间接促进了电子诉讼全流程化的实现。以电子诉讼的适用环节数量为标准，电子诉讼主要可分为全流程型与阶段型两种适用类型。① “全流程型”电子诉讼是指案件从起诉、立案到庭审、宣判、执行等诉讼环节全部在线完成。实践中，这种全流程的在线审理机制最早依托于互联网法院的改革试点，并形成了“网上纠纷网上审理”的司法新模式。而“阶段型”电子诉讼是指民事诉讼过程中，部分诉讼环节采取在线化的方式进行，但也有部分环节依然采取传统的诉讼方式进行，其关注的重点是对单一诉讼环节的在线化构建，具有分段式、板块化特征。

从某种程度上而言，电子诉讼并非全新的事物，早在 2017 年年底，我国法院信息化建设便已升级至 3.0 版，实现了审判管理、诉讼服务乃至法庭审判全方位的电子化。通过彼时的网络诉讼服务平台，当事人可以在线完成预立案、案件进度查询、证据交换等诉讼环节。上述有关诉讼服务的电子化、在

---

① 参见侯学宾：《我国电子诉讼的实践发展与立法应对》，载《当代法学》2016 年第 5 期。

线化探索都为此次试点改革提供了坚实基础和有益经验。但也应当看到的是,此前的相关实践基本是围绕诉讼服务的"在线化"进行,大体属于"阶段型"电子诉讼适用模式。而此次试点改革则将电子诉讼的范围,从此前司法实践中的部分阶段大幅拓展至诉讼的全流程。换言之,通过电子诉讼平台,民事诉讼活动几乎实现了全流程在线运行。详言之,在立案环节,线上立案平台承担起了连接当事人和法院的虚拟纽带,当事人仅需登录虚拟的在线立案平台进行简单的注册和实名认证,便可迈出电子诉讼的第一步——网上立案。此外,电子诉讼的当事人还能登录电子诉讼平台实现在线立案咨询、提交材料、交纳诉讼费用等功能,可以说,电子诉讼平台相当于一个虚拟的诉讼服务大厅。除此之外,电子诉讼在庭审环节的推广应用,极大地延伸了庭审活动的空间范围,当事人只需通过电子诉讼平台便能在适宜的地方完成线下诉讼中需要亲自到审判庭才能完成的庭审活动。实践中诉讼参与人只需要拥有一台具备互联网功能的设备便能随地在线参与庭审而无须亲自到法院。此外,经课题组考察还发现,试点改革期间,在全国各级法院中,电子诉讼全流程覆盖也已成为新的趋势。① 相关研究亦表明,尽管对于不同诉讼环节,电子诉讼的适用率存在较大差异,但总体而言,实践中电子诉讼已实现了对诉讼活动的全流程覆盖。②

(二)各环节适用率大幅提升且趋于稳定

1. 在线立案率持续攀升并稳定在高位

在线立案并非此次试点改革才提出的新鲜事物,早在2009年,最高人民法院便出台了《关于进一步加强司法便民工作的若干意见》,倡导基层法院采用网络等方式预约立案。此后,在《三五改革纲要》《多元纠纷解决意见》《关于加快建设智慧法院的意见》等文件中,最高人民法院也旗帜鲜明地号召法院"网上立案""在线立案"。随着全国法院信息化建设的推进,2015年中共

① 参见原丹丹:《房山法院"六个不接触"打造全流程在线诉讼体系》,载中国法院网,https://www.chinacourt.org/article/detail/2020/04/id/4906314.shtml;战海峰:《重庆南岸法院开启全流程网上办案新局面》,载法治网,http://www.legaldaily.com.cn/zt/content/2022-06/30/content_8743959.htm;《广东法院前三个月网上立案突破20万 全流程在线诉讼服务"花开南粤"》,载广东政法网2020年3月16日,https://www.gdzf.org.cn/index/zfyw/content/post_102639.html等。

② 参见高翔:《民事电子诉讼规则构建论》,载《比较法研究》2020年第3期。

中央全面深化改革领导小组通过《关于人民法院推行立案登记制改革的意见》,对“网上立案、预约立案”加以确认。据统计,截至2017年,全国已有55%的法院实现了网上立案功能。① 但囿于相关法律规定的缺位,以及各地法院信息技术的介入程度不同,各地法院在线立案的主体、范围及效力都存在不同程度的差异,②在线立案适用情况也因此受限,如南京市中级人民法院的统计显示,2015年共网上立案5076件,③而当年南京市中级人民法院受理的案件达31,296件,④在线立案率约为16.22%。

而此次试点改革无疑促进了在线立案的适用。以X市两级法院为例,据课题组统计,如图5-1所示,2019~2021年,⑤X市两级法院分别通过在线平台申请立案134,343件、215,372件和292,920件,在线申请立案率分别达41.64%、60.77%和63.53%。其中,2019~2021年,分别有97,664件、146,196件和204,434件通过在线平台成功立案,在线立案率分别为30.27%、41.25%和55.29%。据此不难发现,此次改革前,较之于传统线下立案模式,X市两级法院在线立案率并不高;然而在改革试点后,立案方式发生了较为明显的变化,2021年在线申请立案率较改革试点前的2019年增加了21.89%,在线立案率亦有明显提高,较2019年增加了25.02%。同样值得关注的是,在线立案率不仅在改革试点期间大幅提升,且改革试点完成后依然保持在高位。以2022年1~6月X市R市、L区和F区3个典型基层法院为例,⑥据统计,3个基层法院的在线立案率分别为57.77%、64.12%、69.19%,平均在线立案率为63.69%,一定程度印证了改革试点后在线立案率仍维持在高位的判断,反映出在线立案持续向好发展趋势。

---

① 参见《数字中国建设发展报告(2017年)》。

② 参见安晨曦:《法院立案程序的电子化构造》,载《海南大学学报(人文社会科学版)》2020年第1期。

③ 参见景汉朝主编:《立案工作指导》,人民法院出版社2016年版,第176页。

④ 参见《南京市中级人民法院工作报告(2015年)》。

⑤ 为了对比分析改革实践情况,课题组选择了改革前(2019年)在线立案情况和改革试点期间(2020年和2021年)在线立案情况进行分析。

⑥ 上述3个基层法院分别属于X市3个不同圈层法院,且经济发展、纠纷类型、收案量、结案量和改革创新能力均分别位居X市3个圈层法院前列,具有一定代表性,基本可以反映X市基层法院改革后的总体情况。

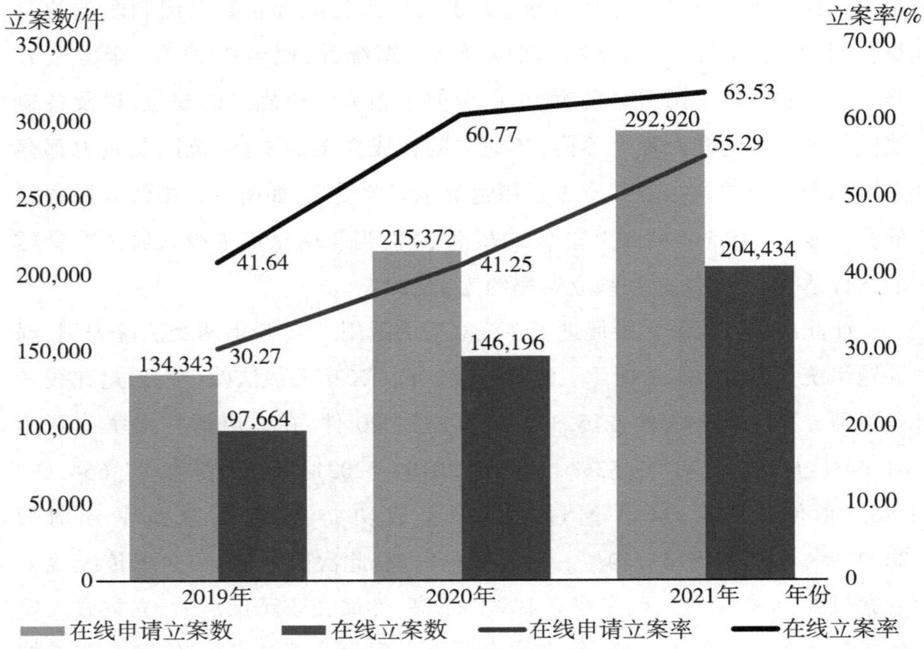

图5-1　2019~2021年X市两级法院在线申请立案与在线立案情况

在线立案受到当事人和法院的青睐,究其原因,一方面在于试点法院将在线立案作为改革的一项重要抓手加以推行,这也是推动在线立案加速适用的关键因素。据考察,改革试点期间,X市两级法院积极采取了各项措施助推在线立案:其一,完善在线立案平台。X市两级法院积极研发、打造在线立案平台,不断优化升级在线立案平台的功能设定,包括逐步新增身份证认证、电子签名、人脸识别功能等。2021年3月10日,X市中级人民法院在繁简分流改革背景下,充分整合前期电子诉讼建设成果,正式全新上线"X易诉"电子诉讼平台。该平台包含电脑端和手机端两种登录方式,具备网上立案、网上缴费、网上诉讼服务、在线调解、在线庭前证据交换、"5G参审室预约"、在线庭审、电子诉讼等诉讼事务的全流程在线办理功能,为当事人和律师等切实提供了"足不出户"的司法便捷,助益提升庭审效率。改革过程中,除"X易诉"电子诉讼平台外,在X市两级法院辖区内,当事人还可根据个人情况自由选择"W省网上诉讼服务中心"网站、"W省移动微法院"、"X市法院网上诉讼服务中心"网站和"X市法院阳光司法"App在线申请立案。这4种在线立案渠道均于此次改革前由W省高级人民法院和X市中级人民法院打造完成并一直推广使用，均能够实现网上立案、案件查询等基础在线诉讼服务，①与“X易诉”电子诉讼平台共同构成多元化在线立案方式，为当事人提供人性化、智能化和便捷化的诉讼服务。其二，优化升级诉讼服务大厅。随着在线立案的普及适用，各个法院纷纷将传统服务大厅打造升级为适应在线立案的新型诉讼服务大厅，提供在线立案指引。两级法院在其诉讼服务中心配置了一台或数台电脑，配备专门的立案引导人员，并提供在线立案诉讼服务指引手册，对当事人在线立案进行指引，进而保障当事人在线立案的顺利进行。另一方面，新冠疫情也助推了在线立案的加速适用。在疫情防控背景下，在线立案“非接触”式办案模式的优势得以凸显，故在线立案成为疫情期间法院立案的主要方式，在线立案率也较新冠疫情前有较大程度的提高。随着实践的积累与改革的不断深入，在线立案的相关配套设施日趋完善，诉讼当事人对此也日益熟悉并接纳，在线立案率在改革后一直维持在高位，在线立案逐渐成为与线下立案“平分秋色”的立案方式。

2. 在线庭审适用率显著提高且趋于稳定

如果说在线立案是开启电子诉讼的第一步，在线庭审就是电子诉讼的中心环节，也是民事电子诉讼探索的重要环节。课题组将对X市两级法院2019～2021年在线庭审数据进行分析，以期呈现在线庭审在司法实践中的概貌。

如图5－2所示，2019年X市两级法院共有479件民商事案件通过在线庭审模式进行审理，在线庭审适用率仅有0.42%，并且集中于5个基层法院，其余17个基层法院及X市中级人民法院均未开展在线庭审。其中，479件民商事案件中，过半数的案件来自C区法院（240件），M区、K区、L区和O市法院在线庭审案件数分别为183件、34件、21件和1件。由此可

---

① “W省网上诉讼服务中心”网站于2016年上线，为诉讼参与人提供网上立案、诉讼材料收转、预约咨询等10大类39项诉讼服务功能；“W省移动微法院”由W省高级人民法院于2019年7月上线启动，是以微信小程序构建的移动电子诉讼平台，向全省法院提供网上立案、案件查询、微信交费等10大类25项功能。“X市法院阳光司法”App由X市中级人民法院于2019年9月全面上线，提供司法公开、我的案件、网上立案、诉讼指南4大类15小类诉讼服务；“X市法院网上诉讼服务中心”网站是X市中级人民法院的对外网站，同样可以为诉讼参与人提供网上立案等基础诉讼服务。

见，2019年X市基层法院尚处于在线庭审初步探索阶段。2020年，随着改革试点的逐步推进，X市两级法院均采用在线庭审的方式进行审理，共审结了8203件民商事案件，是2019年在线庭审数量的17.13倍，其在线庭审适用率达到了6.13%，较前一年增长了近6倍。2021年，X市两级法院在线庭审案件数突破1万件，达到13,224件，比2020年增长了5021件，在线庭审适用率达到7.74%，同比增长了1.61%。综合上述数据我们不难发现，经过改革试点的推动，在线庭审适用率得到了较为显著的提升。但需指出的是，相较传统线下庭审，在线庭审在司法实践中仍属于一种"少数现象"。

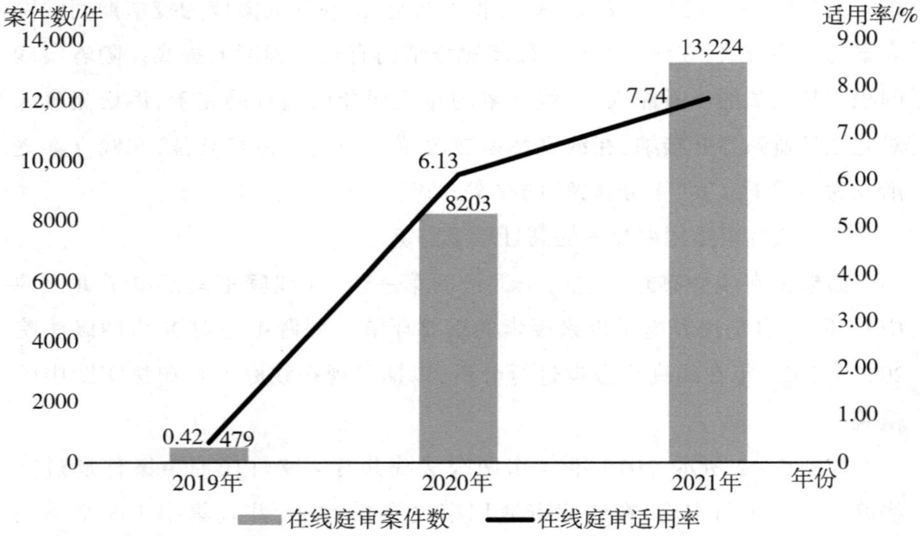

图5-2　2019~2021年X市两级法院在线庭审适用情况

3.电子送达适用率与成功率总体提升

加强电子送达适用是破解"送达难"问题的重要突破口。为落实此次改革电子送达相关目标，X市中级人民法院制定《X市电子诉讼规则（试行）》，从电子送达平台、送达主体及送达内容3个方面对电子送达进行了较为详细的规定。首先，在实践模式上，随着"X市法院司法智库大数据平台"的成功落地，X市两级法院的电子送达实践正逐渐从各个法院自行探索送达方法的实验模式转向统一平台的规范化送达模式。其次，在送达主体层面，实践中有两种不同类型的主体负责送达：一是法官助理；二是专门机构，如公证处或电信运营商等，通常属法院将送达业务整体剥离后所外包的专门负责集中送达的第三方机构。最后，在送达内容上，根据当事人向法院提供的手机、电子邮箱等电子码址，送达人可通过电子平台向当事人发送受理案件/应诉通知书、举证通知书、告知权利义务通知书及电子诉讼须知等诉讼文书。法院还可以通过电子诉讼平台向前述电子码址发送案件信息、电子诉讼平台链接、案件关联码等。除此之外，随着信息技术的不断革新，电子送达方式不断创新。通过微信、钉钉、公众号等进行电子送达的方式方兴未艾。随着电子送达广泛应用，法院电子送达的经验愈加丰富，诉讼当事人也逐渐接受且愿意采用电子送达的方式。

基于X市两级法院上述电子送达改革举措，试点改革以来，X市两级法院电子送达适用率与成功率总体提升。根据课题组实证分析，如图5－3所示，一方面，电子送达适用率整体处于高位。2019～2021年，X市两级法院电子送达适用案件数分别为143,617件、256,528件和360,244件，电子送达适用率分别为34.46%、51.21%和48.34%。2019～2021年，X市两级法院电子送达适用案件数分别同比增加112,911件、103,716件，增幅分别达78.62%、40.43%，呈现逐年增长态势。改革期间，电子送达适用率逐步处于高位，尤其改革开始后的第一年，电子送达适用率高达51.21%，超半数送达采用了电子送达的方式。另一方面，2019～2021年，X市两级法院电子送达总次数分别为353,214次、879,935次和702,113次，其中，有效电子送达次数分别为167,649次、537,126次和557,800次，电子送达成功率分别为47.46%、61.04%和79.45%。尽管较之2020年，2021年电子送达总次数有所减少，但较之改革前的2019年仍增加了348,899次。同时，从2019年到2021年，电子送达成功率逐年上升且增速稳定。相较2019年，2020年电子送达成功率增加了13.58个百分点；与2020年相比，2021年电子送达成功率增加了18.41个百分点。

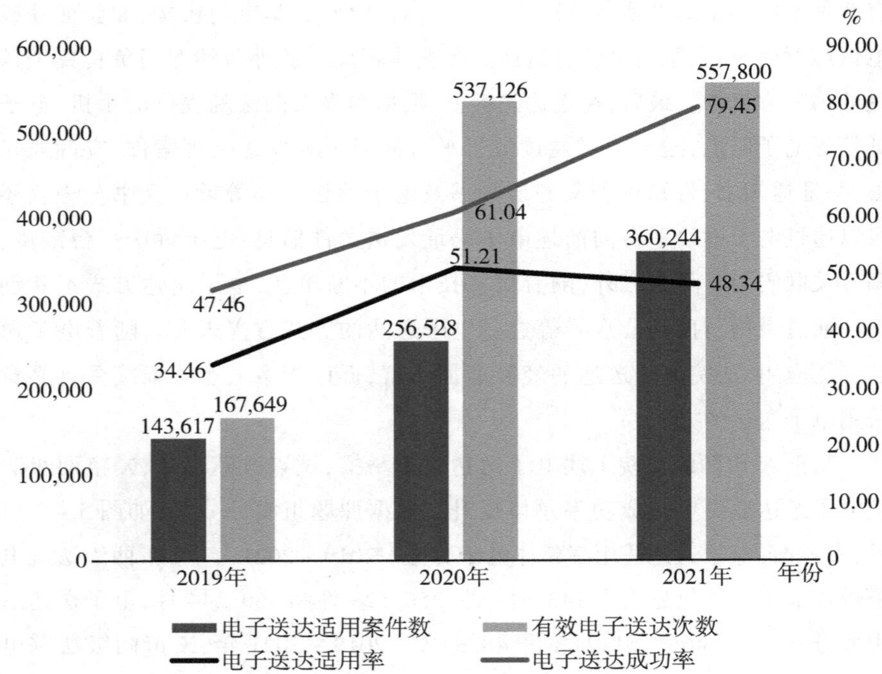

图 5－3　2019～2021 年 X 市两级法院电子送达适用率与成功率情况

此外，就电子送达裁判文书而言，改革前，因判决书、裁定书和调解书无法电子送达，2019 年 X 市两级法院电子送达裁判文书案件数仅 1255 件，电子送达裁判文书率仅为 1.10%。自此次改革试点将判决书、裁定书、调解书纳入电子送达裁判文书范围后，统计数据显示，电子送达裁判文书案件数明显上升，电子送达裁判文书的适用率逐年增加。2020～2021 年，X 市两级法院电子送达裁判文书案件数分别为 19,262 件和 44,350 件，电子送达裁判文书率分别为 14.40% 和 25.96%。与 2019 年相比，2020 年 X 市两级法院电子送达裁判文书案件数增加了 14.34 倍，电子送达裁判文书适用率增加了 13.3 个百分点，增幅较大。较之于 2020 年，2021 年电子送达裁判文书案件数增加了 25,088 件，适用率增加了 11.56 个百分点。

（三）诉讼效率明显提升

此次改革具有较为鲜明的效率面相。根据诺斯的观点，制度创新必须能够改变某种“次优”状态,并能增进主体的利益,[①]基于这一理论,电子诉讼的适用能否对民事程序的运行效率带来一定的增益,便是评价该制度效果的一大切入点。从现有论调来看,电子诉讼有助于提高诉讼效率已然成为理论界与实务界的共识。[②] 尽管电子诉讼规则仍待完善,但其在实践中发挥的效率提升功能理应得到肯定。例如,据最高人民法院统计,相较线下诉讼,单是2020 年全国法院在线立案举措的施行便节约了 15.9 亿元的出行成本,节省了 1.2 亿份纸张,节约了诉讼参与人 4860 万小时的时间等。[③] 尽管课题组无法获取 X 市两级法院电子诉讼改革所减省的司法资源数量,以及缩短的具体诉讼时长,但从最高人民法院 2020 年发布的相关报告可以推知,在线立案、在线庭审及在线送达等方面发生一系列变化无疑意味着诉讼效率的极大提高。另外,通常而言,庭审时长、开庭次数及案件审理周期是衡量诉讼效率的标准,对此我们也可以从 X 市两级法院改革试点期间适用在线庭审的案件庭审时长、开庭次数和审理周期来对 X 市两级法院电子诉讼在效率方面的效果进行一个初步判断。

如表 5-1 所示,其一,2019~2021 年 X 市两级法院在线庭审次数分别为505 次、7960 次和 14,340 次,整体上与 X 市两级法院同年在线庭审案件数相差不大,在线庭审次数略高于在线庭审案件数,反映出适用在线庭审的案件基本实现了一个案件只开庭一次。[④] 不过,需要特别说明的是,2020 年 X 市两级法院出现了在线庭审次数低于在线庭审案件数的现象。对此,课题组专门作了访谈调研,根据访谈得知,D 区法院 2020 年在线庭审案件数为666 件,但其在线庭审次数为 306 次,有一半以上的在线庭审案件合并审理,主要体现在集团案件中,故统计数据出现在线庭审案件总数大于在线庭审总次数的情况。接受课题组访谈的法官指出,只要设备调试到位且注

① 参见[美]R. 科斯、[美]A. 阿尔钦、[美]D. 诺斯等:《财产权利与制度变迁——产权学派与新制度学派译文集》,刘守英等译,上海三联书店、上海人民出版社 1994 年版,第 275~276 页。

② 相关论点参见段厚省:《远程审判的双重张力》,载《东方法学》2019 年第 4 期;曹建军:《民事诉讼电子化的目标与路线》,载《法治研究》2022 年第 3 期;左卫民:《后疫情时代的在线诉讼:路在何方》,载《现代法学》2021 年第 6 期。

③ 参见最高人民法院:《建设智慧法院　促进绿色发展　成效分析报告》,载最高人民法院网站 2021 年 8 月 24 日,https://www.court.gov.cn/zixun-xiangqing-318821.html。

④ 鉴于 2019 年 X 市两级法院在线庭审还处于初期探索阶段,仅有 5 个基层法院通过在线庭审的方式审理民事案件,且差距较大,故不作为课题组该部分内容重点分析对象。

意把握庭审的秩序和节奏，在线审理集团案件便具有相当优势，一方面，在线合并审理有助于节约本就有限的司法资源；另一方面，能有效避免众多当事人集聚于狭小法庭，且有利于保障多人同时参与庭审的权利。其二，从在线庭审平均审理时长来看，2021 年平均审理时长比 2020 年少 11.42 分钟，这在某种程度上表明电子诉讼在保证案件质量基础上，在线庭审的效率得到了一定提高。[①] 2020 年，在线庭审尚处探索阶段，一方面，诉讼参与人需花费大量时间学习并习惯在线庭审模式；另一方面，在线庭审平台、设备、网络环境等软硬件设施仍待完善，实践中难免出现技术故障干扰庭审顺利进行的情况。经过一年改革实践，在线庭审模式已不再是“新鲜事物”，法院、诉讼当事人亦慢慢熟悉了此种诉讼模式，在线庭审平台、设备等软硬件设施也日趋完备，故 2021 年在线庭审平均时间较 2020 年有所缩短。此外，2021 年 X 市两级法院在线庭审基本实现一个案件开一次庭，有效避免了反复开庭的弊端，助益庭审效率有效提高。

表 5－1　2019～2021 年 X 市两级法院在线庭审情况

年份	在线庭审案件数/件	在线庭审次数/次	平均审理时长/分钟
2019	479	505	47.44
2020	8203	7960	56.21
2021	13,224	14,340	44.79

至于审理周期，课题组考察发现，实践中被视为“电子诉讼”的案件并非所有环节都在线上进行，相反，绝大部分案件都只是部分环节在线上进行。典型的如，一些案件适用了在线立案或电子送达但庭审环节仍是线下进行的。在此情况下，如果笼统统计案件的审理周期不仅无法厘清不同环节对诉讼效率的贡献，也很难得出一个科学中肯的结论。对此，课题组认为，将对案件完整审理周期的考察转变为单个环节周期的统计是较为科学的应对方式，鉴于上文已就在线立案和在线庭审在提升诉讼效率方面的表现进行了初步考察分析，故下文着重对电子送达的适用情况进行分析。

---

① 因 2019 年 X 市两级法院仅有 5 个基层法院适用在线庭审，平均时间的样本数据不能反映全市两级法院平均在线庭审时长，故此处不以 2019 年数据作为参照对象分析改革诉讼效率，而仅分析 2020 年和 2021 年相关数据变化情况。

据考察,在改革试点期间,为有效转变电子送达模式,实现提高电子送达质效之改革目的,X市两级法院不断强化电子送达机制,优化电子送达系统。一方面,升级“一键送达”为“智能询问”。据了解,X市两级法院的网上办案系统可实现自动识别合议庭成员信息、联系电话、开庭地址等信息,自动检测需要送达的事项和对应的诉讼文书模板,主动向办案人员发起“是否送达”的询问,再组装送达文书并生成送达任务。这种送达模式区别于传统由办案人员选择送达事项、受送达人和诉讼文书并“一键送达”的模式,统一了文书制作标准。另一方面,调整“统一管理”为“需求支撑”。在构建电子送达机制的过程中,X市两级法院采用双轨运行模式,新系统不取代旧系统,通过“需求选择”的方式逐步自然关闭旧系统。全新的电子送达系统以方便群众和方便办案为导向,将法律法规、改革要点和办案习惯充分结合,实现了电子送达操作的极简化、细致化和便捷化。此外,变“文书流转”为“数据传递”也是此次改革试点中优化电子送达方式的重要举措。具体而言,办案系统在不同环节会自动生成各类诉讼文书,并完成自动签章,再发送至集中送达组织,判断是否生成实物文书,确需送达实物的则由送达人员进行无人自助邮寄,在此期间,书记员、质检员、签章员和邮递员均不需见面。

课题组统计发现,上述举措较为显著地提高了电子送达的效率。以2020年为例,如表5-2所示,X市两级法院电子送达庭前文书平均办结周期为3.5天,相较所有送达方式的平均办结周期18.1天减少了14.6天,用时缩减幅度高达八成;电子送达结案文书的平均办结周期为7.5天,比所有送达方式的平均办结周期减少了14.0天,用时缩减幅度达65%。据此我们不难发现,改革试点中,电子送达的适用大大缩短了送达周期,进而有助于案件办理周期的缩短,一定程度提升了案件的办理效率。

表5-2 2020年X市两级法院不同送达方式送达庭前、结案文书办结周期对比情况

单位:天

文书类型	电子送达的平均办结周期	所有送达方式的平均办结周期
庭前文书	3.5	18.1
结案文书	7.5	21.5

(四)电子诉讼体验不断优化

从某种程度上来看,诉讼方式实际上是司法实践中经年累月反复操作而形成的一套习惯性做法,[①]其中具体实施诉讼行为的人共同塑造了诉讼方式在实践中的样态。基于此,诉讼参与人的诉讼需求和体验很大程度上决定了诉讼的现实样态与未来的发展方向。诚如有学者指出,司法是一种制度构建的产物与公共产品,且任何司法产品都不只是司法机关单方面行为的产物,而是各诉讼主体共同作为、合力形成的结果,因此对司法制度的建构应尊重"消费者体验"。[②] 就电子诉讼而言,其"消费者"主要是指参与到电子诉讼中的各方主体,具体包括承办案件的法官、参与案件办理的审判辅助人员及案件的当事人等,他们不仅是让在线法院得以顺利运转的主体,其诉讼体验也直接影响到电子诉讼的功能实现。进一步而言,从改革的效果和可持续性来看,一套合理的诉讼方式应当是可持续且可规模化的,而要实现这一目标,同样也离不开司法实践者的认同与支持。

值得深思的是,许多发达国家有关电子诉讼的技术条件已经具备,但受制于司法理念、制度环境和法官习惯等原因,电子诉讼真正在实践中进行推广时困难重重,甚至因各方面的原因而搁浅。例如,尽管美国的不少州法院早已对"在线纠纷解决平台"及在线法庭进行了试点运营,[③]但由于各式各样的反对意见,即使是新冠疫情期间,美国联邦最高法院也仅是尝试以音频方式开展"电话庭审";此外,有的国家则因司法理念等将电子诉讼的范围严格局限于起诉立案、卷宗传递、文书送达领域,或仅对部分简单案件适用在线庭审。[④] 总体而言,尽管部分域外国家对互联网司法的探索早于我国,且有关在线法院的构想极具革命性,但反观实践,其电子诉讼的推进程度及覆盖范围却远远落后于相关改革研究。这一现象无疑进一步强化了上文的判断,即任何诉讼方式的形塑均有赖诉讼参与人的认可与实践,如果诉讼方式不能满足诉讼参与人的现实需求且得到其认可,那么相应的该诉讼方式将无法可持续与可规模化,因而其生命力也将是脆弱且短暂的。在这一意义上,考察电子

---

① 参见王亚新:《对抗与判定——日本民事诉讼的基本结构》,清华大学出版社2002年版,第157页。

② 参见顾培东:《人民法院改革取向的审视与思考》,载《法学研究》2020年第1期。

③ 参见[英]理查德·萨斯坎德:《线上法院与未来司法》,何广越译,北京大学出版社2021年版,第174~176页。

④ 例如,英国、爱尔兰等国仅规定小额诉讼案件可以在线审理。参见[英]布里格斯勋爵、赵蕾:《生产正义方式以及实现正义途径之变革——英国在线法院的设计理念、受理范围以及基本程序》,载《中国应用法学》2017年第2期。

诉讼改革试点中各方当事人的诉讼体验就显得尤为必要。

对此,相关研究指出,改革试点前期,受制于网络环境的不佳,电子诉讼尤其是在线庭审过程中经常容易出现掉线、卡顿、图像和声音不清晰等现象。[①] 此外,由于电子诉讼尤其是在线庭审的顺利进行很大程度上还依赖庭前的大量准备,大大增加了审判辅助人员的工作量,从总体上来看,各方诉讼主体对于电子诉讼的体验都难言满意,其甚至成为阻碍诉讼当事人适用电子诉讼的一大关键因素。[②] 但正如世界上没有完美的法律制度,任何制度只有在不断发展变革中才能日趋合理,就电子诉讼而言,经过了改革试点的不断推进,诉讼主体的体验是否发生了一定的变化?上述问题是否得到了解决?对此课题组于改革试点中后期对X市两级法院进行了调研。[③]

根据课题组实证调研发现,在法院内部,经过2020~2021年的改革试点,无论是承办法官还是审判辅助人员大多表示电子诉讼在提升办案便捷度和效率等方面都发挥了不小的作用,尽管前期在适用上存在一定的困难和麻烦,但随着电子诉讼平台功能的不断完善及对相关操作的不断熟练,电子诉讼的使用体验均得到了较大幅度提升,对于部分适宜适用电子诉讼的案件其也会建议当事人采取电子诉讼的方式进行。在当事人层面,绝大部分受访的诉讼当事人都表示,其从电子诉讼中切实体会到了网络技术带来的便捷,如在线立案不仅省去了其到法院起诉的时间与路途成本,更减少了在立案大厅"大排长龙"的等待期,电子送达在实践中也体现出便捷、及时的特征。在线庭前准备或在线庭审等需要较复杂操作的环节,通常都会有相应工作人员事前指导,因而基本不会发生因操作不当而影响庭审进程的现象。同时,对于在当事人层面可能使用电子诉讼平台频率最高的律师,课题组通过参与X市中级人民法院电子诉讼平台推广座谈会,收集了来自不同区域及不同律所的律师代表对改革试点以来电子诉讼的使用感受,整体上,律师对电子诉讼的

---

① 参见胡昌明:《"司法的剧场化"到"司法的网络化":电子诉讼的冲击与反思》,载《法律适用》2021年第5期。

② 参见彭昕:《迈向在线正义:中国民事电子诉讼实证研究》,四川大学2021年博士学位论文,第161~164页。

③ 需要说明的是,"用户体验"属于各方参与主体对电子诉讼的主观感受,具有很强的主观性,受制于调查资源的限制,课题组无法对各方参与主体进行大量的走访调查,故本部分的考察主要采用深度访谈和参与座谈会相结合的方式对被访者在使用电子诉讼过程中的一些感受与评价进行尽可能客观中立的呈现。

使用体验度各有不同。[①] 如表5-3所示,部分律师肯定"X易诉"等电子诉讼平台的便利,并自始至终体验良好,如R市律师代表和B律所律师代表;部分律师基本肯定电子诉讼平台的积极作用,虽然在最初使用时因平台功能受限曾遇到操作不顺、沟通不畅等情形,但随着平台的逐步完善,这些问题一一解决,体验度不断上升,如C区律师代表和A律所律师代表。当然,也有一部分律师的体验度不佳,表示因网络不稳定、语音录入准确率低等因素影响庭审顺畅度和诉讼效率,对电子诉讼持谨慎态度,如F区律师代表。

表5-3 部分参会律师代表对电子诉讼的使用体会

主体	使用体会
C区律师代表	适用电子诉讼4次,形式囊括QQ平台到"X易诉"电子诉讼平台。今年1月使用该平台时,一直无法进入网页进行操作,但可用小程序进入,后期有所改善,功能已日趋完善。通过电脑端使用"X易诉"电子诉讼平台对代理人和当事人而言更为便利
F区律师代表	网络不稳定的情况时有发生,如通过手机小程序在B区法院参加庭审时,出现了其他当事人也经常出现的闪退、重新进入的情况。此外,改、签笔录较为麻烦,语音录入错误较多;电子送达短信的号码是一长串数字,不是法院的专线,很容易被屏蔽,且无法确定真实性
R市律师代表	平台的功能版块齐全、众多,且仍处于不断完善过程中。相较最初运行时,该平台多了一些新板块,如智能问答机器人、区块链凭证等,这非常好。本人号召其他同事注册、使用该平台后,询问了他们的使用感受,获得了大多数人的好评,觉得使用该平台可以提高立案效率,较为方便、快捷
A律所律师代表	除了正在推广的"X易诉"电子诉讼平台,还使用过微法院。最初遇到过在网上提交了立案材料后,部分法院仍然要求当面提交或邮寄提交的情形。此外,电子诉讼平台最初的功能限制较明显,如给法官留言后,根本联系不到法官,也没有留言反馈。但随着改革的推进和完善,上述问题基本得到了解决
B律所律师代表	经相关调研,本所绝大部分律师均使用过"X易诉"电子诉讼平台,普遍认为该平台功能较齐全,操作易上手

综合上文对法官、审判辅助人员、当事人及律师等不同诉讼主体有关电

① 2021年3月5日下午,X市中级人民法院召开"X易诉"电子诉讼平台推广座谈会,市司法局、市律师协会、省银行业协会、省保险业协会、市房地产经纪协会、企业代表、律所律师代表等参会。会上各参会代表分别围绕自身经验与需求对改革试点以来电子诉讼的体验,以及未来发展发表了自己的意见与建议。通过旁听此次会议,课题组掌握了大量有关律师使用电子诉讼的相关感受。

子诉讼使用体验的考察，我们不难发现，尽管电子诉讼在推广初期囿于技术水平有限、平台建设不够完善等因素的限制，存在“用户体验”不佳的现象，但经过2020～2021年的改革试点，在“用”与“建”相互促进的背景下，电子诉讼的体验度不断优化。相应地，其适用率也在不断向好发展。具体而言，一方面，电子诉讼平台的打造为各方诉讼参与人提供了一个便捷且简单易行的电子诉讼入口。据考察，当前我国法院自主开发了一些电子诉讼平台，随着技术水平的不断完善和电子诉讼的深入推进，相关平台的功能设置基本能满足电子诉讼各环节的实践需要，且平台内部普遍设置了相应的操作指南，当事人根据平台内置的相关提示或在审判辅助人员的协助下基本都能较为流畅地在线进行诉讼。例如，全国统一的中国移动微法院标准版正式投入运行，其不仅实现了电脑端与手机端同步运行，在操作上也更为便捷与智能。① 另一方面，电子诉讼能有效实现线下诉讼的相应功能。我国电子诉讼经历了先期试点、逐步推广、不断总结经验完善相关运行机制等过程，其已能顺利实现传统线下诉讼所具备的诉讼功能。值得关注的是，随着中国移动微法院标准版正式投入运行，有关电子诉讼的核心功能也进行了全国统一的全面迭代升级，②这也进一步为当事人提供无差别且切实有效的诉讼服务奠定了技术性基础。

三、健全电子诉讼规则改革存在的问题

（一）法院主导电子诉讼的启动与转换，未充分尊重当事人程序选择权

根据现代司法理念的要求，司法应充分尊重当事人的主体地位，避免其沦为审判的客体和法官的附庸。在民事司法领域，当事人作为主要的程序参与主体，允许其在多元化程序中根据其不同的利益诉求进行自主选择，即赋予当事人程序选择权是尊重其程序主体地位的应有之义。此外，民事程序选

① 参见余宁：《中国移动微法院标准版在浙江试点上线》，载人民网，http://zj.people.com.cn/n2/2021/0601/c370990-34754776.html。

② 参见余宁：《中国移动微法院标准版在浙江试点上线》，载人民网，http://zj.people.com.cn/n2/2021/0601/c370990-34754776.html。

择权作为世界各国普遍确认的一种民事程序权利,明确了当事人具有在法律规定的范围内选择纠纷解决方式,在诉讼过程中选择有关程序及与程序有关事项的权利。[①] 电子诉讼作为一种新型诉讼方式,根据上述理论,对于是否适用该方式进行诉讼理应尊重当事人的程序选择权,在帮助当事人充分了解电子诉讼的实际情况后,由当事人根据其实际需求自愿选择。但从改革试点的实践来看,试点法院对当事人程序选择权的保障并不充分。

一方面,未能充分尊重当事人的自愿选择权。《民诉分流实施办法》第21条第2款规定,人民法院根据技术条件、案件情况和当事人意愿等因素,决定是否采取在线方式完成相关诉讼环节。换言之,是否适用电子诉讼取决于法院的决定,对此当事人不享有完整的程序选择权,而这也是试点改革中电子诉讼正当性饱受诟病的一大原因。同时,这在在线庭审环节体现得尤为明显。事实上,有关在线庭审程序应如何适用并非无章可循,根据《民诉分流试点方案》的规定,"经当事人同意,适用简易程序或者普通程序审理的案件,均可以采取在线视频方式开庭"。在此基础上,《X市电子诉讼规则(试行)》又进行了更加细化的规定:"经各方当事人同意,法院可以适用本规则全程进行电子诉讼活动。对于部分当事人不同意电子诉讼或仅同意部分诉讼环节采用电子诉讼方式的,法院可以对已同意的当事人或已同意的电子诉讼环节适用本规则开展线上诉讼活动。对被告、被上诉人下落不明、适用公告方式送达的案件,不以被告、被上诉人同意为必要条件。经法院审查,案件全部或部分环节不适宜在线审理的,法院可以决定线下审理或采用线下与线上相结合的方式进行审理。"换言之,上述规定都一定程度上对当事人的程序选择权予以了明确规定,但严格来说,无论《民诉分流试点方案》还是《X市电子诉讼规则(试行)》,都未能明确地规定在线庭审究竟应如何启动,以及在这一过程中当事人与法院的定位。

据考察,实践中X市两级法院在线庭审的启动主要存在两种模式,一种是当事人主动申请适用模式,另一种是当事人经法官劝说后同意适用,即当事人被动同意模式。无论从《民诉分流试点方案》的规定出发,还是从《X市电子诉讼规则(试行)》的内容来看,已有的感性认知告诉我们,"当

① 参见邱联恭:《程序选择权之法理》,台北,三民书局1993年版,第569页。

事人同意”通常意味着司法解释中规定的“当事人就开庭方式向人民法院提出申请”，是一种主动为之的状态，但经课题组调查发现，实践中存在相当数量适用在线庭审的案件，并非出于当事人的主动申请，而是基于法官、法官助理或是法院其他工作人员的劝说而同意“尝试”的。为能更好地描述实践中当事人是如何被劝说并同意在线参与庭审的，法院内部一批特殊的工作人员——民事电子诉讼工作小组在此值得一提。据了解，电子诉讼工作小组是民事诉讼繁简分流试点改革实施后，X市中级人民法院为了更好地推动电子诉讼试点改革的运行，专门成立的一个工作小组，由4位聘用制工作人员和1位技术公司驻法院的技术工作人员组成。其主要的工作任务是负责梳理从立案庭分到各个民事审判庭的案件，从中挑选出适合在线庭审的案件，并逐一电话联系当事人，向当事人说明电子诉讼试点改革的内容，以及在线庭审具有的优势，进而询问其是否愿意采用在线的方式参加庭审。此时，如果当事人同意适用，在线庭审程序就由此启动，案件也正式进入在线庭审的庭前准备环节；但如果当事人表示拒绝，工作人员通常就会继续与当事人进行沟通协商，如从在线庭审的优势着手鼓励当事人选择适用。在基层法院，当事人被动同意模式的实践操作情况基本一致，只是基层法院未专门设立民事电子诉讼工作小组，上述工作任务通常由书记员或法官助理完成。在此背景下，受访的多数法官均坦言，在经过法院工作人员的“劝说”引导，部分当事人会选择适用在线庭审。但显然，上述选择并非当事人充分自愿地主动为之，而是法院引导当事人选择电子诉讼的结果。可以说，法院积极主导、引领电子诉讼使用一定程度上减弱了当事人选择电子诉讼的自主性、自愿性与合意性，未能充分尊重当事人的程序选择权，不利于电子诉讼推广使用的良性发展。

另一方面，当事人进行线上线下程序转换的通道并不通畅。诚如，“在线诉讼尊重当事人的程序选择权不仅要保障当事人选择适用或拒绝适用在线诉讼的自由，也要实现当事人线上和线下之间程序转化的自由”①。对此，根据《民诉分流实施办法》的规定，采用在线庭审方式审理的案件，审理过程中出现了当事人均不具备参与在线庭审的技术条件和能力、需要现场查明

① 杨焘：《论民事在线诉讼中的当事人程序选择权——以〈人民法院在线诉讼规则〉为视角》，载《北京航空航天大学学报（社会科学版）》2022年第4期。

身份、核对原件、查验实物的，以及人民法院认为存在其他不适宜适用在线庭审的情形，人民法院应当将案件转为线下开庭方式审理。换言之，《民诉分流实施办法》虽然明确了部分特殊情形下，法院可依职权将线上程序向线下进行转化，但对于线下程序对线上程序的转化、如何转化及当事人在此过程中的角色，以及享有的权利均未明确规定。据考察，实践中，程序转化的决定权基本由承办法官掌握，当事人进行线上线下程序转换的通道并不通畅。

(二)传统诉讼规范掣肘，一定程度限制了电子诉讼运行

电子诉讼作为一种全新的诉讼方式，其部分行为模式一定程度上突破了传统民事诉讼法的相关规定，且面临对传统诉讼理论的挑战。但囿于改革试点特殊性及有关电子诉讼规范性文件效力的不足，实践中，传统民事诉讼法的部分规定对电子诉讼运行造成了一定限制。

其一，直接言词原则给在线庭审的适用带来了一定困难。传统诉讼理论强调司法裁判活动必须依循某种特定的方式进行：一方面，裁判者必须在特定的空间内通常是法庭上，且在当事人各方同时参与下进行审判活动，在法庭审理中，裁判者还必须始终在场；另一方面，裁判者必须亲自接触当事人各方提交的证据原件，直接听取各方当事人以口头方式进行的举证、质证和辩论。这种裁判方式一般称为“裁判者的亲历性”，在诉讼法上又可称为“直接言词原则”。[①] 这一原则有两项基本要求，一是诉讼程序的展开必须以程序参与者的共同在场为前提，此即司法裁判的在场性；二是裁判者必须以口头方式进行裁判活动，当事人之间相互的对抗也应当以言辞方式当场展开。基于此，传统诉讼理论所强调的直接言词原则不仅强调审判活动的“言辞性”，还注重“直接性”，也就是不通过其他媒介传递信息而直接在场表达立场、进行论辩。[②] 以此为基点反观在线庭审不难发现，在线庭审在一定程度上打破了物理意义上的“裁判者的亲历性”与“当事人的在场性”，即法官和当事人“在场”的形式发生了改变。从这个角度而言，直接言词原则背后暗含的裁判者可以通过线下对当事人流畅对质、询问并观察其微表情来加强心证的功能受到了限制。此外，当事人也必须借助其他媒介传递信息来代替以直接在场的

---

① 参见陈瑞华：《司法体制改革导论》，法律出版社2018年版，第28~30页。

② 参见段厚省：《远程审判的双重张力》，载《东方法学》2019年第4期。

方式通过言辞表达观点。综上分析，无论从裁判者还是当事人的角度出发，在线庭审实践都从某种程度上弱化了传统诉讼中的直接言词原则，这也为在线庭审的正当性提出了一定的挑战。课题组调研发现，改革试点中，有较多当事人尤其是诉讼代理人都以此为理由明确拒绝参与在线庭审。

其二，传统证据规则对在线庭审的顺利进行构成挑战。传统诉讼奉行"最佳证据规则"，这通常意味着证据只有以最直接的状态在法庭出示，才能更具可信性。质言之，法庭调查的对象原则上应当是证据的原件或原物，而非经过转化的复制品。对此，我国《民事诉讼法》及相关司法解释对庭审证据的规格及其调查方式进行了明确规定，确立了庭审证据调查与审查判断以证据原件为原则、以复制件为例外的原则。① 但是，电子诉讼作为全新的诉讼方式，"要实现诉讼在线就必须实现证据的电子化——将书证、物证通过扫描、拍照进行转换，才能于在线诉讼加以运用，'原件原物原则'无疑限制了在线诉讼的功能和作用"②。相应地，尽管实现证据的电子化更契合在线诉讼的有效运行，但它可能与"原件原物原则"或"原件原物规则"存在冲突。③ 同时，在相关在线诉讼规则不完备现状下，电子化证据的使用一定程度影响当事人质证权的行使。实践中，在在线庭审的法庭调查环节，争讼双方围绕庭前上传至电子诉讼平台的电子化证据进行举证、质证，或通过摄像头向各方手动展示己方的证据原件。但由于当事人或诉讼代理人无法当庭接触到证据原件，通常也无法对证据的真实性进行判断，故在质证环节，一方当事人往往请求法官代其对证据的真实性进行认定，对此不再发表质证意见。此外，如果出现当事人对证据的真实性存在异议并要求核对证据原件，或法官在法庭调查环节需要核对证据原件才能作出判断的情况，则法官通常会要求当事人向法院邮寄或亲自到法院提交证据原件。对于前一种情况，可视其为当事人在既有条件限制下，对质证权的无奈放弃；至于后一种情况，尽管在庭审后对当事人的相关诉讼权利进行了补救，但是以有损在线庭审经济便捷的优势为代

---

① 参见《民事诉讼法》第68～79条；最高人民法院《关于民事诉讼证据的若干规定》第11～12条、第87～93条。

② 张卫平：《在线诉讼：制度建构及法理——以民事诉讼程序为中心的思考》，载《当代法学》2022年第3期。

③ 参见谢登科：《在线诉讼电子化证据的法律效力与规则适用》，载《地方立法研究》2022年第4期。

价的。而更要紧的是,无论采取上述何种处理方式,都无法达到传统庭审对法庭调查应直接且连贯的要求,进一步而言也不利于法官对证据的审查判断。改革以来,为平衡原件原物规则和电子化证据材料使用之间的冲突,《在线诉讼规则》对电子化证据材料适用范围、法律效力、审核认定等内容作了规定,通过第 11 条赋予电子化证据材料"附条件准入资格",第 12 条、第 13 条赋予电子化证据材料"附条件拟制原件"的法律效力。但遗憾的是,《民事诉讼法》并未对电子诉讼中证据材料电子化处理问题作出规定。① 而 2022 年最高人民法院出台的《人民法院在线运行规则》则主要侧重对诉讼平台等信息系统建设、应用、保障和管理等进一步提出具体要求,相较《在线诉讼规则》的程序规则特点,其更符合技术规则。② 整体而言,传统证据规则等显然已经不能适应电子诉讼,亟须制定或修改符合电子诉讼运行特征的法律规范,健全电子诉讼规则,保障当事人权利和电子诉讼良好运行。

(三)法院办案成本加重,改革投入与产出之间存在较大偏离

从方法论的角度而言,当前在我国司法领域正如火如荼进行的地方性试点改革其实是一种关于法律制度效果或效力证明的"实验",其具有以带来某种收益为目的和以解决实际问题为导向等方面的内在特质。③ 但从当前电子诉讼的改革实践来看,其与改革理想之间尚存在一定程度的偏离。具体而言,改革面临投入成本与产出之间的较大偏离。

对于改革主体而言,如果改革措施所耗费的资源与产出的效益无法匹配,那么其推行改革方案的积极性将会大幅下降进而影响改革措施的实施效果。因此,如果将电子诉讼视为一种纠纷解决方式,那么在对其运行效果进行评价时就不能忽视纠纷解决过程中所产生的诉讼成本和诉讼耗费。从狭义的角度来看,诉讼成本主要是指能用货币形式进行计算的成本,④通常由司法机关投入的司法资源与当事人耗费的成本构成。具体而言,法院的诉讼成

---

① 参见谢登科:《在线诉讼电子化证据的法律效力与规则适用》,载《地方立法研究》2022 年第 4 期。

② 参见杜磊:《为智慧法院规范化、可持续化建设指明方向——浅谈〈人民法院在线运行规则〉》,载《民主与法制时报》2022 年 3 月 9 日,第 3 版。

③ 参见郭松:《试点改革与刑事诉讼制度发展》,法律出版社 2018 年版,第 68 ~82 页。

④ 学理上,根据不同的分类标准诉讼成本有不同的分类,从是否必然支付可分为必然性成本与非必然性成本;根据是否可用货币计算分为经济性成本和机会性成本等。参见刘晓东:《简论诉讼效率与程序公正之契合》,载《黑龙江社会科学》2009 年第 3 期。

本主要包含为确保其功能的发挥及诉讼的顺利运转所消耗的司法资源，如技术设备、人力资源投入等；当事人的诉讼成本则主要涉及时间成本与金钱成本，如诉讼费、往返法院所需的时间金钱等。

如果说上文的考察一定程度上反映出电子诉讼为当事人提供了一定的便捷，降低了当事人诉讼成本，那么与此形成鲜明对比的是，从法院的立场出发，电子诉讼的适用似乎反而加重了法院案件办理的成本。依照上文的界定，电子诉讼试点实践中，法院的办案成本主要包含技术设备与人力资源投入两个方面，据此可从技术产品的重复开发导致的资源浪费较大，以及电子诉讼加重审判辅助人员的工作任务两个方面来证明上述判断。

其一，由于电子诉讼尚处于试点探索阶段，相关平台建设与功能设置都远未达到可复制、可推广的水平，仍需要在实际的运作中不断改进与完善，故无论是电子诉讼平台建设还是相关软件的研发，最高人民法院在改革之初并未进行统一规定，而是给予试点法院充分的探索空间。但这也导致实践中由于科技公司的商业利益与试点法院工作创新的双重激励，不同层级的法院均涌现了大量功能雷同但效果参差不齐的电子诉讼平台或软件。课题组考察发现，仅就X市两级法院而言，自试点改革以来，尤其是新冠疫情期间，X市两级法院自主研发或引进了大量功能雷同的应用平台，这些平台贯穿了“立审执”全过程，仅在线立案平台至少有4个，而在线庭审平台除了X市中级人民法院开发的在线庭审平台外，各基层法院常用的还有“云上法庭”、公道互联、移动微法院等。由于可供当事人选择的平台数量众多且功能大致相同，实践中必定有部分平台利用率不高甚至处于“闲置”状态。此外更不能忽视的是，由于不同平台的开发公司各异，不同系统由不同科技公司研发完成，数据端口不一致，办案平台之间难以互通，平台间的数据交互存在壁垒。这意味着要想对案件进行归档通常仍需办案人员重新将案件信息、材料依照统一的格式录入内网系统。如课题组在调研中就有法官反映，当事人在“A省微法院”“X易诉”等平台上传的材料经常无法正常传输至法院内网办案系统，办案人员需要重复进行信息录入和材料上传，致使法院的工作量增加。概言之，当前电子诉讼的平台建设存在重复开发及数据整合困难的现状，这在导致资源浪费的同时也加重了法院审判管理的成本。

其二，在线加重了审判辅助人员的工作任务。据考察了解，要想顺利完成一场在线庭审,审判辅助人员需要在开庭前进行至少如下 4 个步骤的工作:第一,案件从立案庭分至各个承办法官处后,法官助理或书记员通常会主动联系诉讼当事人,询问其是否愿意适用在线庭审,与此同时还会向当事人交待电子诉讼的优势及诉讼效力;第二,对于当事人同意适用的案件,法官助理或书记员需要通过电话或微信指导当事人下载 App 或登录在线庭审平台网页、注册账号并进行身份验证等初始性工作,这一过程通常伴随法官助理或书记员的指导、当事人的反馈等多轮沟通;第三,诚如前文多次提及的,为保障在线庭审效果,通常在正式开庭前,法官助理或书记员会单独或协助承办法官组织当事人进行庭前诉讼活动,尽管与正式庭审相比,庭前证据交换等准备活动在形式和内容上都较为简洁,①但也仍是一项不可忽视的工作;第四,临近开庭前,通常是开庭前半小时,法官助理或书记员需要提前通知当事人登录平台,在线核对当事人身份并测试当事人的设备与网络条件。对此,几乎所有受访的书记员或法官助理都表示,为保障电子诉讼的顺利运行,“庭审十分钟准备两小时”并不是某些案件的特例而是在线庭审的工作常态。更要紧的问题还在于,到法院参与诉讼的经历对于普通当事人而言极少会有,这也意味着审判辅助人员需要对不同的案件当事人一一进行在线庭审操作方式的指导,从长远角度来看,这一环节的边际成本似乎无法因案件数量的增加而呈现出递减的趋势。

(四)在线庭审改革成效有负预期,电子诉讼阶段化、板块化现象突出

此次电子诉讼改革的目标在于探索电子诉讼规则,进一步拓展电子诉讼探索空间,为电子诉讼活动提供法律依据。为落实上述目标,试点实践主要以在线立案、在线庭审及电子送达 3 个环节为抓手重点推行《民诉分流试点方案》和《民诉分流实施办法》改革内容。无论是从改革的既定目标还是实施方案的部署来看,此次试点改革都对探索全流程的电子诉讼机制抱有较高期待。但课题组实证考察发现,实践中电子诉讼的适用主要集中于非庭审环节。

---

① 对于在 X 市中级人民法院研发的在线庭审平台开庭的案件,庭前准备活动仅需法官助理或书记员指导当事人学会相应的操作方法后即可由当事人自行在平台上上传证据材料、发表质证意见;但对于适用其他庭审平台开庭的案件,实践中常见的庭前准备方式是由审判辅助人员建立工作微信群,组织双方当事人在工作群里交换证据材料、发表各方意见。

根据课题组前述实证分析可知,电子诉讼在X市两级法院各个环节的适用率存在截然不同的情况:2020～2021年改革期间,在线立案率分别为41.25%、55.29%,在线庭审率分别为6.13%、7.74%,电子送达率分别为51.21%、48.34%,在线立案和电子送达环节的平均适用率基本维持在五成,而最核心的在线庭审环节恰恰是试点中适用率最低的环节,其平均适用率仅为6.94%。上述统计无疑揭示了这样一个略显尴尬的事实:实践中绝大多数案件仅在非庭审环节运用电子诉讼,而被寄予厚望且在整个诉讼过程中处于核心地位的在线庭审,在实践中适用电子诉讼的情况却远不如非庭审环节理想。此外,进一步详细考察在线庭审的适用情况亦会发现,尽管此次改革试点扩大了在线庭审的适用范围,但实践中其覆盖的范围仍十分有限。如图5－4所示,课题组以X市14个基层法院2020年共计10,924件采用在线庭审方式进行审理的案件为样本,①根据2020年12月29日最高人民法院印发的《修改案由决定》,以一级案由为标准,统计分析10,924件采用在线庭审方式审理案件"基础法律关系"发现,②其中人格权纠纷95件,婚姻家庭、继承纠纷652件,物权纠纷390件,合同、准合同纠纷7760件,知识产权与竞争纠纷108件,劳动争议、人事争议1052件,与公司、证券、保险、票据等有关的民事纠纷252件,侵权责任纠纷615件。由此可以看出,在在线庭审案件类型中,合同、准合同纠纷类案件的数据远超其他案件类型的数据,占据了在线庭审案件的71.04%。此外,如果将民事案件按照性质的不同分为财产类案件和非财产类案件,可以发现,适用在线庭审审理的案件中,财产类案件占比明显高于非财产类案件。

---

① 需要说明的是,这14个基层法院全面覆盖了X市3个圈层法院,且每个圈层至少有3个法院,以及各分布有1个典型基层法院,样本具有代表性。同时,能够准备反映案件基础法律关系的数据主要来源于X市两级法院一审审判程序及审判组织情况随案调查表、二审审判组织及庭审情况随案调查表,改革期间,X市两级法院依该表全面统计了2020年改革数据。因2020年数据能基本反映改革情况,遂未统计2021年数据。

② 课题组选择以2020年12月29日印发的《修改案由决定》为分类依据,而非2020年期间施行的2011版案由规定,理由有二:一是2020年《修改案由决定》自2021年1月1日施行,即健全电子诉讼规则试点改革期间及之后都依循新规定,以2020年《修改案由决定》划分得出的结论更利于指导改革;二是相较2011版案由规定,2020年《修改案由决定》关于一级案由作了3处变动。其中,变更第四部分"合同、无因管理、不当得利纠纷"为"合同、准合同纠纷";变更第十部分"适用特殊程序案件案由"为"非讼程序案件案由";新增"第十一部分 特殊诉讼程序案件案由",其余均未变化。也就是说,以2020年《修改案由决定》统计并不会根本影响分类结果。

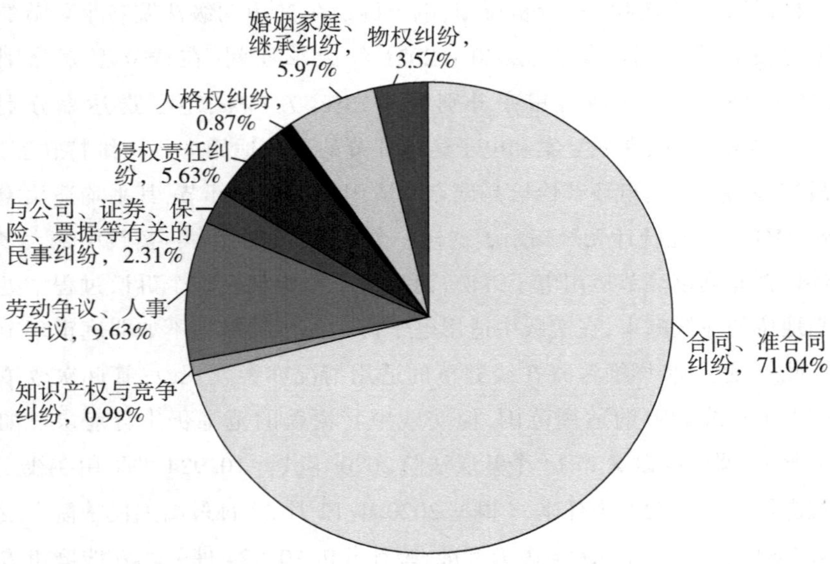

图 5－4　2020 年 X 市 14 个基层法院在线庭审案件类型

上文的考察似乎昭示，电子诉讼的实践运行与改革预期及导向存在较大程度的偏离。整体来看，改革似乎抱持着打造全流程电子诉讼机制的愿景，并投入了较多注意力在在线庭审上，但试点实践却表明，尽管电子诉讼试点改革推动并实现了诉讼全流程的在线化，但当前电子诉讼的适用主要集中于非庭审环节，呈现出阶段化、板块化适用的特征。[①] 此外，对于改革方案中提出的扩大在线庭审适用范围，试点实践的回应也十分有限。如果承认上文所指出的地方性试点改革其实是一种关于法律制度效果或效力证明的“实验”，那么“实验结果”似乎在某种程度上提示我们，对于电子诉讼而言，改革初期设定的部分目标和方案可能还不够周全，欠缺必要的可行性，还需根据试点结果进行一定调适。

（五）实践关照阙如，电子诉讼平台建设质效仍待提升

上文的分析指出，经过为期两年的试点，电子诉讼平台作为电子诉讼

① 需要说明的是，受新冠疫情影响，各地区法院确实均会选择在疫情防控期间暂停线下诉讼服务、庭审活动，全面转为线上诉讼服务和互联网庭审，电子诉讼呈现全流程在线化，但这些均是特殊时期的无奈之举。根据课题组访谈调研，常态化时期，现阶段电子诉讼仍然主要存在于非庭审环节，呈现阶段化、板块化适用的特征未改变。

的关键载体，其建设已初具雏形，基本能满足全流程电子诉讼的运行。从电子诉讼平台的研发与打造来看，其也形成了中级人民法院与基层人民法院平台共存共生、“百花齐放”的特色平台体系。尽管如此，经课题组考察发现，当前电子诉讼平台的建设仍存在质效欠佳的问题。除前述所提及的平台重复开发且数据整合困难，司法资源浪费严重问题外，还存在如下两大方面问题。

其一，电子诉讼平台功能尚未充分满足实践需求。一方面，据考察，尽管“中国移动微法院”作为总入口已经实现了对全国各个法院网上诉讼平台的接入，保证了当事人能以此为入口直接跳转到案件所在的审理法院。① 但正如前文所指出的，各个法院的平台建设并不统一，具体从操作的界面到平台首页的功能模块再到各个法院对网上审判需要的文件和信息都存在或多或少的差异或侧重，且部分平台的功能开发较为基础，一些较为复杂的功能如人脸识别、智能语音识别、电子签章等尚难以实现。这不仅使当事人在不同法院电子诉讼的体验感各不相同，当事人的需求也较难得到统一满足。此外，从平台研发的过程来看，由于实际的业务需求与技术开发人员之间不存在直接的沟通渠道，实践中一些较为细节性的功能需求尚未实现。经课题组访谈调研得知，改革过程中电子诉讼平台主要外包给各个科技公司进行研发与建设，由于电子诉讼平台属于法院内部技术部门负责管理的范畴，相关技术人员主要和法院内部的技术部门对接。而真正使用平台的法官、当事人或律师，其需求和意见却较难直接有效地反馈至技术研发人员，导致技术人员难以准确理解司法实务的需求，研发出的产品也无法完全满足司法业务部门的需要。例如，调研中不乏法官反映电子诉讼平台的数据筛选统计功能较弱，系统无法准确呈现法院所需要的数据，继而影响电子诉讼的司法统计和数据提取。

其二，电子诉讼平台的打造欠缺对数字弱势群体的关照。“数字弱势群体”现象源于现代技术社会对工具理性的过度追求，信息技术的不断发展使“数字弱势群体”利益受损从社会生活中的小概率事件演变为一般意义上的社会问题，消除这种日益加剧的数字红利歧视已经成为众多社会主体的新型

① 参见王涵：《全国法院系统创新移动电子诉讼模式》，载《民主与法制时报》2019 年 6 月 2 日，第 7 版。

利益诉求。① 就电子诉讼而言，其作为此次繁简分流改革的一大环节，遵循民事诉讼“两便”原则是其在推广过程中正当性的保障，也是其相较传统诉讼的独特优势。而要实现这一目标，作为电子诉讼关键载体的电子诉讼平台，就不仅需要承载完备的诉讼功能，而且在具体的操作上需要考虑不同群体的接受能力，即绝大多数用户的体验感。但从当前的实践来看，电子诉讼平台的具体操作不仅很难让人产生便利的印象，相反，其烦琐的操作过程无疑对不熟悉互联网或计算机的“数字弱势群体”十分不利。具体来看，一方面，进行电子诉讼需要先注册个人账号，填写烦琐且复杂的个人身份信息，并上传身份材料、完成人脸识别等身份认证，只有完成了上述步骤才能真正进入相关的诉讼环节，进入门槛较高。另一方面，电子诉讼平台的界面通常设计得过于驳杂，功能繁多但不够有条理，容易让诉讼参与人产生混淆。此外，平台具体页面的指导性不强，许多专业术语缺乏必要的解释，对于普通诉讼的当事人而言，从在线立案到在线庭审，可能每个环节均需要审判辅助人员给予一定的指导，更不用说不熟悉计算机操作的“数字弱势群体”。

（六）缺乏必要保障，电子诉讼信息安全存在隐患

上文的分析已指出，电子诉讼平台是保障诉讼流程在线化办理的关键，亦是电子诉讼顺利进行的载体。换言之，电子诉讼几乎所有环节均在电子诉讼平台上完成，在人民法院开展电子诉讼过程中，电子诉讼平台无疑会在不同诉讼环节收集到当事人大量的个人信息，因此如何安全储存、合理利用这些信息便是法院面临的一大难题。尽管最高人民法院开始对司法程序中个人信息的保护问题加以重视并在相关司法解释中有零星规定，②但我国并未针对电子诉讼平台的数据安全问题作出单独专门性规定，结合试点期间电子诉讼运行情况，课题组发现，总体上当前法院仍面临如下三方面的信息安全隐患。

其一，网络传输的风险。当事人在利用电子诉讼平台参与诉讼时，会在电子诉讼平台留存大量个人信息。例如，在在线立案环节，当事人可能通过

① 参见宋保振：《“数字弱势群体”权利及其法治化保障》，载《法律科学（西北政法大学学报）》2020年第6期。

② 如2018年9月，最高人民法院出台《关于互联网法院审理案件若干问题的规定》，其中第5条规定诉讼平台对涉案数据的存储和使用，应当符合《网络安全法》等法律法规的规定；2020年2月，最高人民法院《疫情期间在线诉讼工作通知》第9条规定法官远程查阅电子卷宗、合议案件、撰写提交裁判文书等，应当严格遵循电子卷宗管理和保密工作相关规定。

指纹、人脸识别系统留存其生物性特征信息；当事人的姓名、年龄、性别、身份证号码、联系方式、住所地等个人基本信息均是立案时必须向法院提供的。除此之外，当事人的同步在线庭审视频、庭审记录、裁判结果等相关信息也均会留存于电子诉讼平台。这些信息在留痕及传输过程中一旦因存在安全漏洞而被盗窃、泄露、非法查看、篡改、仿冒等，就会造成严重后果。换言之，随着诉讼行为的“在线化”，大量案件信息以数据为载体在网络中进行传输，若信息传输的主要载体和基础设施的安全系数不够，就难免会出现信息在传输过程中被泄露或恶意篡改等风险。①

其二，第三方泄露的风险。据考察，为加快电子诉讼的探索速度，促进技术更好赋能司法，试点中各地法院不同程度地将打造电子诉讼平台的任务转交给外包科技公司，由其全方位提供智能化的数据信息服务。相关统计显示，截至2021年8月，全国各级法院与科技公司实现战略合作的有3200余家，占全国法院总数的90.5%。已实施信息化外包的法院中有超半数者与多家科技公司进行外包合作，其中科大讯飞、阿里巴巴、百度、腾讯等大公司为主要战略合作方，但也有很多中小公司参与建设。② 具体到司法实践，电子诉讼平台运行主要存在平台打造外包化、平台数据共享化等特征。而上述实践特征也给法院信息安全环境带来了巨大变化，如电子诉讼平台的信息数据存储及电子印章的保管均由第三方技术公司负责，虽然第三方技术公司与法院之间通常都签有保密协议，但这仍然不能确保第三方公司不会滥用信息数据和电子印章，且电子诉讼平台并未对当事人的信息安全采取明确的保护措施，当事人的信息存在极大的被第三方泄露的隐患。

其三，运营与维护不当的风险。要保障电子诉讼的顺利运行，不仅需要打造功能完善的电子诉讼平台，平台后期的运营与维护也是关键。如果平台后期的运营、维护缺乏切实有效的安全防护手段，在制度层面不能建立风险防范机制，便可能加剧电子诉讼运行过程中信息数据面临的被盗窃、泄露、非法查看、篡改、仿冒等安全隐患。而当前较为两难的局面是，唯有信息技术与法院工作深度融合才能真正推动电子诉讼平台建设与运转的迭代升级，但在

---

① 参见邓恒、杨雪：《线上审判方式中信息与数据安全问题研究》，载《中国应用法学》2021年第1期。

② 参见刘畅：《人民法院在线诉讼中数据安全风险的反思与防控》，载《山东法官培训学院学报》2022年第3期。

当前法院信息化人才短缺的情况下，为确保平台的顺利运行与不断优化升级，法院仍不得不借助科技外包公司的协助，因此上述由第三方带来的信息安全隐患也将继续存在。

四、健全电子诉讼规则进一步的完善建议

经过此次试点改革探索，电子诉讼的实践也日渐丰富，无论是在新冠疫情期间还是之后，电子诉讼都充分彰显出独特优势。从某种程度上看，电子诉讼并非特殊阶段的“权宜之计”，随着信息技术与司法的不断融合与完善，其甚至可能成为“未来主流”。[①] 但上文的实证考察分析亦揭示出电子诉讼在实践运行和技术层面所面临的问题。综合上文分析，课题组认为健全电子诉讼规则、跟进相关技术及做好相应配套保障是当前电子诉讼可能的完善方向，具体建议如下。

（一）健全电子诉讼规则，保障当事人权利与电子诉讼良好运行

1. 明确电子诉讼的合法性依据及适用原则

就合法性而言，诉讼程序规范的合法性来自法律的规定；[②]就试点改革来看，尽管《民诉分流实施办法》赋予了电子诉讼享有与线下诉讼同等的法律效力，但由于电子诉讼尚未得到立法层面的明确规定，且其适用原则也基本由试点法院根据实际情况裁量，电子诉讼在实践运行中的合法性及其正当性也受到了一定质疑。对此，结合试点实践，课题组认为，应从立法层面对电子诉讼的效力进行明确规定，为其赋予合法性依据。此外，就电子诉讼的适用原则而言，课题组认为应确立电子诉讼“依法、自愿、等同”的适用原则。“依法”是指电子诉讼的实践运行必须严格遵守法律规定，不能损害法律的公正性和权威性。具体而言，电子诉讼的各个环节都应严格遵循既定操作流程和规范，避免随意性。“自愿”是指电子诉讼应确立自愿选择的原则，其适用应尊重当事人的程序选择权。电子诉讼仅是民事诉讼程序运行的一种选项，而非对传统诉讼方式的取代，二者在适用上并不存在序位上的先后。因此，程序的自由选择权作为当事

---

① 参见左卫民：《后疫情时代的在线诉讼：路向何方》，载《现代法学》2021 年第 6 期。

② 参见张卫平：《在线诉讼：制度建构及法理——以民事诉讼程序为中心的思考》，载《当代法学》2022 年第 3 期。

人程序权利的重要保障,应成为电子诉讼的适用前提,更是该项制度的正当性基础。具体到诉讼实践,应充分尊重当事人的诉讼习惯和偏好,在确保当事人充分知晓现有规则的前提下,根据其自身利益需求,判断并选择最契合自身利益的诉讼方式。“等同”是指当事人在电子诉讼中所享有的诉讼权利应与在传统诉讼方式中相同,不能因民事电子诉讼所具有的效率价值而受到减损。此外,通过电子诉讼方式完成的诉讼程序也应当与线下诉讼具有同等的效力。

需要指出的是,或许是认识到上述问题的重要性与紧迫性,2021 年 5 月,最高人民法院出台《在线诉讼规则》,明确了电子诉讼活动与线下诉讼活动具有同等法律效力,且规定人民法院开展电子诉讼,应当征得当事人同意。此后,全国人民代表大会常务委员会于2021 年12 月24 日审议通过了《民诉法修改决定》,其中增设的第 16 条明确规定:“经当事人同意,民事诉讼活动可以通过信息网络平台在线进行。民事诉讼活动通过信息网络平台在线进行的,与线下诉讼活动具有同等法律效力。”无疑,2021 年《民事诉讼法》的修改标志着电子诉讼正式入法,其对电子诉讼效力及其适用原则的规定也一定程度上因应了课题组经过实证考察所发现的问题。

2. 建立线上线下诉讼方式的转换机制

电子诉讼是一种能够与传统诉讼方式并驾齐驱的独立的诉讼方式,①实证考察表明,电子诉讼的适用整体上呈现出阶段化、板块化特征,其与线下诉讼之间呈现相互嵌入的关系。未来,民事诉讼的模式或许将以一种混合形式的面貌示人,其既可能是“全流程在线”或“全流程线下”的审理模式,也可以是“线上与线下相结合”的模式,故两种方式之间相互转化的程序设计就显得尤为必要。需要说明的是,针对线上线下程序交互转换的问题,《在线诉讼规则》对此作出了初步规定,但相关条文的规定仅限于在线庭审阶段,转换的内容仅涉及从线上到线下的转换,且未能就转换的法律效果加以明确。② 对此,课题组认为,有关电子诉讼与传统诉讼程序转化的规则设计,有必要从程序转换的条件、程序和法律效果 3 个角度加以考虑。

其一,从程序转换的条件来看,判断其是否符合转换条件的依据在于是否“合适”与“便宜”。一方面,如果根据实践情况,电子诉讼或线下诉讼已经

① 参见左卫民:《后疫情时代的在线诉讼:路向何方》,载《现代法学》2021 年第 6 期。

② 参见《在线诉讼规则》第 5 ~6 条。

不再适合具体个案的审理,就存在程序转换的可能。例如,适用电子诉讼的当事人欠缺电子诉讼能力、不具备电子诉讼条件或者相应诉讼环节不宜在线办理等。又如,原本适用线下诉讼的当事人遭遇偶发情形从而致使其无法线下进行诉讼。另一方面,仅具备上述“合适”的情形尚不足以满足程序转换的必要条件。例如,实践中适用线下诉讼的当事人存在无法进行线下诉讼的情况,但其又存在欠缺电子诉讼能力、不具备电子诉讼条件或者相应诉讼环节不宜在线办理等情形,在此情况下,该案件仍无法进行线上线下程序的转换,只能通过民事诉讼程序的其他机制加以解决。换言之,线上线下程序转换的条件需同时从当事人能力、诉讼条件、相应环节的案件情况等方面综合考虑。其二,就转换程序而言,主要涉及程序转换时的申请与审查。在具体操作方面,当事人申请程序转换的,应提交纸质或电子版书面申请并说明理由,对此法院应结合案件办理的实际情况进行审查,从而裁定是否进行程序转换。此外,对于因技术原因需要进行转换的案件,法院可以依职权进行裁量。其三,一旦线上线下程序实现了转换,其产生的法律效果主要在于,一方面,法院或当事人继续按照转换前的诉讼方式实施诉讼行为,将不再产生相应的法律效力;另一方面,程序转换前双方当事人已完成的诉讼活动具备相应的法律效力。

3. 合理界定电子诉讼的适用范围

前文对电子诉讼实践的考察表明,一方面,不同类型的当事人对电子诉讼的适应能力相去甚远。另一方面,技术在司法中的运用始终有限度,电子诉讼尤其是在线庭审并非对所有类型案件都存在普遍性的效果。相反,受案件类型、难易程度、证据特点、当事人之间争议大小等因素的影响,有时电子诉讼可能无法发挥其应有的优势,反而徒增诉讼成本。因此,为充分发挥电子诉讼的优势并避免其短板带来的不良影响,区分不同诉讼主体并划定适当的案件适用范围便是一条可能的路径。

结合实践考察所获取的信息,从诉讼当事人的角度来看,对于存在诉讼代理人的案件当事人,可以鼓励或引导其适用电子诉讼;而对于普通诉讼当事人,即便其自愿适用电子诉讼,也还应考察其是否具备电子诉讼的条件。据课题组实证考察,在试点过程中,X 市两级法院多次与律师和律协展开合作研讨,甚至在电子诉讼平台试运行过程中充分听取诉讼代理人的使用评价,不断提高诉讼代理人的使用体验感,进而鼓励其使用电子诉讼平台,这不失为一种两全的做法。此外,从案件范围的角度来看,主要应从案件的类型、性质及难易程度等方面对适用在线庭审的案件作出范围的限制，如对于一些当事人众多且争议较大、证据类型与数量较多且疑难复杂的案件，即便当事人主动申请进行在线庭审，承办法官也可以依职权予以否决。之所以将案件适用的范围交由法官裁量，是因为适用范围的划定并无一个绝对的标准，且与相关技术在实践中的应用成熟度密切相关。根据实践经验，随着相关技术的不断演进，电子诉讼的适用范围可能是动态变化的。这一判断也一定程度上契合了立法的规定，根据《民事诉讼法》规定，经当事人同意，民事诉讼活动可以通过信息网络平台在线进行。换言之，或许是考虑电子诉讼未来的发展空间，立法并未对适用电子诉讼的案件进行限制性规定。

4. 填补电子诉讼各诉讼环节的规则真空

电子诉讼作为一种新型诉讼方式，传统的民事诉讼规则在一定程度上已不能适应甚至阻碍了其顺利运行。对此，课题组认为需要根据电子诉讼不同环节的运作机理有针对性地制定相应诉讼规则。

首先，在立案环节，一方面，应赋予在线立案与传统线下立案方式一致的程序法效力；另一方面，应制定统一的在线立案行为准则并加强电子诉讼立案监督，构建完善的立案监督机制，保障在线立案的平稳运行。针对故意干扰在线立案有序进行、虚假电子诉讼的行为，相关部门应采取相应的惩罚措施。其次，对于在线庭审环节的诉讼规则，应从身份认证、庭前准备程序、庭审纪律、证据规则等方面进行建构。详言之，身份认证作为在线庭审的前提，应当明确法院对当事人身份进行审核的义务并对具体的审核方式加以规定。对于在线庭审的庭前准备程序，从试点实践的经验来看，相较传统线下庭审，实质化的庭前准备程序对在线庭审而言更为关键，通过实质化的庭前准备程序如证据交换与争点整理，能提升在线庭审活动的针对性，而这不仅具有提升庭审效率的价值，对庭审整体效果的提升也具有不容忽视的作用。对此，有必要将实践中庭前准备程序的操作方式上升为具体的制度规定。至于庭审纪律，应从当事人的着装、行为举止、参与庭审的场所等进行规范。此外，对于在线庭审应如何审查认定证据，是试点实践中最需要予以指引与规范的内容。一方面，在线庭审中，当事人举证、质证的方式与传统线下庭审存在极大的差异，对此应从证据的示证方法、质证程序上予以明确；另一方面，传统证据需要借助电子设备才能完成转化，但证据在转化、生成、存储和传递的任何一个环节都有可能发生改变，从而使证据本身的真实性存疑。此外，更为关键的是,通过在线庭审平台出示的证据的真实性问题不仅给当事人之间的质证带来困难,也给法官认定证据带来了挑战。对此,应针对实践中的问题确立具有可操作性的在线庭审证据认定规则。最后,在电子送达环节,应从提高电子送达成功率和电子送达的救济两方面入手,对电子送达的相关程序规则进行构建。就提高电子送达的成功率而言,不仅应在技术层面完善电子送达平台,还应根据不同的失败原因进行制度性的回应。值得注意的是,《在线诉讼规则》在试点改革的经验上对电子送达的时间进行了重新规定,在"到达"生效主义的基础上,以受送达人电子地址获取方式的不同建立起了积极生效和消极推定生效的新标准,①从而在生效标准的层面为提高电子送达成功率助力。就电子送达的救济而言,课题组认为,对于电子送达失败的案件,可以利用其他送达方式即通过转换送达进行补正,但当事人是否由此承担不利的诉讼后果则应根据送达失败的不同原因分情况处理。

(二)优化打造电子诉讼平台,进一步契合实践需求

其一,打破数据壁垒。就现有电子诉讼平台建设来看,当前法院缺少的不是对接科技的接口,而是如何理顺相应的渠道,实现现有资源的集成整合。② 因此,下一步的关键或许就在于打破平台间的数据壁垒,统一技术标准,实现数据间的无阻碍交互。具体而言,可以先在现有各类应用的基础上,打通数据接口、集成应用界面,形成"一站式"综合服务体系,再逐步整合平台入口,建立官方统一的电子诉讼服务平台,确保电子诉讼平台的统一性,实现线上线下业务办理的灵活转换、无缝对接。

其二,加强平台功能打造。诚如有学者指出的,实际上电子诉讼中出现的诸如效率与公正之间存在紧张关系等难题,也许正是信息网络技术还不够发达、不够完善,不能为诉讼程序之参与者们随心所欲地运用所致。③ 不仅如此,实践中出现的诸如在线庭审是否有违直接言词原则、证人出庭作证的有效性问题等,都能通过技术的提升、完善电子诉讼平台功能得以解决,如随着5G技术的普及,在线庭审或许能实现与线下庭审同样流畅的开庭效果,法官亦能通过当事人之间及时的对质、微表情等加强心证,从而缓和在线庭审对

---

① 参见《在线诉讼规则》第31条。

② 参见彭昕:《远程庭审:实践、困境与完善——基于新冠肺炎疫情期间远程庭审的实证考察》,载《北京警察学院学报》2021年第1期。

③ 参见段厚省:《远程审判的双重张力》,载《东方法学》2019年第4期。

直接言词原则的弱化。对此,应坚持需求导向,以用促建。具体来看,在建设与完善平台的过程中应充分收集使用者需求,加强平台使用人员与平台研发人员的沟通与联系,帮助研发人员将抽象的需求明确并转换成具体的、可实现的、可操作的功能,辅助研发人员做好需求分析,使研发设置的平台模块和功能便于使用人员操作。此外,还应建立意见、建议反馈机制,平台使用人员在发现问题后可通过系统提交意见、建议,由管理人员将意见、建议根据问题类型分类处理,确保问题得到快速解决。总体上,就平台的建设而言,只有从实践真正急需的功能及有待解决的问题出发,不断优化平台功能,才能提高平台的使用率,促进平台功能的有效发挥。

(三)筑牢信息保护屏障,消除数据安全隐患

安全可控是智慧法院建设的原则与底线,①对于电子诉讼而言亦不例外。针对当前法院电子诉讼平台的打造普遍外包给第三方科技公司,从而使法院信息数据存在较大安全隐患的现状,课题组认为可从增强电子诉讼平台安全防护及加强法院复合型人才培养两个方面进行改善。

一方面,应增强电子诉讼平台的安全防护。网络安全是电子诉讼的"防火墙",关系整个电子诉讼过程的安全。对此,首先应加大网络数据安全保护的经费投入,加强软硬件设施的相应安全防护与设备维护,做到实时监控平台安全,及时填补安全漏洞。其次,上级法院需加强对下级法院网络数据安全保护的监督,定期到下级法院开展评查调研,严格落实网络数据安全责任制,将网络数据安全纳入法院考核体系。再次,应加强数据的传输管理,合理划定内外网传输信息的范围,如对于涉及国家秘密、商业秘密和当事人隐私的数据,要通过涉密信息系统传输。最后,还可借鉴欧盟的做法,将个人信息保护理念引入司法系统,在处理个人信息时注重通过合理的技术或组织手段保障个人信息的安全,包括防止电子诉讼系统被外界攻击进而导致当事人信息泄露,以及防止未授权或非法的处理、预防意外损失或销毁等。② 另一方面,还应重视法院复合型人才的培养。诚如科技产品在司法中的应用需要弥合产品设计中的"沟通"难题,电子诉讼平台的研发也需由司法人员及其他法律从业人员与技术人员共同、深度合作,而非技术人员不懂需求、司法人员不

---

① 参见蔡立东:《智慧法院建设:实施原则与制度支撑》,载《中国应用法学》2017 年第 2 期。

② 参见王禄生:《司法大数据应用的法理冲突与价值平衡——从法国司法大数据禁令展开》,载《比较法研究》2020 年第 2 期。

懂技术的自说自话式合作。但由于受到既往教育体制等因素影响,多数法律人对数学、计算机科学等学科处于一种高度疏离状态,无法与技术人员在技术层面充分对话、沟通,①这不仅造成了电子诉讼平台设计中法律人的有限参与从而影响了平台效果的发挥,也加大了平台所隐藏的安全风险。为消解上述困境,应加强法律与技术复合型人才的培养,探索法学与通信、计算机、人工智能等学科联合培养模式,培养出一批既懂法律又懂科技的复合型人才。囿于既擅长计算机科学又精通法律知识的双栖人才培养需要长时间、多投入的坚持,绝非一朝一夕可完成,故当下法院电子诉讼技术外包的模式仍将继续推行。但可通过完善法院信息化岗位的招考,增加对应试者信息技术资格的考查,并加强法院与科技公司的合作,如从法院抽调一部分技术岗位的人员到科技公司了解电子诉讼平台的建设原理与技术应用,减少功能漏洞的同时亦有助于防范安全隐患。

(四)完善配套机制,助推电子诉讼优势发挥

根据科尔奈的观点,任何制度体系,只有其各种制度安排相互兼容与协调,才能保证整个体系有效、稳定地运作,使各种制度安排得到有效落实,否则就会出现混乱与效率损失。② 这种效率损失被樊纲和胡永泰称为"制度不协调成本"。③ 相关研究表明,这一来自经济制度改革与转轨领域的命题在司法机关的试点改革中同样存在,上述困境主要体现为,在制度体系没有改革及相关外围配套制度建设相对滞后的情况下,针对其局部进行的改革尝试,往往会产生改革难以深入推进的问题,即使勉强推行,其实施效果也将存在较大限度。④ 具体到电子诉讼的试点实践,经课题组考察发现,除了制度与技术方面尚待完善外,人员与设备方面的配套保障不足也是影响电子诉讼顺利运行并充分发挥其优势的重要因素。对此,可从法院内部与外部同时着手,促进电子诉讼外围配套机制的建设。

在法院内部,由于电子诉讼属于一种新型诉讼模式,相关操作与传统线

① 参见左卫民:《从通用化走向专门化:反思中国司法人工智能的运用》,载《法学论坛》2020年第2期。

② 参见[匈]雅诺什·科尔奈:《后社会主义转轨的思索》,肖梦译,吉林人民出版社2011年版,第5~21页。

③ 参见樊纲、胡永泰:《"循序渐进"还是"平行推进"?——论体制转轨最优路径的理论与政策》,载《经济研究》2005年第1期。

④ 参见郭松:《试点改革与刑事诉讼制度发展》,法律出版社2018年版,第76页。

下诉讼存在较大差异，一定程度上打破了一线办案法官熟悉的办案方式。此外，上文的考察也表明，电子诉讼尤其是在线庭审环节需要耗费较多时间进行审前的准备，如调适设备、指导当事人等。换言之，由于当下电子诉讼仍处于探索发展阶段，其顺利运行离不开工作人员在各个环节投入大量精力进行准备，其中不仅包括推动诉讼环节进行的必要事项，还包括技术操作上的学习与摸索。这对于当前普遍存在"诉讼爆炸"的民事审判领域来说无疑是雪上加霜，既不利于审判效率的提升，也一定程度削弱了一线法官适用电子诉讼的积极性。鉴于此，课题组认为，可借鉴X市中级人民法院做法，于电子诉讼的探索与推广期临时成立一支专门服务于电子诉讼的"1+N"专业团队。所谓"1+N"，即该团队包括至少"1"名技术人员，主要负责电子诉讼的技术保障，如对队内工作人员进行相关技术培训，包括设备的相关操作、简要故障的处理等，并负责日常设备的运营与维护；"N"是指由多人组成的服务于电子诉讼各个环节的工作人员，他们主要与审判辅助人员对接，协助其开展工作，如指导当事人如何使用与调试设备等。采用"1+N"的专业团队辅助模式，可一定程度上将承办法官和审判辅助人员从技术性准备的大量工作中解放出来，进而有利于提高电子诉讼的运行效率与质量。

在法院外部，可从设备保障入手为当事人进行电子诉讼提供便利。对此，X市中级人民法院当下正在实践中探索的"5G智慧参审室"，以及在社区投放的一站式电子诉讼服务机器人值得借鉴与推广。打造"5G智慧参审室"及一站式电子诉讼服务机器人，一方面，能为不具备电子诉讼技术条件的当事人、律师提供技术上的基本保障与便利；另一方面，上述设施设备具有较强的统一性与规范性，能在一定程度上加强电子诉讼尤其是在线庭审的规范性与严肃性。

第六章　代结语：民事程序繁简分流改革的争点与展望

2021年12月，民事诉讼程序繁简分流改革立法宣告尘埃落定。但围绕如何展开改革的争论并未完全结束。整体上，试点和立法过程中存在两种改革思路，一种改革思路以效率为导向，旨在推进我国民事诉讼程序进一步简化（"效率派"）。这种改革观主要为司法实务部门所持有。[①] 另一种改革思路以权利为导向，有意打造正当化程序——相对正规的民事诉讼程序（"权利派"）。学术界尤其是民事诉讼法学界一般持后面一种改革思路，并对以效率为导向的繁简分流改革及新立法的相关规定颇有微词。[②] 2021年《民事诉讼法》

① 整体而言，实务部门在认可繁简分流改革的合理性基础上提出具体措施建议。具体参见王韶华、李军波：《繁简分流改革背景下的民事诉讼程序设置研究》，载《中国应用法学》2021年第4期；黄振东、邱碧媛：《"繁简分流"的深圳探索——以裁判文书和庭审方式改革为重点》，载《人民法治》2016年第10期；李旭辉、胡小静、谢刚炬：《"多元调解+立案速裁"的紧密型司法ADR模式探索——以北京市22家中基层法院的改革实践为视角》，载《人民司法（应用）》2018年第1期。

② 2021年《民诉法草案》一经公布就引起了学界的广泛热议。对于此次以提高诉讼效率为主要目的指向的修法，学界似乎都持谨慎的态度。参见《会议综述|民事诉讼法修改理论研讨会》，载微信公众号"民事程序法研究"2021年11月9日，https://mp.weixin.qq.com/s/dDSQ6LfhldGtDG_6FpgwpQ。此外，有学者以独任制改革为例，说明2021年《民事诉讼法》修改突出的是提升诉讼效率，但以节约审判资源为出发点难免会带来负面作用，张卫平：《审判资源程序配置的综合判断——以民事诉讼程序为中心的分析》，载《清华法学》2022年第1期；也有学者从民事诉讼第一审程序配置的角度，认为2021年《民事诉讼法》修改中立法者所期待的推动在更高层次上实现公正与效率的统一的目标可能难以实现，占善刚：《科学配置民事诉讼第一审程序的逻辑起点》，载《法学评论》2022年第2期；还有学者基于"案多人少"的法教义学分析，认为2021年《民事诉讼法》修正将接受合议庭审判和上诉权等当事人程序权利与审判效率直接对立起来，任重：《"案多人少"的成因与出路——对本轮民事诉讼法修正之省思》，载《法学评论》2022年第2期。

有关民事诉讼程序繁简分流的规定体现了两种改革思路的相互妥协：在整体上继续坚持效率导向的同时，立法者采纳了“权利派”的若干观点，摒弃了“效率派”过于“激进”的个别主张，即 2021 年《民诉法草案》的部分规定。改革思路上的分歧昭示着，人们对此次民事程序繁简分流改革是否提高诉讼效率、是否会削减当事人诉讼权利等问题尚未达成一致意见。民事诉讼繁简分流改革实证研究课题组展开了实证考察，①在此基础上评述改革对效率和权利的影响，验证上述争议，并进一步探讨未来民事诉讼程序的改革方向。

一、繁简分流改革提高了效率吗？

以效率为主要导向的繁简分流改革是否及如何提高效率，是此次改革的出发点，课题组认为，改革论及的“效率”应主要从时间成本角度进行考量，节约人力资源成本也是其目的之一。然而，改革的实践效果需要实证研究来重点考察。② 对此，课题组实证研究发现：改革在一些方面有限提高了效率，但整体上效率提升并不显著。

（一）一些改革领域的效率有一定的提升

1. 电子诉讼规则的健全明显提高了诉讼效率

电子诉讼有助于司法效率的提高已然成为理论界与实务界的共识。③ 实证研究表明，以 X 市中级人民法院与 22 个基层法院为例，繁简分流改革的施行为电子诉讼实践带来了一系列明显变化。首先，在线立案数与在线立案率

---

① 课题组选择了 X 市两级法院作为研究对象，其具体包括 1 个中级人民法院，22 个基层人民法院。X 市是西部某人口大省 W 省的省会城市，人口超过 2100 万。根据 X 市中级人民法院发布的工作报告，全市两级法院在 2020 年共审结 237，958 件民商事案件，2021 年该数据已经攀升到 316，315 件，属于“案多人少”的区域。X 市两级法院为此次民事诉讼程序繁简分流改革的试点法院，积极参加了此次改革，选取其作为研究对象具有一定的代表性和研究价值。

② 司法实务部门对此次改革的效果评述均肯定了其在提升司法效率方面的积极作用，却鲜有论证司法效率在何种程度上得以提高，以及该提高呈现出的特征，相关报道参见秦鹏博：《分渠治水：繁简分流开创全面依法治国新局面》，载《法治日报》2021 年 3 月 28 日，第 7 版；寇昉：《北京市高级人民法院工作报告》，载《北京日报》2022 年 1 月 20 日，第 3 版；闫继勇、祁云奎、袁鄰：《济南：繁简分流改革硕果累累》，载《人民法院报》2022 年 1 月 24 日，第 6 版。

③ 持此论点的学者如段厚省：《远程审判的双重张力》，载《东方法学》2019 年第 4 期；曹建军：《民事诉讼电子化的目标与路线》，载《法治研究》2022 年第 3 期；左卫民：《后疫情时代的在线诉讼：路在何方》，载《现代法学》2021 年第 6 期。最高人民法院发布的信息亦肯定了电子诉讼在节约司法成本上的作用。参见最高人民法院：《建设智慧法院　促进绿色发展　成效分析报告》，载最高人民法院网站 2021 年 8 月 24 日，https://www.court.gov.cn/zixun-xiangqing-318821.html。

逐年攀升,如图 6-1 所示,2020 年与 2021 年在线立案数分别突破了 10 万件与 20 万件,在线立案率同比增长幅度均超过了 10%。其次,改革过程中,在线庭审案件数与在线庭审适用率增速显著,在线庭审案件数更是在 2021 年突破万件大关(详见图 6-2)。最后,电子送达成效突出。如图 6-3 所示,有效电子送达次数与电子送达成功率都呈现持续增长态势。尽管课题组没有获取 X 市两级法院司法资源减省与诉讼时长缩短的具体数据,但从最高人民法院 2020 年发布的《建设智慧法院　促进绿色发展　成效分析报告》可以推知,以上变化无疑意味着诉讼时长的进一步缩短及司法资源的进一步减省。

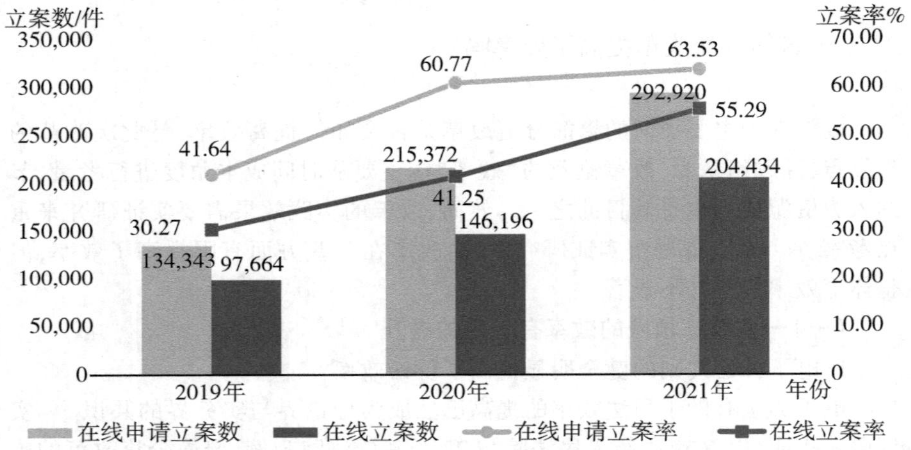

图 6-1　X 市两级法院 2019~2021 年在线申请立案与在线立案数量及相应比率

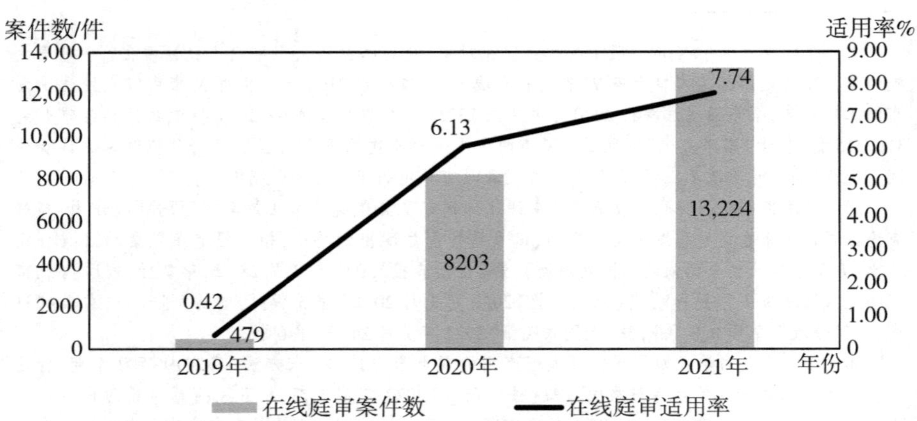

图 6-2　X 市两级法院 2019~2021 年在线庭审案件数及适用率

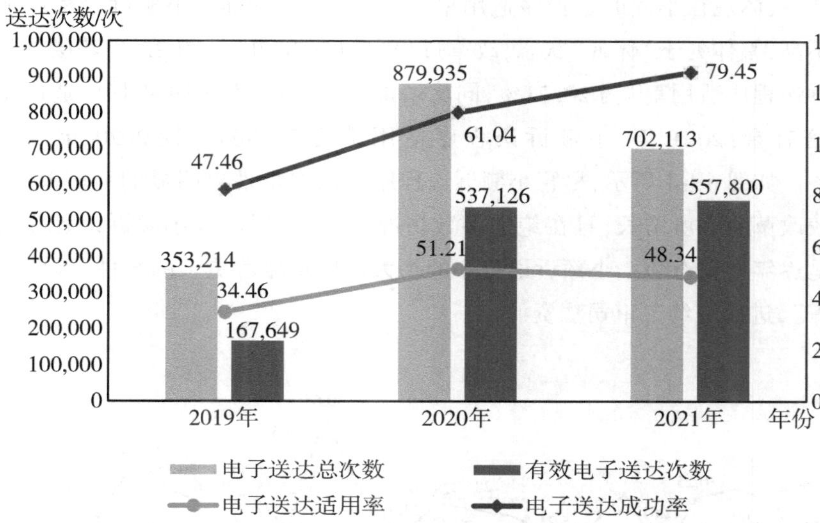

图 6-3 X 市两级法院 2019~2021 年电子送达总次数、适用率、有效电子送达次数及电子送达成功率

在其他地区法院的报道中能看到同样良好的电子诉讼发展趋势。[①] 此外,新冠疫情期间,电子诉讼具有的独特安全优势能够节约防疫成本,减省更多司法资源,因而得到了部分诉讼参与主体的肯定。[②] 可见,此次繁简分流改革在健全电子诉讼规则的同时,亦推动了电子诉讼在实务层面的进一步繁荣,明显提高了司法效率。

2. 小额诉讼程序的完善一定程度上提高了效率

小额诉讼程序是此轮改革的重点领域。通过实证数据可以发现,改革在一定程度上提高了司法效率。

---

① 相关报道参见金银墙:《福建省高级人民法院工作报告——2022 年 1 月 23 日在福建省第十三届人民代表大会第六次会议上》,载《福建日报》2022 年 2 月 15 日,第 6 版;姜东良:《构建一站式多元解纷和诉讼服务体系——访山东省高级人民法院院长张甲天代表》,载《法治日报》2022 年 3 月 6 日,第 5 版;刘晓云:《上海市高级人民法院工作报告——2022 年 1 月 21 日在上海市第十五届人民代表大会第六次会议上》,载《解放日报》2022 年 1 月 27 日,第 11 版;张应杰:《深圳市中级人民法院工作报告——2022 年 4 月 12 日在深圳市第七届人民代表大会第二次会议上》,载《深圳特区报》2022 年 5 月 2 日,A02 版;袁超一等:《我省法院网上立案成功数两年翻 12 倍》,载《湖北日报》2022 年 3 月 8 日,第 7 版;李占国:《浙江省高级人民法院工作报告——2022 年 1 月 19 日在浙江省第十三届人民代表大会第六次会议上》,载《浙江日报》2022 年 1 月 26 日,第 7 版。

② 参见左卫民:《中国在线诉讼:实证研究与发展展望》,载《比较法研究》2020 年第 4 期。

其一,体现在小额诉讼程序适用率显著提高。改革前,小额诉讼程序适用率不高,整体处于"休眠"状态,改革过程中的2020年,X市22个基层法院小额诉讼程序适用率[①]为20.71%,同比增加14.43%,是2019年程序适用率的3倍有余;2021年,小额诉讼程序适用率为26.90%,较2020年增长6.19%。如图6-4所示,尽管小额诉讼程序适用率呈现出明显的地区差异,但均较改革前有所增长,且在绝大多数情况下,各基层法院小额诉讼程序适用率呈逐年增长态势。小额诉讼程序的扩大适用意味着更多的案件可以"一审终审",进而节约二审司法资源。

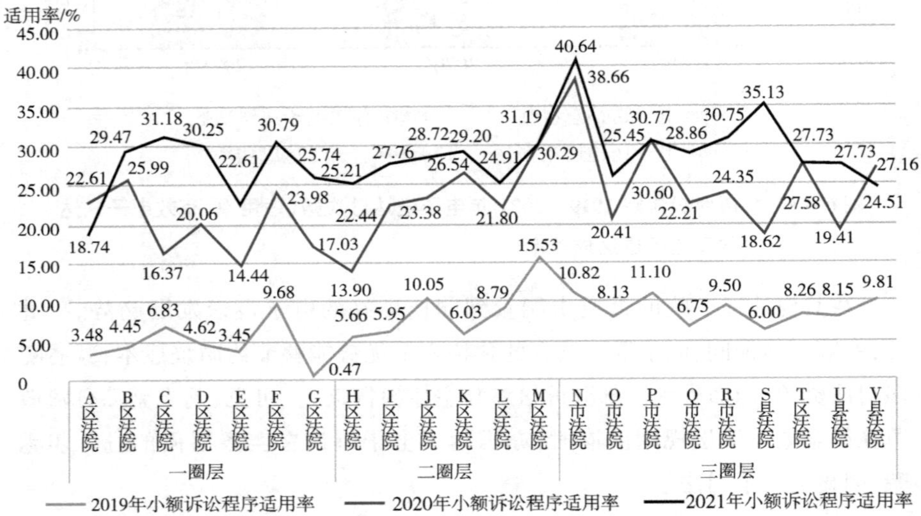

图6-4 2019~2021年X市各基层法院小额诉讼程序适用率

其二,改革也缩短了小额诉讼程序本身的审理期限。数据显示,改革前小额诉讼程序与简易程序相比效率优势并不突出,试点改革中,得益于X市两级法院在调查、辩论一体化、简式文书推广适用、[②]录音录像代替庭审笔录等方面的努力,X市基层法院2020年小额诉讼程序案件平均审理期限缩短

① 关于小额诉讼程序适用率,此处采用了X市实务部门的计算方法,即X市基层法院小额诉讼程序适用率=X市基层法院小额诉讼程序审结案件数÷X市两级法院民商事一审案件审结数×100%;各基层法院小额诉讼程序适用率=基层法院小额诉讼程序审结案件数÷该院民商事一审案件审结数×100%。简易程序适用率以此类推。

② 2019~2021年,X市基层法院小额诉讼案件简式文书适用率呈现出逐年增加的趋势,依次为20.96%、48.01%与61.74%。

至29.31天，2021年为30.97天，较改革前的2019年的35.11天审理周期明显减少。其他地区改革过程中的小额诉讼程序案件平均审理期限亦较改革前有所缩短。[①] 整体而言，此次繁简分流改革在缩减小额诉讼程序平均审理期限方面卓有成效，节约了不少时间成本，且这种成效持续到了2021年《民事诉讼法》修正后的2022年。[②]

（二）若干改革没有显示出明显的效率提升效果

1.简易程序规则的完善未明显提高效率

尽管《民诉分流实施办法》发布之前便有相关文件提及简易程序简化事宜，[③]但均不及《民诉分流实施办法》这般充实细化。从实证调研结果来看，此次简易程序改革并未完全实现司法效率提高的预期目标。

首先，简易程序的适用范围未能得到有效拓展。尽管改革令公告送达案件适用简易程序审理的数量与比例均显著增加，但无法促使简易程序适用率达至理想目标（详见图6－5）。当然，简易程序适用率的下降可能受多重因素影响，如小额诉讼程序的大力推行，但我们仍然可以从改革数据中判知，"争议不大"要求的去除，以及公告送达案件的推广适用尚且无法进一步提升甚至维持简易程序改革之前的适用水平。值得注意的是，2021年《民事诉讼法》及2022年《民诉法解释》均未延续《民诉分流实施办法》中拓展简易程序适用范围的相关举措。在改革结束的情况下，部分基层法院的简易程序适用率甚至较改革过程中有所提升。例如，在X市B区法院，[④]该院2022年第一季度共审结2679件简易程序案件，较2021年第一季度增加703件；简易程序适用率为73.72%，同比增加16.63个百分点。这一现象间接说明，改革举措无法有效提升简易程序适用率，遑论提升效率。

---

① 参见姚志坚、柯胥宁：《知识产权民事诉讼程序繁简分流改革的实践检视及完善路径——以南京法院知识产权审判实践为样本》，载《人民司法》2021年第19期。

② 例如，X市B区法院2022年一季度审结的小额诉讼案件平均审理期限为24.53天，同比缩短了5.71天。

③ 参见2003年发布的《简易程序若干规定》、2015年《民诉法解释》等。

④ 此处及下文选择B区法院作为典型进行分析的原因在于：第一，B区人口已然超过125万。据统计，改革中的2020年与2021年，B区法院分别审结了14,168件与22,942件民商事案件，属于"案多人少"的基层法院，对于研究、解决"案多人少"问题具有较强的价值。第二，课题组需要收集、分析2021年《民事诉讼法》实施后的案件情况，而对于X市其他基层法院2022年的数据，课题组尚未充分收集和分析。

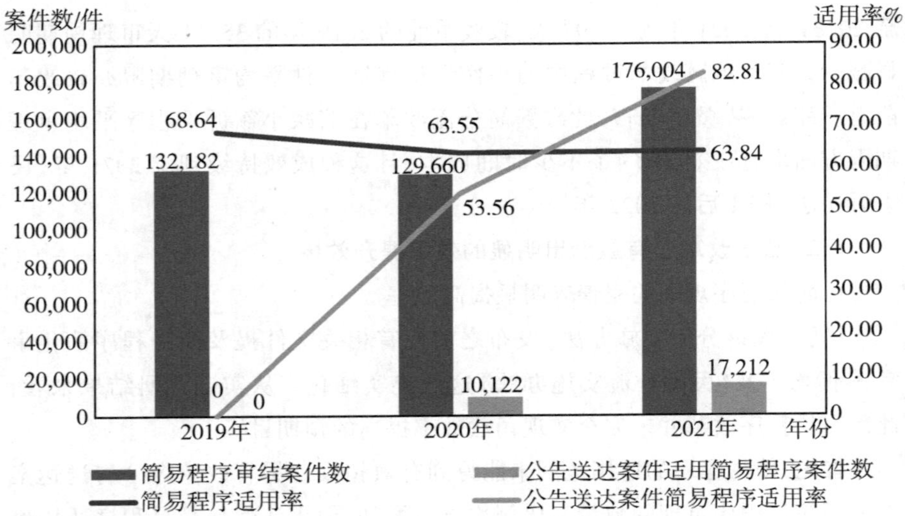

图 6-5　2019～2021 年 X 市基层法院简易程序案件数、适用率、公告送达案件适用简易程序案件数、适用率

其次，改革过程中简易程序案件审判质效变化情况表明简易程序提升司法效率的作用有限。一方面，改革过程中简易程序平均审理期限呈增加态势。2019～2021 年，即便简易程序案件适用简式文书的案件数量及简式文书适用率均呈逐年增加样态，①但各项改革举措并未带来简易程序案件平均审理期限的缩短。2019 年，X 市基层法院简易程序案件的平均审理期限为 46.89 天，改革进行中的 2020 年，该期限增加至 52.44 天，2021 年继续保持增长趋势，增加到 54.36 天。② 这一增加态势延续到改革结束后的 2022 年。例

① 2019～2021 年，X 市基层法院简易程序案件每年适用简式文书的案件数量分别为 5742 件、24,160 件、71,719 件；简式文书适用率依次为 4.34%、18.63% 与 40.75%。

② 如第三章所述，究其原因：其一，《民诉分流实施办法》第 13 条第 1 项规定的“当事人身份核实”、“权利义务告知”和“庭审纪律宣示”的简化空间较小，实践中对诉讼效率提升的效果相对有限。一方面，这 3 个程序性事宜并非在所有案件中均得以全部简化。另一方面，3 个程序性事宜合计用时本就较短，即便在庭审中同时存在，往往也共计花费 2～3 分钟，省略上述环节能够为庭审节约的时间并不多。其二，《民诉分流实施办法》第 13 条第 2 项规定的“无争议事实和证据”经庭前会议笔录记载的，可以不再举证、质证的简化情况在实践中较少出现，未能有效助益诉讼效率提升。其三，尽管司法实践中探索了《民诉分流实施办法》第 13 条第 3 项规定的“庭审可以直接围绕诉讼请求或者案件要素进行”，但这种探索并非严格意义上的以“要素”为前提的审判，并未对原有民事简易审判基本格局形成冲击。其四，限制审理期限延长规则未得到有效落实，这亦是影响简易程序改革诉讼效率效果不彰的一大重要原因。其五，小额诉讼程序的扩大适用也可能会使简易程序改革过程中的平均审理期限延长。

如，在X市B区法院，2022年一季度审结的简易程序案件平均审理期限为44.67天，同比增加1.18天。另一方面，简易程序案件上诉率、二审改发率及再审改发率均未展现出积极变化。尽管2020年的简易程序案件上诉率同比下降了1.52%，但2021年的简易程序案件上诉率却增至12.44%，反较改革前的2019年增加了0.42%。2020年与2021年的二审改发率也都高于改革前的2019年。① 仅有简易程序案件的再审改发率在改革前后均保持相对稳定的状态②（详见图6-6）。上诉案件、二审改发案件的增加意味着更多司法资源的消耗，这无疑与改革初衷背道而驰，同时也印证了现阶段的简易程序难以继续作为诉讼效率提升的"代名词"。③

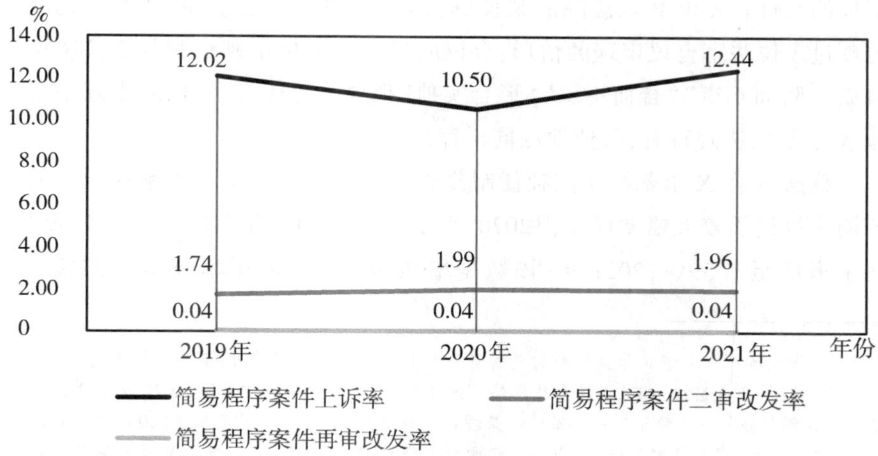

图6-6　2019～2021年X市基层法院简易程序案件上诉率、二审改发率与再审改发率

① 2019～2021年，X市基层法院简易程序案件二审改发数分别为2297件、2583件与3454件，二审改发率分别为1.74%、1.99%与1.96%，尽管改革前后二审改发率间的差值并不算大，但二审改发数却在逐年增加，致使二审改发率并未呈现出较为积极的变化。

② 2019～2021年，简易程序案件提起再审数分别为407件、352件与621件，再审改发数依次为49件、42件与58件，其所对应的再审改发率均为0.04%。从效率层面来看，纵然改革前后的再审改发率保持一致，但改革后再审改发的案件数量并未明显减少，2021年的再审改发数甚至较改革前的2019年多出9件。整体而言，改革后的再审改发率未呈现出积极变化。

③ 参见左卫民、靳栋：《民事简易程序改革实证研究》，载《中国法律评论》2022年第2期。

2. 独任制的扩大适用仅小幅度提高了效率

一些学者认为独任制适用范围的扩大有利于提高诉讼效率。[①] 2021年《民事诉讼法》也基本接受了《民诉分流实施办法》拓展独任制适用范围的规定。实证研究表明，独任制仅在小范围内提高了诉讼效率。就基层法院而言，普通程序案件独任制改革并未明显节约法官的时间资源，也未能有效提高办案速度，但节约了一定的金钱成本与书记员的时间成本。具体而言，基层法院普通程序案件数量较少，独任制改革可发挥的空间有限。[②] 经课题组访谈得知，在改革前的2019年，X市基层法院普通程序案件合议效果不佳，原因在于：在"案多人少"矛盾尤为突出的基层法院，罕有3位法官同框合议审理的案件。X市B区法院的某位庭长直言，囿于人手不够，其所在庭从未出现过3位法官合议审理的情形，合议庭通常由1位审判法官与2位陪审员组成，"陪而不审""合而不议""形合实独"现象早已屡见不鲜，且上述情形并非X市基层法院特有，其他地区同样存在。[③]

数据显示，X市基层法院独任制普通程序案件数量及适用率在两年的改革期中得到了较大幅度提升，[④]2020年，独任制普通程序案件量增至4509件，适用率增至2.59%；2021年，该数据增至9696件，适用率升至3.77%。从

---

① 理论界不少学者认为独任制的适用有助于化解"案多人少"矛盾，参见潘剑锋：《"基本"与"其他"：对〈民事诉讼法〉相关制度和程序修订的体系化思考》，载《法学评论》2022年第2期；张雪纯：《合议制与独任制优势比较——基于决策理论的分析》，载《法制与社会发展》2009年第6期；张卫平：《"案多人少"问题的非讼应对》，载《江西社会科学》2022年第1期；蔡彦敏：《断裂与修正：我国民事审判组织之嬗变》，载《政法论坛》2014年第2期；胡学军：《系统论视角下"案多人少"的应对之道》，载《法治研究》2022年第3期。

② 以X市基层法院为例，改革中的2020年与2021年，普通程序案件数量分别为22,646件、15,156件，占基层法院民商事一审案件审结数的比重依次为11.64%、5.71%，其中适用独任制审结的案件数量分别为4509件与9696件，占普通程序案件总数的比重分别为19.91%与63.97%。概言之，普通程序案件数量本身较少，其中适用独任制审结的案件数量占比却在逐年增加，且达到了较高的比例。

③ 详细参见陈莉：《"形合实独"的实践困局与制度转型——以基层法院的民事诉讼程序为对象》，载《南京大学法律评论》2019年第1期；孔才池：《制度如何生成：独任制扩大适用的实现路径与保障维度——基于S基层法院近三年的案件研究展开》，载《法律适用》2020年第22期。

④ 此部分仅重点分析基层法院普通程序案件适用独任制的情况，原因在于依据立法规定，小额诉讼程序与简易程序应独任审理，故基层法院一审独任制案件数量及适用率增加较为显著。这在数据中也得以印证：2019年，X市基层法院一审独任制案件数为143,487件，适用率为74.52%；改革过程中的2020年，案件数为173,913件，适用率为85.25%；2021年，案件数增加至256,942件，适用率高达93.20%（X市基层法院一审独任制适用率＝X市基层法院独任制审结一审案件数÷X市两级法院民商事一审案件审结数×100%）。

“形合实独”到“形独实独”，尽管在实际层面上独任制改革似乎未能有效节约基层法院可用的审判人力资源，但通过节约选任陪审员的开销，减省书记员耗费在合议庭笔录记录、陪审员通知等工作上的成本，理论上办案速度可能有所提升，但从改革前后普通程序案件平均审理期限的变化情况来看，此项改革并未持续加快审判进程。① 概言之，基层法院独任制改革能够节约一定司法资源，却无法明显助益审判效率的提升。

就二审法院而言，通过独任制改革可小幅度提高二审法院诉讼效率，但以此大幅提升效率恐不现实。首先，二审案件由合议庭开庭审理并非主流，独任制改革仅可节约少部分法官办案时间。改革之前，为化解人案矛盾，不开庭成为二审案件主要的审理方式。例如，在 X 市中级人民法院，2019 年不开庭审理的案件数量占到了二审案件总数的 85.66%。接受课题组访谈的法官表示，在不开庭的情况下，主审法官往往通过个人调查或者在法官助理协助下完成案件审理，与独任审理似乎没有太大差别。为探知改革效果，课题组以 X 市中级人民法院提供的包含开庭情况的 2020 年随案统计表为分析对象，数据显示，2864 件独任审理的二审案件中，开庭审理的案件数量为 775 件，占比 27.06%；未开庭审理的有 2089 件，占比 72.94%。由此可知，独任制审结的二审案件当中，存在一定比例的案件开庭审理，说明改革可以节约部分非主审法官的办案时间。其次，二审独任制的适用可节约书记员的时间成本。2020 年，X 市中级人民法院独任制审结二审数从改革前的 0 件上升为 4699 件，二审独任制适用率为 23.05%；2021 年，X 市中级人民法院独任制审结二审数为 8993 件，二审独任制适用率达 38.16%。独任制审结二审数及二审独任制适用率的逐年增加意味着减省书记员耗费在合议庭笔录记录等工作上的时间。

换言之，独任制的适用的确解放了部分合议庭中的法官，也减轻了书记员的工作量。但这种司法资源的节约很大程度上依赖案件的开庭审理，而 2021 年《民事诉讼法》设定了二审独任制的适用须经当事人双方同意的条件，且摒弃了《民诉分流实施办法》中不开庭审理条件的列举式规定，恐为提高司法效率效用的发挥增加一重阻碍。总的来说，只有在二审合议庭开庭审

① 以 X 市 B 区法院为例，2019～2021 年，该院普通程序案件的平均审理期限分别为 113.78 天、115.28 天、113.11 天。

理持续存在的情况下,独任制改革才具有更深刻的价值。

3. 司法确认的诉讼效率功能有限

尽管学界对此次司法确认程序改革仍存争议,但基本认可了其在减省诉讼成本方面的功效。[①] 实证研究表明,司法确认程序确在提高司法效率方面起到了积极作用,但这种作用相对有限。

一方面,随着改革推进,司法确认申请数及法院裁定确认调解协议有效数均呈递增态势,调解协议确认有效率亦逐年增长,这表明改革过程中的部分纠纷有望通过司法确认程序止于诉前。[②] 调解协议自动履行率较高也从侧面证实了司法确认程序的诉前解纷功效。[③] 另一方面,改革过程中法院裁定确认调解协议有效的案件数占诉前调解案件数的比重持续较低,甚至较改革前有所下降,这表明司法确认诉前分流作用仍然有限,其优化改革举措并未明显助益诉讼效率的提升。以X市B区法院为例:2019~2021年,B区法院裁定确认调解协议有效的案件数分别为392件、404件与715件,虽呈逐年增加样态,但其占诉前调解案件数的比重并非如此。改革前的2019年,法院裁定确认调解协议有效的案件数占诉前调解案件数的比重为3.87%;2020年,这一比重为4.45%,虽同比有所增加,但增量仅有0.58%;2021年,这一比重降至3.35%,较2019年减少了0.52%。

简而言之,改革使司法确认案件数量不断增加,但要想凭借司法确认程序实现较大幅度的诉前分流目标,可谓任重而道远。

二、改革中的当事人权利:受到严重妨害了吗?

立法者有意通过此次改革更好地实现公正与效率的统一,然而,法学界

---

① 参见刘敏:《论优化司法确认程序》,载《当代法学》2021年第4期;潘剑锋:《"基本"与"其他":对〈民事诉讼法〉相关制度和程序修订的体系化思考》,载《法学评论》2022年第2期;胡学军、孙亮:《系统论视角下调解协议司法确认的内在机理与制度优化》,载《江西社会科学》2021年第10期。

② 以X市两级法院为例,2019~2021年,X市两级法院司法确认申请数分别为3696件、8652件与11,401件;裁定确认调解协议有效数依次为3483件、8412件与11,186件;司法确认有效率分别为94.24%、97.23%与98.11%。

③ 在X市两级法院,2019~2021年,当事人自动履行调解协议的案件数量占比分别为84.27%、86.73%与83.17%。尽管2021年调解协议自动履行率较前两年均有所降低,但在法院确认调解协议有效的案件数量逐年大幅增加的背景之下,这一比例仍处较高水平。

普遍认为以小额诉讼程序和独任制改革的扩大适用为代表的改革举措过于追求效率,妨害了当事人的诉讼权利,且这一呼声在2021年《民诉法草案》出台后尤为强烈。[①] 那么,改革是否真的削减了当事人的权利?结合实证调研,课题组认为,一方面,改革仅在某些方面削减了当事人的程序性权利,如小额诉讼程序的扩大适用剥夺了小额诉讼案件当事人二审上诉的权利、独任制的扩大适用降低了当事人寻求合议审判的可能。另一方面,改革并未明显妨害程序权利,甚至某些方面有利于程序权利实现。例如,电子诉讼可促使当事人便利、高效地行使权利,其不仅没有削减当事人的权利,还以效率化的方式有力保障了当事人的权利。换言之,效率化改革不一定与权利妨害相挂钩,也并非与权利保障背道而驰。鉴于司法确认程序属于诉前调解的附加程序,无关诉权削减与否,更谈不上对诉权的妨害,下文遂结合电子诉讼、小额诉讼程序、独任制及简易程序改革4个方面的实践情况论证以上观点。

(一)电子诉讼改革未减损当事人权利,反而促进了当事人权利的发展

以北京、广州和杭州3个互联网法院为例,据悉,截至2020年12月31日,互联网案件庭审平均时长为28分钟,较传统线下审理方式节省了约75%的时间;案件平均审理期限约为61天,较传统线下审理方式节省了约20%的时间,且一审服判息诉率为96%,审判效果并未受到影响。[②] 在X市两级法院,课题组访谈发现,尽管受访法官对电子诉讼效果的评价褒贬不一,但未有受访者认为在线诉讼削减了当事人的诉讼权利。偏好传统线下诉讼模式的法官对在线诉讼的顾虑,一是在线诉讼难以彰显法庭的秩序与仪式

---

① 参见《研讨会综述丨第二届中国民事诉讼法学研究会浦江民诉沙龙——长三角地区民事诉讼法学者关于民事诉讼法修改的专题研讨》,载微信公众号"复旦大学司法与诉讼制度研究中心"2021年11月8日,https://mp.weixin.qq.com/s/uspymiOLqQJqLwQ0bOc_yQ;《会议综述丨民事诉讼法修改理论研讨会》,载微信公众号"民事程序法研究"2021年11月9日,https://mp.weixin.qq.com/s/dDSQ6LfhldGtDG_6FpgwpQ;张卫平:《"案多人少"困境的程序应对之策》,载《法治研究》2022年第3期;任重:《"案多人少"的成因与出路——对本轮民事诉讼法修正之省思》,载《法学评论》2022年第2期;胡学军:《系统论视角下"案多人少"的应对之道》,载《法治研究》2022年第3期;纪格非:《民事程序类型化的基础与逻辑》,载《社会科学辑刊》2022年第3期;郝振江:《民事审判中的非讼事件诉讼化现象及克服》,载《法学评论》2022年第2期。

② 参见《中国法院的互联网司法》,载微信公众号"最高人民法院"2021年3月11日,https://mp.weixin.qq.com/s/xGwom6_oCmfuVRY1I_0Hug。

感;二是在线诉讼难以充分保障法庭调查的实质效果。然而,这些问题基本上可以通过确立和阐释与在线诉讼相适应的审判机理,以及发展技术来化解。[①] 总的来说,电子诉讼制度改革不仅没有妨害权利,反而带来了良好的审判效果。

(二)小额诉讼程序改革未折损实质公正,也未严重妨害程序权利

学界在论及此次改革时,质疑声主要集中于小额诉讼程序的扩大适用会损害当事人诉讼权益。[②] 但实证研究表明,小额诉讼程序改革并未对案件实质公正带来明显负面影响,一方面,改革前后小额诉讼案件的再审改发率并未出现明显变化。数据显示,X 市基层法院 2019 年审结的 12,092 件小额诉讼案件中,提起再审的案件数为 9 件,再审改发数为 1 件,再审改发率为 0.01%;而在 2020 年审结的 42,245 件小额诉讼案件中,无一起小额诉讼案件经再审改发,虽有 65 件提起再审,但均不涉及对程序适用的异议;2021 年审结的 74,157 件小额诉讼案件中,有 407 件提起再审,但仅有 9 件经再审改发。这在某种程度上说明小额诉讼案件的质效并未因其适用率的上升而降低。另一方面,虽然约定适用小额诉讼程序的案件数量较法定适用小额诉讼程序的案件数量要少得多,但也呈现出逐年增加的态势。如图 6-7 所示,以 X 市 21 个基层法院 2019~2021 年约定适用小额诉讼程序的案件数量为例,[③]除 D 区、H 区、K 区与 S 县法院以外,17 个基层法院在改革过程中约定适用小额诉讼程序的案件数量均较改革前有所增加。在这 17 个基层法院当中,近半数法院在 2020 年突破了改革前的“0 约定适用”;7 个法院约定适用小额诉讼程序的案件数量呈现出逐年增长趋势,6 个法院约定适用的案件数量在 2020 年与 2021 年均超过了 100 件。若非小额诉讼程序有其可取之处,约定适用的数量难以呈现出明显的增长趋势。

① 参见左卫民:《中国在线诉讼:实证研究与发展展望》,载《比较法研究》2020 年第 4 期。

② 参见潘剑锋:《“基本”与“其他”:对〈民事诉讼法〉相关制度和程序修订的体系化思考》,载《法学评论》2022 年第 2 期;胡学军:《系统论视角下“案多人少”的应对之道》,载《法治研究》2022 年第 3 期;张卫平:《“案多人少”困境的程序应对之策》,载《法治研究》2022 年第 3 期。

③ X 市共有 22 个基层法院,因无法获取 X 市 G 区法院 2021 年法定适用与约定适用小额诉讼程序的案件数量,此处仅分析 X 市 21 个基层法院。

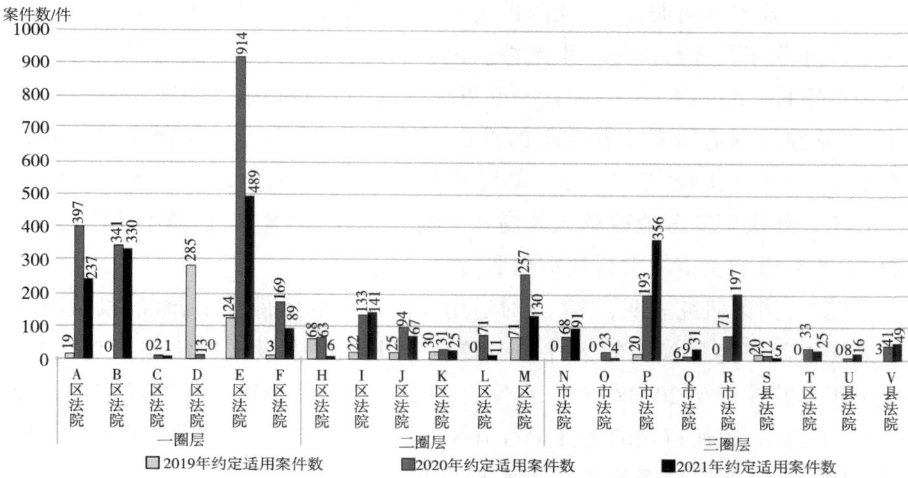

图 6－7　2019～2021 年 X 市 21 个基层法院约定适用小额诉讼程序的案件数量

毋庸置疑，小额诉讼程序的确牺牲了当事人的部分程序性权利，但若过分关注程序维度，可能某种程度上会影响对实体法的关照，忽略了当事人对程序性、实体性权利的自由处分权，以及这种自由处分带来的效率价值。在救济机制能够有效保障当事人基本权利的情况下，小额诉讼程序既能较快实现当事人启动诉讼程序的最终目标，也能促进司法资源的合理利用，无疑有其合理性。而实证数据显示在改革前小额案件（但并未适用小额诉讼程序）中当事人的上诉率要低于平均水平，①可以推知，实行一审终审的小额诉讼程序会影响当事人的上诉权往往并不是一个具有普遍意义的问题。对当事人而言，小额诉讼程序的救济途径包括程序转换机制、申请再审机制等。上文数据已表明，小额诉讼的当事人申请再审数量并不多，且即使再审，改判率也很低。由此，小额诉讼会妨害当事人的程序权利的担忧可能过度了。

（三）扩大独任制适用范围改革并不必然降低审判结果的公正性

独任制改革被一些学者认为严重影响了当事人的公正审判权，因为剥夺了其合议审判的权利。然而，这可能只是一种想象中的权利。

---

① 以 X 市 B 区法院为例，2019 年，不区分立案标的额大小的案件上诉率为 13.38%，若以 B 区法院所在 W 省上年度就业人员年平均工资的 30% 为法定适用小额诉讼程序的标的额上限，该年度小额案件上诉率为 9.21%，若以《民诉分流实施办法》中规定的“五万元”为法定适用小额诉讼程序的标的额上限，该年度小额案件上诉率为 10.05%，两种标准下的小额案件（但未适用小额诉讼程序）的上诉率均低于平均水平。

其一,较改革前而言,独任制扩大适用的范围相对有限,主要集中于部分一审普通程序案件与部分二审案件。正如前文所述,基层法院适用普通程序审理的案件数量本就不多,独任制改革可发挥的空间有限。而在二审案件当中,尽管独任制适用率随着改革的推进不断攀升,但仍未改变合议制的主流地位,并且司法实践"形合实独"都已常态化,形式上的合议绝不等于实质上的公正。此次繁简分流改革无非揭开了绝大多数"形合实独"案件的"形合"面纱,并未影响主审法官行使审判职责。

其二,实证研究表明,当事人对适用独任审理的案件提出异议,以及因当事人异议而转为合议制的案件相对较少。以 X 市中级人民法院为例,2020 年全年其共计审结 20,388 件二审案件,其中 4699 件由审判员独任审理。如表 6－1 所示,独任审理的案件中有 106 件案件的当事人对审判组织提出了异议,其中有 94 起案件系原审第三人提出异议,占比 88.68%。上诉人和被上诉人提出异议的案件数量较少,占比 11.32%。此外,根据课题组的统计,X 市中级人民法院 2020 年由独任制转为合议制的二审案件共 433 件,其中因当事人提出异议而转为合议制的案件数量仅有 6 件,明显低于法院依职权转为合议制的 427 个案件。两项数据侧面反映出,当事人的程序性权利并未因二审独任制案件的增多而受到实质影响。

表 6－1　X 市中级人民法院二审独任制案件当事人对审判组织提出异议统计

单位:件

异议类型	上诉人	被上诉人	原审原告	原审被告	原审第三人
异议成立	3	1	0	0	2
异议不成立	8	0	0	0	92

其三,从决策理论的角度来看,合议制不一定优于独任制。合议制群体作出的判断较庭内水平居中的成员更为准确,但往往不及群体中的优秀个体。实践中法官加陪审员的组合亦会表露出明显的从众心理,不必然带来优于法官独任审判的决策。由此可见,合议制既非提升裁判公正性的唯一选择,也非最优选择。独任制在简单案件的快速解决上具有天然优势,当裁判者足够优秀时,独任制可能更为合适。[①] 结合司法实践看来,审判人员大多具

① 参见张雪纯:《合议制与独任制优势比较——基于决策理论的分析》,载《法制与社会发展》2009 年第 6 期。

备了必要的专业知识背景，并且通过了法律职业资格考试。① 课题组调研发现，X市两级法院的独任法官一般具有两年以上的民事审判工作经验。X市基层法院给予了普通程序独任审判的力量适当倾斜，建立了以独任法官为核心的审判团队，按照“1名法官：1名法官助理：1名书记员”的比例配置审判辅助人员。概言之，独任审判具备了正确决策的基本条件。

其四，从比较法的视角来看，域外国家基本正在经历或者已经完成了独任制的扩大适用。就普通法系国家而言，其在1876年以前几乎不存在法官独任审判的情形；1965年，陪审团合议审判的比例已降至2%；而今，除诽谤案件之外，普通法系国家的法院几乎未使用过陪审团。② 绝大多数一审案件由独任法官或者地方法院法官审理。③ 以英国为例，陪审团参与审结的案件数量占案件总数的比重极小。程序变革主张者大多认为民事审判应由法官单独主持。④ 大陆法系国家也有类似的独任审判扩大趋势。譬如，德国在初级法院和州法院均设立并实行了独任裁判的民事法官制度，这种趋势和欧陆国家的类似情形相符。⑤

其五，从改革效果上来看，独任制案件的审判质量良好。以X市两级法院为例，独任制一审案件上诉率、二审改发率与再审改发率均较改革前有所下降；⑥独任制二审案件改革过程中的再审改发率均为0，某种程度上证明了独任审判结果的科学性。最高人民法院对全国试点法院独任制改革情况的报告亦表明独任制案件的质量指标一定程度上优于合议制案件。⑦ 以上情况昭示着，

---

① 参见左卫民：《“诉讼爆炸”的中国应对：基于W区法院近三十年审判实践的实证分析》，载《中国法学》2018年第4期。

② 参见[英]J. A. 乔罗威茨：《民事诉讼程序研究》，吴泽勇译，中国政法大学出版社2008年版，第305页。

③ 参见[日]小岛武司：《诉讼制度改革的法理与实证》，陈刚等译，法律出版社2002年版，第208页。

④ 参见[英]J. A. 乔罗威茨：《民事诉讼程序研究》，吴泽勇译，中国政法大学出版社2008年版，第23页。

⑤ 参见[德]米夏埃尔·施蒂尔纳：《德国民事诉讼法学文萃》，赵秀举译，中国政法大学出版社2005年版，第635页。

⑥ 改革前的2019年，X市基层法院独任制案件上诉率为10.88%；改革过程中的2020年，独任制案件上诉率为4.65%，同比下降6.23个百分点；2021年，独任制案件上诉率为5.44%，较2019年下降了5.44个百分点。

⑦ 2020年，全国试点法院的独任制一审案件上诉率为6.1%，同比下降了27%；二审改发率为0.6%，同比下降29%；独任制二审案件提起再审率为0.6%。周强：《最高人民法院关于民事诉讼程序繁简分流改革试点情况的中期报告——2021年2月27日在第十三届全国人民代表大会常务委员会第二十六次会议上》，载《人民法院报》2021年3月1日，第1版。

独任制改革妨害司法公正的论断并不成立。需要说明的是,尽管X市基层法院改革过程中独任制普通程序案件每年的再审改发率持续为0,但其2021年的上诉率与二审改发率均较2020年有所增加。[①] 囿于数据上的限制,课题组无法获知同时段内X市基层法院一审合议制案件的上诉与二审改发情况,因此无法对比分析这一现象是否因独任制的扩大适用而引发。但从其他学者对某省法院的调研情况来看,独任制案件上诉率及二审改发率皆低于同一时期的合议制案件,审判质效要优于同期合议制案件。[②] 以深圳基层法院为例,2016~2019年,独任制案件的上诉率、改发率均呈下降态势。与此同时,合议制案件的改发率却是先降后升,指标并不稳定。2018年,合议制案件的改发率更是高于独任制案件。[③] 概言之,独任制的施行并不妨害权利的实现。

(四)简易程序改革未明显削减当事人权利

整体看来,在改革过程中简易程序上诉率、再审率及再审改发率虽然未普遍降低,甚至有所增加,但总体趋于稳定。从全国试点法院2019~2020年简易程序的审理情况来看,改革过程中简易程序的审判质量较改革前有明显改善。[④] 概言之,改革中的简易程序未对当事人权利形成特别妨害。合理设计并恰当适用的简易程序仍然可以通过满足社会多元解纷需求来维护司法正当。[⑤]

三、权利还是效率:前瞻案多人少背景下的民事程序改革方向

基于实证研究,课题组对关于繁简分流改革的争议给出了自己的解读:当事人权利未见明显减少,且效率尽管有所提升,但并不尽如人意。由此可见,实证研究可以有效验证关于改革的理论思考和实践设计,似乎也可以根据实

---

① 2021年,X市基层法院独任制普通程序案件上诉率为12.93%,同比增加了7.76%;二审改发率为2.21%,同比增加了1.66%。

② 参见陈琨:《扩大民事案件独任制适用范围的现实路径——基于B省近3年独任制适用情况的实践考察》,载《法律适用》2019年第15期。

③ 参见广东省深圳市中级人民法院课题组:《扩大独任制适用范围问题研究》,载《人民司法》2021年第16期。

④ 参见周强:《最高人民法院关于民事诉讼程序繁简分流改革试点情况的中期报告——2021年2月27日在第十三届全国人民代表大会常务委员会第二十六次会议上》,载《人民法院报》2021年3月1日,第1版。

⑤ 参见傅郁林:《繁简分流与程序保障》,载《法学研究》2003年第1期。

证研究的情形提出更接地气、更可操作、更有效果的改革内容。当然，对于权利与效率在难以两全时的取舍，可能主要应该由民事司法的使用者、研究者来把握，在此无法断言。在认同权利与效率兼顾的前提下，具体而言，未来的改革应该有如下要点。

（一）继续、适当推进“繁简分流”

“繁简分流”最低限度的含义是将案件依照简单、复杂程度予以分类并归入不同程序进行处理。① 从广义上来说，“繁简分流”意味着法院根据案件类型、标的额大小、繁简程度等标准，将案件分配至不同的程序进行审理，以使案件在合理时间范围内得到公正审判的程序要求。② “繁简分流”顾及效率，也未严重影响公正，是世界多国在紧迫的司法压力下寻求程序保障的共同路径。③ 在我国，北京市海淀区人民法院早在1993年便已阐释了繁简分流的法律依据、可行性及运作程序等内容。④ 21世纪初至今，随着案件数量的急剧增加及案件类型的不断复杂化，繁简分流成为诉讼程序无法逃避的选择。⑤ 最高人民法院陆续发布系列规定推动民商事案件的繁简分流，学者们相继探讨完善繁简分流的目的、概念等基础理论，并就繁简分流机制的构建与完善建言献策。⑥ 从此次改革的实施情况不难看出，“繁简分流”的本质在于“简案快审”。但是，“权利派”的一些主张似乎将诉讼效率与实质公正有所对立，可能忽视了效率亦是公正的应有之义。而任何制度的成立均可能以牺牲一定权利为代价。在司法资源有限且无法充分匹配复杂程序的情况下，制度设计者时常不得不削减部分非根本性的程序性权利，因此一审终审制、独任制的发展亦成为走向。

---

① 参见王亚新：《司法效率与繁简分流》，载《中国审判》2010年第12期。

② 参见潘庆林：《民事案件繁简分流制度的完善——基于对A省基层法院的调研》，载《法学杂志》2019年第9期。

③ 参见傅郁林：《民事司法制度的功能与结构》，北京大学出版社2006年版，第421页。

④ 参见北京市海淀区人民法院：《改革民事审判方式新举措——繁简分流》，载《人民司法》1993年第8期。

⑤ 参见傅郁林：《民事司法制度的功能与结构》，北京大学出版社2006年版，第421页。

⑥ 参见傅郁林：《繁简分流与程序保障》，载《法学研究》2003年第1期；王亚新：《司法效率与繁简分流》，载《中国审判》2010年第12期；胡仕浩、刘树德、罗灿：《〈关于进一步推进案件繁简分流优化司法资源配置的若干意见〉的理解与适用》，载《人民司法（应用）》2016年第28期；张海燕：《法院“案多人少”的应对困境及其出路——以民事案件为中心的分析》，载《山东大学学报（哲学社会科学版）》2018年第2期；潘庆林：《民事案件繁简分流制度的完善——基于对A省基层法院的调研》，载《法学杂志》2019年第9期；饶淑慧、翁晓斌：《民事诉讼“繁简分流”的概念扩张审思》，载《天津师范大学学报（社会科学版）》2022年第4期。

换言之,如何做好“简法”、实现“繁简分流”将继续是未来改革的一个重点。

(二)避免过度追求程序自身简化变革,树立正确纠纷解决观

为了有效回应“案多人少”的司法现状,改革者对于我国民事诉讼领域的简单案件,几乎竭尽了简化策略。但实证研究表明,此轮改革在民事程序简化方面的效果几近峰值,且部分改革举措已然引发争议,当改革效果以加速程序进程为导向时,改革反而不一定能够达到“案结事了”的审判目的。从试点改革实践看来,即便基层法院享有程序简化的权力,可以某种程度上减轻办案负担,但实务中存在的“就繁不就简”现象表明,部分承办法官有时愿意放弃此种权力进而追求程序的相对饱满,确保当事人在庭审程序中感受正义、宣泄情绪。在此意义上,研究者对权利的重视得到了操作者的呼应。整体上,未来的制度设计者需要脱离过度追求程序简化的桎梏,立足中国实际与当事人权利保障来推进改革。

(三)在有限空间内,创新地作“简法”

前述实证研究表明,现有的某些改革效果不彰是因为:为应对“案多人少”困境,且囿于效率与权利的充分保障无法两全,法院作“简法”的空间相对有限。在这种改革空间有限的情形之下,下一步的“简法”似乎可从如下方面着手。

其一,打造创新的电子程序机制,制度设计者可凭互联网司法模式提高诉讼效率。上文显示,电子诉讼改革措施不仅能显著节约司法成本,也会促进当事人诉讼权利发展;以在线诉讼等改革措施的适用为契机,其还可能成为未来提升诉讼效率的有效路径。这一机制无涉程序自身简化事宜,不仅不会削减当事人权利,还有望提高司法效率,因此受到了改革者的青睐。支持电子诉讼改革者或从经济视角出发,主张电子诉讼可以有效降低法院服务成本;或从技术角度出发,认为现有法院体系已然无法融入现代数字社会,急需升级;或从司法质量出发,主张电子诉讼能够更为便捷、优质地化解纠纷;或从道德层面出发,认为电子诉讼能够帮助人们触达司法。① 显然,电子诉讼具有较高的改革热度与广阔的发展前景,改革实践亦表明电子诉讼的确能够以效率化的方式促进当事人权利实现。由此,通过创新诉讼程序展开路径作“简法”的方式值得肯定,并可进一步探索。当然,我们必须认识到电子诉讼的局限性。尽管

① 参见[英]理查德·萨斯坎德:《线上法院与未来司法》,何广越译,北京大学出版社2021年版,第9页。

此次改革也暴露出了电子诉讼实践运行中的问题，如各地电子诉讼发展水平参差不齐，在线平台统一性、兼容性、功能性、稳定性、安全性仍待优化，制度构建尚不完备，电子诉讼推动力阙如等。鉴于此，改革者选择电子诉讼等创新方式促进“简案快审”时，务必认识到此类诉讼模式可能存在的问题，并尽可能地采取有效措施及时化解。

其二，继续简化可简的形式性程序。与创新程序展开方式明显不同的地方在于，这一“简法”是在程序本身上作文章，具体是从形式化的程序内容着手突破，但其简化空间相对有限。因为，改革有意简化的部分可能是仅具形式价值的程序内容，亦可能是权利表达或者必不可少的查明部分。典型如裁判文书简化，文书简化与否往往取决于办案法官的自由裁量，有法官考虑到裁判文书上网及司法公信力的问题，较少适用简式文书，有法官认为通过简化文书提高效率作用不大，过于简化反而不利于说理和表明事实。但如能在技术层面有进一步发展，有的形式性程序仍有一定的简化余地。例如，实践中 X 市绝大多数基层法院无法完全借助庭审录音录像取代庭审笔录。这一现象产生非因庭审录音录像自身存在弊端，而在于当前技术与数据储备条件暂不支持多数法院的录音录像及其电子化管理工作。① 同稳定性与可靠性较强的纸质笔录相比，录音录像尽管有助于简化庭审程序，但因其潜在风险而未成为多数办案人员的主动选择。此外，鉴于电子档案储备问题尚未得到彻底、妥善解决，办案人员即使有意简化笔录制作过程，也会因为技术障碍望而却步。因此，下一步的程序简化应着力突破观念、技术、配套机制问题。

（四）有必要增加审判人力资源投入，同时继续提升人力资源利用率

在案件持续增加，特别是大城市“案多人少”的长期态势下，一个改革思路是从时间成本的节约转向适当增加人力资源的投入，以及提升审判人力资源的利用率的层面。一方面，增加法官数量也是化解人案矛盾的有效措施之一，尽管目前看来，该举措有时可能与当下的法官员额制改革不尽一致，但却是应对当下困境的最直接也是最有效的方式。另一方面，持续将法官从非司法事务中剥离，可以使其将更多的时间和精力投入业务工作中。

---

① 例如，R 市法院系 X 市最早推行庭审录音录像取代庭审笔录的基层法院。尽管如此，鉴于电子档案储备问题尚未得到有效解决，其对小额诉讼案件并非全然适用庭审录音录像，而是推广适用。该院认为，为确保庭审录音录像的真实性、准确性与完整性，以及存储方式的安全性，庭审录音录像应当采用公认的安全的存储方式。如果条件不具备，则应当谨慎适用。

(五)打造"多轨"式解决纠纷的整体图景

从我国的历史传统与现代纠纷解决实践来看,非司法方式是与诉讼并行不悖的重要模式。而从域外经验来看,一些非诉讼的纠纷解决机制也大行其道,诉讼外的纠纷解决与诉讼审判在程序上的相互交织起到良好效果。此次改革及法律修改过程中均对司法确认程序予以扩大适用,为其他主体参与纠纷多元化解决提供了程序保障,对程序分流起到积极效果。未来,改革应持续以"案结事了"为目标导向,将重心转移至如何构建更具实效意义的"多轨"纠纷解决机制,以非司法的纠纷解决机制包括其他国家机关的纠纷解决机制、社会组织的纠纷解决机制等来应对、分流诉讼,为我国民事诉讼制度变革提供更广阔的空间。

参考文献

一、学术著作类

1. [日]棚濑孝雄:《纠纷的解决与审判制度》,王亚新译,中国政法大学出版社 1994 年版。

2. [意]莫诺·卡佩莱蒂编:《福利国家与接近正义》,刘俊祥等译,法律出版社 2000 年版。

3. [美]M. 盖朗塔:《纠纷处理与诉讼外的替代政策——接近正义运动的第三波》,刘俊祥等译,法律出版社 2000 年版。

4. [美]斯蒂芬·B. 戈尔德堡等:《纠纷解决——谈判、调解和其他机制》,蔡彦敏等译,中国政法大学出版社 2004 年版。

5. [日]小岛武司、伊藤真编:《诉讼外纠纷解决法》,丁婕译,中国政法大学出版社 2005 年版。

6. [意]莫诺·卡佩莱蒂:《比较法视野中的司法程序》,徐昕、王奕译,清华大学出版社 2005 年版。

7. [澳]娜嘉·亚历山大主编:《全球调解趋势》(第 2 版),王福华等译,中国法制出版社 2011 年版。

8. [德]米夏埃尔·施蒂尔纳编:《德国民事诉讼法学文萃》,赵秀举译,中国政法大学出版社 2005 年版。

9. [法]洛伊克·卡迪耶:《法国民事司法法》,杨艺宁译,中国政法大学出版社 2010 年版。

10. [美]R. 科斯、A. 阿尔钦、D. 诺斯等:《财产权利与制度变迁——产权学派与新制度学派译文集》,刘守英等译,上海三联书店、上海人民出版社 1994 年版。

11. [日]小岛武司:《诉讼制度改革的法理与实证》,陈刚等译,法律出版社 2002 年版。

12. [匈]雅诺什·科尔奈:《后社会主义转轨的思索》,肖梦译,吉林人民出版社 2011 年版。

13. [英]理查德·萨斯坎德:《线上法院与未来司法》,何广越译,北京大学出版社 2021 年版。

14. [英]J. A. 乔罗威茨:《民事诉讼程序研究》,吴泽勇译,中国政法大学出版社 2008 年版。

15.《德国民事诉讼法》,丁启明译,厦门大学出版社 2016 年版。

16.《意大利民事诉讼法典》,白纶、李一娴译,中国政法大学出版社 2017 年版。

17. 常怡主编:《民事诉讼法学》(第 4 版),中国政法大学出版社 2016 年版。

18. 陈瑞华:《司法体制改革导论》,法律出版社 2018 年版。

19. 陈永革主编:《民事诉讼法法学》,清华大学出版社 2008 年版。

20. 傅郁林:《民事司法制度的功能与结构》,北京大学出版社 2006 年版。

21. 郭松:《试点改革与刑事诉讼制度发展》,法律出版社 2018 年版。

22. 季卫东:《法治秩序的建构》,商务印书馆 2014 年版。

23. 季卫东等:《中国的司法改革:制度变迁的路径依赖与顶层设计》,法律出版社 2016 年版。

24. 江伟、肖建国主编:《民事诉讼法》,中国人民大学出版社 2015 年版。

25. 景汉朝主编:《立案工作指导》,人民法院出版社 2016 年版。

26. 李少平主编:《最高人民法院多元化纠纷解决机制改革意见和特邀调解规定的理解与适用》,人民法院出版社 2017 年版。

27. 刘加良:《司法确认程序的生成与运行》,北京大学出版社 2019 年版。

28. 邱联恭:《程序选择权之法理》,台北,三民书局 1993 版。

29. 邱联恭:《口述民事诉讼法讲义(2015 年笔记版)》,台北,元照出版有限公司 2015 年版。

30. 舒瑶芝:《民事诉讼程序分流研究》,法律出版社 2013 年版。

31. 滕威、刘龙编:《要素式审判法:庭审方式与裁判文书的创新》,人民法院出版社 2016 年版。

32. 王国征等:《调解协议司法确认程序研究》,中国人民大学出版社 2019 年版。

33. 王亚新、陈杭平、刘君博:《中国民事诉讼法重点讲义》,高等教育出版社 2017 年版。

34. 王亚新:《对抗与判定:日本民事诉讼的基本结构》,清华大学出版社 2002 年版。

35. 王亚新:《社会变革中的民事诉讼》(增订版),北京大学出版社 2014 年版。

36. 王亚新等:《法律程序运作的实证分析》,法律出版社 2005 年版。

37. 武文举:《民事诉讼法学原理与实务研究》,中国政法大学出版社 2013 年版。

38. 杨荣馨主编:《民事诉讼原理》,法律出版社 2003 年版。

39. 张卫平:《民事诉讼法》,法律出版社 2016 年版。

40. 郑天翔:《郑天翔司法文存》,人民法院出版社 2012 年版。

41. 最高人民法院民事诉讼法修改起草小组编:《民事诉讼法修改条文对照与适用要点》,法律出版社 2022 年版。

二、期刊论文类

外文期刊

1. Barbara Yngvesson & Patricia Hennessey, *Small Claims, Complex Disputes: A Review of the Small Claims Literature*, 9 Yale Law & Society Review(1975).

2. Elihu Root, *Address of the President*, 2 Yale American Bar Association Journal(1916).

中文期刊

1. [英]布里格斯勋爵、赵蕾:《生产正义方式以及实现正义途径之变革——英国在线法院的设计理念、受理范围以及基本程序》,载《中国应用法学》2017 年第 2 期。

2. 安晨曦:《法院立案程序的电子化构造》,载《海南大学学报(人文社会科学版)》2020 年第 1 期。

3. 安晨曦:《民事诉讼立法预期与运行效果的背离及修正——以〈民事诉讼法〉新制度实施状况为范例的分析》,载《现代法学》2015 年第 6 期。

4. 白昌前:《小额诉讼程序适用的现实困境及应对——以重庆法院为例》,载《西南政法大学学报》2015 年第 1 期。

5. 白建军:《论法律实证分析》,载《中国法学》2000 年第 4 期。

6. 白建军:《少一点"我认为",多一点"我发现"》,载《北京大学学报(哲学社会科学版)》2008 年第 1 期。

7. 白彦、杨兵:《论司法确认程序的性质》,载《北京大学学报(哲学社会科学版)》2015 年第 2 期。

8. 北京市海淀区人民法院:《改革民事审判方式新举措——繁简分流》,载《人民司法》1993 年第 8 期。

9. 蔡立东:《智慧法院建设:实施原则与制度支撑》,载《中国应用法学》2017 年第 2 期。

10. 蔡彦敏:《断裂与修正:我国民事审判组织之嬗变》,载《政法论坛》2014 年第 2 期。

11. 蔡彦敏:《以小见大:我国小额诉讼立法之透析》,载《法律科学(西北政法大学学报)》2013 年第 3 期。

12. 曹建军:《民事诉讼电子化的目标与路线》,载《法治研究》2022 年第 3 期。

13. 曹建军:《在线诉讼规则与民事诉讼法典化》,载《河北法学》2022 年第 8 期。

14. 陈锦波:《论信息技术对传统诉讼的结构性重塑——从电子诉讼的理念、价值和原则切入》,载《法制与社会发展》2018 年第 3 期。

15. 陈琨:《扩大民事案件独任制适用范围的现实路径——基于 B 省近 3 年独任制适用情况的实践考察》,载《法律适用》2019 年第 15 期。

16. 陈莉:《"形合实独"的实践困局与制度转型——以基层法院的民事诉讼程序为对象》,载《南京大学法律评论》2019 年第 1 期。

17. 程金华:《当代中国的法律实证研究》,载《中国法学》2015 年第 6 期。

18. 崔四星、张辅军:《当前民事简易程序存在的问题及其完善》,载《法律适用》2009 年第 9 期。

19. 党振兴:《民事诉讼繁简分流机制现状考察及进路探究——以 M 县人民法院繁简分流及案件分配探索为样本》,载《南海法学》2021 年第 6 期。

20. 邓恒、董朝阳:《民事诉讼电子送达规则改造及其路径》,载《湘潭大学学报(哲学社会科学版)》2022 年第 3 期。

21. 邓恒、杨雪:《线上审判方式中信息与数据安全问题研究》,载《中国应用法学》2021 年第 1 期。

22. 窦玉前:《论小额诉讼的启动》,载《学术交流》2014 年第 12 期。

23. 段厚省:《远程审判的双重张力》,载《东方法学》2019 年第 4 期。

24. 段文波:《民事二审不开庭审理的反思与修正》,载《中国法学》2021 年第 6 期。

25. 樊纲、胡永泰:《"循序渐进"还是"平行推进"?——论体制转轨最优路径的理论与政策》,载《经济研究》2005 年第 1 期。

26. 范愉:《司法资源供求失衡的悖论与对策——以小额诉讼为切入点》,载《法律适用》2011 年第 3 期。

27. 范愉:《诉讼与非诉讼程序衔接的若干问题——以〈民事诉讼法〉的修改为切入点》,载《法律适用》2011 年第 9 期。

28. 范愉:《小额诉讼程序研究》,载《中国社会科学》2001 年第 3 期。

29. 范愉:《以多元化纠纷解决机制保证社会的可持续发展》,载《法律适用》2005 年第 2 期。

30. 方鸿华:《独任制适用限制变化的逻辑与未来走向》,载《司法改革论评》2019 年第 2 期。

31. 方颖:《福利型小额诉讼的渐进式扩张研究——以"溯源分流"为切入点》,载《法律适用》2020 年第 9 期。

32. 傅郁林:《繁简分流与程序保障》,载《法学研究》2003 年第 1 期。

33. 傅郁林:《小额诉讼与程序分类》,载《清华法学》2011 年第 3 期。

34. 傅郁林:《新民事诉讼法中的程序性合意机制》,载《比较法研究》2012 年第 5 期。

35. 高翔:《民事电子诉讼规则构建论》,载《比较法研究》2020 年第 3 期。

36. 龚成、张引千:《独任制改革试点的发展路径与思路探索》,载《法律适用》2021 年第 6 期。

37. 顾培东:《人民法院改革取向的审视与思考》,载《法学研究》2020 年第 1 期。

38. 广东省深圳市中级人民法院课题组:《扩大独任制适用范围问题研究》,载《人民司法》2021 年第 16 期。

39. 郭锋、陈龙业等:《〈最高人民法院关于适用《中华人民共和国民事诉讼法》的解释〉修改内容及其理解与适用》,载《法律适用》2022 年第 5 期。

40. 高司平:《深化民事诉讼程序繁简分流改革试点　推动民事诉讼制度发展完善》,载《人民司法》2021 年第 31 期。

41. 郝振江:《民事审判中的非讼事件诉讼化现象及克服》,载《法学评论》2022 年第 2 期。

42. 和芫、马峰:《小额诉讼与社会环境的关系研究——基于上世纪中叶美国的小额诉讼》,载《时代法学》2019 年第 4 期。

43. 侯怀霞、晏亭:《我国制定统一调解法的必要性分析》,载《山西省政法管理干部学院学报》2020 年第 4 期。

44. 侯学宾:《我国电子诉讼的实践发展与立法应对》,载《当代法学》2016 年第 5 期。

45. 胡昌明:《"司法的剧场化"到"司法的网络化":电子诉讼的冲击与反思》,载《法律适用》2021 年第 5 期。

46. 胡昌明:《破解"送达难"困局:从住址送达到电子送达》,载《中国社会科学院研究生院学报》2021 年第 5 期。

47. 胡辉:《人民调解协议之司法确认程序再探——以程序运行为中心》,载《广西社会科学》2012 年第 5 期。

48. 胡仕浩、刘树德、罗灿:《〈关于进一步推进案件繁简分流优化司法资源配置的若干意见〉的理解与适用》,载《人民司法(应用)》2016 年第 28 期。

49. 胡仕浩、刘树德、罗灿:《全面深入推进符合司法规律的繁简分流改革》,载《人民法治》2016 年第 10 期。

50. 胡仕浩、刘树德:《新时代裁判文书释法说理的制度构建与规范诠释(下)——〈关于加强和规范裁判文书释法说理的指导意见〉的理解与适用》,载《法律适用(司法案例)》2018 年第 18 期。

51. 胡学军、孙亮:《系统论视角下调解协议司法确认的内在机理与制度优化》,载《江西社会科学》2021 年第 10 期。

52. 胡学军:《系统论视角下“案多人少”的应对之道》,载《法治研究》2022 年第 3 期。

53. 黄东标、林娟娟:《小额诉讼程序对案件分流的冷思考——从当事人适用程序视角出发》,载《金陵法律评论》2017 年第 2 期。

54. 黄琨、卢明威:《论农村社会转型时期基层人民法庭小额诉讼的适用》,载《理论与改革》2012 年第 6 期。

55. 黄琨:《民事速裁内涵的把握及其未来展望——兼论民事速裁与小额诉讼、简易程序的关系》,载《人民论坛》2013 年第 17 期。

56. 黄良军:《民事简易程序改革的若干问题探析》,载《山东社会科学》2004 年第 10 期。

57. 黄振东、邱碧媛:《“繁简分流”的深圳探索——以裁判文书和庭审方式改革为重点》,载《人民法治》2016 年第 10 期。

58. 黄振东:《要素式审判:类型化案件审判方式的改革路径和模式选择》,载《法律适用》2020 年第 9 期。

59. 何云、及小同:《二审民商事案件独任审理的适用情形及程序转换研究》,载《法律适用》2021 年第 10 期。

60. 纪格非:《民事程序类型化的基础与逻辑》,载《社会科学辑刊》2022 年第 3 期。

61. 孔才池:《制度如何生成:独任制扩大适用的实现路径与保障维度——基于 S 基层法院近三年的案件研究展开》,载《法律适用》2020 年第 22 期。

62. 李承运:《冲突与融合:民事二审审理方式实践运行与规则预设的检视和改造》,载《现代法学》2014 年第 5 期。

63. 林广海、李剑、许常海:《〈关于第一审知识产权民事、行政案件管辖的若干规定〉的理解与适用》,载《人民司法》2022 年第 16 期。

64. 李峰:《小额诉讼制度完善的进路分析——对民事诉讼法第 162 条的解读》,载《河南师范大学学报(哲学社会科学版)》2013 年第 5 期。

65. 李浩:《繁简分流改革视域下完善小额诉讼程序研究——以 N 市与 S 市试点法院为重点》,载《当代法学》2021 年第 4 期。

66. 李浩:《论小额诉讼立法应当缓行——兼评〈民事诉讼法修正案(草案)第 35 条〉》,载《清华法学》2012 年第 2 期。

67. 李浩:《民事程序选择权:法理分析与制度完善》,载《中国法学》2007年第6期。

68. 李浩:《民事诉讼程序权利的保障:问题与对策》,载《法商研究》2007年第3期。

69. 李浩:《小额诉讼程序救济方式的反思与重构》,载《法学》2021年第12期。

70. 李宏伟:《论我国小额诉讼程序制度的完善》,载《河南财经政法大学学报》2014年第6期。

71. 李晓倩:《论小额诉讼制度适用的优化》,载《江汉论坛》2018年第6期。

72. 李鑫、王世坤:《要素式审判的理论分析与智能化系统研发》,载《武汉科技大学学报(社会科学版)》2020年第3期。

73. 李旭辉、胡小静、谢刚炬:《"多元调解+立案速裁"的紧密型司法ADR模式探索——以北京市22家中基层法院的改革实践为视角》,载《人民司法(应用)》2018年第1期。

74. 廖中洪:《民事司法确认程序若干问题研究》,载《西南政法大学学报》2011年第1期。

75. 廖中洪:《小额诉讼救济机制比较研究——兼评新修改的〈民事诉讼法〉有关小额诉讼一审终审制的规定》,载《现代法学》2012年第5期。

76. 林锐:《简单论证:小额诉讼的裁判说理研究》,载《海峡法学》2018年第4期。

77. 林遥:《民商事类型化案件要素式审判机制研究——以C市法院民事庭审优质化改革情况为样本分析》,载《法律适用》2018年第15期。

78. 刘畅:《人民法院在线诉讼中数据安全风险的反思与防控》,载《山东法官培训学院学报》2022年第3期。

79. 刘冬京:《我国小额诉讼程序适用的案件类型之规范化探讨》,载《法学论坛》2014年第3期。

80. 刘加良:《非诉调解前置主义的反思与走向》,载《政法论丛》2020年第5期。

81. 刘加良:《论人民调解制度的实效化》,载《法商研究》2013年第4期。

82. 刘加良:《司法确认程序的功能诠释》,载《政法论丛》2018年第4期。

83. 刘加良:《司法确认程序的显著优势与未来前景》,载《东方法学》2018年第5期。

84. 刘加良:《小额诉讼程序适用的改进逻辑》,载《法学论坛》2020年第1期。

85. 刘敏:《论非讼法理在小额诉讼程序中的适用》,载《清华法学》2011年第3期。

86. 刘敏:《论我国民事诉讼法修订的基本原理》,载《法律科学(西北政法学院学报)》2006年第4期。

87. 刘敏:《论优化司法确认程序》,载《当代法学》2021年第4期。

88. 刘晓岚、刘健:《我国民事简易程序的缺陷与完善》,载《求索》2007年第4期。

89. 刘秀明、何亮辰:《论民事小额诉讼中的四对关系——以成都市锦江区人民法院为例》,载《辽宁大学学报(哲学社会科学版)》2013年第4期。

90. 刘学在、欧阳俊:《小额诉讼一审终审制之评述》,载《湖北社会科学》2013年第5期。

91. 刘王芳、朱嵘:《调解协议司法确认与执行程序的衔接》,载《法律适用》2013年第11期。

92. 刘峥、何帆、李承运:《正确贯彻实施新民事诉讼法需重点把握的七个问题》,载《人民司法》2022年第10期。

93. 刘仲屹、王保民:《小额诉讼程序及其在我国民事诉讼法修改中的完善》,载《比较法研究》2012年第5期。

94. 龙飞:《论国家治理视角下我国多元化纠纷解决机制建设》,载《法律适用》2015年第7期。

95. 卢桂:《小额诉讼程序实践问题探讨及规则细化》,载《大连海事大学学报(社会科学版)》2018年第1期。

96. 陆俊芳、牛佳雯、熊要先:《我国小额诉讼制度运行的困境与出路——北京市基层法院的审判实践为蓝本》,载《法律适用》2016年第3期。

97. 罗东川:《关于〈民事诉讼法〉修改的若干建议》,载《法律适用》2011年第7期。

98. 马丁:《论司法确认程序的结构性优化》,载《苏州大学学报(法学版)》2021年第4期。

99. 毛立华:《程序类型化理论:简易程序设置的理论根源》,载《法学家》2008 年第 1 期。

100. 绵阳市中级人民法院小额诉讼调研课题组:《小额诉讼的运行现状及其完善——基于绵阳市小额诉讼的调研》,载《西部法学评论》2015 年第 4 期。

101. 潘剑锋、齐华英:《试论小额诉讼制度》,载《法学论坛》2001 年第 1 期。

102. 潘剑锋:《"基本"与"其他":对〈民事诉讼法〉相关制度和程序修订的体系化思考》,载《法学评论》2022 年第 2 期。

103. 潘剑锋:《论建构民事程序权利救济机制的基本原则》,载《中国法学》2015 年第 2 期。

104. 潘剑锋:《论司法确认》,载《中国法学》2011 年第 3 期。

105. 潘剑锋:《民诉法修订背景下对"诉调对接"机制的思考》,载《当代法学》2013 年第 3 期。

106. 潘庆林:《民事案件繁简分流制度的完善——基于对 A 省基层法院的调研》,载《法学杂志》2019 年第 9 期。

107. 庞小菊:《民事审判迅速化的效率原则》,载《西部法学评论》2017 年第 5 期。

108. 庞小菊:《审判周期构成理论引导下的审判迅速化》,载《法商研究》2018 年第 1 期。

109. 彭昕:《远程庭审:实践、困境与完善——基于新冠肺炎疫情期间远程庭审的实证考察》,载《北京警察学院学报》2021 年第 1 期。

110. 朴顺善:《强制适用电子诉讼义务制度研究》,载《西南政法大学学报》2022 年第 2 期。

111. 齐树洁:《构建小额诉讼程序若干问题之探讨》,载《国家检察官学院学报》2012 年第 1 期。

112. 齐树洁:《小额诉讼:从理念到规则》,载《海峡法学》2013 年第 1 期。

113. 钱弘道:《论司法效率》,载《中国法学》2002 年第 4 期。

114. 饶淑慧、翁晓斌:《民事诉讼"繁简分流"的概念扩张审思》,载《天津师范大学学报(社会科学版)》2022 年第 4 期。

115. 任重:《"案多人少"的成因与出路——对本轮民事诉讼法修正之省

思》,载《法学评论》2022 年第 2 期。

116. 任重:《中国式民事程序简化:逻辑与省思》,载《法治研究》2022 年第 3 期。

117. 荣明潇:《二审民事案件适用独任制审理的理性逻辑与进路探索》,载《法律适用》2017 年第 9 期。

118. 沈磊:《民事诉讼程序的简易化与小额诉讼程序的引入》,载《政法论丛》2008 年第 4 期。

119. 石春雷:《小额诉讼程序的分流困境及其破解》,载《北方法学》2021 年第 6 期。

120. 宋保振:《"数字弱势群体"权利及其法治化保障》,载《法律科学(西北政法大学学报)》2020 年第 6 期。

121. 宋朝武:《小额诉讼程序的宪法解释及程序设计》,载《河南社会科学》2011 年第 5 期。

122. 宋明潇:《二审民事案件适用独任制审理的理性逻辑与进路探索》,载《法律适用》2017 年第 9 期。

123. 孙辉筱:《简易程序审理公告送达案件的问题与对策》,载《人民司法》2021 年第 16 期。

124. 唐力、谷佳杰:《小额诉讼的实证分析》,载《国家检察官学院学报》2014 年第 2 期。

125. 唐应茂:《法律实证研究的受众问题》,载《法学》2013 年第 4 期。

126. 滕威:《要素式审判方法之改进及其运用——提升民事庭审与文书制作效率的新思路》,载《人民司法》2019 年第 10 期。

127. 汪静:《台湾地区小额诉讼程序及启示》,载《江西社会科学》2013 年第 9 期。

128. 王德新:《小额诉讼的功能定位与程序保障》,载《江西社会科学》2022 年第 1 期。

129. 王福华:《电子诉讼制度构建的法律基础》,载《法学研究》2016 年第 6 期。

130. 王福华:《民事案件管理制度评析》,载《法学论坛》2008 年第 2 期。

131. 王嘎利:《民事司法确认程序与公证调解制度的耦合》,载《云南大学学报(社会科学版)》2017 年第 6 期。

132. 王刚:《民事裁判文书繁简分流的标准与形式》,载《法律适用》2006年第4期。

133. 王洪用、崔家蔚:《在线庭审:现状、成因与变革》,载《山东科技大学学报(社会科学版)》2022年第3期。

134. 王禄生:《司法大数据应用的法理冲突与价值平衡——从法国司法大数据禁令展开》,载《比较法研究》2020年第2期。

135. 王琦:《小额诉讼程序立法效果评价及前景分析》,载《法学杂志》2017年第12期。

136. 王韶华、李军波:《繁简分流改革背景下的民事诉讼程序设置研究》,载《中国应用法学》2021年第4期。

137. 王松:《民事裁判文书应繁简分流》,载《法律适用》2006年第12期。

138. 王杏飞、宋旺兴:《论民事简易程序的完善》,载《求索》2009年第8期。

139. 王亚明、周琴琴:《繁简分流改革下的小额诉讼程序:适用困境与完善进路》,载《贵州省党校学报》2021年第4期。

140. 王亚新:《民事诉讼法修改中的程序分化》,载《中国法学》2011年第4期。

141. 王亚新:《司法效率与繁简分流》,载《中国审判》2010年第12期。

142. 王亚新:《诉调对接和对调解协议的司法审查》,载《法律适用》2010年第6期。

143. 吴英姿:《民事速裁程序构建原理——兼及民事诉讼繁简分流改革的系统推进》,载《当代法学》2021年第4期。

144. 邬杨:《简案简审的困境反思与优化进路》,载《黑龙江省政法管理干部学院学报》2021年第3期。

145. 夏天宝:《特邀调解的概念厘定与制度完善》,载《镇江高专学报》2020年第4期。

146. 向国慧:《调解协议司法确认程序的完善与发展——结合〈民事诉讼法〉修改的思考》,载《法律适用》2011年第7期。

147. 向明:《论我国民事诉讼的程序转换机制》,载《湖南科技大学学报(社会科学版)》2015年第6期。

148. 肖锋:《小额诉讼程序的价值定位与制度分析》,载《法律适用》2011

年第7期。

149. 肖建国、刘东:《小额诉讼适用案件类型的思考》,载《法律适用》2015年第5期。

150. 肖建国:《在线诉讼的定位与〈民事诉讼法〉的修改》,载《北京航空航天大学学报(社会科学版)》2022年第2期。

151. 肖建华、唐玉富:《小额诉讼制度建构的理性思考》,载《河北法学》2012年第8期。

152. 谢冰斌:《要素式审理法在小额诉讼程序中之适用》,载《广西政法管理干部学院学报》2021年第5期。

153. 谢登科:《论在线诉讼中的程序转化——以〈人民法院在线诉讼规则〉第5条为视角》,载《辽宁师范大学学报(社会科学版)》2022年第4期。

154. 谢登科:《在线诉讼电子化证据的法律效力与规则适用》,载《地方立法研究》2022年第4期。

155. 谢鹏远:《我国地方法院小额诉讼程序设计差异性考察》,载《中国社会科学院研究生院学报》2014年第5期。

156. 徐胜萍:《论民事诉讼简易程序的法理基础》,载《现代法学》2003年第6期。

157. 许尚豪:《小额诉讼:制度与程序——以新修改的我国〈民事诉讼法〉为对象》,载《政治与法律》2013年第10期。

158. 殷雄:《民商事案件繁简分流机制的功能检视与论证——基于法官与当事人角色分配的思考》,载《南通航运职业技术学院学报》2020年第1期。

159. 于涛、刘新星:《小额诉讼程序改革的法理审视与制度完善》,载《云南民族大学学报(哲学社会科学版)》2022年第4期。

160. 杨凯:《诉讼服务与公共法律服务制度协同的构架及路径》,载《南海法学》2022年第3期。

161. 杨焘:《论民事在线诉讼中的当事人程序选择权——以〈人民法院在线诉讼规则〉为视角》,载《北京航空航天大学学报(社会科学版)》2022年第4期。

162. 杨卫国:《论民事简易程序系统之优化》,载《法律科学(西北政法大学学报)》2014年第3期。

163. 杨秀清、谢凡:《普通程序适用独任制的理论阐释》,载《法治研究》2022 年第 4 期。

164. 姚小林:《司法确认的诉调对接试验及其法治完善》,载《法治研究》2010 年第 8 期。

165. 姚志坚、柯胥宁:《知识产权民事诉讼程序繁简分流改革的实践检视及完善路径——以南京法院知识产权审判实践为样本》,载《人民司法》2021 年第 19 期。

166. 占善刚、曹影:《民事诉讼独任制扩张的制度逻辑与中国路径》,载《内蒙古社会科学》2021 年第 5 期。

167. 占善刚、施瑶:《关于小额诉讼制度的实证研究——以岳阳市部分基层法院为调研对象》,载《河南财经政法大学学报》2016 年第 3 期。

168. 占善刚:《科学配置民事诉讼第一审程序的逻辑起点》,载《法学评论》2022 年第 2 期。

169. 占善刚:《人民调解协议司法确认之定性分析》,载《法律科学(西北政法大学学报)》2012 年第 3 期。

170. 张峰:《民事诉讼程序选择权原则之理性思考》,载《华东政法学院学报》2007 年第 1 期。

171. 张海燕、李忠林:《我国民事案件繁简分流机制研究》,载《山东法官培训学院学报》2020 年第 2 期。

172. 张海燕:《法院"案多人少"的应对困境及其出路——以民事案件为中心的分析》,载《山东大学学报(哲学社会科学版)》2018 年第 2 期。

173. 张晋红、赵虎:《民事诉讼独任制适用范围研究》,载《广东社会科学》2004 年第 4 期。

174. 张晋红:《关于独任制与合议制适用范围的立法依据与建议——兼评当事人程序选择权之客体》,载《法学家》2004 年第 3 期。

175. 张靖波:《从优化基层审判组织的视角看独任审判改革》,载《法律适用》2010 年第 Z1 期。

176. 张榕:《完善我国小额诉讼机制的若干思考——兼论民事简易程序的完善》,载《甘肃政法学院学报》2005 年第 3 期。

177. 张素华、王年:《在线诉讼中的数据安全问题及法律规制》,载《科技与法律(中英文)》2022 年第 4 期。

178. 张卫平、曹建军:《深化基础理论研究　促进程序法与实体法衔接——2021 年民事诉讼法学研究综述》,载《人民检察》2022 年第 1 期。

179. 张卫平:《“案多人少”困境的程序应对之策》,载《法治研究》2022 年第 3 期。

180. 张卫平:《论民事诉讼制度的价值追求》,载《法治现代化研究》2021 年第 3 期。

181. 张卫平:《审判资源程序配置的综合判断——以民事诉讼程序为中心的分析》,载《清华法学》2022 年第 1 期。

182. 张卫平:《双向审视:民事诉讼制度建构的实体与程序之维》,载《法制与社会发展》2021 年第 2 期。

183. 张卫平:《我国替代性纠纷解决机制的重构》,载《法律适用》2005 年第 2 期。

184. 张卫平:《在线诉讼:制度构建及法理——以民事诉讼程序为中心的思考》,载《当代法学》2022 年第 3 期。

185. 张卫平、张海燕、王德新:《面向当下与未来的民事诉讼法——关于进一步修改完善民事诉讼法的对话》,载《山东法官培训学院学报》2022 年第 3 期。

186. 张宝山:《简案有质量　繁案出精品——民事诉讼程序繁简分流改革试点中期报告审议侧记》,载《中国人大》2021 年第 8 期。

187. 张兴美:《电子诉讼制度建设的观念基础与适用路径》,载《政法论坛》2019 年第 5 期。

188. 张雪纯:《合议制与独任制优势比较——基于决策理论的分析》,载《法制与社会发展》2009 年第 6 期。

189. 张龑、程财:《从粗放到精细:繁简分流系统化模式之构建》,载《法律适用》2020 年第 9 期。

190. 张永健、程金华:《法律实证研究的方法坐标》,载《中国法律评论》2018 年第 6 期。

191. 章武生:《简易、小额诉讼程序与替代性程序之重塑》,载《法学研究》2000 年第 4 期。

192. 章武生:《民事简易程序改革的若干认识误区之剖析——兼论我国多元化民事简易程序体系的建构》,载《中国法学》2004 年第 6 期。

193. 章武生:《我国民事简易程序的反思与发展进路》,载《现代法学》2012 年第 2 期。

194. 张昂:《论民事普通程序独任制的适用范围——基于民事诉讼程序繁简分流改革实践的分析》,载《周口师范学院学报》2021 年第 6 期。

195. 赵钢:《略论民事诉讼简易程序之结构》,载《法商研究(中南政法学院学报)》1998 年第 1 期。

196. 赵骏:《中国法律实证研究的回归与超越》,载《政法论坛》2013 年第 2 期。

197. 赵倩:《民事案件繁简分流机制的探讨》,载《实事求是》2020 年第 4 期。

198. 赵泽君、邓伟强:《民事诉讼快速解决机制的立法思考》,载《西华大学学报(哲学社会科学版)》2010 年第 4 期。

199. 兆丰:《解决小额钱债纠纷的新尝试》,载《人民司法》1994 年第 10 期。

200. 郑涛:《民事审限之"双高"悖论及其司法化构建》,载《法制与社会发展》2021 年第 5 期。

201. 左卫民、靳栋:《民事简易程序改革实证研究》,载《中国法律评论》2022 年第 2 期。

202. 左卫民、谢鸿飞:《论民事程序选择权》,载《法律科学(西北政法学院学报)》1998 年第 6 期。

203. 左卫民:《"诉讼爆炸"的中国应对:基于 W 区法院近三十年审判实践的实证分析》,载《中国法学》2018 年第 4 期。

204. 左卫民、吴卫军:《"形合实独":中国合议制度的困境与出路》,载《法制与社会发展》2002 年第 2 期。

205. 左卫民:《从通用化走向专门化:反思中国司法人工智能的运用》,载《法学论坛》2020 年第 2 期。

206. 左卫民:《后疫情时代的在线诉讼:路向何方》,载《现代法学》2021 年第 6 期。

207. 左卫民:《时间都去哪儿了——基层法院刑事法官工作时间实证研究》,载《现代法学》2017 年第 5 期。

208. 左卫民:《一场新的范式革命?——解读中国法律实证研究》,载《清华法学》2017 年第 3 期。

209. 左卫民:《中国在线诉讼:实证研究与发展展望》,载《比较法研究》2020 年第 4 期。

210. 周誉东:《四级法院审级职能定位改革试点:打破"诉讼主客场"》,载《中国人大》2021 年第 17 期。

三、学位论文与会议论文

1. 彭昕:《迈向在线正义:中国民事电子诉讼实证研究》,四川大学 2021 年博士论文。

2. 唐俊:《调解制度构建新论》,中国政法大学 2010 年博士学位论文。

3. 江苏省宿迁市中级人民法院课题组:《权利保障抑或效率优先:民事案件繁简分流中的简案识别机制研究》,载贺荣主编:《深化司法改革与行政审判实践研究(上)——全国法院第 28 届学术讨论会获奖论文集》,人民法院出版社 2017 年版。

4. 田娟、叶艳:《悖论与校正:独任制审判范围适度扩张的逻辑基础与实现路径——以 S 市两级法院近三年审判数据为分析样本》,载胡云腾主编:《司法体制综合配套改革与刑事审判问题研究——全国法院第 30 届学术讨论会获奖论文集》(下),人民法院出版社 2019 年版。

5. 谢雯、田娟:《普通程序独任审制度的有效性建构——以功能聚合与互构关系展开》,载刘贵祥主编:《审判体系和审判能力现代化与行政法律适用问题研究——全国法院第 32 届学术讨论会获奖论文集》(上),人民法院出版社 2021 年版。

6. 周利新:《基层人民法院民事案件繁简分流机制研究》,载《第十四届中部崛起法治论坛论文集》(下)。

四、报纸类

1. 何啸:《特邀调解制度的逻辑基础与实现路径》,载《人民法院报》2020

年 7 月 2 日，第 7 版。

2. 姬广勇：《小额诉讼程序适用的三个维度》，载《人民法院报》2021 年 7 月 15 日，第 5 版。

3. 姜东良：《构建一站式多元解纷和诉讼服务体系——访山东省高级人民法院院长张甲天代表》，载《法治日报》2022 年 3 月 6 日，第 5 版。

4. 金银墙：《福建省高级人民法院工作报告——2022 年 1 月 23 日在福建省第十三届人民代表大会第六次会议上》，载《福建日报》2022 年 2 月 15 日，第 6 版。

5. 寇昉：《北京市高级人民法院工作报告》，载《北京日报》2022 年 1 月 20 日，第 3 版。

6. 李承运：《深化诉讼制度机制改革　促进司法公正与效率相统一》，载《人民法院报》2020 年 9 月 8 日，第 2 版。

7. 李双利、杨丹等：《完善小额诉讼程序　充分激活制度效能——湖北武汉中院关于小额诉讼程序改革情况的调研报告》，载《人民法院报》2021 年 6 月 24 日，第 8 版。

8. 李阳、李忠好等：《完善民事诉讼简易程序：提升民事诉讼的“性价比”》，载《人民法院报》2012 年 9 月 20 日，第 1 版。

9. 李阳：《完善四级法院审级职能　夯实公平正义制度根基——四级法院审级职能定位改革试点一年间》，载《人民法院报》2022 年 9 月 1 日，第 1 版。

10. 李占国：《浙江省高级人民法院工作报告——2022 年 1 月 19 日在浙江省第十三届人民代表大会第六次会议上》，载《浙江日报》2022 年 1 月 26 日，第 7 版。

11. 刘晓云：《上海市高级人民法院工作报告——2022 年 1 月 21 日在上海市第十五届人民代表大会第六次会议上》，载《解放日报》2022 年 1 月 27 日，第 11 版。

12. 刘峥、何帆、李承运：《〈民事诉讼程序繁简分流改革试点实施办法〉的理解与适用》，载《人民法院报》2020 年 1 月 17 日，第 5 版。

13. 秦鹏博：《分渠治水：繁简分流开创全面依法治国新局面》，载《法治日报》2021 年 3 月 28 日，第 7 版。

14. 孙航：《发挥多元解纷功能加大诉源治理力度　推动更多法治力量向

引导和疏导端用力——最高人民法院司改办负责人就〈关于进一步健全完善民事诉讼程序繁简分流改革试点法院特邀调解名册制度的通知〉答记者问》,载《人民法院报》2021年7月12日,第3版。

15. 王涵:《全国法院系统创新移动电子诉讼模式》,载《民主与法制时报》2019年6月2日,第7版。

16. 谢勇:《要认真做好小额诉讼实施准备工作》,载《人民法院报》2012年10月9日,第1版。

17. 闫继勇、祁云奎、袁鄴:《济南:繁简分流改革硕果累累》,载《人民法院报》2022年1月24日,第6版。

18. 袁超一等:《我省法院网上立案成功数两年翻12倍》,载《湖北日报》2022年3月8日,第7版。

19. 张应杰:《深圳市中级人民法院工作报告——2022年4月12日在深圳市第七届人民代表大会第二次会议上》,载《深圳特区报》2022年5月2日,A02版。

20. 李少平:《大力推进繁简分流　全面深化司法改革》,载《人民法院报》2016年9月14日,第5版。

21. 周强:《推进中国特色一站式多元纠纷解决机制建设》,载《人民日报》2022年3月3日,第6版。

22. 周强:《最高人民法院关于民事诉讼程序繁简分流改革试点情况的中期报告——2021年2月27日在第十三届全国人民代表大会常务委员会第二十六次会议上》,载《人民法院报》2021年3月1日,第1版。

23. 最高人民法院诉讼调解规范化研究调研组:《“繁简分流”下的新型调解工作机制——关于海淀区人民法院调解工作情况调查报告》,载《人民法院报》2004年3月7日,B02版。

24. 杜磊:《为智慧法院规范化、可持续化建设指明方向——浅谈〈人民法院在线运行规则〉》,载《民主与法制时报》2022年3月9日,第3版。

25. 王恒泽:《公告案件可否适用简易程序审理》,载《江苏法治报》2022年4月26日,A07版。

五、网络资料类

1.《最高人民法院工作报告》,载新华网,http://www.xinhuanet.com/politics/2018lh/2018-03/25/c_1122587194.htm。

2.《W省统计年鉴(2020)》,载W省统计局官网,http://tjj.sc.gov.cn/scstjj/c105855/nj.shtml。

3.《研讨会综述|第二届中国民事诉讼法学研究会浦江民诉沙龙——长三角地区民事诉讼法学者关于民事诉讼法修改的专题研讨》,载微信公众号"复旦大学司法与诉讼制度研究中心"2021年11月8日,https://mp.weixin.qq.com/s/uspymiOLqQJqLwQ0bOc_yQ。

4.原丹丹:《房山法院"六个不接触"打造全流程在线诉讼体系》,载中国法院网2020年4月8日,https://www.chinacourt.org/article/detail/2020/04/id/4906314.shtml。

5.战海峰:《重庆南岸法院开启全流程网上办案新局面》,载法治网,http://www.legaldaily.com.cn/zt/content/2022-06/30/content_8743959.htm。

6.《广东法院前三个月网上立案突破20万　全流程在线诉讼服务"花开南粤"》,载广东政法网2020年3月16日,https://www.gdzf.org.cn/index/zfyw/content/post_102639.html。

7.最高人民法院:《建设智慧法院　促进绿色发展　成效分析报告》,载最高人民法院网站2021年8月24日,https://www.court.gov.cn/zixun-xiangqing-318821.html。

8.《会议综述|民事诉讼法修改理论研讨会》,载微信公众号"民事程序法研究"2021年11月9日,https://mp.weixin.qq.com/s/dDSQ6LfhldGtDG_6FpgwpQ。

9.余宁:《中国移动微法院标准版在浙江试点上线》,载人民网,http://zj.people.com.cn/n2/2021/0601/c370990-34754776.html。

10.邵克:《司法部:加强各类调解衔接联动,构建大调解工作格局》,载澎湃新闻网2019年5月9日,https://www.thepaper.cn/newsDetail_forward_3423343。

11.《中国法院的互联网司法》,载微信公众号"最高人民法院"2021年3

月 11 日,https://mp. weixin. qq. com/s/xGwom6_oCmfuVRY1I_0Hug。

12. 何帆:《2021 年修正民事诉讼法评述》,载微信公众号“法影斑斓”2021 年 12 月 24 日,https://mp. weixin. qq. com/s/OjykHPMmv5nHYYPQk-QHig。

13. 中国互联网络信息中心:《第 49 次中国互联网络发展状况统计报告》,载中国互联网络信息中心网,http://www. cnnic. net. cn/hlwfzyj/hlwxzbg/hlwtjbg/202202/P020220407403488048001. pdf。

14. 李华、袁春燕:《论民事诉讼中简易程序的适用》,载郑州市中级人民法院网 2004 年 8 月 20 日,http://zzfy. hncourt. gov. cn/public/detail. php? id =3240。

15. 郝绍彬、张博:《适度扩大简易程序适用公告送达》,载重庆法院网,http://cqgy. cqfygzfw. gov. cn/article/detail/2020/09/id/5475423. shtml。